Christian
Herchenröder

DIE NEUEN KUNST-MÄRKTE

Christian
Herchenröder

DIE NEUEN KUNST-MÄRKTE

Analyse
Bilanz
Ausblick

Verlag Wirtschaft
und Finanzen
Ein Unternehmen der
Verlagsgruppe Handelsblatt Düsseldorf

1. Auflage 1990

Lektorat: Sabine Bottke
Satz: Fotosatz Hubert Moers, Mönchengladbach
Druck und Verarbeitung: Parzeller, Fulda
Gestaltung und Herstellung: Thomas Brink, Viersen

ISBN: 3-87881-056-3

INHALTSVERZEICHNIS

Vorwort 7

Kunst und Geld 9

Der gespaltene Markt 19

Kunstmarkt und Wirtschaft: Sieg des Geldes 31

Alte Märkte, neue Märkte:
Eine Chronik der achtziger Jahre 41

Im Schatten des Marktes 62

Altmeistermarkt: Der Hunger nach Schönem 72

Das 19. Jahrhundert:
Ein Mosaik von Nationalmärkten 97

Impressionisten und Moderne:
Markt ohne Schranken 122

Kunst der Gegenwart: Die neuen Götter 173

Graphik, Handzeichnungen, Skulptur:
Aufstieg in Bilderpreise 207

Das klassische Kunstgewerbe: Stabile Märkte 230

Die ganze Breite des Marktes:
Vom Luxusstück zum Nutzobjekt 255

Außereuropäische Kunst:
Auseinanderstrebende Märkte 268

Fälschungen: Die Macht der Gewohnheit 287

Macht der Sammler, Ohnmacht der Museen 302

Rückkehr zur Vernunft 333

Neuere Kunstmarkt-Literatur 340

Namensregister 341

Bildquellen 356

INHALTSVERZEICHNIS

Tabellen:
Marktwiederkehr von Altmeister-Gemälden — 92-93
Marktwiederkehr von Gemälden des 19. Jahrhunderts — 116-117
Marktwiederkehr von Gemälden des Impressionismus und der Moderne — 168-169
Kunst des British Rail Fund — 170-171
Die teuersten Werke der Auktionsgeschichte — 204-205
Auktions-Umsätze 1978–1989 — 338-339

VORWORT

1979 erschien die erweiterte zweite Auflage meines 1978 herausgegebenen Buchs „Die Kunstmärkte", in dem ich das Nachkriegsgeschehen auf den internationalen Kunstmärkten und die Entwicklung einzelner Kunstmarkt-Sparten resümierte. Die vorliegende Publikation, der ich den Titel „Die neuen Kunstmärkte" gegeben habe, weil sich der Markt als Ganzes noch stärker aufgegliedert und diversifiziert hat, ist die chronologische Fortsetzung dieser Bestandsaufnahme. Ziel auch dieses neuen Bandes ist es, einen Beitrag zu der vielbeschworenen, aber immer seltener gepflegten Markttransparenz zu leisten, zugleich einen Einblick in die Konstanten und Veränderungen des Geschmacks zu geben, ohne den die Kunstmärkte auch in diesem Jahrzehnt der explodierenden Preise nicht existieren konnten.

Bei der Darstellung der Einzelmärkte habe ich mich um eine möglichst große Zahl von Preisvergleichen bemüht, die ein- und dasselbe Objekt und seine Marktwiederkehr betreffen; Tabellen ergänzen den Text und sprechen für sich. Da sich die erwünschte Markttransparenz nicht in meist variablen Galeriepreisen, sondern *coram publico* in den Auktionen zu bewähren hat, sind sie das Fundament meiner Analyse, die die Marktperiode von September 1978 bis Mai/Juni 1990 erfaßt. Vieles Grundsätzliche, was im ersten Band angesprochen ist, brauchte hier nicht mehr wiederholt zu werden: Im Mittelpunkt stehen die Wandlungen des Marktes in einem von stetiger Expansion und Milliardenumsätzen geprägten Jahrzehnt.

Christian Herchenröder, Juni 1990

Kunst und Geld

Der Kunstmarkt, diese paradoxe Union aus ästhetischen und ökonomischen Triebkräften, ist in den achtziger Jahren zu einer grandiosen Wachstumsbranche geworden, die den Weltbörsen und so manchem klassischen Investitionszweig die Stirn bietet. 1978, als die ersten Rohanalysen dieses Marktes erschienen, wurde sein Volumen weltweit auf etwa eine Milliarde Dollar geschätzt. Auch wenn wir davon ausgehen, daß diese Ziffer untertrieben war und die tatsächlichen Umsätze zum Ende des Jahrzehnts eher bei 3 Milliarden lagen, sprechen die aktuellen Fakten für sich. Die zwei größten englischen Auktionshäuser, Sotheby und Christie, setzten 1977/78 in ihren weltweiten Versteigerungen 251 Millionen Pfund oder nach damaligem Umrechnungskurs 993 Millionen Mark um, in der Kunstmarkt-Saison 1988/89 werden ihre Auktionserlöse mit 2,39 Milliarden Pfund oder 7,4 Milliarden DM angegeben. Im selben Zeitraum stiegen die Umsätze der Pariser Auktionatoren von 603 Millionen auf 2,85 Milliarden Francs, also von rund 200 Millionen auf eine knappe Milliarde Mark. In den deutschen Kunstauktionen wurden im Kalenderjahr 1977 etwa 125 Millionen Mark umgesetzt, heute liegt die Jahresziffer bei rund 300 Millionen.

Doch der Auktionsmarkt ist nur *eine* Sektion der Kunstmärkte, die sich zu einem nicht geringen Teil auch aus den Aktivitäten der Galerien, des Kunsthandels, der Museen, der Kunst- und Antiquitätenmessen und jenes grauen Heeres privater Kunstvermittler, „gentleman dealer" und halbkommerzieller Kunstverkäufer zusammensetzt, die ihre mehr oder minder authentische Ware unter Ausschluß der Öffentlichkeit offerieren. Fügen wir alle diese

Teile zum großen Puzzle zusammen, so kommen wir auf eine gewaltige Summe: Mindestens 15 Milliarden Dollar wurden 1989, dem letzten Jahr eines ereignisreichen Jahrzehnts, auf den Weltkunstmärkten umgesetzt. Über 3 Milliarden Dollar brachte in den Auktionen der Saison 1988/89 allein die Sektion Bildende Kunst: Gemälde, Zeichnungen, Graphik, Skulpturen.

Im Vergleich mit anderen Wirtschaftszweigen, wie der Autoindustrie oder Chemiekonzernen, etwa Amerikas Umsatzgiganten, den General Motors, die 1988 nicht weniger als 121 Milliarden Dollar umsetzten, ist das ein bescheidener Betrag; aber einer, der auf Wachstum programmiert ist. Kunst ist definitiv zum Wirtschaftsfaktor geworden. Die Union von Kunst und Geld war niemals zuvor so ausgeprägt, so untrennbar wie am Ende dieses Jahrzehnts.

In den sechziger und siebziger Jahren wirkte Kunst als Religionsersatz[1]; noch immer prägte ein Rest von Bildungsbewußtsein, ohne das die historischen Kunstmärkte nicht lebensfähig waren, das Marktgeschehen. Es wurde gesammelt aus Neigung, Überzeugung, Leidenschaft und Bildungsbewußtsein, aber auch aus Investitionsdrang, Spekulationsgelüsten und Prestigegründen. Heute sind weite Marktbereiche, allen voran Impressionisten und Kunst der klassischen Moderne, zu einem Spielball der Superreichen, der Investoren, der Hasardeure vom Schlag eines Roberto Polo[2] geworden. Die Kunst steht nackt da, aller Geschmacks- und Bildungsaspekte entkleidet: Nur noch der Preis – je höher, desto besser – adelt das Objekt, das aus seinem historischen Kontext herausgerissen und zum Markenartikel umfunktioniert wird. Ein Paradebeispiel für diese Abwertungsmechanismen ist der Kauf der van Goghschen „Sonnenblumen" am 30. März 1987 bei Christie durch die japanische Versicherungsgesellschaft Yasuda, die das 1889 entstandene Gemälde für 24,75 Millionen Pfund (72,5 Millionen DM) ersteigerte, um ihr Firmenjubiläum zu veredeln. Heute ist das Bild, eins von sechs Sonnen-

[1] Christian Herchenröder, Die Kunstmärkte, 2. Auflage, Düsseldorf 1979, Seite 10; unveränderter Nachdruck, Düsseldorf 1990.

[2] Siehe Seite 23.

Mit diesem Bild begann der Millionenrausch: Van Goghs „Sonnenblumen“, die im März 1987 bei Christie von der japanischen Versicherungsgesellschaft Yasuda für 24,75 Millionen Pfund ersteigert wurden, sind im firmeneigenen Museum zum Reklameträger geworden.

blumengemälden des holländischen Malers, als Reklameträger im Firmenmuseum gegen Eintrittsgeld zu besichtigen. Nicht zuletzt ist es der Rekordpreis, der im firmeneigenen Museum, wo rund 600 Werke (darunter auch von Renoir und Cézanne) hängen, für Zulauf sorgt.

Kunst als Wirtschaftsfaktor: Zu dieser Verdinglichung haben entscheidend die internationalen Auktionshäuser beigetragen, ihre Werbekampagnen, ihre Reklamemaschinerie, die sämtliche Medien ausschöpft, um ihre „Weltrekorde" um die Welt zu jagen. Der britische Sportsgeist, den wir noch Ende der siebziger Jahre als Triebkraft dieser Rekordsucht registrieren, ist zum Börsenrummel degeneriert, in dem nur noch die Millionenerlöse zählen. Nicht von ungefähr reduzieren sich heute die Saisonbilanzen von Sotheby und Christie auf das Aufzählen jener Auktionsobjekte, die über eine Million Dollar erzielten, statt Auskunft über die Entwicklung einzelner Sammelgebiete zu geben. Doch der Markt besteht nicht nur aus Millionenstücken, die zu Trophäen werden, sondern auch aus der sogenannten Mittelware, an deren Absatz sich oft mehr über die aktuelle Lage des Marktes ablesen läßt als an den Renommierobjekten. Das Londoner Auktionshaus Phillips ist einer jener Kunstrepräsentanten, die sich hauptsächlich mit dem oft als schwierig angesehenen Mittelfeld befassen. Seine Umsatzsteigerung von 26,2 Millionen Pfund in der Saison 1977/78 auf 101,1 Millionen Pfund in 1988/89 zeigt ein weniger explosives Wachstum als bei den Marktführern Sotheby und Christie, aber doch eine stetige Aufwärtsentwicklung.

Auch das untere Marktsegment dürfen wir nicht aus dem Blick verlieren, denn hier bereits artikuliert sich jene Konsumneigung, die dann nicht selten in elitärere Bahnen mündet. Am Ende der achtziger Jahre zeichnet sich eine gesunde Struktur ab: Mehr Menschen denn je wollen sammeln, sich mit alten Zeugnissen der Vergangenheit umgeben. Die starke Präsenz der Floh- und Nostalgiemärkte, die trotz ihrer oft abenteuerlichen Preisgestaltung unvermindert Zulauf haben, zeugt von einer breiten Assimilation dessen, was auf den Kunstmärkten überhaupt marktfähig ist. In diesem Zusammenhang ist die Tatsache aufschlußreich, daß heute noch immer 40 Prozent der Gesamtzuschläge bei Christie und Sotheby Objekten unter der 1000 Pfund-Grenze gelten, daß die Märkte sich also aufspalten: sowohl in einen Markt für Spitzenobjekte, für die kaum noch Preisgrenzen gelten, als auch in einen Markt für die mehr oder minder kurante Mittelware und in einen Basismarkt für jene Objekte, die den unteren Preislevel repräsentieren und in den sogenannten Varia-Auktionen zu finden sind.

Für die siebziger Jahre haben wir konstatiert, daß es keinen einheitlichen, geschlossenen Markt mehr gibt, daß sich der Markt vielmehr in eine Vielzahl von Märkten mit eigenen Vorlieben und Gesetzmäßigkeiten gespalten hat. Diese Tendenz hat sich noch verstärkt. In den achtziger Jahren entwickelte sich ein großes Konglomerat von Nationalmärkten, von in sich abgeschlossenen, doch reaktionsfähigen Einzelmärkten. Das heißt nicht, daß die Drehscheibenfunktion von London oder New York außer Kraft gesetzt wäre. In dem Maße aber, in dem eine Aufwertung von Nationalschulen erfolgt, wird sie in den einzelnen Ländern selbst stets ihre stärksten Verfechter haben.

Zwar werden seit 1987 Spezialauktionen skandinavischer Malerei in London abgehalten, in denen Spitzenpreise für Anders Zorn, Carl Larsson, August Strindberg geboten werden. Doch in den Versteigerungen des Stockholmer Hauses Bukowski gibt es noch höhere Preise als jene 13 Millionen Kronen (3,7 Millionen DM) im November 1988 für Niels Dardels elegisches Gemälde „Der sterbende Dandy“ oder jene 15,6 Millionen Kronen (4,68 Millionen DM), die im Oktober 1989 für das Strindberg-Gemälde „Leuchtturm II“ geboten wurden. Auf dem amerikanischen Markt werden seit 1976 die höchsten Preise für amerikanische Kunst gezahlt: Sie reichen am Ende der achtziger Jahre bis zu jenen im Mai 1989 bei Sotheby in New York bewilligten 8,25 Millionen Dollar (16,5 Millionen DM) für Frederic Churchs 1852 datierte Catskill-Landschaft „Home by the Lake“ oder bis zu jenen 12 Millionen Dollar (24 Millionen DM) im Kunstgewerbebereich, die im Juni 1989 bei Christie in New York für eine um 1770 in Newport, Rhode Island, entstandene Aufsatzkommode im amerikanischen Kolonialstil geboten wurden.

Schließlich läßt sich für Deutschland konstatieren, daß der Expressionismus seit den legendären Auktionen von Roman Norbert Ketterers Stuttgarter Kunstkabinett trotz sporadischer Hochpreise in New York und London in den hiesigen Auktionen immer noch das solideste Forum hat, wie die Lempertz-Versteigerung der Sammlung Franz im Juni 1984, die Rekordpreise für Feininger (brutto 2,1 Millionen DM) und Franz Marc (brutto 2,6 Millionen DM) in zwei Berliner Villa-Grisebach-Auktionen der Saison 1988/89 sowie der Spitzenpreis von brutto 1,638 Millionen DM für Otto Muellers Gemälde „Fünf Mädchenakte am Weiher" im Mai 1990 bei Neumeister in München zeigen.

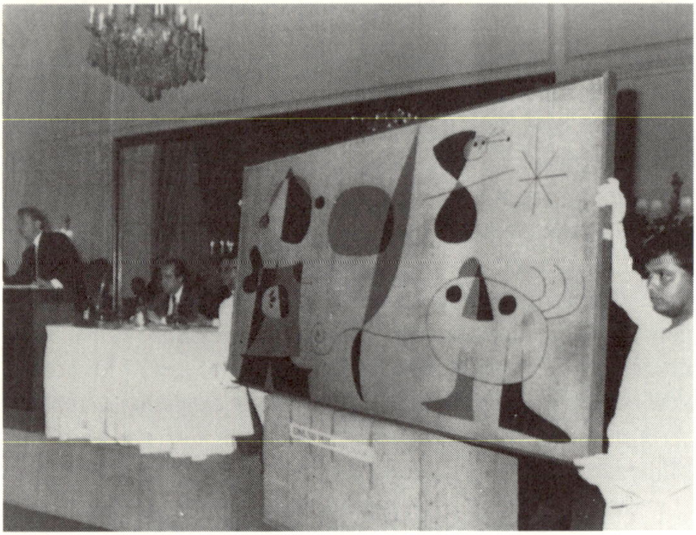

Nicht nur in den Londoner und New Yorker Auktionen werden Weltpreise für Kunst des 20. Jahrhunderts erzielt. Im Madrider Auktionshaus Edmund Peel & Asociados erlöste im Juni 1989 Joan Mirós „Wandbild für Joaquim Gomis" 385 Millionen Peseten.

Die Londoner Auktionsriesen schaffen nur da neue Märkte, wo die Länder selbst keinen ausgeprägten Kunstmarkt haben oder sich ihrer eigenen Ressourcen und Möglichkeiten noch nicht bewußt geworden sind. Das gilt etwa für die spanische Malerei, der seit 1988 Londoner Spezialauktionen gewidmet sind und für australische Kunst, die Sotheby mit Auktionen in Melbourne fördert. Doch daß es auch hier „Ausbrecher" gibt, die von wachsender Bedeutung der Einzelmärkte zeugen, beweisen der Rekordzuschlag von 385 Millionen Peseten (5,96 Millionen DM) für Joan Mirós „Wandbild für Joaquim Gomis" im Juni 1989 in dem Madrider Auktionshaus Edmund Peel & Asociados (wo auch im März 1990 das Juan Gris-Gemälde „Le Violon" 401,4 Millionen Peseten oder 6,22 Millionen DM brachte) oder die im April in einer französischen Provinzauktion in Reims für ein Landschaftsgemälde des Australiers Rupert Bunny erzielten 3,6 Millionen Francs (1,05 Millionen DM).

Diese Beispiele demonstrieren, daß die Dominanz der Hauptmärkte zumindest temporär gebrochen ist. Der Markt ist nicht mehr nur da, wo die größten Auktionshäuser sind: in London, New York, Paris, sondern dort, wo die besten Objekte sind. Das kann in den französischen Provinzauktionen sein, die Paris in den letzten Jahren oft übertrumpften, oder in Mailand, wo Finarte in den achtziger Jahren Rekordpreise für italienische Malerei des 19. und 20. Jahrhunderts, aber auch den Rekordpreis von umgerechnet 1,5 Millionen DM für ein Feuerbach-Gemälde erzielte, das kann aber auch in München, Köln und Berlin sein. Die Vorherrschaft der internationalen Märkte ist gebrochen, wenn Spitzenmaterial in nationale Märkte fließt.

Um dem zu begegnen, haben Christie und Sotheby in den späten achtziger Jahren Nationalauktionen eingeführt, die Spezialkäufer nach London ziehen sollen. Neben skandinavischer und spanischer Malerei sind dies vor allem Versteigerungen der in den Wiener Dorotheum-Auktionen erfolgreicheren österreichischen Kunst (die erste Wiener Sotheby-Auktion im Juni 1989 war auf Grund ihrer überzogenen Schätzpreise nur ein halber Erfolg), und belgischer Kunst des 20. Jahrhunderts, die seit 1988 mit Fortüne favorisiert wird. Deutsche Kunst des 19. und 20. Jahrhunderts wird seit 1987 von Sotheby in München versteigert, um den deutschen Auktionatoren das Wasser abzugraben. Doch die Resultate zeigen, daß auch hier nur sachlich geschätztes, marktfrisches Spitzenmaterial Erfolgschancen hat.

Eine jener Erscheinungen, die das Marktgeschehen in den achtziger Jahren entscheidend verändert und prägt, ist die aggressive Geschäftspolitik der Auktionsriesen. Drei- bis viermal pro Jahr schwärmen die Londoner Experten für bestimmte Sammelgebiete in ganz Europa aus, um massive Kundenpflege zu betreiben, Sammler und Erben vom Verkauf zu überzeugen und eine Stammklientel an das Haus zu binden. Vor allem bei Sotheby, wo seit 1983 der amerikanische „property developer“ Alfred Taubman Alleinherrscher ist, manifestiert sich die Vorherrschaft des Geldes. Mit einem revolutionären Finanzierungssystem, das Verkäuferkredite, Kredite an Händler und Privatsammler, Beleihung und Garantiesummen für Kunstwerke und ganze Sammlungen einschließt, versucht man Klienten ans Haus zu binden, Nachschubquellen und Absatzadressen zu sichern. Kritische Kommentare weckte im Mai 1990 die Mitteilung, daß Sotheby gemeinsam mit der New Yorker Acquavella Gallery den Nachlaß des im August verstorbenen New Yorker Moderne-Händlers Pierre Matisse en bloc erworben habe: 2300 Werke von 61 Künstlern für insgesamt 142,6 Millionen Dollar. Nur ein kleiner Teil davon wird versteigert, der Rest freihändig von der Acquavella Gallery angeboten. Damit steigt Sotheby erstmals in seiner Firmengeschichte mit einer Großfinanzierung direkt ins Galeriegeschäft ein: Am Anfang eines neuen Jahrzehnts gibt es zwischen den einzelnen Kunstmarktzweigen so gut wie keine Trennung mehr.

Daß eine solche Politik, die tief ins Banken- und Galeriegewerbe eingreift, dem Markt seine freien Wirkungsmöglichkeiten raubt, liegt auf der Hand. Das freie Spiel von Angebot und Nachfrage, als Grundlage der Marktwirtschaft auch Triebkraft der Kunstmärkte, wird empfindlich gestört. So wurde anläßlich der New Yorker Versteigerung von Impressionisten und europäischem Kunstgewerbe aus der Sammlung des Campbell-Suppen-Erben John T. Dorrance (Oktober 1989) von amerikanischen Wirtschaftsblättern mit Recht bemängelt, daß der Auktionator zum Banker werde, wenn er, wie hier geschehen, eine Sammlung bis an den Rand des Möglichen vorfinanziert oder mit Garantiesummen bindet. In der New Yorker Impressionistenauktion vom 17. Mai 1990 hatte Sotheby 13 Werke ausgeboten, die den Einlieferern einen Mindestpreis garantierten, selbst dann, wenn das Los unverkauft blieb. 12 dieser Werke wurden für 81,3 Millionen Dollar verkauft (die gesamte Höchsttaxe lag bei 75,4 Millionen), nur ein Matisse-Gemälde ging zurück. Im Wettrennen um wichtiges Sammlungsmaterial für die New Yorker Impressionistenwoche vom Mai 1990, in der ohne die Graphik rund 700 Millionen Dollar umgesetzt wurden, hat auch Christie die Praxis der Auktions-Garantie übernommen. Sie betraf fünf Bilder von Renoir, van Gogh, Toulouse-Lautrec, Modigliani und Kees van Dongen, die aus dem Nachlaß von Robert Lehman, einem großen Stifter des Metropolitan Museums, versteigert wurden und 54,78 Millionen Dollar erzielten. Händlerquellen zufolge soll die Garantie bei 53 Millionen Dollar gelegen haben.

Noch problematischer als diese Praxis ist die Finanzierungsbeihilfe zu einem Millionenkauf. Ich spreche von jenem „Weltrekord", der am 11. November 1987 bei Sotheby in New York, nur wenige Wochen nach dem New Yorker Börsencrash, als Symbol der Kunstmarktstärke gefeiert wurde: der Verkauf des Irisgemäldes Vincent van Goghs für 53,9 Millionen Dollar (89,7 Millionen DM) an den australischen Bier- und Medien-König Alan Bond mit einem 27-Millionen-Dollar-Kredit[1]. Doch der Verleger geriet in wirtschaftliche Schwierigkeiten und konnte nicht zahlen. Das Gemälde wurde im März 1990 für eine ungenannte Summe an das J. Paul Getty Museum weitergereicht.

Kaum weniger problematisch ist der Höchstzuschlag von 24,2 Millionen Dollar (45,9 Millionen DM) für Gauguins Tahiti-Gemälde „Mata Mua", das in die New Yorker Sotheby-Auktion vom 9. Mai 1989 als Gemeinschaftsbesitz von Jaime Ortiz-Patiño und Baron Hans-Heinrich Thyssen-Bornemisza eingeliefert worden war. Zwei Tage nach der Versteigerung wurde als Käufer Baron Thyssen genannt, der den Alleinbesitz angestrebt habe, sich aber mit Ortiz-Patiño nicht über den Verkaufspreis habe einigen können. Da Thyssen seit der Übernahme des Sotheby-Konzerns durch Taubman im Beratergremium der Sotheby Holding sitzt und damit sicherlich auch Einfluß auf interne Preisgestaltung hat, ist auch dieser Auktionszuschlag, der in die Ehrenliste der

[1] Zu dieser Problematik siehe das Kapitel „Kunstmarkt und Wirtschaft".

höchsten Zuschläge der jüngeren Auktionsgeschichte aufgenommen wurde, als fiktives Marktsignal zu bewerten.

Es ist schon eine Paradoxie, daß im Zeitalter der Markttransparenz herausragende Marktindikatoren so dubios geworden sind. Ein stark manipulatives Element greift Ende der achtziger Jahre in den Auktionsbetrieb, der bis auf weiteres noch immer als wichtigster Indikator der Marktentwicklung zu gelten hat. Noch gibt es keine fundamentale Vertrauenskrise, da die Märkte sich noch immer selbst regulieren, doch über Marktauswüchse nachzudenken, besteht in einer Periode der forcierten Millionenpreise ständig Anlaß.

Das Kunstmarktwachstum hat seine Schattenseiten. Noch in den siebziger Jahren war Kulturbewußtsein der Schlüssel zum Markt, heute wird „Kunstsinn" durch Millionenpreise geschaffen. Je teurer ein Objekt ist, desto mehr Interesse erweckt es. Das gilt nicht nur für die von den Medien begierig aufgegriffenen Auktionspreise, sondern auch für die Renommierstücke der großen Kunst- und Antiquitätenmessen, bei denen um Publizität bemühte Händler nach dem Muster „Der Preis adelt das Objekt" auf ihre teuersten Exponate verweisen. Die Folge: Ein kunstinteressiertes Publikum verlernt es immer mehr, die auf dem Markt erscheinende Kunst nach Qualitätskriterien zu beurteilen und den Preis dazu in Relation zu setzen. So wächst eine Schicht von Hochpreis-Adoranten heran, deren Interesse sich auf das Marktspektakuläre von Renoir bis Beuys richtet.

Die Preisdifferenz zwischen einem mittelmäßigen Monet, der heute 10 bis 15 Millionen Dollar bringt[1], oder einem frühen Willem de Kooning-Gemälde für 20,68 Millionen Dollar (so viel erzielte im November 1989 bei Sotheby das 1955 datierte Gemälde „Interchange") und einem Meisterwerk der alten Malerei, etwa jenem allegorischen Dosso Dossi-Gemälde, das im Januar 1989 bei Christie 4,06 Millionen Dollar realisierte, ist charakteristisch: Die Relationen zwischen dem Populären und dem Einmaligen verschwimmen immer mehr. Was muß ein Caravaggio kosten, dessen Gesamtwerk knapp 120 Gemälde umfaßt,

[1] In einer Ausstellung mit Seerosenbildern Monets in der Baseler Galerie Beyeler vom November 1989 bis Januar 1990 kostete das kleinste Format 13 Millionen Dollar.

gegenüber einer der hundert „Badenden“ aus der späteren Produktion von Renoir, von denen ein charakteristisches Exemplar im Juni 1989 bei Christie für 4,62 Millionen Pfund (14,05 Millionen DM) nach Japan ging?

Die alte Kunst, die einen Bildungshorizont verlangt, den der vom Prinzip der Wertsteigerung geblendete Kunstkäufer der achtziger Jahre nicht mehr vorweisen kann, reduziert sich auf den Bedarf der Museen, die hier als Preisschrittmacher fungieren oder auf Sammelmoden, die auch wieder dem Gefälligen, Populären, Unproblematischen zugeneigt sind. Ich meine hier vor allem die neue Generation von Stilleben-Sammlern vom Schlage der Heinz-Suppendynastie, die ihre wichtigsten Bilder (48 waren 1989 in Washington ausgestellt) in den achtziger Jahren erwarb. Stilleben und, seit 1987, auch venezianische Veduten sind die Lieblingskinder des Altmeistermarktes, der sich stärker als der zur Nivellierung neigende Impressionistenmarkt von wechselnden Geschmackstendenzen leiten läßt. Aber auch in diesem traditionell vom Bildungsgroßbürgertum besetzten Feld müssen wir eine immer tiefer werdende Kluft zwischen Wissen und Geld konstatieren. Reine Investitionsstrategien bewirken auch hier, in einem klassischen Marktsegment, einen gespaltenen Markt.

Diesen gespaltenen Markt kann man auf die bedenkliche Formel bringen: Es gibt zu wenig echte Sammler und zu viele Spekulanten. Die heile Welt des Sammlers ist zerstört. An seine Stelle sind die neuen Reichen des Wirtschaftswachstums getreten. Ein Markt, der allzusehr vom Investitionsdrang abhängig ist, muß verwundbarer sein als einer, der auf dem Fundament von Passion und Neigung beruht. Daher mehren sich seit Mitte der achtziger Jahre auch die Befürchtungen eines Zusammenbruchs. Von altgedienten Kunsthändlern, die die Mißrelation zwischen überbewerteten und gerechtfertigten Preisen sehen, wird er herbeigewünscht. Doch bevor das geschieht, bevor zumindest Teilbereiche wie der bis einschließlich 1989 überhitzte Impressionisten- und Moderne-Markt in sich zusammenbrechen, muß es einen kollektiven Kollaps der Weltwirtschaft geben. Weder der große (1987) noch der kleine Crash (1989) der Aktienbörsen haben dem Kunstmarkt retardierende Momente oder gar Kurskorrekturen beschert. Und auch der mehrfache Sturz der Aktienkurse im Frühjahr 1990 an der Tokioter Börse hat eher das Gegenteil bewirkt: Die Kunstkäufe japanischer Sammler in den New Yorker Impressionisten- und Moderne-Auktionen vom Mai 1990 waren mit dem Einsatz von rund 280 Millionen Dollar stärker denn je.

Dennoch sind künftige Störungen nicht auszuschließen. Kaum vorstellbar was passiert, wenn nur die Hälfte der in den letzten zehn Jahren von Japanern gehorteten Kunstschätze auf den Markt zurückfließt, wie es schon einmal in der Rezessionsphase 1974/75 der Fall war. Zwar ist eine Fülle bedeutender Bilder und Skulpturen im Besitz von Firmenmuseen, aber daß sie dort für ewige Zeiten bleiben, kann nicht vorausgesetzt werden. Allzuviel Kunst ist auch während des Wirtschaftswachstums der Reagan-Ära in kunstfremde amerikanische Kanäle geflossen. Neben dem Investor großen Kalibers hat sich eine Phalanx von Statuskäufern herangebildet: 1988 wurden in den USA 43000 Millionäre mit achtstelligem Dollarbesitz registriert. Diesen folgt die große Zahl der reichen Makler, Rechtsanwälte und Geschäftsleute, die sich zwar kein Gemälde von Cézanne oder keine Skulptur von Rodin, aber eine in kleiner Auflage gedruckte Graphik von Frank Stella leisten können. Der Aufschwung des Marktes für moderne Graphik vor allem in den New Yorker Auktionen der späten achtziger Jahre, in denen auch wieder die Japaner eine tragende Rolle spielen, zeugt von dieser Erweiterung der Klientel. Ob sie ein Fundament für Marktstabilität ist, muß sich erst noch erweisen.

Marktstabilität ist nicht von Rekordpreisen, sondern von einem breiten Konsumgeflecht, von natürlichem Zuspruch abhängig. Das Auktionshaus Sotheby hat nach der Übernahme durch den amerikanischen Immobilienzar Alfred Taubman durch sein bankähnliches Finanzierungs- und Kreditsystem eine künstliche Stabilität, einen unnatürlichen oder falschen Markt geschaffen. Da erhalten Kunstverkäufer Preisgarantien, die einen vor der Auktion fixierten Betrag garantieren, selbst wenn das eingelieferte Objekt – das in diesem Fall in den Besitz von Sotheby übergeht – den vorgesehenen Preis nicht erreicht.

Paradebeispiel ist die für 110 Millionen Dollar übernommene Kunstsammlung des Campbell-Suppenerben John T. Dorrance, die im Herbst 1989 dann insgesamt 131,29 Millionen Dollar einspielte, und das, obwohl die Taxen ungewöhnlich hoch waren und einige Lose in der Prestigeabteilung unverkauft blieben - ein Sieg der en bloc-Schätzung. Höchst problematisch ist dagegen die Praxis der Käuferkredite, die dem Auktionshaus doppelten Gewinn beschert: einen hohen Auktionserlös und Kreditzinsen, die bis zu 4 Prozent über dem Realzins (prime rate) liegen können. Erst nach dem Finanzierungsdesaster mit van Goghs Irisgemälde wurden Sothebys Kreditrichtlinien verändert. An Krediten für Kunstverkäufer und Sammler, die nicht verkaufen, verdient Sotheby ohnehin noch genug: Im Januar 1990 lag das gesamte Kreditvolumen des Hauses bei rund 160 Millionen Dollar. Von nun an wurden Kunstwerke nur noch dann beliehen, wenn sie voll bezahlt und mindestens 90 Tage im Besitz des Kreditnehmers sind. Dies ist ein Rückzug, der die hausgemachte Inflation korrigieren soll. Sotheby als Banker der Kunstwelt - dieser Aspekt hat am Ende eines Jahrzehnts mehr zur Verunsicherung als zur Förderung des Kunstmarkts beigetragen.

Die Spaltung des Marktes, die nicht nur wirtschaftliche Gründe hat, geht quer durch alle Positionen. Es besteht eine tiefe Kluft zwischen Investor und Sammler, zwischen Weltrekordpreisen und Normalkonsum, zwischen Auktionen und Kunsthandel, zwischen dem Diktat der Kunstkonzerne und individuellem ästhetischem Bedarf. Zu diesen Kunstkonzernen, die Teil einer sich verselbständigenden Kunstindustrie sind, gehören nicht nur die großen Auktionshäuser. Der Markt wird in wachsendem Maße von Kunstunternehmern und Grossisten geprägt. Dazu gehören etwa die Genfer Brüder Nahmad, die in der Freihandelszone Millionenwerte des Impressionismus und der Moderne horten, die meisten Werke in den Auktionen kaufen und viel in die Auktionen zurückwerfen; oft zu früh, wie glücklose Beispiele zeigen, die im Juni 1989 bei Kornfeld in Bern ersteigert wurden und dann bereits im November desselben Jahres in New Yorker und Londoner Auktionen erschienen und durchfielen. Auch wenn der Kunstkreislauf schneller geworden ist, die Reduzierung der Kunst zur bloßen Rotationsware zahlt sich (noch) nicht aus.

Ein Kunstvermittler ähnlichen Schlages ist der vom amerikanischen Kunstmagazin „Art & Auction“ als „secondary market dealer“ bezeichnete New Yorker Larry Gagosian, kein Galerist und Entdecker von Künstlern, sondern einer, der ihren Marktwert durch Zweitverwertung nutzt und steigert. Seit Leo Castelli, der Doyen der New Yorker Galerieszene, mit ihm zusammenarbeitet, wurde er gesellschaftsfähig. Der Londoner Großsammler zeitgenössischer Kunst, Charles Saatchi, hat ihn 1989 mit dem Verkauf der aus seiner Kollektion ausgeschiedenen Werke betraut. Eine ähnliche Figur, wenn auch nicht von solch globalem Zuschnitt, ist der Düsseldorfer Kunstvermittler Helge Achenbach, der sich seine Sporen als Firmen- und Bankenausstatter verdiente und mit sehr viel Geld im Rücken die Moderne-Sammlung eines bankrotten Bankdirektors erwarb. Die Klassiker wurden weiterveräußert, der ansehnliche Beuys-Block zwecks weiterer Spekulation als Solitär zurückbehalten. Inzwischen hat Achenbach mit großem Aplomb Ausstellungen in Frankfurt und Paris arrangiert. Solchen monopolorientierten Marktrepräsentanten ist eines gemein: Sie könnten auch in jedem anderen Geschäftszweig reüssieren. Es geht ihnen nicht primär um Kunst, sondern um Geldvermehrung.

Vom Kunstbroker zum Pseudo-Sammler ist es kein weiter Schritt. Mehr denn je hat sich in diesem Boomjahrzehnt ein Sammlertypus auf dem Kunstmarkt hervorgetan, der noch in den siebziger Jahren keine Wirkungschancen gehabt hätte. Ihr Prototyp ist der auf Kuba geborene „Finanzier“ Roberto Polo, der sich mit veruntreuten Geldern Stadtwohnungen in Paris und New York einrichtete und in großem Stil französische Malerei und französische Möbel des 18. Jahrhunderts sammelte. Dem Louvre schenkte er einen Fragonard zu einer Zeit, in der seine Schulden in den USA, Frankreich und der Schweiz bereits 160 Millionen Dollar betrugen. Im Mai 1988 wurden in Paris bei den Maîtres Ader, Picard, Tajan 26 französische Gemälde des 18. Jahrhunderts versteigert, auf die der Fiskus die Hand gelegt hatte. Vier Bilder blieben unverkauft, die Auktion brachte insgesamt 90 Millionen

Kunst als Bestandteil einer Wohlstandsstrategie: Im Mai 1988 wurde in Paris die Sammlung Polo versteigert. Einen der höchsten Zuschläge brachte dieses als Werk des Jean-Antoine Watteau katalogisierte „Porträt d'Antoine de la Roque" mit 5,5 Millionen Franc.

Francs auf, zwei Pastorale von Boucher brachten mit 13 Millionen Francs den Spitzenpreis. Maître Tajan, selbst eine schillernde Figur im Versteigerungsgewerbe, hatte Polos Auktionsobjekte mit Hilfe dreier Pariser Banken mit 30 Millionen Francs vorfinanziert. Am 3. November wurden bei Sotheby in New York für 9,8 Millionen Dollar die Möbel und Objets d'art aus Polos New Yorker Haus versteigert. Kunstkäufer dieser Art sind typische Kinder der achtziger Jahre: Für sie ist Kunst der oberen Kategorie zu einem untrennbaren Bestandteil der Wohlstandsstrategie und zu einer Aufwertung der eigenen Biographie geworden.

Auch der Aufstieg und Fall des australischen Unternehmers Alan Bond ist in dieser Hinsicht symptomatisch. Bond, der Herrscher über ein Imperium von Brauereien, Minen, Fernsehanstalten und eine Telefongesellschaft, hatte ständig über seine Verhältnisse gelebt, als Entrepreneur und als Privatmann. Zu oft, so betonen Kritiker seiner Wirtschaftsstrategie, habe er zu Spitzenpreisen eingekauft und es vor neuen Käufen versäumt, die vorher erworbenen Unternehmen wirtschaftlich zu sanieren. Ebenso pauschal mehrte er seinen Lebensstandard. Er ersteigerte nicht nur Impressionisten und war Besitzer einer Luxusjacht, sondern er erwarb auch noch 1988, als sein Imperium schon abzubröckeln begann, für 11 Millionen Pfund den britischen Landsitz Glympton Park in Oxfordshire, obwohl er schon Häuser in London, Perth und Sydney besaß. 1988 wurde sein Vermögen noch auf 400 Millionen australische Pfund, 1990 nur noch auf 50 Millionen geschätzt.

Auch dieser Fall belegt, daß der Kunstmarkt seit Ende der achtziger Jahre mit Sammlern und Kunstkäufern leben muß, deren Kunsthunger nicht immer wirtschaftlich solide untermauert ist. Eine Spaltung besteht also auch hier, im oberen Marktsektor: In die Gruppe altgedienter, vertrauenswürdiger Sammler vom Schlage eines Stavros Niarchos, Baron Thyssen, Ian Woodner und in die Gruppe jener keineswegs verläßlichen „neuen Reichen" des Wirtschaftswachstums, deren Sammellust so kurzlebig wie ihr gewonnener Wohlstand ist.

Weniger kurzlebig, aber von nicht unproblematischer Herkunft ist der Reichtum eines Marktneulings, der seit 1989 entscheidend die Preise für Impressionisten und Moderne bewegt. Es handelt sich um die japanische Aska Gallery, eine Tochter der in Tokio residierenden Aichi-Finanzgesellschaft, deren Direktor Ysumichi Morishita es vom Kleiderverkäufer zum Chef einer Unternehmensgruppe gebracht hat, zu der u. a. 17 Golfplätze und eine Gesellschaft für Inneneinrichtung gehören. Morishita war mehrfach angeklagt wegen Wuchers und 1986 wegen Aktienbetrugs, auch Einkommensteuer-Hinterziehung steht auf seiner Sündenliste. Das hinderte ihn nicht, zu einem der größten Kunstmarkt-Investoren an der Schwelle der neunziger Jahre zu werden. Das Londoner Auktionshaus Christie, das als Publikumsgesellschaft keine Kontrolle über den Verkauf der Christie-Aktien an den

Weltbörsen hat, fiel aus allen Wolken, als im September 1989 aus Tokio die Kunde kam, Aska habe mit dem Erwerb von 11 Millionen Christie-Stammaktien einen 6,4prozentigen Anteil an diesem ehrwürdigen Versteigerungshaus erworben.

Im November 1989 gab Morishita dem Londoner „Independent" zu Protokoll, daß er ein „langfristiger Investor" sei, der über 1000 Gemälde von der „niedrigen" Preisklasse (250 000-300 000 DM) bis hinauf in die höchste Millionen-Dollar-Region besitze. An anderer Stelle gab er zu verstehen, daß er jeweils 30 bis 40 bedeutende Gemälde in einem Aska-Museum in einem Vorort Tokios ausstellen werde. Die Mehrzahl der erworbenen Werke werde auf Eis gelegt, um nach sieben bis zehn Jahren mit Gewinn verkauft zu werden.

In ihrer Ankaufspolitik ist die Aska Gallery keineswegs zimperlich. Sie erwirbt im Gegensatz zu den auf Breitenkonsum ausgerichteten japanischen Galerien - die es nach wie vor nach der Buntware von Chagall, Laurencin, Kisling, Utrillo, Vlaminck, zunehmend aber auch nach amerikanischer und französischer Nachkriegskunst von Pollock bis Yves Klein gelüstet - was gut und teuer ist. Diese Strategie geht von der Prämisse aus, daß die seit Ende der siebziger Jahre kontinuierlich steigenden Kunstpreise in Japan auch in den neunziger Jahren ein höheres Niveau als in Europa haben werden. Der gigantische Appetit der Aska zeigte sich 1989 in New Yorker und Londoner Auktionen. So gehört Aska zum Beispiel zu den Erwerbern der meisten Millionenbilder von Monet, die im Juni und November unter den Hammer kamen. Am 28. November 1989 erwarb Aska bei Sotheby in London acht Werke für insgesamt 8,58 Millionen Pfund (24,5 Millionen DM), allen voran für 4,4 Millionen Pfund (12,5 Millionen DM) Paul Gauguins bretonische Landschaft mit Gänsehirt (1889), die das Getty Museum in die Auktion eingeliefert hatte. Zwei Wochen vorher hatte das japanische Unternehmen bei Christie in New York Kunstwerke für 28,16 Millionen Dollar und bei Sotheby in New York Bilder für 29 Millionen Dollar ersteigert, darunter allein für 11 Millionen Dollar (20,2 Millionen DM) Paul Gauguins bretonische Landschaft „Entre les Lys" aus der Basler Sammlung Stae-

Die japanische Aska Gallery, eine Tochter der Finanzgesellschaft Aichi, gehört Ende der achtziger Jahre zu den Hauptkäufern der englischen und amerikanischen Auktionen. Im November 1989 ersteigerte sie bei Sotheby für 4,4 Millionen Pfund Paul Gauguins Landschaft „Petit Breton à l'Oie" (1889) aus dem Besitz des J. Paul Getty Museums.

chelin, ein Gemälde, das mit weiteren Meisterwerken aus dieser Familienstiftung jahrzehntelang im Basler Kunstmuseum ausgestellt war. Am 27. November 1989 übernahm Aska bei Christie in London für 7,15 Millionen Pfund (20,3 Millionen DM) Pablo

Picassos „Maternité", das 1901 unter Gauguin-Einfluß entstanden war. Daß solche Schlüsselbilder jetzt nach Japan gehen, erweckt ähnliche Bedenken wie der europäische Ausverkauf an amerikanische Sammler und Museen in den ersten drei Jahrzehnten dieses Jahrhunderts.

Auch auf anderen Märkten sind die Japaner kauffreudig. In den Pariser Auktionen gehören sie seit Mitte der 80er Jahre zu den Stammkunden. Teuerster Erwerb war hier am 30. November 1989 das Picasso-Gemälde „Die Hochzeit der Pierrette" (1905), das für 315 Millionen Francs an den Kunstmarktneuling Nihon Autopolis versteigert wurde: ein Unternehmen, das in der japanischen Provinz Freizeitparks mit Autorennstrecke und Museum anlegt. Millionen-Franc-Preise bewilligen die Japaner auch für Jugendstilglas von Gallé, und für die trockenen Bilder und Graphiken eines Bernard Buffet gibt es in Tokio einen Spezialsammler, der Hunderte von ihnen gehortet haben soll. Er hat auch seit 1987 die Buffet-Preise in den internationalen Auktionen in die Höhe getrieben und eine Modewelle in Japan initiiert. Im Dezember 1988 veranstalteten die Pariser Auktionatoren Ader, Picard, Tajan in Tokio eine Gastauktion, in der vierzig Werke Buffets aus der sogenannten „grauen Periode" der späten vierziger bis Mitte der fünfziger Jahre 32 Millionen Francs einspielten, womit dieser Repräsentant des Existentialismus, der in den fünfziger und sechziger Jahren seine besten Markttage hatte, mit einem Schlag in die obere Marktkategorie hinaufkatapultiert wurde: leuchtendes Beispiel einer Marktrenaissance.

Unter den rund 600 Galerien und Kunsthandlungen in Tokio gibt es etliche, die zur Konsolidierung des japanischen Kunstmarktes beigetragen haben. Da gibt es den Kunsthändler Shigeki Kameyama (Mountain Tortoise Gallery), der schon Anfang der achtziger Jahre in Londoner Auktionen als Käufer hochkarätiger Werke von Miró und Mondrian hervortrat. Eine seiner teuersten Auktionserwerbungen ist Pablo Picassos 1932 entstandenes Figurenbild „Der Spiegel", das im November 1989 bei Sotheby in New York 26,4 Millionen Dollar (48,5 Millionen DM) erzielte. Die Fuji Television Gallery hat in den achtziger Jahren die Werke von Klee,

Kandinsky und den Bauhaus-Künstlern gefördert. In der Nichido Gallery dominiert wie in vielen anderen Tokioter Galerien die Ecole de Paris. Im kommerziell dicht besiedelten Ginza-Viertel gibt es kaum eine Galerie, in der nicht wenigstens einige Graphiken von Picasso im Angebot sind. Im exklusiveren Kunsthandel dagegen ist Renoir der wichtigste Marktmagnet. Die Kunstabtei-

Das japanische Unternehmen Nihon Autopolis ersteigerte im November 1989 für 315 Millionen Franc Picassos Frühwerk „Die Hochzeit der Pierrette“ für ein Museum in einem Freizeitpark.

lungen der Warenhäuser, allen voran die eng mit Sotheby zusammenarbeitende Seibu-Kette, die seit Jahren auch den Jugendstil promoviert, sind wichtige Marktforen. Weitere Triebkräfte des japanischen Kunstbooms sind die Käufe der zahlreichen in Gründung befindlichen Provinzmuseen: Jede Gemeinde will neben dem Kulturhaus auch ein eigenes Museum besitzen, in dem Werke europäischer Kunst zu bewundern sind, und seien es Graphiken oder Plakate. Vieles in diesen lokalen Museen wird über Zwischenhändler, die sich in Europa bedienen, allzu teuer eingekauft. Auch die Welle der privaten Museumsgründungen ist in Japan keineswegs verebbt. 1989 wurde zum Beispiel von der Berliner Galerie Pels-Leusden eine mit zahlreichen Probedrucken bestückte Kollektion von Picasso-Graphik aus dem Mourlot-Nachlaß (inoffizieller Wert: 10 Millionen Mark) an einen japanischen Sammler abgegeben, der dafür ein Museum errichten will. Die Aufmerksamkeit der Weltöffentlichkeit war dem 74jährigen Papierfabrikanten und Milliardär Ryoei Saito sicher, als er im Mai 1990 in den New Yorker Auktionen für 82,5 Millionen Dollar van Goghs Porträt des Arztes Gachet und für 78,1 Millionen Dollar Renoirs nicht weniger museales „Au Moulin de la Galette" ersteigern ließ. Beide Meisterwerke sollen nach Saitos Aussage später in das Regionalmuseum von Shizuoka, knapp 200 Kilometer westlich von Tokio, überführt werden. Noch ist die Faszination der Japaner durch westliche Kunst ungebrochen. Doch auch hier beginnt sich durch wachsendes Engagement für die Künstler des eigenen Landes allmählich eine Spaltung des Marktes anzubahnen, die nicht zuletzt darauf zurückzuführen ist, daß die große europäische Kunst auch für prosperierende Galerien immer unerschwinglicher wird.

Kunstmarkt und Wirtschaft:

Sieg des Geldes

Die Kunstmärkte sind, wie alle Märkte, Teil des Weltwirtschaftsgefüges, eingebettet in gesamtwirtschaftliche Tendenzen und Entwicklungen. Ästhetische Autonomie und Unantastbarkeit werden in dem Augenblick aufgehoben, in dem das Kunstwerk auf dem freien Markt erscheint, sich allgemeinen Marktregeln und Marktgesetzen unterzuordnen hat. Das gilt in besonderem Maße für die Auktionen, die sich seit den achtziger Jahren im paradoxen Wirkungsfeld von Anonymität (Verkauf) und Überpublizität (Vermarktung) bewegen. Das trifft aber auch auf den Galerie- und Messebetrieb zu, der auf dem Gebiet der Moderne mehr als je zuvor in diesem Jahrhundert marktwirtschaftliche Prinzipien über ästhetische Postulate stellt. Gefördert wird diese Entwicklung durch die wachsende Zahl reiner Investoren, die seit Mitte der achtziger Jahre verstärkt in den Kunstmarkt drängen und hier vor allem in den Bereichen Impressionismus, klassische Moderne und zeitgenössische Kunst für die Preisaufschwünge verantwortlich sind.

Der Kunstmarkt, so lautet eine im New Yorker Kunsthandel verbreitete These, habe Wachstums- und Rezessionszyklen wie die Weltwirtschaft, doch reagiere er stets phasenverschoben, mit einer Verzögerung von sechs bis neun Monaten. Das stimmt und stimmt auch wieder nicht. Wer die Marktgeschichte der letzten siebzig Jahre rekapituliert, wird feststellen, daß auch in Krisenzeiten – Erster Weltkrieg, Inflation, Weltwirtschaftskrise 1929/30, erste Nachkriegsrezession 1967, Ölkrise 1973/74 – nie der Kunstmarkt als ganzes, sondern nur spekulativ überhitzte Teilbereiche in Mitleidenschaft gezogen wurden. Ein Hauptbeispiel: Das in Massen produzierte englische Tafelsilber des 18. und 19. Jahrhunderts wurde 1968 nach einem Blitzboom zurückgestuft, 1980 dann noch einmal nach der durch die texanischen Brüder Hunt und deren Großkäufe erzeugten Silberhausse. Das Milliardenimperium, das sich die unersättlichen Brüder aufgebaut hatten, schwand dahin, als diese künstliche Hausse in sich zusammenbrach und die Huntschen Monopolabsichten, den weltweiten Silbermarkt in die Hand zu bekommen, durch die Aufsichtsbehörden vereitelt wurde. 1973/74 brach der Moderne-Markt zusammen, weil zuviel mittelmäßiges Material nach zu kurzer Zeit (erste Verkaufswelle der Japaner) wieder in den Markt zurückfloß. 1979, nach der Iranischen Revolution, mußte der Markt für islamische Kunst deutlich zurückgestuft werden. Der Teppichmarkt hat sich bis heute auf breiter Front noch nicht erholt; nur museale Stücke bringen Spitzenpreise.

Das einmalige, museumswürdige Kunstwerk hat auch in schwierigen Wirtschaftsphasen stets einen Markt gehabt. Schon 1930 konstatiert der Kunsthistoriker Hans Tietze[1] die Marktsituation folgendermaßen: „Allgemeine wirtschaftliche Krisen können augenblickliche Störungen verursachen; im ganzen sind sie gegenüber einer Ware unwirksam, die nicht nachwächst", und der Kunstchronist Hubert Wilm[2] registriert für das Crash-Jahr 1929 eine „erstaunliche Aufwärtsbewegung für erste Qualitäten und das rücksichtslose Sinken des Wertes der dritt- und viertklassigen Stücke. Und diese Preissteigerung für hochwertiges Kunstgut hat – was besonders bemerkenswert ist – auch während der empfindlichsten Kursveränderungen der Börse nicht haltgemacht".

Gerade diese letzte Passage liest sich wie eine Erläuterung der Kunstmarkt-Situation nach jenem „schwarzen Montag", dem 19. Oktober 1987, in dem die Weltbörsen den zweiten großen Zusammenbruch in diesem Jahrhundert zu verkraften hatten. Der entscheidende Unterschied zu 1929 ist die überbordende Liquidität,

[1] In: Internationales Jahrbuch der Gemäldeauktionen für 1930, Berlin 1930, Seite XII.

[2] Hubert Wilm: Kunstsammler und Kunstmarkt, München, 1930, Seite 173.

die seit 1986 die Kunstmärkte von Mailand bis Stockholm, von Tokio bis New York belebt. In den dreißiger Jahren, die als ein Jahrzehnt der Preisberuhigung in die Marktannalen eingegangen sind, schufen Notverkäufe ein weltweites Überangebot erstrangiger Kunstwerke, das in der Ära der Devisenbewirtschaftung nur punktuell an Museen und Sammler abzusetzen war (die Hauptrolle spielten die von dem anglo-amerikanischen Bilderhändler Joseph Duveen beratenen amerikanischen Großsammler vom Schlage eines Samuel H. Kress oder Andrew W. Mellon).

Heute fließen schnell verdiente Summen aus Börsengeschäften, Firmentransaktionen, Termingeldern oder konstant erwirtschaftetem Überschuß in den Kunstmarkt - und, das ist die Schattenseite des Marktes der achtziger Jahre, aus dunklen Geschäften: Drogenhandel und Mafiagelder werden durch Kunstkäufe reingewaschen. Das wurde nicht erst 1988 in Frankreich offenbar, wo die japanische Mafia, bevor das französische Kultusministerium den Riegel vorschob, einen Teil ihrer Gelder in historische Adelssitze mitsamt des hochkarätigen Inventars investierte. Die achtziger Jahre sind das Jahrzehnt, in dem in nie gekanntem Ausmaß vagabundierendes Geld in den Kunstmarkt fließt.

In diesem Jahrzehnt gehen die internationalen Kunstmärkte ohne Zeitverzögerung mit der wirtschaftlichen Entwicklung im Gleichschritt. Die Gründe sind klar: Es fließt mehr Geld als je zuvor aus Anlage-Portfolios und Privatschatullen in den Kunstmarkt. Die insgesamt erfolgreichen Kunstverkäufe des British Rail Pension Fund regen zur Nachahmung an. Die amerikanischen Banken und Großkonzerne, allen voran die Chase Manhattan Bank (seit 1958) und IBM, die in Jahrzehnten selektiven „corporate collecting“ firmeneigene Mustersammlungen moderner Kunst erworben haben, werden weltweit zu Vorbildern. Die Deutsche Bank baut sich seit Mitte der achtziger Jahre in Frankfurt eine ebenso umfassende wie anregende Kollektion zeitgenössischer deutscher Kunst, ausschließlich Werke auf Papier, auf. Eine neue Welle von Kunstinvestment-Gesellschaften - dies analog zur Entwicklung in den Jahren 1969/70 - wächst aus dem Boden, den Blick fest auf British Rail gerichtet.

Im Juni 1989 gründen die ehemaligen Sotheby-Experten Marc Blondeau und Eric Turquin mit dem französischen Zeichnungen-Händler Bruno de Bayser in Paris die Kunstinvestment-Gesellschaft „Finacor Art", die Unternehmen im Bereich der Kunstanlage berät und Sammlungen aufbaut. Einen Monat später stellt sich in Mailand der neue Kunstfonds des Versteigerungshauses „Finarte" vor, der Anlagekapital in erstrangige Kunstwerke investieren will, die dann nach einer Karenzzeit von durchschnittlich sieben Jahren wieder versteigert oder verkauft werden sollen. Im September folgt die Banque Nationale de Paris, die unter dem Namen „BNP Arts" eine Sammlung französischer Kunst des 16. bis 19. Jahrhunderts aufbaut, eine Kollektion, an der Firmen und Privatinteressenten mit Mindestanteilen von je 250 000 Francs Miteigentum erwerben können. Die letzte Kunstinvestment-Gründung in diesem ereignisreichen Jahrzehnt ist die japanische „Aska", der Kunstzweig der Finanzgesellschaft Aichi Corporation (siehe Seiten 25, 26).

Die Amerikaner, seit je stärkste Verfechter einer legitimen Kunstinvestition, hatten diesen Gedanken schon Ende der siebziger Jahre aufgegriffen, als die New Yorker Citibank im Zuge einer breiten Diversifikationsstrategie in Kooperation mit Sotheby Parke Bernet einen Kunst-Beratungsdienst einrichtete und auf den internationalen Auktionen Werke alter und impressionistischer Kunst ersteigerte. Citibank vertrat schon damals eine heute noch gültige Maxime: Sie riet ihren kunstinteressierten Klienten, nicht mehr als 10 Prozent des Gesamtvermögens in Kunst anzulegen. Im Februar 1990 wurde ein Beratungsbüro in London eröffnet. Im Frühjahr 1989 gründete die Chase Manhattan Corporation einen „Chase Manhattan Fund" mit einem Gesamtvolumen von 300 Millionen Dollar, der sich aus Mindesteinlagen von je 10 Millionen Dollar aus den Geldern investitionsfreudiger Pensionsfonds rekrutieren sollte, doch dieser Plan wurde nach geballter Kritik aus den Reihen des amerikanischen Kunsthandels vorerst auf Eis gelegt.

Diese Praxis ist ein Konglomerat aus den Strategien von British Rail und der 1970 in Luxemburg gegründeten „Artemis S.A.", die seit 20 Jahren erfolgreich auf dem Weltkunstmarkt kauft und verkauft und damit das älteste lebendige Modell für ein an der Börse notiertes Kunstmarktunternehmen ist - kein Kunstinvestmentfonds, sondern eine mit einem Ring internationaler Kunsthändler zusammenarbeitende Kunsthandelsgesellschaft, die (hauptsächlich in ihrer Londoner Hauptgalerie) Ausstellungen organisiert und die für den eigenen Bestand erworbene museumswürdige Kunst über die einzelnen Spezialhändler verkaufen läßt. Zu den Hauptklienten dieses vorwiegend im Bereich Antiken, Alte Meister, Graphik, Moderne des 19. Jahrhunderts operierenden Unternehmens (Buchwert des Kunstvermögens 1989: 21 Millionen Dollar) gehören amerikanische Museen und Privatsammler.

Die Aktivitäten der Kunstinvestmentfonds und das in den achtziger Jahren kultivierte Anlagebewußtsein zeigen, wie eng die Kunstmärkte heute mit dem Wirtschaftsleben - hier mit den auf Diversifikation bedachten Geldmärkten - verflochten sind. Man darf über allem jedoch nicht vergessen, daß der Kunstmarkt als Ganzes ein Gebilde ist, das zwar wirtschaftlichen Gesetzmäßigkeiten und finanziellem Kalkül folgt, aber im Gegensatz zu allen anderen Märkten einer nicht beliebig vermehrbaren Ware verbunden ist, die noch dazu einem ebenso wechselhaften wie autonomen Diktat unterworfen ist: dem des Geschmacks. Wandlungen des Geschmacks, individuelle Sammelleidenschaft, aber auch Statusbedürfnis prägen das Geschäft mit der Kunst seit Anbeginn. In wirtschaftlichen Blütezeiten kam der Investitionsgedanke hinzu. Belege dafür sind das schon fast manische Interesse an griechischer Plastik im römischen Weltreich, in dessen Gefolge sich die erste große Fälscherindustrie der Kunstmarktgeschichte zu etablieren begann, die Bilderspekulation in den Niederlanden des 17. Jahrhunderts und der Aufbau großer Sammlungen im deutschen Reich der Gründerjahre und der Goldmark-Ära.

Neben Geschmack und Mode, deren jüngstes Produkt die seit über zehn Jahren andauernde Stilleben-Euphorie ist, bestimmen vor allem kunsthistorische und konservatorische Gesichtspunkte den Preis eines Kunstwerkes, einer Antiquität. Da ergibt sich die Frage, welche Stellung innerhalb des Gesamtwerkes eines bestimmen Künstlers das Marktobjekt hat. Ist es in der Wissenschaft verankert, gibt es vergleichbare Museumswerke? Kommt es aus berühmten Sammlungen (Provenienzliste oder Pedegree)? Ebenfalls nicht unerheblich ist, ob das betreffende Objekt vor kurzer Zeit schon einmal oder gar mehrfach auf dem Markt gewesen ist, ob es von einem Händler zum anderen gewandert ist oder gar vom Handel, und nicht direkt aus Privatbesitz, in eine Auktion eingeliefert wurde. Der internationale Markt wird immer, und das gilt auch heute, in der Zeit der raschen Marktwiederkehr, das sogenannte „marktfrische" Objekt höher bewerten als die „Wandervögel" mit jüngerer Marktgeschichte.

Ich schicke diese Bemerkungen voraus, weil sich in den achtziger Jahren die Wirtschaftsanalytiker des Marktes angenommen haben und dabei, statt Transparenz zu stiften, mehr zur Verwirrung beitragen. Ihr Kardinalfehler ist, daß sie nicht auf die Kunst und deren oben skizzierte Marktvoraussetzungen, sondern auf ein blankes Zahlenspiel fixiert sind. Die nicht minder analysebedürftigen Umstände, die zu der jeweiligen Preisbildung führen, werden ausgeklammert. Allen jenen, die den Kunstmarkt primär als Wirtschaftsphänomen begreifen, sei noch einmal ins Stammbuch geschrieben: Kunstpreise sind keine Börsennotierungen, keine abstrakten Ziffern. Mehr als in jedem anderen Wirtschaftszweig sind ihnen Geschmack, Aura, ästhetische und historische Wertung verbunden.

Es ist Mode geworden, den Kunstmarkt mit der Börse zu vergleichen. Kunstpreise spiegeln das aktuelle Verhältnis von Angebot und Nachfrage wider, insofern sind sie marktverbunden. Doch es bleibt wichtig festzuhalten, daß Kunstwerke nicht wie Börsenpapiere vermehrbar und verfügbar sind. Kaum ein Objekt gleicht dem anderen: Bild ist nicht gleich Bild, Silberpokale sind nie identisch, bei Möbeln gibt es Dekor- und Restaurierungsunterschiede, bei der klassischen Graphik schaffen die verschiedenen Druckzustände verschiedene Bewertungsgrundlagen. Ein weiterer wichtiger Aspekt, der die Kunstmärkte von den anderen Märkten unterscheidet: Kunst hat keinen Tageswert, der eine objektive Bewertung gestattet. Auch Auktionspreise sind manipulierbar, wie wir an

Ein fiktiver Preis: Der australische Verleger Alan Bond ersteigerte im November 1987 mit einem Sotheby-Kredit van Goghs Irisgemälde und konnte es nicht bezahlen. Seit März 1990 hängt das 1889 entstandene Bild aus der Sammlung John Whitney Payson im J. Paul Getty Museum.

dem angeblichen „Weltrekord“ für van Goghs „Schwertlilien“ gesehen haben. Dennoch müssen wir sie als wichtigste Preisindikatoren akzeptieren, besonders dann, wenn ein und dasselbe Werk innerhalb einer bestimmten Periode mehrfach auf der Auktionsbühne erschien. Dann, und nur dann rechtfertigen sich Aussagen über Wertsteigerung oder Wertverlust, obwohl auch in einer solchen rein ökonomisch motivierten Betrachtungsweise die besonderen Umstände, die zur Preisbildung beitragen, unberücksichtigt bleiben.

Es läßt sich für den, der nicht dabei war, kaum nachvollziehen, warum in einer bestimmten Auktion ein bestimmtes Kunstwerk einen ganz bestimmten Preis erzielte. Wieviel Bieter waren im Saal, wieviel am Telefon? Wurde nur ein einziger Bieter vom Auktionator über die Reserve (den vom Einlieferer festgelegten Min-

Authentizitätszweifel können den Absatz auch eines hochrangigen Kunstwerkes erheblich belasten. Diese spekulativ verteuerte „Bernini"-Büste mit schillernder Marktgeschichte mußte in einer New Yorker Christie-Auktion zurückgehen.

destpreis) gelockt? Waren die Preiserwartungen zu hoch? Hatte das Kunstwerk Erhaltungsmängel? Gab es Authentizitätsprobleme wie bei jener Marmorbüste des Papstes Gregor XV., die am 10. Januar 1990 bei Christie in New York durchfiel? 1978 war sie bei Christie als anonymes Werk für 85 Pfund an einen Antiquitätenhändler versteigert worden, der sie für 280 Pfund an einen Londoner Antiquar weitergab. Zwei Jahre war sie dann im Londoner

Victoria and Albert Museum der Forschung zugänglich, die sie nur zum Teil als Werk des römischen Barockbildhauers Gianlorenzo Bernini akzeptierte. Am 11. Dezember 1980 wurde sie bei Sotheby für 120 000 Pfund an den Londoner Händler Norman Leitman versteigert, der sie drei Jahre später nach Erteilung einer britischen Exportlizenz für 2,87 Millionen Pfund an den kanadischen Sammler Joseph Tannenbaum weitergab. Dessen Erben gaben die Marmorbüste 1990 in die Christie-Auktion, wo sie mit 7 Millionen Dollar beziffert war. Schon in der Ausfuhrbegründung des britischen Exportkomitees kamen Authentizitäts-Zweifel zum Ausdruck, die sich vor allem auf die allzu glatte, mechanische Machart des Gewandes bezogen. Die durch eine spekulative Provenienz eher verstärkten Zweifel bewirkten diesen Auktions-Flop.

Dieser Fall zeigt, daß der Kunstmarkt kein dynamisches Eigenleben führt. In dem Maße, in dem er an die Entwicklung der Weltwirtschaft gekoppelt ist, ist er kunsthistorischen und ästhetischen Werturteilen verpflichtet. Ohne sie läßt Preisentwicklung sich nicht nachvollziehen. Die jüngsten Versuche von Wirtschaftswissenschaftlern, aus dem Vergleich nackter Auktionserlöse mit der Zinseszinsformel Wertverlust oder „Rendite" eines bestimmten Kunstwerks, das nach einer gewissen Periode wieder auf den Markt kommt, zu errechnen und diese dann gar mit der Realrendite aus Staatspapieren zu vergleichen, sind daher müßig. Sie negieren das ästhetische Fundament, die Bedingungen und Voraussetzungen, unter denen Kunstpreise entstehen. Die Nivellierung schreitet fort. Über dem Preis wird vielfach die Kunst selbst vergessen. Das führt dann vielfach zu solch paradoxen Erscheinungen wie der Mitteilung im „Art Sales Index", daß in der Saison 1988/89 Ölgemälde von Renoir einen Durchschnittspreis von 3 312 Pfund pro Quadratinch erzielt haben. Man kann heute, in der Ära der sich jagenden Millionenpreise, davon ausgehen, daß es gerade diese Hochpreise sind, die den Kunstmärkten neue Klienten zugeführt haben: Sieg des Geldes über die Ästhetik.

Die Entwicklung des Kunstmarktes in den achtziger Jahren ist ein getreues Spiegelbild des Wirtschaftslebens. Aufschwung und

Krise entsprechen den internationalen Konjunkturzyklen, eine Entwicklung, die schon 1975 zu registrieren war, als die Umsätze der beiden Auktionsriesen Sotheby und Christie sich drastisch verringerten: Von 90 auf 75 Millionen Pfund bei Sotheby und von 44 auf 33 Millionen bei Christie. Ein ähnliches Krisentief, wenn auch nicht in diesem Ausmaß, gab es in der Kunstmarktsaison 1981/82: Bei Sotheby gingen die Umsätze um 25 Prozent, bei Christie um 10 Prozent zurück. Es war die Phase hoher Leistungsbilanzdefizite und einer weltweiten Hochzinspolitik, die die für den Kunstmarkt lebenswichtige Liquidität blockierte. 1983 folgte der kontinuierliche Aufschwung, der mit dem Fall der Zinsen, der bis 1987 stetigen Aufwärtsentwicklung der Aktien und Überschüssen in der Außenhandelsbilanz einherging. Der Preisauftrieb in den Industrieländern schwächte sich von 10 auf 7,5 Prozent ab. Unter den westlichen Industrieländern ist Japan 1982/83 mit einer Teuerungsrate von nur 2,7 Prozent das preisstabilste Land. Das ist mit dem Aufschwung der Tokioter Börse und der starken Position des Yen auf den Devisen-Märkten der Schlüssel für das starke japanische Engagement auf dem Kunstmarkt der achtziger Jahre.

Auch die kräftigen Kursgewinne an den amerikanischen Aktienmärkten bis 1987 und dann wieder 1989 beleben das Kunstgeschäft, vor allem in den Sammelgebieten Impressionisten, moderne und zeitgenössische Kunst. Analog zur Tendenz auf den Aktienmärkten setzt ein Run auf die „blue chips" des Kunstmarkts ein: Picasso, van Gogh, Renoir, Monet, Jasper Johns sind die Renner. Ihre Hochpreis-Bilder werden zu rezessionssicher geltenden nichtzyklischen Konsumwerten. Die Inflationsmentalität, die noch bis tief in die siebziger Jahre herrschte („Kunst schlägt Gold"), ist knallhartem Investitionsdenken gewichen: Kunst ist nicht mehr der vorwiegend ästhetische, Rendite bringende Inflationsschutz. Kunst ist jetzt ein Hauptinstrument der Vermögensbildung und Vermögenssteigerung. Diese Tendenz triumphiert an den Kunstmärkten aller Industrienationen. Kunst wird zum Pegel des Wohlstandes dieser Nationen und damit ein Wirtschaftsfaktor sui generis.

Alte Märkte, neue Märkte:

Eine Chronik der 80er Jahre

Geld spielt keine Rolle - so oder so ähnlich könnte man die Kunstmarktenwicklung der achtziger Jahre überschreiben. Eine alte Marktweisheit besagt, daß die Kunst von überflüssigem Geld lebt, und das gab es seit Ende der Hochzinsphase 1982 genug; in Japan, in den USA, in den westlichen Industrienationen von Schweden bis Italien. Der steigende Kunstkonsum, in den sich nicht nur institutionelle Anleger, sondern auch eine neue Schicht generalstabsmäßig vorgehender Großsammler vom Schlage Charles Saatchi, Erich Marx oder Hans Thulin eingeschaltet haben, hat den internationalen Märkten einen grandiosen Objektfluß beschert. Entlegenste Ressourcen wurden ausgeschöpft (das zeigt etwa das Wachstum der französischen Provinzauktionen) und bekannte Quellen angezapft: In keiner Marktperiode unseres Jahrhunderts hat es einen solch heftigen, durch ungetrübtes Wachstum motivierten Rückfluß bedeutender Objekte vom Impressionistengemälde bis zum Beuys-Multiple, vom gotischen Silberpokal bis zum Rietveld-Stuhl gegeben. Dabei haben sich nicht allein die Auktionen als Absatzpodium bewährt, auch durch die Expansion des Messegeschäfts und die Gründung neuer Messen wurden neue Märkte geschaffen und neues Interesse geweckt.

Die europäische Messelandschaft ist gegenüber den siebziger Jahren in eine inflatorische Phase getreten. In London gibt es, abgesehen von der altehrwürdigen Nationalmesse im Grosvenor House (alljährlich im Juni), jeden zweiten Monat eine Sondermesse: von der Contemporary Art Fair Ende Januar bis zur Print Fair im Dezember. In Paris hat sich in Konkurrenz zur alle zwei Jahre im Grand Palais organisierten „Biennale des Antiquaires", aus der 1989 die sechs wichtigsten Pariser Händler für Möbel und Objets d'art ausgetreten sind, ein „Salon de Mars" im Schlagschatten des Eiffelturms gebildet, der nicht minder ambitioniert daherkommt. In Italien hat die im Biennale-Rhythmus stattfindende Florentiner „Mostra Mercato", deren Internationalität nach wie vor durch Zollprobleme belastet wird, in der Mailänder Antiquitätenmesse einen Konkurrenten gefunden. In den Niederlanden hat sich die ehemalige „Pictura" auf dem neuen Maastrichter Messegelände mit internationalen Kunst- und Antiquitätenhändlern zu einer selbst von Sammlern der USA frequentierten Heerschau namens „European Fine Art Fair" formiert. Mit ihren 30 Bilderhändlern bietet sie den größten und wichtigsten Überblick über den Weltmarkt der Altmeistergemälde. Die ehrwürdige Delfter Messe, die seit 40 Jahren ein nunmehr geschmacksstrategisch ausgereiztes Programm zwischen Altmeistergemälden, holländischem Silber, Delfter Fayence und Chinaporzellan bietet, hat seit 1988 eine Gegenveranstaltung im Amsterdamer Messegelände: hier präsentieren sich jene Händler, die nach einer Spaltung des nationalen Kunsthandelsverbands für eine (bis 1989 nicht geglückte) Erneuerung plädierten. In New York wurde 1989 die erste, von der Art Dealers Association of America in der Armory der Park Avenue abgehaltene Kunst- und Antiquitätenmesse auf Anhieb ein Erfolg: Das offizielle Verkaufsvolumen lag bei 30 Millionen Dollar.

Die größte Messeexplosion hat die Bundesrepublik Deutschland zu verkraften. Neben den drei etablierten, vom Bundesverband des Deutschen Kunst- und Antiquitätenhandels getragenen Messen in Köln/Düsseldorf, Hannover, München und einer Fülle von Regionalmessen wurde 1987 in Frankfurt – einer Stadt, in der sich viel Geld konzentriert, aber ein noch immer unterentwickelter Kunstmarkt besteht – eine neue Antiquitätenmesse gegründet, die 1989 Bundesweihe erhielt. Viel früher, im Jahre 1982, wurde in Berlin eine Verkaufsschau aus dem Boden gestampft, der vor allen anderen Handelsmanifestationen das Verdienst gebührt, jene Geschmackspflege und -förderung betrieben zu haben, die man bei anderen Messen meist vermißt. In sieben Veranstaltungen wurde das alte Kojenprinzip durch epochenbezogene, den musealen Gleichklang suchende Präsentation aufgehoben: eine Nobilitierung des Marktes in einer marktkühlen Ära. Als die „Orangerie" 1988 parallel zum Berliner Weltwirtschaftsgipfel internationalisiert wurde, legten die deutschen Kunsthandelsverbände ihr Veto ein, obwohl dies bereits ein logischer Vorgriff auf den ab 1993 auch für internationale Gruppierungen offenen Binnenmarkt Europa war. Erst im April 1990, gleichsam fünf Minuten vor zwölf, beschloß der Bundesverband des Deutschen Kunst- und Antiquitätenhandels einstimmig, die deutschen Messen ausländischen Ausstellern zu öffnen.

Die erste Kunsthandelsschau „Orangerie" im September 1982 in der Orangerie des Charlottenburger Schlosses.

Noch mehr als bei den Antiquitätenmessen hat sich auf dem Pflaster der Moderne getan. Die Vorreiterin, die 1967 als „Kölner Kunstmarkt" gegründete und jetzige „Art Cologne", ist nach einer vorübergehenden Reduzierung auf 100 Galerien wieder auf das Doppelte angeschwollen. Ende der achtziger Jahre ist die Stimmung gut, der Umsatz animierend. Alle Moderne-Märkte, auch die international bedeutendere Basler „ART", zehren von der Investitionseuphorie für moderne und zeitgenössische Kunst. Das gilt auch für die alljährlich im Mai abgehaltene Chicagoer Messe, die auf amerikanische Großsammler zugeschnitten ist und 1989 ihr Zehnjähriges beging. Die Dezember-Messe von Los Angeles (seit 1988) kann ihr nicht das Wasser reichen. Die 1974 gegründete Pariser FIAC (Oktober) ist Frankreichs wichtigste Marktmanifestation. Mit einem alljährlich wechselnden Länderschwerpunkt setzt sie sich von der Statik ihrer Mitbewerber um prall gefüllte Kunstportefeuilles ab, über Besuchermangel (1989: 140 000 verkaufte Eintrittskarten) kann sie sich auch nicht beklagen. 1989 wurden nach einem offiziellen Bulletin rund 400 Millionen Francs umgesetzt. Von wachsender Bedeutung für den erst gegen Ende des Jahrzehnts erblühten spanischen Kunstmarkt ist die Madrider Moderne-Messe „Arco" (eine Abkürzung für Arte Contemporaneo), die jeweils in der zweiten Februarhälfte abgehalten wird. Mit 119 000 Besuchern lag sie 1989 auf dem zweiten Platz meßbarer Resonanz. Im Februar 1990 wurden bereits 142 000 Besucher gezählt, und unter den internationalen Ausstellern lag das deutsche und amerikanische Kontingent mit 31 und 21 Ausstellern ganz vorn.

Von solchen Zahlen kann die 1989 aus dem Boden gestampfte „Art Frankfurt" nur träumen. Mit einheitlicher Kojengröße und einem Faible für junge, noch nicht mit dem Messebetrieb verwachsene Galerien setzt sie einen entwicklungsfähigen Kontrapunkt. Frankfurt als künftige Kunstmarktstadt kann vor allem von dieser Messe profitieren. Ein völlig anderes, puristisches Gesicht hat die von Zürich nach Hamburg und 1990 schließlich nach Düsseldorf gewechselte „Forum"-Messe zeitgenössischer Kunst, die ein straffes Programm der Einzelkünstler anstelle des üblichen Kojensalats propagiert, aber stets mit zu viel marginaler Kunst durchsetzt ist. So liefert jede dieser Messen ihren ganz speziellen Beitrag zum Marktgeschehen. Wenn wir noch die rund 50 Regionalmessen in den europäischen Ländern hinzunehmen, so ergibt sich für die achtziger Jahre ein inflationistisches Bild: Die Explosion der Messemärkte hat mit dem Auftrieb der Auktionen die Entpersönlichung des Marktes begünstigt. Diese Zeit hat mehr den Markt als den Geschmack gefördert. In den neunziger Jahren sollte es umgekehrt sein.

Ab 1993 gibt es den europäischen Binnenmarkt, der auch das Kunstmarktgeschehen beeinflussen wird. Kooperationen internationaler Versteigerungshäuser, eine Internationalisierung der Messelandschaft, die Gründung von Galeriedependancen ist zu erwarten. In welchem Maße sich dies alles realisieren läßt, hängt von der Egalisierung der Steuer- und Zollgesetze ab. Doch eine Aufbruchstimmung, die durch die osteuropäischen Revolutionen und durch die Öffnung der DDR gefördert wird, beflügelt schon 1990 den europäischen Kunstmarkt. Aus dem Gestern können wir für das Morgen lernen. Es ist daher wichtig, in großen Zügen die jüngere Marktentwicklung zu rekapitulieren. Der Schlußpunkt meines Buchs „Die Kunstmärkte“[1] war die Londoner Versteigerung der Sammlung Robert von Hirsch im Juni 1978, in der während sechs Versteigerungstagen bei Sotheby 18,4 Millionen Pfund (78 Millionen DM) eingenommen wurden. Diese Auktion, die dem britischen Auktionswesen einen Triumph der Publizität bescherte, ist der Ausgangspunkt für einen Rückblick auf die internationale Kunstmarktentwicklung der achtziger Jahre.

1977/78:

Im Juni 1977, kurz vor Ende der Kunstmarktsaison 1976/77, war der Branchenführer Sotheby in eine Aktiengesellschaft umgewandelt worden. Als Fazit der Saison 1977/78 resümiert Sotheby-Direktor Peter Wilson: „Unser Ziel, Kunst in das Leben von Menschen aller Einkommensschichten zu bringen, wurde durch die Tatsache erreicht, daß in dieser Saison 62 Prozent der versteigerten Lose für 200 Pfund oder weniger zugeschlagen wurden.“ Hongkong ist in dieser Marktperiode zu einem Hauptumschlagplatz für chinesische Kunst, vor allem chinesische Keramik geworden. Monaco wird von Sotheby zum Versteigerungszentrum für französische

[1] Christian Herchenröder, Die Kunstmärkte, 2. Auflage, Düsseldorf 1979; unveränderter Nachdruck, Düsseldorf 1990.

Möbel ausgebaut. Bei Sotheby bringen in dieser Saison impressionistische und moderne Kunst die höchsten Umsätze (23 Millionen Pfund). Christie debütierte im Mai 1977 in New York und hat mit 53 Auktionen und einem Gesamtergebnis von 33 Millionen Dollar seine erste komplette Saison in der Park Avenue. Sie führen das 10prozentige Auktionsaufgeld in Amerika ein (Sotheby verlangt diese Käufergebühr erst ab 1979). Sothebys amerikanische Auktionen bringen eine Umsatzsteigerung von 38 Prozent. Bei Christie bringen alte Meister und viktorianische Gemälde mit 19,1 Millionen Pfund (gegenüber 10,7 Millionen Pfund in 1976/77) den größten Umsatzgewinn. Die Japaner, die seit der Rezession 1974/75 abstinent waren, kehren vorsichtig in den Markt zurück, vor allem in dem traditionellen Sammelfeld der Ostasiatica. Den Höchstpreis der Saison von 165 000 Pfund (640 000 DM) bietet der japanische Privatsammler S. Matsuoka im Juli 1978 für einen blauweißen Ming-Teller. Teuerster Zuschlag der Saison sind die 1,32 Millionen Pfund (5,6 Millionen DM), die das Emailmedaillon mit der Operatio im Juni 1978 in der Londoner Hirsch-Auktion bringt.

1978/79:

Am Ende dieser Saison verkündet Sotheby, daß ausländische Auktionseinlieferungen mehr als 30 Prozent des Gesamtumsatzes in den Londoner Auktionssälen ausmachen. Peter Wilson resümiert: „London behauptet sich als das anerkannte Zentrum für den Kunstmarkt der ganzen Welt." Die höchsten Umsatzsteigerungen dieser Marktphase bescheren die Auktionen in Monaco, allen voran die Versteigerung der Wildenstein-Möbel, nun im Besitz von Akkram Ojjeh, die 54,5 Millionen Francs einspielen. Americana haben mit 16,7 Millionen Dollar eine brillante Saison an der Madison Avenue. Die Christie-Umsätze überspringen mit 110 Millionen Pfund erstmals die 100-Millionen-Hürde (das Haus hält in dieser Saison weltweit 1372 Auktionen ab). Der höchste je in Amerika gebotene Auktionspreis wird bei Christie in New York registriert: 800 000 Dollar für ein Mondrian-Gemälde von 1928. Auch in London erzielt Christie den höchsten Einzelzuschlag: Für 792 000 Pfund (3,2 Millionen DM) ersteigert im Juli

1979 ein britischer Sammler das Matisse-Gemälde „Le jeune Marin". Mit insgesamt 18,6 Millionen Pfund nehmen die weltweiten Juwelenauktionen eine starke Position im Christie-Programm ein. Bei Sotheby liegen nach wie vor die Impressionisten ganz vorn (27 Millionen Pfund). In dieser Saison hat Londons Drittgrößter, Phillips, mit über 30 Millionen Pfund die höchste Umsatzsteigerung (26 Prozent) zu verzeichnen: Signum eines auch im Mittelfeld gesunden Marktes.

1979/80:
Beide Auktionsriesen Sotheby und Christie registrieren in den US-Auktionen eine ungewöhnlich nationale Kauflust: Rund 65 Prozent der Käufer in den New Yorker Prestigeauktionen sind amerikanische Privatsammler. In London dagegen dominiert noch der Handel. Im Dezember 1979, nach den Londoner Impressionisten- und Moderne-Auktionen, erscheint in der „Times" die Schlagzeile: „New York übernimmt von London die führende Rolle als Auktionszentrum." Sie bezieht sich auf die gerade veröffentlichten Herbstumsätze, die bei Sotheby um 10 Millionen Pfund über den Londoner Erlösen liegen. Die Wechselkursveränderungen (Pfund Sterling versus Dollar) spielen bei der Umsatzentwicklung eine immer größere Rolle. Im Februar 1980 gibt Peter Wilson, Vater der Sotheby-Expansion und des aggressiven Auktions-Marketing, seine Position als Chairman von Sotheby nach 21 Jahren auf. Lord Westmorland, Vetter der englischen Königin, folgt ihm. Als Wilson 1958 bei Sotheby zu regieren begann, lag der Gesamtumsatz des Hauses bei 5,8 Millionen Pfund (damals rund 64 Millionen DM), zum Saisonende 1979/80 sind es 241,8 Millionen Pfund (991 Millionen DM). Trotz der Rezession im amerikanischen Baugewerbe und in der Autoindustrie blüht das New Yorker Auktionsgeschäft wie nie zuvor. Sothebys USA-Umsätze steigen um 100 Millionen Dollar auf rund 250 Millionen Dollar. Bei Christie verdoppeln sich die New Yorker Umsätze auf 113 Millionen Dollar. In England herrscht bereits Rezession, die Inflationsrate liegt hier bei 21 Prozent. Das Pfund ist überbewertet und schreckt ausländische Käufer ab. Bei beiden Branchenführern

schrumpfen die Vorsteuergewinne. Bei Christie in New York wird im Mai 1980 ein Millionenpreis für ein van Gogh-Gemälde geboten: „Le Jardin du Poète, Arles" aus der Sammlung Henry Ford II bringt 5,72 Millionen Dollar (10,2 Millionen DM). Der höchste Auktionspreis der Saison sind die 7,04 Millionen Dollar (12,6 Millionen DM), die die argentinische Millionärin Amalia La Croze de Fortabat im Mai in William Turners Venedig-Gemälde „Juliet and her Nurse" investiert. Am 5. November 1979 wird bei Neumeister in München die Skulpturensammlung Richard Oertel versteigert: 67 Lose bringen 5,1 Millionen DM, die Hauptstücke gehen in deutsche Museen. Im Februar 1980 veranstaltet Christie mit mäßigem Erfolg eine gemischte Auktion in Tokio. Im März 1980 eröffnet Sotheby im Tokioter Warenhaus Seibu eine japanische Repräsentanz.

1980/81:

Am 27. September 1980 eröffnet Sotheby seinen neuen New Yorker Stützpunkt in der York Avenue. Gleichzeitig wird bekannt, daß die Sotheby-Nachsteuergewinne im Geschäftsjahr September 1979 bis 1980 von 3,66 auf 3,27 Millionen Pfund rückläufig sind. Die Expansion und die Einführung eines Computer-Systems kosten Sotheby in der Saison 1980/81 rund 13 Millionen Pfund. Im Herbst 1980 beginnt die weltweite Hochzinsphase. Vor allem im mittleren Marktsegment gibt es mehr Material als Käufer. Privatsammler halten sich stärker denn je zurück. Vor allem in den Londoner Auktionssälen sinken die Umsätze. Von 527 Millionen Pfund an weltweiten Umsätzen der großen „Londoner Drei" - Sotheby, Christie und Phillips - entfallen 236 Millionen Pfund auf New York und 203 Millionen auf London (der Rest auf Auktionen in anderen Ländern). Sotheby hält erstmals Auktionen in Genf ab. Obwohl die Zinsen in den USA bei über 20 Prozent liegen, ist hier noch kein Abflauen des Sammelbooms in Sicht. Er betrifft vor allem die Topware, die von nun an ihre unangefochtene Spitzenstellung auf den Weltmärkten behaupten kann. Bei Sotheby hat die amerikanische Malerei einen Zuwachs von 115 Prozent zu verzeichnen. Die höchsten Preise der Saison sind 11,3 Millionen

Schweizer Franken (November 1979, Sotheby Genf) für ein Paar Diamant-Ohrringe von 58.60 und 61.86 Karat, 2,2 Millionen Pfund (knapp 10 Millionen DM) für ein Leonardo da Vinci-Manuskript bei Christie in London und 5,83 Millionen Dollar bei Sotheby in New York für Picassos Selbstporträt „Yo Picasso": zu der Zeit höchster Auktionspreis für ein Gemälde des 20. Jahrhunderts. Im Juni 1981 wird bei Karl & Faber in München die Sammlung Reinhard Piper versteigert: 448 Katalognummern, Graphik von Barlach, Beckmann und anderen Expressionisten bringen 3,3 Millionen DM. Christie und Sotheby hatten zu Beginn der Saison 1976/77 das 10prozentige Aufgeld bei Auktionskäufen eingeführt. Auf Druck der Kunsthändler-Lobby und als ein Zeichen guten Willens senkt Christie zum 1. Januar 1981 diese Auktionsgebühr auf 8 Prozent, während Sotheby bei den 10 Prozent bleibt. In der Saison 1986/87 kehrt Christie zum 10prozentigen Aufgeld zurück.

1981/82:

Die Rezession in USA, England, Schweiz und der Bundesrepublik belastet nachhaltig den Kunstabsatz in dieser Saison. Hinzu kommt, daß auf den Weltmärkten weit weniger bedeutendes Material und weniger wichtige Sammlungen als in den Vorjahren erscheinen. Im Oktober meldet Deutschlands bedeutendste Kunst- und Antiquitätenmesse in München einen drastischen Rückgang der Verkäufe. Das Geschäft wird aufwendiger, gleichzeitig nimmt die effektive Gewinnspanne ab. Hauptbeispiele sind Sotheby und Christie. Bei Christie sinken die Gewinne von 7 auf 5,3 Millionen Pfund; Sotheby muß einen Vorsteuer-Verlust von 3,06 Millionen Pfund verkraften. Der Branchenriese verordnet sich eine drastische Abmagerungskur: Die 1971 eröffnete, auf Kunst und Kunstgewerbe des 19. Jahrhunderts spezialisierte Londoner Dependance Belgravia wird zum Ende der Saison geschlossen. Die Nebengalerie an der New Yorker 84. Straße wird aufgegeben. Die Sotheby-Belegschaft wird von 2000 auf 1400 Mitarbeiter reduziert. Hauptindizien der Rezession in dieser Saison: Der fünftgrößte Diamant der Welt von 234.65 Karat (der „gelbe de

Beers“) geht bei Sotheby in Genf zurück. In den Londoner Moderne-Auktionen Ende März 1982 gehen bis zu 70 Prozent der Einlieferungen zurück. Zum Ende dieser Periode ist die Entwicklung gegenläufig, vor allem was die zeitgenössische Kunst betrifft. Der Umsatz der New Yorker Christie-Auktionen „Contemporary Art“ steigt von 6,3 auf 7,5 Millionen Dollar. Die Kasseler „documenta 7“, die unter starkem Einfluß der Galerien steht, heizt in einer nie dagewesenen Form den Konsum für junge Kunst an. In den deutschen Galerien gibt es eine Hausse für Malerei der sogenannten „Neuen Wilden“. Die USA, wo die Wirtschaftskrise einen nicht so tiefen Einschnitt bedeutet, werden zum Mekka europäischer Händler. Europäische Kunst-und Antiquitätenhandlungen wie Richard Green, Colnaghi, Terry-Engell, Noortman & Brod (alle London), Segoura, Didier Aaron (Paris) eröffnen Zweiggalerien in New York. Die Hälfte davon wird nach drei Jahren wieder geschlossen, weil der Unterhalt zu aufwendig ist.

Seit 1983 Sotheby-Chef: Alfred Taubman vor Vincent van Goghs „Landschaft mit aufgehender Sonne“, die im April 1985 in der New Yorker Gould-Auktion 9,9 Millionen Dollar erzielte.

1982/83:

Das gesamte Kunstmarktgeschehen dieser Saison wird von der Übernahme-Schlacht um das Haus Sotheby überschattet, die im Dezember 1982 beginnt. General Felt/Knoll International erwerben 14,2 Prozent des Aktienpakets und locken andere Großaktionäre mit Höchstpreisen zum Verkauf: am Ende besitzen sie 29,9 Prozent. Die Sotheby-Aktie, die im Sommer 1982 bereits auf 275 Pence gefallen war, steigt auf 522 Pence. Das Übernahme-Angebot der Knoll-Manager Swid und Cogan liegt bei 60,6 Millionen Pfund. Die Sotheby-Direktoren proben den Aufstand, sie drohen mit Rücktritt, falls die kunstfremden Amerikaner die Schlacht gewinnen. Der britische Handelsminister legt wegen „nationaler Interessen" sein Veto ein und übergibt den Fall der britischen Monopolkommission: Sotheby hat ein halbes Jahr gewonnen. Der angeschlagene Auktionsriese steht eigentlich gar nicht so schlecht da. Zwar hatte man beim Aktiengeschäft stets hohe Dividenden ausgeschüttet, ohne Rücklagen für magere Jahre zu bilden. Doch zum Jahreswechsel 1982/83 steht Verbindlichkeiten von 9 Millionen Pfund ein relativ hoher Liquiditätsposten von 11 Millionen gegenüber. Ein neuer anonymer Großinvestor betritt die Bühne. Es ist der amerikanische Immobilienfürst und „property developer" Alfred Taubman. Swid und Cogan offerieren ihm ihr Aktienpaket von 29,9 Prozent für 700 Pence pro Aktie. Am 20. September 1983 stellt sich Taubman der internationalen Presse als Sotheby-Chef vor. Er hat in den Erwerb des Branchenführers 83 Millionen Pfund investiert. Ein neues Management wird eingesetzt, in dem erfahrene Wirtschaftsköpfe den Ton angeben (ab Mai 1984 ist der im Immobiliensektor erfolgreiche Michael S. Ainslie Generalmanager, der von New York aus die Geschicke lenkt). Taubman gibt zu erkennen, daß er bei der Übernahme-Schlacht nicht allein gehandelt habe, sondern gemeinsam mit mehreren Großinvestoren, unter denen Henry Ford II (künftiger Vizepräsident des Unternehmens) und Max Fisher, ehemaliger Vorstandsvorsitzender von United Brands Co., in vorderster Reihe stehen. Die Übernahme war ein Gewinngeschäft, denn schon die Bilanz des am 31. August 1983 beendeten Geschäftsjahres weist einen Vorsteuergewinn von 5,1 Millionen Pfund aus. Sotheby wird in eine Privatgesellschaft zurückverwandelt, die Geschäftspolitik verliert deutlich an Transparenz.

Daß der Markt in dieser Saison merkliche Erholungszeichen aufweist, zeigt sich an einem 32,9prozentigen Umsatzplus bei Christie. Hier wird erstmals seit 15 Jahren in den Londoner Auktionssälen mehr umgesetzt als bei dem Erzkonkurrenten Sotheby: Christie nahm 115 Millionen, Sotheby nur 106 Millionen Pfund ein. Bei Christie verdoppelte sich der Umsatz für Impressionisten und Moderne von 17 auf 34 Millionen Pfund. Die weltweite Zinssenkung ermutigt die Auktionskäufer: In den New Yorker Mai-Auktionen von Christie und Sotheby (u. a. Impressionisten der Sammlung Havemeyer) gibt es einen starken amerikanischen Kaufwillen, der auch auf den Aufschwung der US-Wirtschaft zurückzuführen ist. Im September 1982 wird in Schloß Charlottenburg die von dem Berliner Kunsthändler Bernd Schultz initiierte „Orangerie" eröffnet, die erste europäische Kunsthandelsschau, auf der die Objekte nach Perioden und Sammelgebieten präsentiert werden.

1983/84:

Schon der Herbst 1983 zeigt den Kunstmarkt in guter Verfassung. Bei Sotheby steigen die Umsätze in den Monaten September bis Dezember um 70 Prozent, bei Christie um 50 Prozent, bei Phillips um 28 Prozent. Die neue Marktstärke wird durch mehrere Faktoren gestützt: den Großauftritt der Japaner in den Impressionisten- und Moderne-Auktionen in London, Deutschland und Bern, sowie den weltweiten Sammlerzuspruch und die Versteigerung marktbelebender Sammlungen. Investoren und Großsammler brechen die Vorherrschaft der Händler in den Auktionen. Die Tendenz zum gespaltenen Markt setzt sich durch: Höchstpreisen für Spitzenstücke in den Auktionen stehen Absatzprobleme in den Galerien und auf den Messen gegenüber, im mittleren Markt notiert Phillips „eine moderate Preisbewertung". Höhepunkte der Saison sind die Versteigerung des Evangeliars Heinrichs des Löwen bei Sotheby im Dezember 1983, das für 8,14 Millionen

Höhepunkt der Auktionssaison 1983/84: die Versteigerung des Evangeliars Heinrichs des Löwen bei Sotheby. Die Abbildung zeigt eine der ganzseitigen Miniaturen („Die Schöpfung“).

Pfund (32,2 Millionen DM) der Bundesrepublik Deutschland zugeschlagen wird; die New Yorker Sotheby-Auktion der Sammlung Wolf-Dreyfuss, in der elf Werke über 1 Million Dollar bringen; im Juli 1984 die Sotheby-Versteigerung des Turner-Gemäldes „Seascape Folkestone“ für 7,37 Millionen Pfund; die Chatsworth-Auktion von Altmeisterzeichnungen im Juli 1984 bei Christie, die 21,1 Millionen Pfund (79,5 Millionen DM) einspielt. Bei Lempertz in Köln kommt im Juni 1984 die Sammlung Walter Franz unter den Hammer, die 10,5 Millionen DM erlöst, Gemälde deutscher Impressionisten und Expressionisten werden mit Rekordpreisen (jeweils brutto knapp 1 Million für Nolde und Slevogt) bedacht. Am 3. Juni 1984 stirbt in Paris, 71jährig, Peter Wilson.

1984/85:

„Es sind Tonnen von Geld im Umlauf", charakterisiert John Marion, Chef des amerikanischen Sotheby-Zweigs, die Marktsituation. Der private Anlagewille im Bereich der Hochpreisobjekte nimmt zu. Gleichzeitig wachsen auch die Preisvorstellungen der Auktionseinlieferer: Die Saison ist von zahlreichen Rückgängen geprägt, die auf überzogene Reservepreise oder Limits zurückzuführen sind; die Londoner Impressionistenauktionen des Frühjahrs 1985, die zu trockenen Pflichtübungen werden, verzeichnen 40prozentige Rückgangsraten. Der größte Flop der Saison ist die Auktion der Altmeistersammlung Fee am 9. Mai 1985 bei Christie in New York, wo nur zwei von 20 Werken verkauft werden. Christies Vorsteuer-Gewinne steigen im Geschäftsjahr 1984 auf 17,25 Millionen Pfund. Bei Phillips zeigt sich in der Steigerung des Jahresumsatzes um 30 Prozent eine Erstarkung des Mittelfeldes. Im Impressionistenbereich ist die New Yorker Versteigerung der Sammlung Gould (April 1985 bei Sotheby) das Hauptereignis: sie erlöst 32,6 Millionen Dollar. Im November 1984 bringt bei Christie in Genf ein fancy-blauer 42,92karätiger Diamant den Rekordpreis von 40,8 Millionen Schweizer Franken. Sotheby pflegt stärker als je zuvor die Betreuung von Privatsammlern: In Amerika werden die hauseigenen Kunstkurse intensiviert und ein umstrittenes Kreditprogramm für Käufer, Verkäufer und Besitzer von Kunst eingeführt. Erklärtes Ziel des Hauses ist es, noch mehr als bisher den privaten Käufer unter Ausschaltung des Handels direkt anzusprechen. Englands Medien beklagen die „Amerikanisierung" des Kunstmarktes. Im Juli 1985 wird in New York ein Christie-Skandal aufgedeckt: Christies US-Direktor

Der erste Millionenzuschlag auf einer deutschen Nachkriegsauktion: Im Juni 1985 ersteigert der Würzburger Händler Albrecht Neuhaus bei Hauswedell & Nolte gegen Museumskonkurrenz das „Lüsterweibchen“ von Tilman Riemenschneider aus der Sammlung Pelikan.

David Bathurst hatte in einer Presseerklärung 1981 in New York zwei Millionenbilder von Van Gogh und Gauguin, die zurückgegangen waren, als verkauft gemeldet, um die Stabilität des Kunstmarktes nicht zu gefährden. Bathurst, der inzwischen Chairman des Londoner Auktionsriesen geworden ist, muß später zurücktreten. Die New Yorker Versteigerungsgesetze werden verschärft: Jeder Rückgang muß vom Auktionator in der jeweiligen Versteigerung mit der Aussage „passed" deklariert werden. Wichtigstes deutsches Saisonereignis ist die Hamburger Juni-Auktion 1985 bei Hauswedell & Nolte; hier steigt ein abgesichertes Werk von Tilman Riemenschneider, ein 55 cm hohes „Lüsterweibchen" aus der Kunstsammlung Pelikan, Hannover, auf netto 1,3 Millionen DM: der erste Millionenzuschlag auf einer deutschen Nachkriegs-Auktion.

1985/86:

Die Londoner Auktionshäuser haben in dieser Saison praktisch ein Nullwachstum. Starke Währungsfluktuationen und ein gewisses Abflauen der amerikanischen Kauflust prägen den Markt. Es fehlt an zugkräftigen Sammlungen und bezwingenden Spitzenobjekten. Zum erstenmal seit Jahren manifestiert sich deshalb eine Schwäche in der obersten Marktstufe. Der Geschäftsbericht von Christie (April 1986) weist Verluste auf: Der Vorsteuer-Gewinn sinkt von 17,25 auf 12,25 Millionen Pfund. Die schlechte Publizität um Bathurst und die aus Eigenmitteln finanzierte Umgestaltung der Londoner Zentrale belasten das Haus. In dieser Saison gibt es wiederholt Übernahme-Gerüchte. Dennoch wird die Expansion fortgesetzt. Erstmals werden Prestigeauktionen in Monaco abgehalten, allein die Debütveranstaltung mit Möbeln und Objets d'art der Sammlung Charles Clore im Dezember 1985 bringt Christie einen Umsatz von 45 Millionen Franc. Im Frühjahr 1986 stellt sich eine Besserung des Marktes besonders im Sammelgebiet Impressionisten und Moderne ein: Investitionskäufer geben den Ton an. Der größte Flop der Saison ist Sothebys erste Islamica-Auktion im Dezember 1985 in Dubai, in der die Rückgangsrate bei 90 Prozent liegt. Dafür wird der internationale Handel vom „Nanking-Fieber" erfaßt: Bei Christie in Amsterdam wird vom 28. April bis 2. Mai 1986 die Fracht eines im 17. Jahrhundert im südchinesischen Meer gesunkenen Schiffes versteigert. Die insgesamt 23 000 Stück blau-weißen chinesischen Porzellans werden lückenlos verkauft, der Gesamterlös liegt bei 37 Millionen Gulden.

1986/87:

Weltweiter Liquiditätsüberschuß sorgt für eine dramatische Verteuerung der Spitzenobjekte, vor allem im Bereich Impressionismus und Moderne. Christie kann in dieser Periode in London drei kapitale Gemälde vorweisen: im Dezember 1986 Manets „Rue Mosnier au Paveurs", im April 1987 van Goghs „Sonnenblumen", im Juli 1987 van Goghs „Pont de Trinquetaille", die zusammen 125 Millionen Mark erzielen. Die Saison wird durch eine überdimensionale Kaufbereitschaft der Japaner belebt, die sich auch in Paris und in der Juni-Auktion von Kornfeld in Bern (Gesamtumsatz: 18,3 Millionen Schweizer Franken) bedienen. Es kommen wieder bedeutende Sammlungen auf den Markt: Christie versteigert erneut Handzeichnungen aus Chatsworth, Sotheby löst in Genf mit großem Aplomb die Juwelensammlung der Herzogin von Windsor auf (Totalerlös: 75,4 Millionen Schweizer Franken). In den Londoner Handschriften-Auktionen erlöst Sotheby 9,1 Millionen Pfund und führt im Juni 1987 die ersten Auktionen mit Kunst aus dem Besitz des British Rail Pension Fund durch. Der große Sieger des international eher moderaten Messegeschehens ist die Basler „ART" im Juni 1987, auf der die klassische Moderne einen wahren Investitionsboom erlebt. Am 21. November 1986 findet in Berlin mit einem Ergebnis von 4,5 Millionen DM die erste Villa-Grisebach-Auktion statt: ein Zweckverband von vier deutschen Galerien (Pels-Leusden, Thomas, Neumann und Utermann), gegen die Übermacht der in Deutschland überaktiven englischen Auktionshäuser. Das teuerste aller bisher in Frankreich versteigerten Gemälde, ein Chrysanthemen-Stilleben von Monet, bringt in Paris 13,8 Millionen Franc (4,1 Millionen DM). Für die angelsächsischen Auktionshäuser wird es mit Steigerungsraten von 34,9 Prozent (Phillips), 50 Prozent (Christie) und 77 Prozent (Sotheby) ein Superjahr.

1987/88:
Die Saison steht im Zeichen des „schwarzen Montag" (19. Oktober 1987): dem Crash der Weltbörsen. Doch die Kunstmärkte reagieren auf den Zusammenbruch der Aktienmärkte mit kühler Selbstbehauptung. In den ersten Wochen nach dem Crash werden bei Sotheby und Christie in New York Juwelen für insgesamt 50,3 Millionen Dollar versteigert (darunter, bei Christie, ein 64.83karätiger Diamant zum Rekordpreis von 6,38 Millionen Dollar). Ebenfalls bei Christie in New York erzielt die Gutenberg-Bibel der Sammlung Estelle Doheny durch Gebot des Tokioter Verlagshauses Maruzen 5,39 Millionen Dollar. Es hätte der Sotheby-Manipulationen mit van Goghs vorfinanziertem „Iris"-Gemälde (siehe Seite 17) nicht bedurft, um die Stabilität des Kunstmarktes in toto unter Beweis zu stellen: In den Londoner Herbstauktionen gibt es Höchstpreise für Gemälde von D.G. Rossetti („Proserpina": 1,43 Millionen Pfund oder 4,29 Millionen DM), Degas („Les Blanchisseuses": 7,48 Millionen Pfund oder 22,4 Millionen DM) und Picasso („Souvenir du Havre", 1912: 4,18 Millionen Pfund oder 12,54 Millionen DM). Im März 1988 verkündet Sotheby für das Geschäftsjahr 1987 eine 59prozentige Umsatzsteigerung auf 852 Millionen Pfund, Christie gibt einen Zuwachs um 49 Prozent auf 600 Millionen Pfund zu Protokoll. Sothebys Vorsteuer-Gewinne liegen jetzt bei 39,1 Millionen Dollar, die von Christie bei 32,5 Millionen Pfund. Kurz vor dem „schwarzen Montag" hatte Sotheby verkündet, mit dem Verkauf von 7,2 Millionen Aktien an die Börse zurückzukehren, eine Offerte, die nach dem Zusammenbruch der Aktienmärkte aufgeschoben wurde. Mitte Mai 1988 ist es dann soweit: 5,5 Millionen Aktien werden simultan an den Börsen New York und London zum Ausgabepreis von 18 Dollar bzw. 9,52 Pfund plaziert. Diese „A"-Aktien mit jeweils einer Stimme repräsentieren 22 Prozent des Gesamtkapitals, aber nur 2,7 Prozent der Stimmrechte, während die „B"-Papiere des Mehrheitsaktionärs Taubman (53 Prozent des Gesamtkapitals) und anderer vorwiegend amerikanischer Großaktionäre jeweils zehn Stimmen haben. Aufgrund der aktuellen Börsennotierung wird die Sotheby Holding nun mit

238 Millionen Pfund bewertet. Taubman hatte die scheinbar marode Firma 1983 für 83 Millionen Pfund übernommen, beim Börsendebüt 1977 war sie noch mit 16 Millionen Pfund bewertet worden. Die Umsatzsteigerungen der Londoner „Drei“ sind mit 3 bis 10 Prozent eher moderat, dafür steigen die Pariser Auktionserlöse in derselben Periode um 42 Prozent auf 2,22 Milliarden Francs. Es ist eine Saison der Konsolidierung. Größter Auktionsflop: Am 15. Juli 1988 geht bei Christie das Turner-Gemälde „Cicero auf der Terrasse seines Landhauses“ bei 6,3 Millionen Pfund zurück. Im Juli 1988 veranstalten Sotheby die erste Auktion russischer Kunst in Moskau. Bei Kornfeld in Bern wird im Juni eine Chicagoer Privatsammlung mit Kirchner-Graphik versteigert, in der drei Holzschnitte jeweils netto 860 000 Franken erzielen.

1988/89:
Die Herbstsaison von September bis Dezember zeitigt rasante Zuwachsraten: 61 Prozent bei Christie, 41,8 Prozent bei Sotheby. Im November bringt in der Villa Grisebach-Auktion Lyonel Feiningers Gemälde „Raddampfer III“ den Weltrekordpreis von brutto 2,6 Millionen DM. Die Impressionisten- und Moderne-Sammlung Goetz, insgesamt 28 Katalognummern, erzielt am 14. November bei Christie in New York 85 Millionen Dollar. In der Herbstauktion moderner Kunst bei Finarte in Mailand kommt U. Boccionis Frühwerk „Romanze einer Näherin“ auf die Rekordsumme von 1,8 Milliarden Lire (mit Aufgeld 2,8 Millionen DM). Bei Bukowski in Stockholm spielt im November ein Werk der schwedischen Moderne, Niels Dardels „Der Tod des Dandy“ durch Gebote des schwedischen Sammlers H. Thulin 13 Millionen Kronen (3,7 Millionen DM) ein. Im März 1989 erreicht Monets Gemälde „Charing Cross Bridge in Höhe des Parlaments“ mit 33 Millionen Francs in Enghien einen französischen Rekordpreis. Im April bringen die 25 Werke in der Impressionistenauktion des British Rail Pension Fund bei Sotheby 38,35 Millionen Pfund (122 Millionen DM). Im Mai wird in New Yorker Auktionen zeitgenössische Kunst für 53 Millionen Dollar umgesetzt. Eine Woche

später werden bei Sotheby die Impressionisten der Sammlung Jaime Ortiz-Patiño für 67,8 Millionen Dollar versteigert. Am 20. 11. bringt die Moderne-Sammlung Georges Renaud in Paris 180 Millionen Francs. Ebenfalls im Mai kommt bei Sotheby in Hongkong die Sammlung chinesischer Kunst des British Rail Pension Fund für 37 Millionen DM unter den Hammer. Jacopo Pon-

Rekordpreise nicht nur in London, New York und Paris: Umberto Boccionis Frühwerk „Romanze einer Näherin" kommt 1988 in der Mailänder Herbstauktion bei Finarte auf 1,8 Milliarden Lire.

tormos Porträt des jugendlichen Cosimo I de Medici realisiert am 31. Mai bei Christie in New York durch Gebot des Getty Museums 35,2 Millionen Dollar (70,4 Millionen DM); es wird damit das teuerste je versteigerte Altmeistergemälde. Am 2. Juni erlöst die 9. Villa Grisebach-Auktion insgesamt 12,65 Millionen DM, eine Franz Marc-Gouache erzielt brutto 2,99 Millionen DM. Letztes

Indiz des weltweiten Investitionsbooms ist die Juni-Auktion von Kornfeld, in der für 17,57 Millionen Schweizer Franken 125 Werke der Moderne umgesetzt werden; Hauptkäufer sind die Genfer Nahmad-Brüder, die viele der hier ersteigerten Werke schon wieder in die Herbstauktionen 1989 in New York und London „abladen“: zur Beruhigung des seriösen Handels ohne Erfolg. Am Ende der Saison gibt es für die britischen, aber auch für die Pariser Auktionshäuser saftige Steigerungsraten.

Der Kunstmarkt unserer Tage lebt zu einem nicht geringen Maße von der Suggestion, daß sich nahezu alles problemlos absetzen läßt, daß es für den beginnenden Sammler kaum noch eine Marktnische gibt und daß Auktionen die ausschließlichen Preispromoter sind. Tatsächlich verstellen die in die Publizität gerückten Höchstpreise für Gemälde van Goghs, Picassos, Monets den Blick für die Marktrealität: für die Tatsache etwa, daß selbst in den Prestigeauktionen immer wieder wichtige Werke zurückgehen. Das betrifft vor allem die alte Kunst, zu deren Einordnung neben solidem Marktwissen und vordergründigem Schönheitsstreben vor allem auch wissenschaftliche Akribie vonnöten ist. Dies gilt gleichermaßen auch für das breite Sammelfeld der Malerei des 19. Jahrhunderts, das in den achtziger Jahren neue Nationalmärkte geschaffen hat. In den USA triumphieren die Gemälde von Albert Bierstadt und Frederic Church, in England gibt es nach der Wiederentdeckung der Prä-Raffaeliten in den siebziger Jahren eine Renaissance der Salonmalerei eines James-Jacques-Joseph Tissot, Edward Poynter oder Lawrence Alma-Tadema. In Schweden wird August Strindberg zum Millionenhelden, in Deutschland rückt Carl Spitzweg, dessen Spitzenpreise 1977 noch zwischen 100 000 und 190 000 DM lagen, in die Gruppe der Preismillionäre auf. Doch sagen diese Hochpreise nichts über die Marktentwicklung der erreichbaren Werke aus, die neben dem Populären und Marktläufigen oft ein unverdientes Schattendasein führen.

Immer wieder wird, mit mäßigem Resultat, versucht, den Markt durch Listen und Tabellen transparent zu machen, um hinter das

Geheimnis von Aufstieg und Fall der Kunstpreise zu kommen. Diese Bemühungen tragen wenig zur Erhellung unterbewerteter Sammelgebiete bei, weil sie nur die Hauptwege eines aktuellen Geschmacks rekapitulieren, statt auf fruchtbare Nebenwege, auf antizyklische Oasen zu verweisen.

1989 hat die Financial Times, die schon in den siebziger Jahren zusammen mit Sotheby einen Kunstpreis-Index entwickelt hat, die Marktentwicklung für Gemälde und Aquarelle seit 1975 untersucht. Sie kommt dabei zu dem recht pauschalen Ergebnis, daß die Kunstpreise in den dreizehn Jahren bis 1988 um 480 Prozent gestiegen sind und daß es in der Marktsaison 1987/88 eine Preissteigerung von 11 Prozent gab. Diese Ziffer wurde aus zehn Preisindices mit Durchschnittspreisen für verschiedene Schulen und Perioden errechnet, aus denen die oberen und unteren 10 Prozent, die Extremwerte also, eliminiert wurden. Das Ergebnis sind reichlich pauschale Fakten, die zwar die gesunde Verfassung des Bildermarktes belegen und damit grosso modo Investitionsgesichtspunkte stützen. Letztlich aber haben sie nur statistischen Wert, weil sie nicht auf Einzelwerke eingehen, deren Qualität, kunsthistorische Bedeutung, Provenienz, Erhaltung, Marktpremiere oder Marktwiederkehr den Preis bestimmen.

Wer hier also liest, daß die klassische Ecole de Paris (Picasso, Chagall, Utrillo, van Dongen, Braque, Kisling, Bonnard, Vuillard, Laurencin, Rouault) seit 1975 um 710 Prozent gestiegen ist, die Impressionisten um 650 Prozent, die deutschen Expressionisten um 550 Prozent, die New Yorker Schule um 460 Prozent und niederländische Altmeistergemälde um 245 Prozent, erhält nur die statistische Bestätigung einer Marktentwicklung, die sehr viel differenzierter ist und sich, um schiefe Perspektiven zu vermeiden, stets auf das Einzelwerk und seine spezielle Marktbedeutung beziehen müßte.

Dem Sammler oder Investor, der Entscheidungshilfe sucht, bleibt also keineswegs ein zeitraubendes Studium von Auktionskatalogen und Sekundärliteratur, von Messepreisen und Galerienotierungen erspart, die das fundamentale Vergleichsmaterial bieten. Nur in diesem Kontext werden Kunstpreise verständlich, die immer von der Fiktion der Einmaligkeit und Unwiederbringlichkeit zehren. Wer in Kunst investiert, den interessieren nicht so sehr grobe Entwicklungslinien, wie sie vergröbernde Preisindices nachzeichnen, sondern die feinen Preisunterschiede, welche die Objekte selbst, die Wege des Geschmacks und das Wechselspiel von Angebot und Nachfrage diktieren.

Londons drittgrößtes Auktionshaus Phillips, das in seinem Angebot die sogenannte Mittelware repräsentiert, riskiert alljährlich einen Blick über marktkonforme Tendenzen hinaus und stellt begehrten Marktobjekten („Items strongest in demand") unterbewertete Gebiete gegenüber. So oberflächlich-unverbindlich diese Liste auch ist, die vor allem den britischen Klienten anspricht, so interessant erscheinen doch einige Hinweise (leider ohne Preisangaben), weil sie aus dem professionellen Nähkörbchen stammen.

Da findet sich etwa die Mitteilung, daß Miniaturen unterbewertet seien, was in der Tat stimmt; nach den beiden Clore-Auktionen 1986 bei Sotheby, wo Höchstpreise bis 50 600 Pfund bewilligt wurden, haben sich die Preise weitgehend normalisiert. Auch der Hinweis, daß Picassos „Suite Vollard" unterbewertet sei, ist stichhaltig. Im Gegensatz zu manchen graphischen Werken des Künstlers aus späteren Jahrzehnten sind die Preise hier noch moderat: Viele Blätter der Normalausgabe (250 Exemplare) liegen im europäischen Handel noch in der Preisregion zwischen 10 000 und 20 000 DM. Beim Schmuck wird hingewiesen auf Miniaturbroschen, die mit Haar gefüllten Erinnerungsbroschen und -ringe des 19. Jahrhunderts und Emailschmuck. Im Jugendstilbereich werden zurückhaltende Preise für Objekte der britischen Art & Crafts-Bewegung konstatiert.

Schließlich wird – und das ist ein wichtiger Tip – der Kauf präkolumbischer Keramik empfohlen. Wenn man Versteigerungskataloge durchblättert, kann man diese Empfehlung nur bestätigen. Charakteristische Stücke – Figuren, Köpfe, Gefäße, etwa die figurativ ausgeformten Gießgefäße der Mochica-Kultur (100–500 n. Chr.) – sind zu Preisen unter 5 000 DM zu haben, und die so modern wirkenden protoklassischen Colima-Gefäße in Hundeform bleiben in den New Yorker Auktionen, die ein Dorado für dieses Sammelgebiet sind, in der Regel im Preisrahmen unter 5 000 Dollar. Zweifellos ist dies ein Sammelobjekt, in dem viele Fälschungen kursieren; es kommt vor allem darauf an, sich einem guten Spezialhändler anzuvertrauen. Im Vergleich zu den Preisen für, sagen wir, chinesisches Exportporzellan, erscheinen die Notierungen für präkolumbische Keramik geradezu bescheiden: ein Markt für Kenner und Engagierte.

Auch auf dem Sektor der europäischen Kunst gibt es so manche Dissonanz. Beginnen wir mit dem Altmeisterbereich. In den siebziger Jahren interessierte sich kaum ein Sammler, kaum ein Händler für Gemälde der Rembrandt-Schule. Inzwischen ist der mehrbändige Corpus von Werken der Rembrandt-Schüler von Werner Sumowski erschienen[1], und die Preise sind explodiert. Schlagendes Beispiel ist das am 12. Januar 1989 bei Sotheby in New York versteigerte Govaert Flinck-Porträt eines Rabbi, das im Januar 1988 bei Sotheby in New York 341 000 Dollar erlöste, nachdem es genau sieben Jahre zuvor an gleicher Stelle nur 82.500 Dollar eingespielt hatte. Total unterbewertet sind noch immer die Tafelbilder der altdeutschen oder altniederländischen Schulen des späten 15. und des 16. Jahrhunderts. Dabei spielt es keine Rolle, ob es sich nun um Porträts oder biblische Sujets handelt, die im Zuge einer allgemeinen Religionsabkehr als marktfremd empfunden werden, obwohl sie doch die abendländische Kunstgeschichte bis tief ins 18. Jahrhundert prägten. Solche Werke sind geschmacksgeschichtlich eng mit der deutschen Sammeltradition bis zum Zweiten Weltkrieg verbunden und sind generell zu einem Zehntel dessen zu haben, was etwa für niederländische Stilleben erster Meister des 17. Jahrhunderts, die vielfach schon zu Millionenpreisen gehandelt werden, verlangt wird.

Gänzlich im Schatten der niederländischen Malerei steht die deutsche Malerei des Barock und Klassizismus. Die delikaten, auf Kupfer gemalten Landschaften und Figurenbilder des an Elsheimer geschulten, in Augsburg und Nürnberg tätigen Johann König kommen selten über 150 000 DM hinaus; soviel kostete ein bril-

[1] Werner Sumowski, Gemälde der Rembrandt-Schüler, Landau/Pfalz, 1983–89.

lantes „Bathseba“-Gemälde Mitte der achtziger Jahre in der Solinger Galerie Müllenmeister, die es an ein deutsches Museum verkaufte. Der Münchner Händler Julius Böhler offerierte auf der Münchner Kunstmesse 1987 die 1622 datierte „Bekehrung des Saul“, die auf 85 000 DM angesetzt war. Eine ähnliche Preisdimension haben die meist mythologischen Szenen des Augsburgers Johann Heiss und die Figurenbilder des römisch geprägten Johann Carl Loth. Die strengen Stilleben des Hamburgers Johann Georg Heinz haben bis 1989 nur einmal die 100 000-Mark-Hürde überstiegen. Der einzige Ausreißer ist der Stillebenmaler Georg Flegel, der auch Sammler niederländischer Malerei fesselt. Im Zeichen des anhaltenden Stilleben-Booms brachte im Januar 1990 das beste der seit zehn Jahren auf dem Markt erschienenen Flegel-Gemälde überraschende 1,98 Millionen Dollar. So hart, so irrational sind die Kontraste, wo Sammelmoden wirken.

Auch bei der Altmeistergraphik, deren Marktgiganten Dürer und Rembrandt mit ihren Hauptblättern seit der denkwürdigen Chatsworth-Auktion 1986 in Gemäldepreisregionen aufgestiegen sind, gibt es noch einiges, was sammelnswert und preiswürdig ist. Während bei der italienischen Druckgraphik, die jahrzehntelang ein Stiefkind des Marktes war, das 18. Jahrhundert mit Piranesi, Canaletto, Tiepolo ausgereizt erscheint, gibt es bei der Graphik des 16. und 17 Jahrhunderts noch manche Möglichkeiten. Blätter der Carracci, des römischen, florentinischen und neapolitanischen Barock sind noch erreichbar; hier liegen die Preise für Einzelblätter häufig noch unter 10 000 Mark. Einzig Castiglione und Ribera (dieser eigentlich auch nur mit dem populären Hauptblatt „Der Poet“, das inzwischen für über 30 000 DM angeboten wird) haben inzwischen die Zone des Wohlfeilen überschritten. Doch die Radierungen der Franzosen Jacques Callot und Claude Gelée, immer vorausgesetzt, es handelt sich um frühe Druckzustände, erscheinen gegenüber der Graphik der modernen Ecole de Paris schon geradezu dramatisch unterbewertet.

Das vielgescholtene und teilweise überteuerte 19. Jahrhundert hat noch einiges an Überraschungen zu bieten. Während die Münchner Schule markt- und preisstrategisch nahezu ausgeplün-

Unterbewertet: Gemälde der Düsseldorfer Malerschule, hier Andreas Achenbachs 1853 datiertes Gemälde „Fischer am Strand“, das 1989 von der Galerie Paffrath für 98 000 DM angeboten wurde.

dert ist (bestes Beispiel sind die Entenbilder von Alexander Koester, von denen das teuerste im Oktober 1989 bei Sotheby in New York 264 000 Dollar erzielte), gibt es bei Vertretern der Düsseldorfer Malerschule immer noch eine Fülle von erstrangigen Werken, die sogar im Handel unter 100 000 Mark zu haben sind. Ich meine hier nicht die überbewerteten Geflügelhof-Bilder eines Carl Jutz, sondern für die Entwicklung dieser Malerschule charakteristische Werke. Ich greife aus dem deutschen Galerieangebot des Jahres 1989[1] willkürlich einige repräsentative Bilder heraus. Eine Düsseldorf-Ansicht von Caspar Scheuren war mit 83 000 DM bewertet, ein frühes Genrebild von Henry Ritter lag bei 50 000 DM, eine Harzlandschaft von C. F. Lessing, 1853 datiert, bei 69 000 DM, das Genrebild „Der Rettichjunge“ von Ludwig Knaus bei 85 000 DM,

[1] Die hier genannten Beispiele stammen aus der Offerte der Galerien Paffrath, Düsseldorf, und Gisela Meier, München.

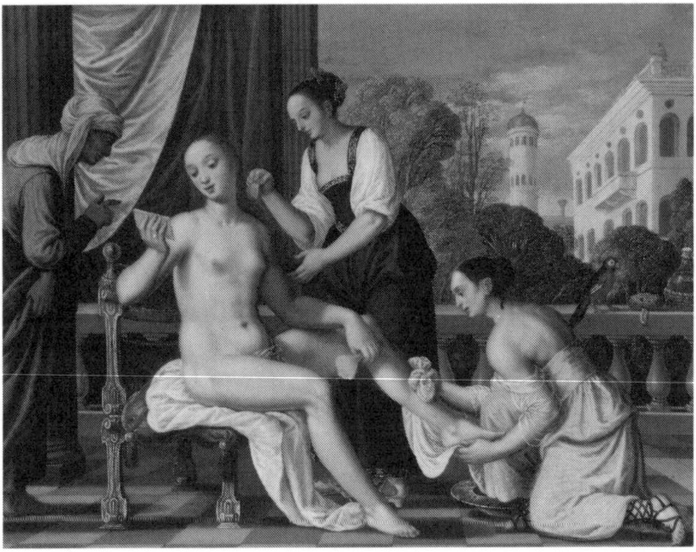

Unterbewertet: die deutsche Malerei des 17. Jahrhunderts, hier das Gemälde „Bathseba nach dem Bade" von Johann König, das 1984 von der Galerie Müllenmeister für 150 000 DM angeboten wurde.

das exemplarische Andreas Achenbach-Gemälde „Fischer am Strand" (1853) bei 98 000 DM. Daß Malerei der Düsseldorfer Schule keine so breite, preistreibende Lobby hat wie die Münchner Schule, sollte dem Individualsammler eher ein Ansporn sein, hat er doch hier ein Marktfeld vor sich, das noch nicht durch Spekulation belastet ist.

Zu den Marktfavoriten im ersten Drittel unseres Jahrhunderts gehörte die gotische Plastik. Ihr Stellenwert hat heute noch nicht annäherungsweise wieder die Dimension erreicht, die ihr eigentlich gebührt. Im deutschen und niederländischen Handel, in Kölner und Münchner Auktionen finden wir Holzbildwerke, etwa Madonnen des sogenannten „Schönen Stils" mit alter Fassung, die zwischen 100 000 und 150 000 DM kosten. Eine Abstinenz vor allem Sakralen bewirkt auch bis heute, daß die Preise für Sakralsilber in der Regel bei der Hälfte des Preisniveaus verharren, das für weltliche Stücke derselben Epoche gilt. Doch auch hier gibt es nicht immer gerechtfertigte Mißrelationen, etwa zwischen den hochbezahlten Stücken Augsburger Silberschmiede und Regionalsilber aus dem Rheinland, Berlin oder ostdeutschen Werkstätten.

Im Möbelbereich ist der Zug für deutsches und österreichisches Biedermeier abgefahren, seit amerikanische Innenausstatter sich der attraktiven Hellhölzer angenommen haben. Einzige Nische scheint hier noch das holländische Louis XVI-Möbel zu sein, etwa Mahagoni-Sekretäre in Kastenform mit eingelegten Lackpanelen, die selten über 30 000 DM notieren. Was das Porzellan betrifft, so kann immer wieder nur auf Stücke der klassizistischen Periode verwiesen werden. Tassen und Teller, Formstücke schon gar, der Berliner Manufaktur sind inzwischen teuer geworden: Der Handel hat sich hier in den Auktionen durch wilde Bietkämpfe vor allem für klassizistische Formstücke teilweise selbst das Wasser abgegraben. Doch wer berücksichtigt, wie numerisch gering gegenüber dem alljährlichen Meissen-Angebot die Offerte an musealen Berlin-Stücken ist, der wird noch immer eine gewisse Mißrelation vor allem bei Stücken des 18. Jahrhunderts feststellen. Eine totale Diskrepanz herrscht hier sogar innerhalb ein- und derselben Manufaktur, wenn man die Höchstpreise für frühe Formstücke oder gar komplette Dejeuners der Frühzeit (1763–75) mit den Preisen vergleicht, die vor allem amerikanische Sammler seit Ende der siebziger Jahre für KPM-Porzellanplaketten oder Porzellanbilder des späten 19. Jahrhunderts bewilligen.

Zwei Preiskontraste: Auf der Berliner „Orangerie '88" zeigte der Berliner Händler Hagen Jung für 34 000 DM ein achtteiliges Tête-a-tête mit seltenem Dekor – Gelbrand und holländische Landschaften in Grisaille. Sogar der Maler (Carl Wilhelm Boehme) war bekannt, was bei Berlin-Porzellan selten ist. In einer Sotheby-Auktion vom Dezember 1989 wurden 70 späte Porzellanbilder und Plaketten der Berliner Manufaktur versteigert, von denen nur neun unverkauft blieben. Neun dieser vom kunsthistorischen Standpunkt als Dekorationsware zu bewertenden Stücke kamen über 20 000 Pfund (knapp 60 000 DM). Das teuerste Objekt dieser

Auktion, eine unsignierte, 65 x 46 cm große Reproduktionsmalerei nach dem Rubens-Gemälde „Der Raub der Töchter des Leukippos“ in orientalischem Keramikrahmen brachte es auf 41 800 Pfund (119 000 DM). Ein paradoxes Mißverhältnis zwischen dem Originären und dem Surrogat ist hier unübersehbar. Stark unterbewertet ist dagegen noch im Marktjahr 1990 französisches Porzellan (mit der Ausnahme von Sèvres), Wiener Porzellan der Sorgenthal-Periode sowie Stücke der Manufaktur Fürstenberg, für die sich nur wenige Händler einsetzen.

Im Schmuckbereich machen jene Auktionen Schlagzeilen, in denen die mit üppigen Steinen bestückten Arbeiten der Juweliere Van Cleef, Arpels und Cartier angeboten werden. Die Preisspirale schraubte sich 1987 in der Genfer Sotheby-Auktion mit Schmuck der Herzogin von Windsor noch einmal heftig nach oben, als Preise bis 3,9 Millionen Franken, hier für ein monströses Rubin- und Diamanthalsband von 1939, geboten wurden. Wie bescheiden nehmen sich dagegen doch die Summen für die exzellenten Goldschmiedearbeiten der in London tätigen Historismus-Juweliere Garrard, Castellani, Carlo und Arthur Giuliano aus, in denen noch die Goldschmiedekunst über den Materialfetischismus triumphiert. Natürlich richtet sich auch hier der Preis nicht nur nach der kunsthandwerklichen Arbeit, sondern auch nach den verarbeiteten Steinen. Da diese Juweliere die Perlen und Edelsteine jedoch nie nach protzigen, sondern stets nach gesamtkünstlerischen Gesichtspunkten auswählten, gibt es auch hier noch keine Preisauswüchse: Broschen und Anhänger im Holbein-Stil oder mit Onyx-Kameen kommen selten über 5 000 Pfund, kunstvolle Colliers rücken in den Londoner Schmuckauktionen nur in Ausnahmefällen an die 15 000 Pfund-Schwelle heran.

Man könnte noch viel mehr anführen, was sammelwürdig und doch vernachlässigt ist, quer durch alle Nationen, quer durch alle Budgets. Die großen Auktionshäuser, auch der Kunst- und Antiquitätenhandel, der die vornehme Pflicht der Geschmacksbildung in nuce hat, versagen vor dieser Aufgabe; sie folgen etablierten Sammeltrends oder prägen teure Moden. Im Blickpunkt steht das Spitzenstück, das Umsatz und Prestige fördert. Die Marktbasis, die Promotion des unverdient Abseitigen, wird negiert. Hier wartet in den neunziger Jahren auf umsichtige Marktrepräsentanten noch manche wichtige Aufgabe.

Altmeistermarkt:

Der Hunger nach Schönem

Einer der Märkte, die sich in den achtziger Jahren kontinuierlich weiterentwickelt haben, ist der Altmeistermarkt. Er ist geprägt von drei entscheidenden Tendenzen: dem weltweiten Stillebenboom, der alle Schulen erfaßt und dessen Ende noch kaum abzusehen ist, einer stetigen Aufwertung der italienischen und französischen Malerei und sinkendem Verständnis für kunsthistorisch wichtige, aber thematisch schwierige Bilder. Die von mir schon 1979 beklagte Vorliebe für unproblematische „Bilderbuch-Bilder" hat eher noch zugenommen. Mythologische Themen sind schwer verkäuflich, noch schwerer haben es religiöse Darstellungen, nur das problemlose Kunst-Schöne triumphiert. Schuld daran ist unter anderem die rein konsumorientierte Kundenpflege des internationalen Altmeisterhandels, wie sie sich etwa auf der Maastrichter Messe 1989 präsentierte: In dieser Heerschau des internationalen Altmeisterhandels gab es so gut wie keine Galerie, die in ihrem Programm nicht mit Nachdruck auf marktläufige Stilleben von Bosschaert bis Rachel Ruysch verweisen konnte. In diesem Sammelbereich wurde eifrig verkauft (Gesamtumsatz: 75 Millionen Gulden), doch eines der besten Bilder dieser Messe, das mit 1,3 Millionen Gulden bezifferte museale Aert de Gelder-Gemälde „Esther wird geschmückt", das diesen modernsten aller Rembrandtschüler auf der Höhe seines Könnens zeigt, war noch ein Jahr später zu haben; inzwischen hängt es in einer deutschen Sammlung.

Bei allem Hunger nach dem unproblematisch Schönen und Eingängigen, der den Altmeistermarkt unserer Tage bewegt, ist

1989 auf der Messe in Maastricht ausgestellt: Aert de Gelders Gemälde „Esther wird geschmückt".

doch hervorzuheben, daß dieser Markt – ganz im Gegensatz zum Sammelfeld Impressionisten und Moderne – noch nicht durch einen globalen Investitionsboom oder spekulative Speicherkäufe belastet ist. Es ist ein Sektor, der nicht unter Börsendruck steht, sondern von der „Expertise" der Händler zehrt. Während in den meisten Marktbereichen immer mehr Sammler und Großanleger die Auktionen beherrschen, prägen hier noch die Händler entscheidend die Szene. Doch um welchen Preis! Marktführer vom Schlage eines Duveen, Sedelmeyer, Goudstikker mit großem Bilderlager und unbegrenzter Finanzkraft gibt es nicht mehr. Führende Häuser arbeiten heute mit Banken- oder Industriegeld, sind in ihrer Geschäftspolitik abhängiger geworden. Sie können wichtige Bilder nicht mehr „auf Eis" legen, sondern müssen sie ohne Konsolidierungsphase direkt in den Marktkreislauf zurückgeben.

Es gibt auf diesem besonders von Meistern mit kleinerem Œuvre zehrenden Markt auch nicht mehr die unbegrenzten Ressourcen, zu viele Topwerke sind in Museen und unbewegliche Sammlungen abgewandert. Während noch in den sechziger Jahren ein bis zwei Händler auf den Londoner Prestigeauktionen um ein Dutzend wichtiger Bilder stritten, stürzt sich heute der gesamte Handel auf ein herausragendes Auktionsbild: Mehr Topwerke als drei bis vier gibt der Markt pro Saison nicht her. Vor allem die marktführenden Londoner Händler begegnen diesem Schwund mit intensivster Kooperation. Doch in dieser schon früher geübten Praxis[1] ist inzwischen eine paradoxe Umkehrung eingetreten. Während noch in den siebziger Jahren Händlerringe gebildet wurden, um die Auktionspreise für unerkannte Bilder niedrig zu halten, verteuert heute der Ringkauf (bei dem zwei bis fünf Händler „Anteile" an einem in der Auktion ersteigerten Werk erwerben) die Preise wichtiger Gemälde ganz erheblich, weil die Händler jetzt nicht mehr ganz unter sich sind, sondern gegen einsatzfreudige, wohlinformierte Sammler und nicht zuletzt auch potente Institute wie das J. Paul Getty Museum anzukämpfen haben. Hinzu kommt ein oft erhebliches finanzielles Mitengagement potenter Privatsammler oder Investoren, die mit hohen Anteilen in einen Gemeinschaftskauf hineingehen und damit zum Genossen des Handels werden, der sich so ihrer Konkurrenz entledigt.

Außerdem gibt es heute so gut wie keine unerkannten Bilder mehr. Es bestehen, vor allem im Bereich der flämischen und holländischen Malerei, kaum noch Dokumentationslücken: Selbst das Oeuvre von Kleinmeistern mit geringer Marktfrequenz ist in Werkverzeichnissen erfaßt. Die Auktionshäuser lassen keine Informationsquelle ungenutzt. Während die Katalogbeschreibungen bis Mitte der siebziger Jahre knapp und sachlich gehalten waren, wird heute in seitenlangen Texten detailliert beschrieben, analysiert und nicht selten auch spekuliert; kein Weg bleibt ungenutzt, um in harte Konkurrenz zum Altmeisterhandel zu treten,

[1] Christian Herchenröder, Die Kunstmärkte, a. a. O., Seite 89.

den Sammler direkt anzusprechen und an das Auktionshaus zu binden. Es gibt nur noch eine Domäne, die der Handel nutzt: Bei unrestaurierten, firnißträchtigen Auktionsbildern, vor denen der Privatsammler zurückschreckt, greifen Altmeisterhändler mit sicherem Qualitätsgespür zu, um sie neuem Marktglanz zuzuführen. Daß dabei oft des Guten zuviel getan wird, liegt auf der Hand. An der von mir 1979 beschriebenen Praxis[1] des angelsächsischen Handels, Gemälde aufzubügeln und zu schönen, hat sich nicht viel geändert. Angesichts eskalierender Preise ist es daher unbedingt empfehlenswert, einen erfahrenen Restaurator zu konsultieren.

Was bewegt den Markt der achtziger Jahre? Gegen Ende des siebten Jahrzehnts, als in den New Yorker Dependancen von Sotheby und Christie die ersten wichtigen Altmeisterauktionen stattfanden, schien sich der Markt aus London in die USA zu verlagern. Fünfzig Prozent der 1978 und 1979 dort ausgebotenen Gemälde wurden von amerikanischen Käufern geschluckt. Londoner und Pariser Galerien eröffneten Dependancen in New York. Die forsche Ankaufspolitik des J. Paul Getty Museums, die plötzliche Begeisterung amerikanischer Kunstkäufer für Altmeistergemälde und -Handzeichnungen wirkte stimulierend. Doch in der Folgezeit stellte sich heraus, daß in dieser vermeintlichen Hausse viel heiße Luft war. Es gab und gibt in den USA zwar engagierte, langfristig planende Sammler wie Edward William Carter (seine Sammlung, die 1982 in Los Angeles, Boston und New York ausgestellt war, berücksichtigt alle Facetten der niederländischen Malerei vom Stilleben bis zur Flachlandschaft), aber die neuere amerikanische Sammlergeneration, die sich mit alter Kunst befaßt, fühlt sich weniger der Ewigkeit verpflichtet als frühere Sammlergenerationen. Seit die amerikanische Steuergesetzgebung Schenkungen an Museen nur noch nach Einkaufswert, und nicht mehr nach aktuellem Marktwert für absetzfähig erklärte[2], sank, analog zu den Besitzern moderner und zeitgenössischer

[1] Christian Herchenröder, Die Kunstmärkte, 2. Auflage, Düsseldorf 1979, Seite 89–90; unveränderter Nachdruck, Düsseldorf 1990.

[2] Diese Regelung besteht seit Januar 1988.

Kunst, die Bereitschaft, sich in Museumsstiftungen ein Denkmal zu setzen. Doch schon vorher zeigte sich in den New Yorker Auktionen eine Tendenz, die europäischer Sammeltradition widerspricht. Während europäische Altmeistersammler mit ihren Erwerbungen meist eine Lebensgemeinschaft eingehen, ist der amerikanische Kunstkäufer sprunghafter, beweglicher, wandelbarer.

Im Januar 1981 wurde bei Sotheby in New York die erst in den siebziger Jahren im Amsterdamer und Londoner Handel zusammengekaufte Sammlung J. Seward Johnson versteigert. Die Auktionszuschläge für diese keineswegs atemberaubenden holländischen Werke blieben maßvoll, sie lagen zum Teil sogar unter dem Einkaufspreis. Nur eine Ruysdael-Landschaft mit Fähre (Stechow Nr. 376) überragte mit 264 000 Dollar (528 000 DM) den Durchschnitt. Im Mai 1985 wurde bei Christie in New York die wesentlich anspruchsvollere, aber mit hohen Preisvorstellungen belastete Sammlung Fee versteigert, ein Konglomcrat von 20 Losen der französischen, holländischen, englischen und deutschen Schulen. Nur sieben Lose wurden verkauft, die auf 11 Millionen geschätzte Kollektion brachte lediglich 3,17 Millionen Dollar ein. Davon entfielen allein schon 1,65 Millionen Dollar (5,03 Millionen DM) auf eine Marine mit historischer Staffage von Jan van de Cappelle. Im Januar 1988 wurde bei Sotheby in New York die Niederländer-Sammlung des Immobilieninvestors Gerald Guterman aufgelöst. Auch sie war ein Kind der späten siebziger Jahre. Von 47 Bildern gingen 17 zurück, insgesamt wurden 10,3 Millionen Dollar eingespielt. „Was gut war, wurde abgenommen, zurück bleiben die Fehler“, kommentierte ein anwesender Händler.

Zu den Fehlern gehörten u. a. ein glattgebügeltes Bilderpaar von Hendrik Terbrugghen, ein problematischer „Frans Hals“, eine in den Himmelspartien nicht einwandfrei erhaltene Flachlandschaft von Philips Koninck. Dafür wurden Stilleben, ganz dem Trend entsprechend, überdimensional hoch bewertet: Ein Prunkstilleben von Jan Davidsz. de Heem in brillanter Erhaltung wurde für 2,53 Millionen Dollar (4,12 Millionen DM) von dem Londoner Händler Thomas Brod ersteigert, und ein Frühstücksstilleben mit Zinnkrug und umgestürzter Silbertazza von Jan Jansz. den Uyl,

In sechs Jahren um 900 Prozent verteuert: Jan Jansz. den Uyls Stilleben aus amerikanischem Privatbesitz.

das 1984 bei Rasmussen in Kopenhagen noch 4 Millionen dänische Kronen (rund 1 Million DM) eingespielt hatte, fiel für 2,2 Millionen Dollar (3,53 Millionen DM) an den Privatsammler David Paul aus Florida. Als Paul seine Sammlung, die er innerhalb eines Jahres aufgebaut hatte, 1990 verkaufen mußte (siehe das Kapitel über Sammler und Museen), erwarb die New Yorker Newhouse Gallery diesen Fundus und präsentierte das den Uyl-Stilleben auf der Maastrichter Messe 1990 für 9,5 Millionen Gulden. Am 15. Januar 1988 wurde ein de Heem-Prunkstilleben, das nach einer Spekulation der Christie-Experten ein Auftragswerk für König Karl I. von England war, bei Christie von einem anonymen Privatkäufer mit 6,6 Millionen Dollar (10,75 Millionen DM) bewertet - teuerstes Altmeisterstilleben der Auktionsgeschichte und monumentalstes Beispiel eines internationalen Stillebenbooms, der sich in den achtziger Jahren keineswegs nur auf die alten Meister beschränkt, sondern über van Gogh bis Morandi

Das teuerste niederländische Stilleben: 6,6 Millionen Dollar erzielte im Januar 1988 bei Christie in New York das Prunkstilleben von Jan Davidsz. de Heem.

reicht. 1978 lag der höchste Preis für ein Altmeisterstilleben noch bei 560 000 Dollar (1,19 Millionen DM), die der Zürcher Händler David Koetser sen. damals in ein kleines Blumenstück von Jan Brueghel d. J. investierte.

Einer der wendigsten Altmeistersammler Amerikas war der Erbe des Automobilkonzerns Walter P. Chrysler Jr., der 1958 in

Das teuerste Altmeistergemälde der Auktionsgeschichte brachte im Mai 1989 bei Christie durch Gebote des J. Paul Getty Museums 35,2 Millionen Dollar.

Princeton, Massachusetts, sein eigenes Museum eingerichtet hatte. Schon in den fünfziger Jahren erwarb er italienische Barockgemälde, von denen damals keiner etwas wissen wollte: Guido Reni, Il Guercino, Valerio Castello und Caravaggisten. Allein wegen dieser antizyklischen Sammellust, die nicht immer kunsthistorisch abgesichert, aber von großer Leidenschaft diktiert war, gebührt ihm ein Ehrenplatz unter den amerikanischen Sammlern der Nachkriegsära. 128 Bilder wurden nach seinem Tod zur Erhaltung des Chrysler Museums am 1. Juni 1989 bei Sotheby in New York versteigert, geschmacksgeschichtlicher Querschnitt einer unzeitgemäßen Sammlung, die von Goldgrundgemälden des Quattrocento bis zu Salonmalern des 19. Jahrhunderts reichte. Eher bescheidene 18,5 Millionen Dollar erlöste diese Auswahl, bei der die höchsten Preise von 2,42 Millionen Dollar (4,81 Millionen DM) und 1,87 Millionen Dollar (3,72 Millionen DM) für Hauptwerke von Théodore Géricault und Bernardo Bellotto geboten wurden. Bellottos Architekturcapriccio mit einem Selbstbildnis des Künstlers ging in eine deutsche Sammlung (Gert Rudolf Flick), Géricualts monumentale „Landschaft mit Aquaedukt" wurde von der New Yorker Stair Sainty Matthiesen Gallery ersteigert.

Einen Tag vor Sothebys Chrysler-Auktion hatte Christie in New York seinen größten Altmeistertriumph gefeiert: mit der Versteigerung des Pontormo-Porträts des jugendlichen Cosimo de' Medici, das seit Beginn des 20. Jahrhunderts in amerikanischem Privatbesitz war und zuletzt 1927 auf dem Auktionsblock der American Art Association erschien, wo es nur 37000 Dollar erzielte. In den letzten 20 Jahren hing es als Leihgabe von Charles Chauncey Stillman in der New Yorker Frick Collection. Nach dem Tod des Sammlers kämpften drei Parteien um dieses brillante manieristische Porträt: Christie, Sotheby und der New Yorker Händler Richard Feigen, der als potenter Einzelgänger auf dem Gebiet niederländischer und italienischer Malerei agiert, aber auch die Moderne (Schwerpunkt: Max Beckmann) nicht aus den Augen verliert. Christie erhielt das Bild, weil man, wie die amerikanischen Medien berichteten, den Stillman-Erben die Garantiesumme von 25 Millionen Dollar bot. Das kalifornische J. Paul Getty Museum, das schon Wochen vor der Auktion sein Kaufinteresse signalisiert hatte, ersteigerte das attraktive Bildnis für 35,2 Millionen Dollar (70,04 Millionen DM).

Dieser Rekordpreis ist zugleich Hauptdokument für einen entschiedenen Tendenzwandel des Altmeistermarktes in den achtziger Jahren. Waren bis Ende der siebziger Jahre bedeutende Niederländersammlungen von Northwick Park (1965 bei Christie) bis Hans Wetzlar (1977 bei Sotheby in Amsterdam) die großen Marktbeweger, so rücken seit 1977 die Italiener und seit Mitte der achtziger Jahre auch die französischen und spanischen Meister beharrlich vor. Während Werke dieser romanischen Schulen noch 1980 nur ein Viertel der Katalognummern in den Londoner und New Yorker Auktionen ausmachen, hat sich der Anteil heute fast auf die Hälfte erhöht. Das liegt nicht nur an dem gesteigerten Interesse einer neuen Sammlerschicht an italienischer und französischer Malerei, sondern auch an dem breiteren Marktspektrum; die inzwischen stark dem Altmeisterkonsum verpflichteten Auktionen in Paris und Monaco warten nun zumindest temporär mit marktfrischem Material aus altem französischem Privatbesitz auf.

Die französische Malerei des 17. und 18. Jahrhunderts, die noch Ende der siebziger Jahre eine Domäne der Pariser Galerien Wildenstein und Cailleux war, hat nicht nur in Paris selbst an Boden gewonnen (durch die Aktivitäten der Galerien Pardo, Jean-Max Tassel, Serre-Leegenhoek etwa), sondern auch in London und New York. In London kam zu den Galerien, die sich traditionell mit romanischer Kunst befaßten (Colnaghi, Agnew, Heim) weitere wichige Marktrepräsentanten hinzu: die Galerie Matthiesen, die 1981–87 sechs geschmacksbildende Ausstellungen von der frühitalienischen Kunst bis zum Hochbarock arrangierte, die 1983 von dem ehemaligen Sotheby-Experten Derek Johns gegründete Galerie Harari & Johns und seit April 1988 die von dem Kunsthistoriker Clovis Whitfield geleitete Walpole Gallery, die sich den Ruf einer Canaletto-Spezialistin geschaffen hat. In den Niederlanden haben sich als neue Altmeistergalerien die von W. J. Hoogsteder in Den Haag (Sohn des Den Haager Händlers John Hoogsteder) und die von John Schlichte Bergen in Amsterdam etabliert. In der Bundesrepublik sind neben alteingesessenen Galerien wie Müllenmeister (Solingen), Scheidwimmer (München), Frye (Münster) und dem auch auf dem Altmeistersektor engagierten Generalisten Albrecht Neuhaus die Altmeisterprogramme der Galerien Heide Hübner (Würzburg) und Hohenbuchau (bei Wiesbaden) hinzugekommen.

Neubewertung der spanischen Malerei: Esteban Murillos Gemälde „Die Madonna mit dem Wickelkind“ wurde im Juli 1989 bei Sotheby für 1,7 Millionen Pfund von einem japanischen Bieter ersteigert.

Von den exorbitanten Preissprüngen, die die romanische Malerei in den achtziger Jahren gemacht hat, profitierten auch die spanischen Meister. Das zeigen herausragende Auktionsergebnisse dieser Periode, allen voran das am 27. Juni 1989 von den Pariser Maîtres Ader, Picard, Tajan für 21,5 Millionen Francs (7,28 Millionen DM) versteigerte Goldgrundtriptychon mit der Legende der Hl. Lucia des spanischen Primitiven Bernat Martorell. Murillos Gemälde „Madonna mit dem Wickelkind“ war im Juli 1989 bei Sotheby für überraschende 1,705 Millionen Pfund (5,2 Millionen DM) an einen japanischen Bieter gefallen. Zu den höchstbezahlten Werken französischer Malerei gehören die am 11. Dezember 1989 von der Versteigerungsgruppe „Arcole“ in Paris für 22,5 Millionen Francs an einen französischen Privatbieter versteigerten „Falschspieler“ des Caravaggisten Valentin de Boulogne.

Das Dixhuitième reüssierte im Mai 1988 in der Pariser Auktion der Sammlung Polo mit zwei ovalen Pastoralszenen von Boucher, die es zusammen auf 13 Millionen Francs (4,4 Millionen DM) brachten. Bei dieser Versteigerung gab es auch einen interessanten Preissprung für ein Muschelstilleben von Anne Vallayer-Coster, das 1978 bei Sotheby noch 22 100 Pfund (83 300 DM) erlöst hatte und jetzt, im Mai 1988, 3,62 Millionen Francs (1,23 Millionen DM) einspielte. Selbst ein Kleinmeister wie der in der Nachfolge Watteaus stehende Jean-Baptiste Pater gehört zu den neuen Marktfavoriten: Zwei vorbildlich erhaltene Heerlager-Szenen, die 1976 bei Sotheby für 40 000 Pfund (184 000 DM) an Agnew gefallen waren, wurden 1985 mit der Sammlung Fee bei Christie für 220 000 Dollar (693 000 DM) versteigert und, jetzt wiederum von Agnew, im März 1989 auf der Maastrichter Messe für 1,25 Millionen Gulden angeboten.

Von den explosiven Teuerungsraten für italienische Kunst profitierte nicht zuletzt die Barockmalerei, die 1989 Rekordpreise für Mattia Preti (1,15 Millionen Dollar oder 2,09 Millionen DM), Bernardo Cavallino (1,92 Millionen Dollar oder 3,49 Millionen DM), Carlo Dolci (1,76 Millionen Dollar oder 3,5 Millionen DM) erzielte: alle Summen wurden bei Sotheby in New York eingespielt. Schon im Dezember 1988 wurde bei Christie in London Guido Renis aus der Sammlung des französischen Königs Louis Philippe stammender „Heiliger Johannes“ von Richard Feigen für 825 000 Pfund (2,66 Millionen DM) ersteigert, – ein Spitzenpreis für ein keineswegs zentrales Werk des Bologneser Barockmalers, der nicht zuletzt von der Guido Reni-Wanderausstellung desselben Jahres inspiriert wurde. Feigen war es auch, der im Dezember 1987 bei Phillips in London den Rekordpreis von 847 000 Pfund (2,5 Millionen DM) für Annibale Carraccis Darstellung der Heiligen Lucia, die der Madonna und ihrem Kind ein Augenpaar dar-

Noch ein Millionenkauf des J. Paul Getty Museums: Andrea Mantegnas „Anbetung der Könige“ wurde im April 1985 für 8,1 Millionen Pfund bei Christie ersteigert.

bietet, geboten hatte. Dieser Hochpreis steht in engem Zusammenhang mit der Wanderschau emilianischer Barockmalerei, die 1986/87 in Washington und New York zu sehen war.

Eine starke Position in der Rangskala des Altmeistermarktes behauptet die Renaissancemalerei, allen voran Andrea Mantegna, von dem in zwanzig Jahren nur drei Gemälde auf dem Markt erschienen. An ihnen läßt sich die Preissteigerung ablesen. Als im Juli 1973 bei Sotheby das Tafelbild „Christus in der Vorhölle“ für 490 000 Pfund (3,5 Millionen DM) an die Kunsthandlung Colnaghi fiel, war das noch eine moderate Notierung. Sehr viel schlechter erhalten, da auf Leinwand gemalt, war die „Anbetung der Könige“ aus dem Besitz des Marquess of Northampton, das am 18. April 1985 bei Christie für 8,1 Millionen Pfund (31,3 Millionen DM) in den Besitz des J. Paul Getty Museum überging. Die „Maria mit Kind und heiliger Familie“, die am 21. Juni 1986 bei Sotheby in Monaco aus altem französischen Privatbesitz versteigert wurde, ging für 17,76 Millionen Francs (5,54 Millionen DM) in den europäischen Handel: immer noch ein spektakulärer Preis für ein besonders prekär erhaltenes Kleinformat. Die zweithöchste in New Yorker Auktionen erzielte Summe für ein Gemälde des italienischen Manierismus sind die 4,07 Millionen Dollar (7,4 Millionen DM), die eine zweifigurige Allegorie, ein Großformat von 178 x 216 cm, von Dosso Dossi im Januar 1989 bei Christie einspielte. Zum Vergleich: Noch im November 1975 erlöste eine in der Literatur völlig abgesicherte „Heilige Paula“ des ferraresischen Hofmalers (54,6 x 41,9 cm) lediglich 25 200 Pfund (138 000 DM).

Nicht nur in London, New York, Paris und Monaco werden Hochpreise für italienische Malerei erzielt. Im Mai 1987 realisierten zwei Stilleben-Pendants (Blumen und Früchte), die im Auktionskatalog des Mailänder Versteigerungshauses Algranti als Frühwerke Michelangelo de Caravaggios klassifiziert waren, 5,5 Milliarden Lire (7,7 Millionen DM), der höchste Betrag, der bis dato in einer italienischen Auktion für ein Altmeistergemälde geboten wurde. Den hohen Stellenwert, den Caravaggio als der größte Inspirator der europäischen Barockmalerei innehat, dokumentieren nicht zuletzt die 15 Millionen Dollar, die nach einer Information des amerikanischen „Art-Newsletter“ im Sommer 1987 das Kimbell Art Museum in Fort Worth, Texas, für das Gemälde „Die Falschspieler“ bezahlt haben soll. Im Februar 1973 hatte das Detroit Institute of Arts das verloren geglaubte Hauptwerk „Die Bekehrung der Magdalena“ noch für bescheidene 1,1 Millionen Dollar erhalten.

Der steile Aufschwung der italienischen Barockmalerei hat in besonderem Maße auch die Veduten erfaßt. Sichtbares Zeichen sind Ende der achtziger Jahre nicht nur die Preisrekorde für Canaletto, Bellotto und Guardi, sondern die Höchstpreise, die ein bis-

Am Ende der achtziger Jahre gibt es einen starken Preisschub für die italienische Vedutenmalerei. Bei Christie erzielt am 17. November 1989 eine Themseansicht von Canaletto 1,32 Millionen Pfund, und bei Sotheby in Monaco erlöst am 1. Dezember 1989 Francesco Guardis Blick auf die Giudecca und Zattere (oben) aus der Sammlung Béhague 94,35 Millionen Franc.

lang als sekundär eingestufter Vedutenmaler wie Michele Marieschi (das 1966 erschienene „Benezit"-Künstlerlexikon widmet seiner Vita ganze drei Zeilen) bringt. Im Juli 1988 erzielen zwei Venedig-Ansichten - die Rialto-Brücke und Santa Maria della Salute - 528 000 respektive 550 000 Pfund (1,63 bzw. 1,69 Millionen DM). Nichts kann den Aufschwung für die Malerei Canalettos besser dokumentieren als der Preisvergleich für ein in London entstandenes Hauptwerk des venezianischen Meisters, das im Dezember 1976 bei Sotheby aus der Sammlung des Duke of Hamilton für 110 000 Pfund (506 000 DM) versteigert wurde und anschließend in die Sammlung Paul Mellon gelangte. Mit wichtigen Bildern dieser amerikanischen Kollektion kam dieses Themsepanorama mit Whitehall und Westminster Bridge am 17. November 1989 bei Christie auf 1,32 Millionen Pfund (3,66 Millionen DM). Einen rasanten Markt-Schritt nach oben machte Canaletto in Sothebys New Yorker Altmeisterauktion vom 1. Juni, in der ein US-Sammler ein Paar Venedig-Ansichten (der Molo mit dem Dogenpalast und der Canale Grande vom Campo di San Vio aus)

Spitzenpreis für ein Truhenbild der florentinischen Renaissance: Bartolomeo de Giovannis „Argonauten in Kolchis" erlösten im Dezember 1989 bei Sotheby 5,06 Millionen Pfund.

für 11 Millionen Dollar oder 18,48 Millionen DM ersteigerte. Dieser Zuschlag war sicherlich angeregt durch die splendide Canaletto-Ausstellung des Metropolitan Museums im Herbst 1989.

Bernardo Bellotto, dessen Œuvre kleiner als das seines Onkels und Lehrers Antonio Canal, genannt Canaletto, ist, war in den achtziger Jahren sehr viel seltener auf dem Markt. Einer der höchsten Auktionspreise sind die im Juli 1986 bei Sotheby vom amerikanischen Handel für eine Rom-Ansicht mit der Piazza Navona bewilligten 319 000 Pfund (1,03 Millionen DM). Der dritte Meister dieses venezianischen Dreigestirns, Francesco Guardi, ist seit dem Auktionsjahr 1989 der teuerste. Im Oktober dieses Jahres erzielte ein Gemäldepaar in der New Yorker Sotheby-Auktion der Sammlung Countess du Boisrouvray (Punte della Dogana und San Giorgio Maggiore) überraschende 4,51 Millionen Dollar (8,34 Millionen DM). Am 1. Dezember 1989 feiert eine weiträumige Giudecca-Ansicht aus der Sammlung der Comtesse de Béhague bei Sotheby in Monaco den absoluten Rekordpreis von 94,35 Millionen Francs (32,2 Millionen DM): eine Notierung, die eines ersten Renaissancemeisters würdig wäre, aber einen Maler mit dem riesigen Gesamtwerk von annähernd 800 Gemälden betrifft.

Die wichtigsten Tafelbilder der Renaissance, die Ende der achtziger Jahre auf dem Markt waren, erfüllten alle Bedingungen einer höheren Marktweihe: Sie kamen aus einer alten britischen Familiensammlung (Robinson Collection), ihr Weg war lückenlos bis zur Entstehungszeit zurückzuverfolgen, sie waren brillant erhalten und von strahlendem Kolorit. Es handelt sich um zwei florentinische Truhenbilder zur Argonautensage aus dem Umkreis des Domenico Ghirlandaio, die 1487 anläßlich der Hochzeit des Lorenzo Tornabuoni mit Giovanna di Maso degli Albizzi von Bartollomeo di Giovanni und dem „Meister von 1487" geschaffen wurden. Und dennoch blieben die Preise vernünftig: 5,05 und 4,62 Millionen Pfund (14,11 bzw. 12,88 Millionen DM) brachten diese musealen Werke, die an Rarität und kunsthistorischer Bedeutung haushoch über so manchem stehen, was die niederländische Malerei im Zeichen des Stillebenbooms an „Hochfliegern" aufzubieten hat.

Die Wandlungen und Verfestigungen des Geschmacks auf dem Gebiet der niederländischen Malerei gehen seltsame Wege. Der Stilleben-Boom, den wir zu Beginn dieses Kapitels angesprochen haben, erfaßt alle Epochen und Schulen von 1600 bis zu van Gogh, dessen nach Japan verkauftes Sonnenblumenbild nicht nur Inbegriff van Goghscher Malerei, sondern Endpunkt einer in den Niederlanden entwickelten Bildgattung ist. Es erscheint legitim, daß herausragende Werke prägender Vertreter dieser Gattung wie Ambrosius Bosschaert der Ältere[1], Jan Davidsz. de Heem, Pieter Claesz (die frühen, vor 1645 entstandenen Bilder), Jan Brueghel der Ältere oder auch der „Naive" Adriaen Coorte in Preiskategorien nahe an oder über die Million aufgerückt sind. Doch ist es eine bedenkliche Erscheinung, wenn im nivellierenden Marktsog auch Meister der zweiten Riege eine nicht immer gerechtfertigte Aufwertung erfahren.

[1] Werke des Nachfolgers Ambrosius Bosschaert der Jüngere sind hart an die Million-Mark-Grenze und von Johannes Bosschaert sogar über 1 Million DM aufgerückt.

Dazu gehören u.a. das uferlose Werk des Cornelis de Heem (Kleinformate bringen 1988/89 in den Londoner Auktionen 200 000–300 000 DM und werden im Handel für 500 000–600 000 DM offeriert)[1] und noch Ende der siebziger Jahre mit 150 000 DM bewertete Prunkstilleben von Pieter de Ring (ein Hauptbeispiel: jenes Hochformat mit Erdbeeren in Wan-li-Schale und Römer, das Richard Green im Januar 1988 bei Christie in New York für 242 000 Dollar [399 000 DM] ersteigerte und anschließend auf der Maastrichter Messe für 1 Million Gulden offerierte). In diese zweite Kategorie gehören auch die Werke der Joris van Son, Pieter Verelst, Nicolaes Verendael (ein Blumenstrauß in Glasvase erlöste im Juni 1989 bei Sotheby 165 000 Dollar oder 283 000 DM) und nicht minder die Bilder des glatten Abraham Mignon. Ein exorbitanter Mignon-Preis sind die 451 000 Dollar (820 000 DM), die ein kombiniertes Früchte-, Blumen- und Fischstilleben, von dem es zwei weitere Versionen in der Leningrader Eremitage und in der Alten Pinakothek, München, gibt, im Januar 1989 bei Sotheby in New York erzielte. Das Bild kam aus der Sammlung Faridah Naina, Hongkong, die sich Anfang der achtziger Jahre wohlfeil bediente – den Mignon gab es 1981 bei Sotheby für 19 800 Pfund (90 000 DM) –, um ihre Erwerbungen nach nicht einmal zehn Jahren gewinnbringend in den Auktionskreislauf zurückzuwerfen.

Jüngste Kinder der weltweiten Stilleben-Euphorie sind die derivativen Werke Jan Brueghels des Jüngeren und seines deutschen Zeitgenossen Georg Flegel. Die Brueghel fils-Hausse wird stark gefördert von dem überfleißigen Brueghel-Expertiseur Klaus Ertz und der von ihm beratenen Pariser Galérie d'Art Saint Honoré. Selbst in den Auktionen werden seine gefälligen Kompositionen astronomisch beboten, seit die Blumenstücke des Vaters vom Markt verschwanden. Der Höchstpreis liegt bei 1,012 Millionen Pfund, die im Dezember 1989 für ein Blumenstück in Metallvase geboten wurde, das eine Komposition von Jan Brueghel dem Älteren aus dem Jahr 1608 nachempfindet. Herausragende Stille-

[1] Teuerstes Cornelis de Heem-Gemälde wurde im Juni 1989 mit 6,92 Millionen Francs (2,35 Millionen DM) ein ganz im Stil des Vaters gehaltenes Prunkstilleben mit Schinken und Kassette.

ben des sehr viel selteneren Georg Flegel wurden bis 1989 nicht über 650 000 DM bewertet; ein Hauptbeispiel ist das 1982 noch im Stock von Richard Green nachweisbare Blumen- und Früchtestilleben mit Flußkrebsen, das damals 125 000 Pfund (530 000 DM) kostete und im Mai 1985 bei Lempertz in Köln für brutto 442 000 DM (360 000 DM plus Aufgeld und Mehrwertsteuer) zugeschlagen wurde; als es im April 1990 bei Christie, mit einer Taxe von 300 000–400 000 Pfund belastet, erneut ausgeboten wurde, mußte es zurückgehen. Im Januar 1990 wurde das Preisniveau mit einem Schlag multipliziert, als Richard Green im Verband mit anderen Händlern zusammen für himmelstürmende 2,97 Millionen Dollar (5,46 Millionen DM) einen radial komponierten Blumenstrauß in Steinnische ersteigerte: eines von nur sechs bekannten Blumenstücken des in Frankfurt tätigen Meisters. Das stattliche Gemälde hing im März 1990 auf der Maastrichter Messe, wo es mit 6,25 Millionen Gulden beziffert war. Einigermaßen versöhnlich stimmt den kritischen Marktbeobachter die Tatsache, daß in der Saison 1988/89 für einen weiteren hochbezahlten Vertreter der Stillebenmalerei, den Middelburger Meister Balthasar van der Ast, inzwischen eine starke Selektion eingetreten ist: Vier seiner hochdotierten Gemälde (Taxen bis 600 000 Pfund) gingen in dieser Periode zurück, gefragt sind hier nur beste Erhaltung und deutlich museale Qualität.

Die Stilleben-Euphorie wird uns erhalten bleiben, doch auch sie hat eine Schwächezone: Vanitasdarstellungen, in denen das memento mori-Moment direkt angesprochen wird, sind unterbewertet. Hier sind anno 1990 wichtige Beispiele dieser gegenüber den zahllosen Blumen- und Früchtestücken des 17. Jahrhunderts raren Gattung noch meist zu einem Zehntel dessen zu haben, was für Paradestücke des schönen Scheins gefordert wird. Hier ist der Markt noch ähnlich entwicklungsfähig wie in weiten Bereichen der altniederländischen Malerei, die noch nicht wieder eine ihrer Bedeutung angemessene Marktposition erreicht hat.

Was hat sich gegenüber dem Markt der siebziger Jahre noch verändert? Da wäre vor allem der Siegeszug der flämischen Malerei auf den internationalen Märkten zu nennen. Der Triumph der

Derivate, wie wir ihn am Beispiel Jan Brueghels des Jüngeren angedeutet haben, erfaßte auch das Werk eines anderen Repräsentanten der Brueghel-Dynastie: Die meist von Kompositionen des Vaters abgeleiteten Genrebilder Pieter Brueghels des Jüngeren. Ein charakteristisches Beispiel für die enorme Preissteigerung dieses Malers in den achtziger Jahren ist seine „Rückkehr von der Kirmes", die 1982 bei Sotheby 148 500 Pfund (damals 216 000 Dollar) erlöst hatte und im Januar 1989 bei Sotheby 858 000 Dollar (1,56 Millionen DM) einspielte. Eines seiner Hauptwerke, das bemerkenswert gut erhaltene Großformat „Der Kampf zwischen Fasten und Karneval" (117,5 x 165 cm) nach dem gleichnamigen Prototyp Pieter Brueghels des Älteren im Kunsthistorischen Museum, Wien, kam aus altem amerikanischem Privatbesitz im Mai 1989 bei Christie in New York unter den Hammer und erlöste 2,97 Millionen Dollar (5,9 Millionen DM). Ein unvernünftiger Preis, der auch dadurch nicht erklärlicher wird, daß es einen Großsammler gibt, der die wichtigsten Brueghels mit Höchstpreisen honoriert, und ein neues Werkverzeichnis kurz vor der Veröffentlichung steht.

Im Zuge der kunsthistorischen Aufarbeitung der flämischen Kunst um und nach 1600 wurden weitere, noch in den siebziger Jahren mit moderaten sechsstelligen oder gar fünfstelligen Summen bedachte Meister hochgezogen. Zu ihnen gehören Joos de Momper (charakteristischer Hochpreis für eine Winterlandschaft im Juni 1989 in Paris: 3,62 Millionen Francs) und Frans Francken II, dessen Mythologien im europäischen Handel Mitte der siebziger Jahre unter 50 000 DM notierten und daselbst 1988 mit höchstens 400 000 DM bewertet wurden. Doch bereits im Frühjahr 1989, noch bevor ein angekündigtes Werkverzeichnis erschienen ist (es wird, wie die Catalogues raisonnés zu Jan Brueghel, Jan Brueghel d. J., Joos de Momper, Roelant Savery, im Luca-Verlag des freien Kunsthistorikers Klaus Ertz publiziert, der sich damit ein Monopol gesichert hat), kostet in der Galérie d'Art Saint Honoré das Hauptwerk „Die Königin von Saba vor König Salomo" 1,7 Millionen Francs (580 000 DM); es hatte im Dezember 1988 bei Ader, Picard, Tajan netto 620 000 Francs eingespielt. Bei Roelant

Marktwiederkehr von Altmeister-Gemälden

Pieter Brueghel der Jüngere, Hochzeitsprozession, 1627	Sotheby London, Juli 1979 99.000 £ (396.000 DM)	Sotheby New York, Januar 1983 231.000 $ (554.000 DM)
Pieter Brueghel der Jüngere, Rückkehr von der Kirmes	Sotheby London, November 1982 148.500 £ (634.000 DM)	Sotheby New York, Januar 1989 858.000 $ (1,56 Mill. DM)
Giovanni Antonio Canal, gen. Canaletto, 2 Venedig-Veduten: Canal Grande, Piazetta	Sotheby London, Juli 1977 165.000 £ (660.000 DM)	Christie London, Dezember 1984 324.000 £ (1,2 Mill. DM)
Giovanni Antonio Canal, gen. Canaletto, Blick auf Whitehall u. Westminster Bridge	Sotheby London, Dezember 1976 110.000 £ (506.000 DM)	Christie London, November 1989 1,32 Mill. £ (3,66 Mill. DM)
Jacob van Ruisdael, Landschaft mit Wasserfall	Christie London, März 1974 57.500 £ (346.000 DM)	Christie London, Dezember 1984 86.400 £ (320.000 DM)
Jan van Os, Obst- und Blumenstilleben	Christie London, April 1980 66.000 £ (274.000 DM)	Sotheby New York, Januar 1985 253.000 $ (800.000 DM)
Salomon van Ruysdael, Blick auf Nijmegen mit dem Valkenhof, 1652	Christie London, Juli 1983 237.600 £ (926.000 DM)	Sotheby New York, Januar 1988 907.500 £ (1,48 Mill. DM)
David Teniers der Jüngere, Ein Alchemist im Labor	Christie London, April 1984 205.200 £ (769.500 DM)	Sotheby New York, Januar 1988 572.000 $ (932.000 DM)
Anne Vallayer Coster, Muschelstilleben	Sotheby London, April 1978 22.100 £ (83.300 DM)	Ader/Picard/Tajan Paris, Mai 1988 3,62 Mill. Fr. (1,23 Mill. DM)
Meister von St. Gudude (15. Jh.), Die Hl. Elisabeth v. Ungarn und Katharina v. Alexandria	Christie London, März 1961 8.400 £ (94.000 DM)	Christie London, Dezember 1989 374.000 £ (1,04 Mill. DM)

Michele Marieschi, Piazza San Marco und Canal Grande	Sotheby London, Dezember 1972 28.000 £ (89.600 DM)	Sotheby London, Juli 1989 462.000 £ (1,39 Mill. DM)
Nicolaes Maes, Die alte Spitzenklöpplerin, um 1655	Christie London, Juni 1973 105.000 £ (630.000 DM)	Christie London, April 1985 410.400 £ (1,55 Mill. DM)
Cornelis de Heem, Früchtestilleben mit Austern, 1665/70	Christie London, Dezember 1978 19.800 £ (74.000 DM)	Ader/Picard/Tajan Paris, April 1990 3,8 Mill. Fr. (1,11 Mill. DM)
Jacob Duck, Wachstube mit schlafenden Soldaten	Phillips London, Dezember 1985 15.450 £ (43.800 DM)	Sotheby New York, Januar 1988 143.000 $ (233.000 DM)
Balthasar van der Ast, Obststilleben mit Muscheln	Sotheby London, März 1979 99.000 £ (371.000 DM)	Christie London, Juli 1989 308.000 £ (930.000 DM)
Barent Avercamp, Winterlandschaft mit Eisvergnügen	Christie London, Juni 1973 33.600 £ (227.000 DM)	Christie London, Juli 1988 264.000 £ (810.500 DM)
Willem van de Velde der Jüngere, Flußlandschaft an der Amstel	Sotheby Amsterdam, April 1976 96.000 Gulden (86.400 DM)	Christie London, Juli 1989 154.000 £ (465.000 DM)
Jacob Ochtervelt, Interieur mit Figuren und Hund	Christie London, Juni 1973 27.430 £ (164.000 DM)	Christie London, Dezember 1986 231.000 £ (656.000 DM)
Adam Willaerts, Die Abreise der Pilgerväter aus Delft	Sotheby New York, Juni 1977 105.000 $ (247.000 DM)	Sotheby London, Juli 1989 225.500 £ (681.000 DM)
Marten Ryckaert, Flußtal mit ruhender Schweineherde	Christie New York, Juni 1987 35.200 $ (64.000 DM)	Christie London, April 1990 137.500 £ (383.600 DM)

Savery sind die Preissprünge nicht ganz so euphorisch; das meiste, was nicht im Werkverzeichnis von Kurt Müllenmeister zu finden ist, geht in den Auktionen zurück. Höchstpreise liegen in den Versteigerungen bei 170 500 Pfund (503 000 DM), die im Juli 1987 bei Sotheby für das kapitale Werk „Adam und Eva in Paradieslandschaft“ (jetzt im Besitz der Galerie Hohenbuchau) und im holländischen Handel 1988 bei 800 000 Gulden (!) für eine kleine Gebirgslandschaft mit Bergwerk (17,5 x 27 cm), die 1979 noch für 375 000 Gulden zu haben war. Daß nicht alle Savery-Preise in den Himmel wachsen, zeigt die maßvolle Notierung von 95 000 DM für den Tondo „Wasservögel in einer Schilfniederung“ (1989 im Katalog der Galerie Müllenmeister). Bei David Teniers, auf dessen Werkverzeichnis alle Welt seit nunmehr 20 Jahren wartet, hat sich der Markt, der noch einmal Anfang der achtziger Jahre aufgeblüht war, weitgehend beruhigt.

Was für Pieter Brueghel den Jüngeren gilt, trifft auch für dic holländische Genremalerei des 17. Jahrhunderts zu. Sie hat gegen Ende des achten Jahrzehnts einen beispiellosen Marktaufschwung erfahren. Ein Paradebeispiel ist Jan Steen, dessen deftige Szenen bis 1989 nicht die Millionenhürde genommen hatten. Im Mai dieses Jahres ersteigerte dann der Londoner Händler Johnny van Haeften bei Sotheby in New York für unerhörte 2,97 Millionen Dollar (5,9 Millionen DM) ein Interieur mit einem Paar beim Kartenspiel. Kontrastprogramm: Im Dezember 1989 blieb bei Sotheby in London ein zweifelsfreies „Schulzimmer“ des Leidener Malers bei 52 800 Pfund (147 000 DM) stecken. Einen Riesenaufschwung haben auch die eleganten Interieurs des Düsseldorfer Hofmalers Eglon Hendrik van der Neer zu verzeichnen, von denen das teuerste Bild mit edler Provenienz (Sammlung Robinson) im Dezember 1989 bei Sotheby mit 924 000 Pfund (2,58 Millionen DM) bewertet wurde. Auch Jacob Ochtervelt, lange Jahre Stiefkind des Marktes, wurde seit Mitte der achtziger Jahre sammelwürdig. Ein Interieur mit tanzender Frau, Kind und Hund, das 1973 bei Christie gerade 27 430 Pfund (164 000 DM) erlöst hatte, dann 1977 von der Londoner Leger Gallery auf der „Pictura“ in Maastricht für 80 000 Pfund (324 000 DM) offeriert wurde, kam im Dezember 1986 bei Sotheby auf 231 000 Pfund (656 000 DM). Eine gewisse Stagnation ist für Adriaen van Ostade, von dem nur noch wenige herausragende Werke auf dem Markt erscheinen, zu verzeichnen.

Einer der wenigen Genremaler, die seit den siebziger Jahren rückläufige Preise haben, ist der derbe Dorfchronist Joost Cornelis Droochsloot. Nachdem seine Preise um 1980 bis 150 000 DM eskaliert waren, sind heute nur noch wenige bereit, so viel in diese Bilder zu investieren, die jahrelang im Wiener Dorotheum reüssierten. À propos Dorotheum: Es wird nicht mehr so heftig wie in den siebziger Jahren als geheimes Absatzforum für glücklose Bilder des Londoner Handels benutzt. Die Wanderwege laufen jetzt von London meist nach New York oder in die Schweiz. Außerdem sorgt heute der Ringtausch der Händler für erweiterte Absatzforen. Hübner, Würzburg, kooperiert mit Colnaghi, die Wiener Galerie St. Lucas mit Harari & Johns, Bruno Meissner, Zürich, mit Richard Feigen, John Schlichte Bergen, Amsterdam, mit der New Yorker Galerie Shickman, etcetera. Geteilte Bilderlast ist halbe Last, so lautet die Devise, und bei der Wanderschaft wird manches abgesetzt, was früher schnell in die Auktionen zurücklaufen mußte.

Sehr viel stiller geworden ist es um die Marinemalerei, bei der nur noch die „erste Garnitur", das heißt exemplarische Werke von Willem van de Velde d. J. und Jan van de Cappelle (die Preisskala reicht hier bis 770 000 Pfund oder 2,15 Millionen DM, im Dezember 1989 von R. Noortman für ein ruhiges Seestück von Cappelle aus der Sammlung Robinson bei Sotheby geboten) oder der nächstwichtigen Gruppe Simon de Vlieger und Ludolf Bakhuyzen auf uneingeschränkte Resonanz stoßen. Ein Geschmackswandel hat auch die Landschaftsmalerei erfaßt. Für die brasilianischen Landschaften des Frans Post, Mitte der siebziger Jahre hoch im Kurs, regt sich kaum museales und sammlerisches Interesse. Charakteristisch ist der Preisverlust, der das Hauptwerk „Engenho Real" (1668) betrifft. Von Richard Green auf der Maastrichter Messe 1987 noch für 3,5 Millionen Gulden angeboten, erzielte das brauntonige Plantagenbild im Januar 1988 bei Sotheby in New York noch 962 000 Dollar (1,56 Millionen DM). Kontinuierlich teurer wurden dagegen die Landschaften mit Jagdgesellschaft von Philips Wouwerman, von dem die New Yorker Newhouse Gallery 1989 auf der Maastrichter Messe eine „Große Vogeljagd" aus französischem Privatbesitz, die sie ein halbes Jahr zuvor in Paris für 4,77 Millionen Francs (1,4 Millionen DM) ersteigert hatte, für 1,5 Millionen Dollar (2,76 Millionen DM) offerierte. Kleine und weniger kapitale Bilder des Haarlemer Landschafts- und Tiermalers sind dagegen noch durchschnittlich zu einem Zehntel dieser Höchstnotierung zu haben. Die Erhaltung und Dokumentation (Nachweis in Hofstede de Groots noch keineswegs überholtem Werkverzeichnis) bestimmen hier nach wie vor den Preis.

Während die Mondscheinlandschaften des Aert van der Neer immer teurer werden (600 000 DM ist eine geläufige Notierung für herausragende Werkbeispiele; 1,2 Millionen Dollar hat 1988 van der Neers „Mondlandschaft" der Sammlung Bentinck-Thyssen gekostet), schwindet das allgemeine Interesse an der Großproduktion des Jan van Goyen und Salomon van Ruysdael. Nur das Außergewöhnliche wird hier noch hoch bewertet, wie jene Flußlandschaft mit Schloß Ijsselstein Jan van Goyens, die im Januar 1990 bei Sotheby in New York überraschend 880 000 Dollar (1,53 Millionen DM) einspielte. Hier hat sich der Markt auf ein hohes Niveau eingeschworen, die „Fließbandprodukte" dieser Meister und die Bilder mit prekärem Erhaltungszustand (meist in den Himmelspartien) werden nicht mehr uneingeschränkt akzeptiert. Insgesamt ist zu konstatieren, daß der Altmeisterkäufer heute stärker denn je auf den Erhaltungszustand der Bilder achtet.

Der Sammler ist mündig geworden. Die alte Generation hat sich von Expertisenbindungen à la Bernt befreit[1], und eine neue Sammlergeneration schöpft internationale Informationsmöglichkeiten restlos aus. Preise werden hinterfragt und kunsthistorische Vergleiche gezogen. Hier herrscht jene erwünschte Markttransparenz, die in vielen anderen Marktbereichen erst noch erkämpft werden muß.

[1] Siehe dazu das Kapitel „Vom Wert der Expertise", in: Christian Herchenröder, Die Kunstmärkte, a. a. O., Düsseldorf 1979, Seiten 302 ff.

Das 19. Jahrhundert:

Ein Mosaik von Nationalmärkten

Kaum ein Sammelgebiet wird von so starken nationalen Sonderbewegungen geprägt wie der Markt für Gemälde des 19. Jahrhunderts. Zwar gibt es auch hier die großen internationalen Leitfiguren wie Turner, Géricault und Caspar David Friedrich, die ihre Marktweihen auf musealer Ebene empfangen, im wesentlichen aber ist die seit Jahren vermittelte Kunst dieses Jahrhunderts der Romantik, des Realismus und der Salonmalerei von vielstimmigen nationalen Sammelwünschen und -bedürfnissen abhängig, die ihre Eigengesetzlichkeit in nationalen Märkten entwickeln. Ich habe im ersten Kapitel darauf hingewiesen, daß gerade diese Sondermärkte eine entscheidende Rolle spielen: Sie sind die wesentlichen Teile, aus denen sich der Markt als Ganzes konstituiert.

Die Londoner Auktionshäuser haben in den achtziger Jahren den Eindruck genährt, erst sie hätten mit ihren Sonderauktionen skandinavischer, spanischer, österreichischer, schweizerischer und deutscher Malerei des 19. und frühen 20. Jahrhunderts den Markt für diese Kunst entwickelt. Was für die amerikanische und viktorianische Malerei dieser Epoche, die eine geschickte Marktstrategie von Sotheby und Christie in den Preisolymp befördert hat, tatsächlich gilt, trifft für die anderen Bereiche nur mit starken Abstrichen zu. Man darf nicht übersehen, daß sich Handel und Auktionen der einzelnen Länder ihre Märkte und Preise selbst geschaffen haben, noch ehe man in London an die reklameträchtige Vermarktung durch Separatauktionen dachte.

Seit nunmehr zwei Jahrzehnten nutzten deutsche Händler und Auktionatoren die New Yorker Großauktionen, in denen reihenweise deutsche Kunst des 19. Jahrhunderts zu maßvollen Preisen unter den Hammer kommt[1] (von einigen „Ausreißern“ der letzten Jahre wie Alexander Koester oder Adolf Schreyer abgesehen), um ihr Angebot zu veredeln. Viele Neumeister-Auktionen, viele deutsche Messestände profitieren von diesem frisch zurückgekehrten Material, das erst im Ursprungsland wieder seinen echten Markt findet. Die seit 1987 von Sotheby in München abgehaltenen Auktionen, in denen nicht immer sorgfältig genug selektiert wurde, sind in ihren Resultaten veritable Wechselbäder, nur in einem Fall haben sie einen Weltmarktpreis geschaffen: Im Mai 1988 hat Baron Thyssen für Eduard Gärtners Berliner Vedute mit dem Opernhaus Unter den Linden 1,012 Millionen DM geboten.

Carl Spitzweg, der größte Marktfavorit der achtziger Jahre, und die wichtigsten Maler der Münchner und der Düsseldorfer Schule haben in den anglo-amerikanischen Auktionen nie die prägende Rolle gespielt, wie in deutschen Galerien und Versteigerungen. Spitzweg bringt Ende der achtziger Jahre in den Auktionen in München und Stuttgart Höchstpreise bis zu jenen brutto 1,2 Millionen DM, für die am 1. Juli 1988 bei Neumeister das Genrebild „Friede im Lande“ einem Auftragsbieter zugeschlagen wurde. Dieses Bild war noch wenige Monate zuvor in einer Münchner Galerie für 500 000 DM offeriert und noch im November 1978 bei Lempertz für 255 000 DM versteigert worden: damals der höchste Spitzweg-Preis[2].

Noch dreimal gab es 1988/89 in München und bei Nagel in Stuttgart, wo ein amerikanischer Bieter das Gemälde „Der Blumenfreund“ für brutto 1,035 Millionen ersteigerte, Preise in Millionenhöhe. Brutto 1,16 Millionen DM investierte am 14. Juni 1989 bei Neumeister eine deutsche Warenhauskette in das Nachtstück „Serenade“, das 1975 bei Lempertz noch für brutto 209 000 DM

[1] Die New Yorker, auch die Londoner Auktionen der achtziger Jahre sind wahre Wechselbäder der Resonanz; im Mai 1988 etwa gehen in New York Werke deutscher Künstler von A. Achenbach bis W. Kuhnert reihenweise zurück.

[2] Über die Spitzweg-Preise der siebziger Jahre siehe: Christian Herchenröder, Die Kunstmärkte, a.a.O., Seite 164–165.

Spitzwegs Gemälde „Die Serenade“, 1979 noch mit 209 000 DM bewertet, wurde im Juni 1989 bei Neumeister für 1,16 Millionen DM von der Adkauf-Gruppe ersteigert, die es anschließend in ihren Geschäftsräumen zeigte.

zugeschlagen wurde. Der Spitzweg-Markt ist ein typisch deutsches Phänomen, keine angelsächsische Marktinitiative konnte ihm bis jetzt das Wasser abgraben.

Das Sammeln deutscher Malerei des 19. Jahrhunderts ist Mitte der achtziger Jahre schon fast zum Volkssport geworden. Jedes deutsche Auktionshaus, das nicht allein die Kunst des 20. Jahrhunderts pflegt, hält eine einschlägige Offerte bereit, und wer gar Magneten der Münchner Schule wie Bürkel, Defregger, Grützner, Koester vorweisen kann, darf mit einiger Resonanz rechnen. Nicht immer erfüllen sich Hochpreiserwartungen, auch die Münchner und Kölner Spezialauktionen zeigen bei allem fundamentalen Zuspruch ein klassisches konjunkturelles Auf und Ab. Die Preise für Werke der Münchner Malerschule haben sich auf hohem Niveau eingependelt, der noch zu Beginn des Jahrzehnts sprung-

Ein Weltmarktpreis für Eduard Gärtner: Die Berlin-Vedute mit dem Opernhaus Unter den Linden wurde im Mai 1988 für 1,012 Millionen DM von Baron Thyssen ersteigert.

haften Marktentwicklung ist eine Phase der Konsolidierung gefolgt: Sammler und Investoren können, gestützt auf eine Vielzahl frisch publizierter Werkverzeichnisse (von Bürkel bis Zügel), ohne Hast vergleichen und wählen.

Die mit ländlicher Staffage besetzten, starkfarbigen Almbilder Heinrich Bürkels sind, nachdem der Markt für die Genrebilder Eduard Grützners und Heinrich von Zügels bei Höchstnotierungen zwischen 200 000 und 300 000 DM ermüdet ist, die neuen Marktfavoriten. Gegenüber der Fließbandproduktion des späten Zügel hat das numerisch geringere Œuvre des von 1822–69 in München tätigen Bürkel eine unverbrauchte Frische, auch wenn einige zentrale Darstellungen in mehreren Versionen existieren und die Preise 1989 vom Münchner Handel zielstrebig bis zur Marke 275 000 DM hinaufentwickelt wurden.

Zu den stärksten Magneten bei Handel und Sammlern gehört ab 1987 Alexander Koester, genannt „Enten-Koester“, weil er sein

Georg Waldmüllers Genrebild „Großvaters Geburtstag", 1980 im Wiener Dorotheum für 4,5 Millionen Schilling zugeschlagen, brachte im Juni 1989 bei Sotheby 1,485 Millionen Pfund.

spätimpressionistisches Kolorit auf die Darstellung von Enten aller Gruppierungen konzentrierte. Noch zu Beginn der achtziger Jahre lag die Höchstmarge für Koester-Gemälde bei etwa 75 000 DM. Im März 1989 erzielt ein Bild mit sieben „Hinziehenden Enten" im Kölner Auktionshaus Carola van Ham brutto 314 000 DM, ein Rekordpreis, der im November 1989 bei Sotheby in New York mit 264 000 Dollar (475 000 DM) für die Darstellung eines aufgewühlten Teichs mit 16 Enten überboten wurde. Das 99 x 170 cm große Bild, im 1988 publizierten Werkverzeichnis Ruth Stein und Hans Koester unter Nummer 828, war ursprünglich im Besitz der Tiffany Foundation und hatte noch im Februar 1987 bei Sotheby 143 000 Dollar eingespielt.

Wie stark ein spekulatives Moment an den Koester-Preisen wirkt, sei dahingestellt. Es erscheint zumindest problematisch, daß die Darstellung eines Entenschwarms in einem Feld (Werkverzeichnis Nr. 585), das zweimal bei Sotheby (Taxe bis 200 000

DM) zurückgegangen war, im November 1989 in einer Ausstellung der New Yorker Galerie Grossman 190 000 Dollar (342 000 DM) kostet. Diese Koester-Schau war mit Bildern aus einer Hamburger Privatsammlung angereichert, der Höchstpreis lag bei prohibitiven 430 000 Dollar (774 000 DM) für das im Werkverzeichnis unter Nr. 804 figurierende Gemälde „Enten in See gehend".

Gegenüber solchen nicht gerade raren Werken erscheinen Eduard Schleichs oberbayerische Landschaften oder Anton Braiths atmosphärische Herdenbilder (die Höchstpreise liegen hier jeweils um 150 000 DM) geradezu unterbewertet. Das gilt grosso modo auch für die Historien, Genrebilder und Landschaften der Düsseldorfer Schule: Herausragendes von Andreas Achenbach, Carl Wilhelm Hübner, Ludwig Knaus, Carl Friedrich Lessing, J. W. Schirmer ist in den gesamten achtziger Jahren unter 100 000 DM zu haben. Mißrelationen gibt es aber auch hier: Die nicht gerade seltenen Jagdlandschaften des impressionistisch angehauchten Hugo Mühlig rücken gegen Ende des Jahrzehnts hart an die 150 000-Mark-Grenze. Eine kurzfristige Oswald Achenbach-Hausse gab es Mitte der achtziger Jahre, nachdem bei Lempertz in Köln das attraktive Gemälde „Fischer auf Capri" (im November 1984) auf unerwartete 190 000 DM gestiegen war. Zwei Jahre später forderte das Münchner Kunsthaus Bühler für eine vergleichbare „Straßenszene in Neapel" 235 000 DM – eine Preisvorstellung, die sich auf breiter Front nicht durchsetzen ließ, schon gar nicht in Auktionen, in denen die meisten der später ausgebotenen Landschaftsbilder unter 100 000 DM blieben.

Von den österreichischen Malern des 19. Jahrhunderts, die im Wiener Dorotheum eine solide Marktbastion haben, ist Ferdinand Georg Waldmüller, Protagonist des Wiener Biedermeier, die internationale Repräsentationsfigur. Die wirklich herausragenden Bilder dieses Genrepoeten bringen stets Spitzenpreise, wie das um 1863 entstandene Landschaftsbild „Vorfrühling im Wiener Wald", das 1977 bei Koller in Zürich netto 210 000 Schweizer Franken einspielte und im November 1979 im Dorotheum auf netto 3 Millionen Schilling (420 000 DM) stieg. Eine noch rasantere Preissteigerung ist für das vielfigurige Interieur „Großvaters Geburtstag" zu konstatieren, das im Dezember 1980 im Dorotheum auf netto 4,5 Millionen Schilling (633 000 DM) kam - ein Preis, der schon nach damaliger Ansicht Wiener Händler zu hoch war - und im Juni 1989 bei Sotheby in London mit einem Telefongebot von 1,485 Millionen Pfund (4,6 Millionen DM) in eine euphorische Preiskategorie befördert wurde. Nicht annähernd so hoch wie die heile Welt suggerierenden Waldmüller-Motive werden die Alpenpanoramen Friedrich Gauermanns bewertet. Seine Auktionshöchstpreise haben sich seit Mitte der achtziger Jahre zwischen 150 000 und 200 000 DM eingependelt. Als „Ausreißer" sind die 308 000 Dollar (585 000 DM) zu bewerten, die im Oktober 1989 Gauermanns liebliches, mit reicher Figurenstaffage angereichertes Gemälde „Der Dorfbrunnen" bei Sotheby in New York realisierte. Einen steigenden Markt erlebt dagegen die Malerei der mit dem Wiener Landschaftsmaler Emil Jakob Schindler befreundeten „Stimmungsimpressionisten" (Eugen Jettel, Rudolf Ribarz, Robert Russ, Olga Wisinger-Florian, Tina Blau), deren wichtigste Werke heute auch in London reüssieren. Dort werden sie von Wiener Händlern und Sammlern zurückerworben, wie jenes 1885 vollendete, fast monochrome Hochformat Schindlers, das der Wiener Sammler Jenö Eisenberger im November 1985 bei Sotheby für 82 500 Pfund (305 000 DM) ersteigerte: Dokument eines Rückflusses, der ausschließlich einen Nationalbedarf befriedigt.

Die Schweizer Malerei des 19. Jahrhunderts hat in der Schweiz selbst die besten Absatzchancen, was nicht zuletzt Sotheby dadurch unterstreicht, daß es diese Kunst seit den späten achtziger Jahren in Zürich versteigert und dabei charakteristische Preise erzielt. Einen Rekord gab es am 7. Juni 1989, als Jacob Biedermanns „Pflügende Bauern am Vierwaldstätter See" 550 000 Schweizer Franken erzielten. Ein solcher Spitzenpreis sollte nicht vergessen lassen, daß Preise für andere wichtige Schweizer Künstler, allen voran der hochbegehrte Genremaler Albert Anker, schon seit Jahren in eidgenössischen Auktionshäusern „gemacht" wurden. Beim Zürcher Generalisten Koller erlöste im November 1986 das Bildnis „Kind mit Puppe" netto 430 000 Franken, und ein

Winterthurer Sammler ersteigerte im Juni 1988 bei Kornfeld in Bern das Historienbild „Französische Soldaten der Bourbaki-Armee im Stall" für netto 650 000 Franken. Den Rekordpreis von 4,5 Millionen Schweizer Franken zahlte 1985 das Kunsthaus

Zum Spekulationsobjekt geworden: Giovanni Segantinis Hauptwerk „Alpweiden" wurde 1985 vom Zürcher Kunsthaus für überteuerte 4,5 Millionen Schweizer Franken angekauft.

Zürich für „Alpweiden", ein Hauptwerk Giovanni Segantinis aus dem Jahr 1895. Das riesige Landschaftsbild hatten die Erben des Zürcher Sprengstoffabrikanten Max Nyffeler wenige Wochen zuvor für 2,25 Millionen Schweizer Franken abgegeben, und ein undurchsichtiges Konsortium von Zürcher Spekulanten hat daran noch einmal heftig verdient.

Eine interessante Entwicklung hat die niederländische Malerei des 19. Jahrhunderts durchschritten; allen voran die sogenannten niederländischen Romantiker. Das Jahr 1973 erlebte den bis heute stärksten Boom: ein überhitzter Preisauftrieb, der durch Spekulationskäufe (eine Den Haager Immobilienfirma investierte heftig in diese Malerei), aber auch durch eine unvernünftige Preispolitik des Londoner und des amerikanischen Handels angefacht wurde. Den Zenit markierte dann jene Amsterdamer Mak van Waay-

Auktion vom Juni 1973, in der Höchstpreise für „Eisvergnügen" von Charles Henri Joseph Leickert (420 000 Gulden) und Andreas Schelfhout (260 000 Gulden) geboten wurden. Danach ging das Interesse in den internationalen Auktionen deutlich zurück, auch für die gefälligen Waldlandschaften des Barend Cornelis Koekkoek, die bei rheinischen Sammlern begehrt sind. Erst 1980 beginnt sich der Markt schrittweise zu erholen, doch kommt es nur selten vor, daß ein Bild noch über die 250 000 Mark-Schwelle rückt. Einige Hauptbeispiele sind eine „Viehherde in Waldlandschaft" von B. C. Koekkoek, die im November 1983 bei Sotheby in Amsterdam 348 000 Gulden bringt, ein im Mai 1987 an gleicher Stelle für 264 000 Gulden versteigertes „Eisvergnügen" von Andreas Schelfhout oder die im November 1988 bei Christie in Amsterdam für Cornelis Springers Ansicht des jüdischen Viertels von Amsterdam, realisierten 247 250 Gulden. Solche Sondernotierungen für herausragende Bilder verraten einen selektiven Markt; wer die internationalen Auktionen der letzten zehn Jahre rekapituliert, muß feststellen, daß sich in diesem Marktsegment die Verkäufe und Rückgänge die Waage halten. Im März 1990 auf der Maastrichter Messe ist der Handel allerdings schon wieder auf markantes Wachstum eingestellt. Eine Winterlandschaft von B. C. Koekkoek notiert hier mit 600 000 DM (!) und zwei Städtebilder von C. Springer liegen zwischen 300 000 und 350 000 DM.

Die Eigenreklame der britischen Auktionsriesen will uns glauben machen, daß die rasante Aufwärtsentwicklung der Preise für skandinavische Malerei allein ihr Verdienst sei. Seit 1987 veranstalteten beide Häuser Spezialauktionen in London, in denen es in der Tat Höchstpreise, aber auch hohe Rückgangsraten gibt. Man darf allerdings nicht vergessen, daß die eigentlichen Marktpromoter seit Beginn der achtziger Jahre die Versteigerungen des Stockholmer Auktionswerks und vor allem des Stockholmer Auktionshauses Bukowski sind, das sich 1989 mit einem Umsatz von 800 Millionen Schwedischen Kronen (203 Millionen DM) einen Spitzenplatz auf dem europäischen Markt eroberte. Gemälde von August Strindberg, Bruno Liljefors, Carl Larsson, P. S. Krøyer und Anders Zorn wurden in den Stockholmer Auktionen schon mit

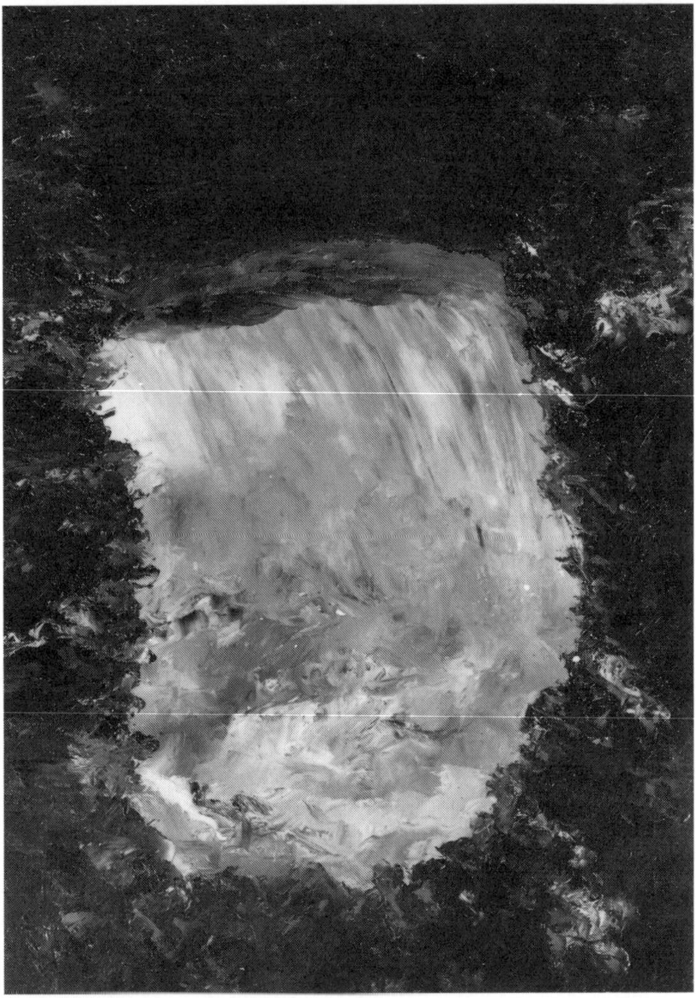

Hohe Steigerungsraten für Strindberg: Das Gemälde „Inferno“ erzielte im März 1989 bei Christie 1,21 Millionen Pfund.

Höchstpreisen bedacht, ehe der Sotheby-Stratege Alexander Apsis ihre Werke mit Zweitrangigem mischte und Sonderauktionen arrangierte. Außerdem sollte man bedenken, daß die Skandinavien-Mode bereits im Oktober 1984 ihren ersten Höhepunkt im

Kopenhagener Auktionshaus Arne Bruun Rasmussen erfuhr, als englische Händler, angeregt durch die parallel laufende Londoner Ausstellung „The Golden Age of Danish Painting", die Hauptbieter waren. Zwei Gemälde von Peder Krøyer brachten damals bereits netto 2,8 bzw. 1,4 Millionen Dänische Kronen (980 000 respektive 490 000 DM).

Im November 1986 kam bei Bukowski Peder Krøyers Strandbild „Drei Frauen am Meeresufer" auf den Spitzenpreis von 2,3 Millionen Kronen (676 000 DM). Bereits im November 1981 hatte Anders Zorns Gemälde „Omnibus" in Stockholm 1,2 Millionen Kronen (480 000 DM) eingespielt. Erst nach diesem Rekordpreis beginnen die Londoner Häuser, sich für den lange vergessenen und als blutleeren Virtuosen verpönten Zorn stark zu machen; 1989/90 hat er auch in Deutschland eine überzeugende Wanderausstellung. Die Preise eskalierten Schritt für Schritt bis zu jenen 1,37 Millionen Dollar, die im November 1988 bezeichnenderweise nicht in London, sondern in einer gemischten New Yorker Auktion bei Sotheby für ein furioses, diagonal komponiertes Interieur mit den Töchtern des chilenischen Botschafters Ramon Subercasseaux geboten werden. In den Londoner Märzauktionen 1990, bei denen Rückgangsraten von 34 Prozent für skandinavische Kunst charakteristisch waren, lag wiederum Zorn mit dem Freiluft-Gemälde „Die Badenden" ganz vorn, das bei Christie den Rekordpreis von 1,76 Millionen Pfund oder 4,86 Millionen DM erzielte. Die höchsten Steigerungsraten aller skandinavischer Künstler hat am Ende des Jahrzehnts der Maler-Dichter August Strindberg zu verzeichnen, für dessen proto-abstrakte Gemälde 1984 noch Höchstpreise von 110 000 DM galten. Nachdem bereits im März 1989 bei Christie das Gemälde „Inferno" für 1,21 Millionen Pfund (3,9 Millionen DM) versteigert worden war, brachte im November 1989 bei Bukowski der „Leuchtturm II" durch schwedisches Gebot netto 15,6 Millionen Schwedische Kronen (4,68 Millionen DM); das Gemälde hatte noch 1975 im selben Stockholmer Auktionshaus lediglich 50 000 Kronen (30 000 DM) eingespielt.

Einen Vorwurf kann man den Londoner Auktionshäusern nicht ersparen: Sie haben den Markt für skandinavische Malerei, der im

Ein Anders Zorn-Rekord: Im März 1990 wurde das Freiluft-Gemälde „Badende“ bei Christie mit 1,76 Millionen Pfund bewertet.

Juni 1986 mit dem Kauf von Christen Købkes Gemälde „Die Zugbrücke zur Zitadelle Kopenhagen“ durch die Londoner Nationalgalerie (286 000 Pfund oder 972 000 DM) seine musealen Weihen empfing, streckenweise so überspannt, daß Rückschläge unvermeidlich waren. Im Juni 1985 notiert Geraldine Norman in der „Times“: „Die Preisspirale für skandinavische Malerei brach zusammen.“ Ein Paradebeispiel ist der Landschaftsmaler Fritz Thaulow, der mit seinen routinierten Flußlandschaften seit Ende der siebziger Jahre in schwedischen und englischen Auktionen reüssierte (Höchstpreis im April 1978 bei Sotheby: 7150 Pfund oder 27000 DM für ein Flußbild). Im November 1983 geht bei Christie die Herbstlandschaft „Slottet“ für 45360 Pfund (181500 DM) an den Stockholmer Galeristen Verner Amell, der als eine treibende Kraft hinter der Thaulow-Mode und dem gesamten Skandinavien-Boom steht. Im März 1985 erwirbt er bei Christie sämtliche fünf Thaulow-Gemälde für 41040 bis 81000 Pfund (151000 bis 300000 DM). Doch als im Juni 1985 bei Sotheby und Christie wiederum 10 Thaulow-Gemälde ausgeboten wurden, verzichtete er auf eine Stützaktion; nur eines dieser Bilder, eine untypische Venedig-Ansicht, wurde für 77000 Pfund (314600 DM) verkauft. Seit dieser Zeit halten sich Zustimmung und Ablehnung für Thaulow-Gemälde konsequent die Waage: Nicht das Typische, sondern das Ausgefallene ist gefragt, wie jene Ansicht des Pariser Jardin du Luxembourg, die im November 1985 bei Christie für unerwartete 140 000 Pfund (525 000 DM) in den skandinavischen Handel ging. Inzwischen hat sich die Skandinavien-Mode, die durch die vielen hier eingesetzten Anlagegelder den Beigeschmack einer überhitzten Hausse hatte, normalisiert: Der Markt wird in Stockholm gemacht, wo die federführenden Händler, Sammler und Investoren sitzen. Das zeigte sich noch einmal deutlich im Mai 1990, als bei Bukowski August Strindbergs proto-abstraktes Gemälde „Das Wunderland“ zum Rekordpreis von 22,6 Millionen Kronen (6,3 Millionen DM) an den schwedischen Kunsthändler Winston Hakanson verkauft wurde.

Wer die Marktentwicklung der achtziger Jahre beobachtet, kommt an einer weiteren Sonderentwicklung nicht vorbei, die ebenfalls stark von Investitionsaspekten, aber auch vom Kaufwillen der Araber geprägt ist: der neuen Orient-Mode, die sich auf die blitzblanke naturalistische Malerei der europäischen „Orientalisten“ konzentrierte. Sie begann Ende der siebziger Jahre in London, als die britischen Orientalisten sich drastisch verteuerten und als bei Sotheby das Gemälde „Palastwache“ des Österreichers Ludwig Deutsch auf 36 300 Pfund (167 000 DM) stieg. Deutsch gilt als herausragende Figur der den Serails und Basaren gewidmeten Kunst um 1900 und hat seine orientalischen Reiseeindrücke in Paris zu Bildern verarbeitet. In den Folgejahren verteuerten sich die Werke Deutschs und mit ihnen die anderer Orientalisten kontinuierlich. Unter den Hauptförderern dieses Aufstiegs waren die Londoner Bond Street-Galerie „Fine Art Society“ und die Londoner Galerie Mathaf. Im Mai 1983 wurde bei Sotheby in New York Ludwig Deutschs „Wahrsager“ auf 170 000 Dollar (421 000 DM) hochgeboten, und im Juni 1984 erzielte sein „Schlangenbeschwörer“ bei Sotheby in London 187 000 Pfund (705 000 DM). Im April 1984 kam in einer Auktion in Enghien eine Orientalistensammlung mit 179 Katalognummern unter den Hammer, in der Gemälde von E. Dinet mit netto 300 000 bis 600 000 Francs (knapp 100 000 bis 200 000 DM) die höchsten Preise brachten. Darstellungen des täglichen Lebens wurden von islamischen Käufern, die durch Auftragsbieter vertreten waren, ersteigert; Haremsszenen gingen an europäische Käufer.

Den Höhepunkt im Marktgeschehen markierte die Versteigerung von 61 Orientalisten-Gemälden aus der Sammlung der Coral Petroleum Inc. im Mai 1985 bei Sotheby in New York. Ein Jahr nach der in London und Washington gezeigten Ausstellung „The Orientalists: Delacroix to Matisse“ erzielte diese binnen nur eines halben Jahrzehnts zusammengestellte Kollektion stattliche 7,11 Millionen Dollar und Spitzenpreise für einzelne Künstler. Den ersten Rang nahm der Brite John Frederick Lewis ein, dessen Kairoer Haremsbild „An intercepted Correspondence“, das im Mai 1979 bei Christie noch 220 000 Pfund (damals 451 000 Dollar) eingespielt hatte, auf 1,26 Millionen Dollar (3,89 Millionen DM) kletterte. Gemälde von Jean Léon Gérome und Gustav Bauernfeind brachten 330 000 bis 440 000 Dollar. Nichts dokumentiert so sehr den Preisaufschwung für Orientalisten wie das hyperrealistische

Der Beginn einer deutlichen Aufwertung für Orientalisten-Gemälde: Das Haremsbild „An Intercepted Correspondence, Cairo“ von John Frederick Lewis erlöste im Mai 1985 in der Sotheby-Auktion der Coral Petroleum-Sammlung 1,26 Millionen Dollar.

Bildnis eines vor einer Moschee postierten Schreibers von Ludwig Deutsch, das im Februar 1976 bei Christie mit 2200 Pfund (10 300 DM) bewertet wurde, im Oktober 1980 im selben Auktionssaal 20 900 Pfund (96 000 DM) erlöste und in der Coral Petroleum-Auktion 220 000 Dollar (855 000 DM) realisierte. Die höchsten Einzelpreise nach diesem Hauptereignis gab es im Februar 1989 bei Sotheby in New York für das Genrebild „Kibab-Laden in Scutari“ von John Frederick Lewis mit 1,1 Millionen Dollar oder 2,2 Millionen DM, und im Februar 1990 an gleicher Stelle für Géromes Stadtpanorama mit der auf dem Dach ihres Palastes badenden Bathseba, das auf 2,2 Millionen Dollar (3,65 Millionen DM) stieg.

Einen neuen kunsthistorischen Stellenwert haben sich die Orientalisten in den achtziger Jahren nicht erobert, daran vermochte auch Lynne Thorntons 1983 in Paris publizierte Darstellung „Les Orientalistes: Peintres voyageurs 1828–1908" nichts zu ändern. Wir haben es hier mit einer Markterscheinung zu tun, die durch Nationalinteresse, Investitionsstreben und eine Lust an Bilderbuchmotiven gleichermaßen gefördert wurde.

Etwas anders sieht es bei der italienischen Kunst des 19. Jahrhunderts aus, die auch in London seit 1987 (die Sammlung Bernasconi bei Christie) stark gefragt ist. Doch die Spitzenpreise wurden hier mit wenigen Ausnahmen – Bilder des weltläufigen Giovanni Boldini etwa, dessen Idylle „Sommerspaziergang" (1873) für rekordbrechende 1,65 Millionen Dollar im Februar 1989 bei Christie in New York zugeschlagen wurde – in Italien selbst realisiert: vor allem in den Spezialauktionen des Mailänder Hauses Finarte. Exemplarisch dafür ist Giuseppe Pellizza da Volpedos Rundbild „Idillio primaverile" (es zeigt eine Kindergruppe, die um einen blühenden Baum tanzt), das im Juni 1980 bei Sotheby noch mit 165 000 Pfund (679 000 DM) bedacht wurde und im Juni 1987 bei Finarte durch italienisches Gebot auf netto 1,9 Milliarden Lire (2,5 Millionen DM) stieg. Ein anderes Paradebeispiel ist das im Juni 1986 bei Finarte versteigerte Pellizza da Volpedo-Gemälde „Fiumana", ein Kultbild der sozialistischen Bewegung in Italien, das einen Landarbeiterstreik darstellt: Es kam auf netto 1,15 Milliarden Lire oder 1,66 Millionen DM. Die Marktrenaissance der italienischen Malerei begann um 1979 in Mailand parallel zu jenem „riflusso" genannten Rückzug der italienischen Gesellschaft ins Private, Häusliche und Unversehrte, als deren Ausdruck die meisten Bilder dieser Ära zu werten sind. Diese vom Ursprungsland selbst gesteuerte Entwicklung ist das genaue Kontrastprogramm zu der Vermarktung spanischer Malerei, die mit einiger Ausschließlichkeit seit 1988 von den Londoner Auktionshäusern betrieben wird, nicht zuletzt, weil der spanische Kunstmarkt durch hohe Steuern belastet ist. Der international hochgeschätzte Impressionist Joaquin Sorolla y Bastida wird in London und New York ausgeboten, wo er im Oktober 1988 bei Sotheby den Hochpreis von 506 000 Dollar (910 000 DM) für das Palastinterieur „Palacio de Carlos V.“ und im November 1989 im selben Auktionssaal stattliche 825 000 Dollar (1,56 Millionen DM) für eine Strandszene mit zwei Ochsen, die auf ein Schiff geführt werden, erzielte.

Zweimal versteigert: Giuseppe Pellizza da Volpedos Rundbild „Idillio primeravile“ stieg in sieben Jahren von 165 000 Pfund auf 1,9 Milliarden Lire.

Ein besonderes Kapitel in der globalen Vermarktung des 19. Jahrhunderts stellt die Wiederentdeckung der französischen akademischen Malerei dar. Der Siegeszug von Jean-François Millet begann in den siebziger Jahren, als die Bayerischen Staatsgemäldesammlungen bei Sotheby in New York das Hauptwerk „Un paysan greffant un arbre" für 360 000 Dollar ersteigern ließen. In den achtziger Jahren gehen zahlreiche Millet-Werke, darunter auch Pastelle, die jahrzehntelang in amerikanischem Privatbesitz waren, an japanische Käufer. Ein charakteristischer Preis sind jene 605 000 Dollar (1,86 Millionen DM), die ein Tokioter Händler im Mai 1985 bei Christie im Auftrag des Tokioter Möbelfabrikanten Murauchi in das Porträt „Antoinette Hebert vor dem Spiegel" investierte; es hängt jetzt im Murauchi-Firmenmuseum zwischen Gemälden der Schule von Barbizon. Es ist tröstlich festzustellen, daß nicht jede Preisvorstellung durchzusetzen ist. Die Einlieferer des Millet-Porträts „Monsieur Ouitre" in die New Yorker Christie-Auktion vom 19. Mai 1987, die dieses Bildnis genau zehn Jahre vorher bei Sotheby für 90 000 Dollar ersteigert hatten, erwarteten jetzt den zehnfachen Erlös, doch das Gemälde mußte zurückgehen.

Ein weiteres Paradebeispiel, wenn auch nicht von der gleichen kunsthistorischen Relevanz, ist die Salonmalerei eines Adolphe Bouguereau, die plötzlich Ende der siebziger Jahre in den amerikanischen Auktionen erschien. Sie hatte ihre Hoch-Zeit 1880–1910, als die New Yorker Galerie Knoedler sie in die größten amerikanischen Sammlungen von Kunst des 19. Jahrhunderts brachte. Diese süßlichen Allegorien und Kinderszenen sind nur schwer erträglich, und doch sprechen sie heute wieder eine ganz bestimmte Sammlerschicht an: vor allem Dekorationskäufer, für die solche Malerei das Lebensgefühl der Belle Epoque verkörpert.

Nachdem die Preise Anfang der achtziger Jahre meist zwischen 30 000 und 90 000 Dollar lagen, wurde das Hauptwerk „Le Guêpier", das der amerikanische Sammler Charles T. Yerkes 1892 direkt beim Künstler in Auftrag gegeben hatte, im Mai 1983 bei Sotheby in New York durch amerikanisches Privatgebot auf überraschende 407 000 Dollar (damals 1 Million DM) gehoben. Dieser Spitzenpreis galt einer Ikone amerikanischen Kunstgeschmacks um 1900, doch darf keineswegs übersehen werden, daß sich von 1984 bis 1989 Verkäufe und Rückgänge der ausschließlich in den New Yorker Auktionen angebotenen Bouguereau-Gemälde die Waage halten. Nur wenige Bilder reizten noch zu ausgiebigen

Bietgefechten, darunter eine elegische „Tambourinspielerin“, die im Oktober 1987 bei Christie 253 000 Dollar (452 000 DM) erzielte.

Noch stärkere Preisexplosionen hatte in den New Yorker Versteigerungen der achtziger Jahre ein weiterer Vertreter der Belle Epoque zu verzeichnen: Jean Béraud, Chronist des Pariser Straßenlebens. Bis 1985 bleiben die meisten Bilder unter der 100 000-Dollar-Marke. Doch im Oktober 1985 realisierte eine Straßenszene mit dem Théatre Français im Hintergrund bei Christie bereits 220 000 Dollar (585 000 DM). Auch in den Folgejahren erreichten gefällige Boulevardszenen hohe sechsstellige Dollarzuschläge. Einen absoluten Überraschungspreis erreichte im Mai 1989 bei Christie das 1880 datierte Hauptwerk „Le Bal Public“, das im Juni 1980 in Los Angeles aus der Sammlung des Filmstars Charles Boyer für 165 000 Dollar (292 000 DM) versteigert wurde und jetzt auf 2,86 Millionen Dollar (5,43 Millionen DM) stieg, nicht zuletzt wohl, weil es als realistisches Pendant zu Renoirs „Bal du Moulin de la Galette“ herausgestellt wurde.

Eine ähnliche Wertschätzung, die auch ein Phänomen der achtziger Jahre ist, erfährt ein anderer Maler des mondänen Lebens, James Jacques Joseph Tissot. Er debütierte 1859 im Pariser Salon und lebte von 1871–1890 bei London, weshalb ihn die englische Kunst für sich reklamiert. Schon Anfang der achtziger Jahre engagiert sich der Londoner Händler Richard Green, der von nun an den Tissot-Markt kontrolliert. Er bot im Oktober 1981 bei Christie den damaligen Spitzenpreis von 66 000 Pfund (272 000 DM) für das Interieur „Rivalinnen“. Im Februar 1983 erhielt der Londoner Händler Roy Miles bei Sotheby in New York erst bei 203 500 Pfund den Zuschlag für die Gartenszene „Une Veuve“. Ein anderes Gartenbild mit vier Figuren, „Die Gartenbank“, wurde im Mai 1983 bei Christie von einem britischen Sammler für 561 000 Pfund (2,19 Millionen DM) übernommen. Das Hochformat „Ein Festzug in Brighton“ ficl im Mai 1988 bei Sotheby in New York für 962 000 Dollar (1,63 Millionen DM) an Richard Green, der das Bild zum knapp Doppelten dieser Summe auf der Pariser Antiquitätenbiennale im September desselben Jahres zeigte. Der letzte

Marktwiederkehr von Gemälden des 19. Jahrhunderts		
Ludwig Deutsch, Nubischer Wächter, 1895	Sotheby London, Juli 1978 10.120 £ (37.400 DM)	Sotheby New York, November 1989 104.500 $ (187.000 DM)
Carl Spitzweg, Serenade	Lempertz Köln, Juni 1975 brutto 209.000 DM	Neumeister München, Juni 1989 brutto 1,16 Mill. DM
Ferdinand Georg Waldmüller, Großvaters Geburtstag, 1849	Dorotheum Wien, Dezember 1980 4.5 Mill. Schilling (633.000 DM)	Sotheby London, Juni 1989 1,485 Mill. £ (4,6 Mill. DM)
August Strindberg, Leuchtturm II, 1901	Bukowski Stockholm, 1975 50.000 Skr. (30.000 DM)	Bukowski Stockholm, November 1989 15,6 Mill. Skr. (4,68 Mill. DM)
John Frederick Lewis, An intercepted Correspondence, 1869	Christie London, Mai 1979 220.000 £ (451.000 DM)	Sotheby New York, Mai 1985 1,26 Mill. $ (3,89 Mill. DM)
Giuseppe Pelizza da Volpeda, Idillio primeravile, 1896/1901	Sotheby London, Juni 1980 165.000 £ (679.000 DM)	Finarte Mailand, Juni 1987 1,9 Mrd. Lire (2,5 Mill. DM)
Jean Béraud, Le Bal Public, 1880	Sotheby Los Angeles, Juni 1980 165.000 $ (292.000 DM)	Christie New York, Mai 1989 2,86 Mill. $ (5,43 Mill. DM)
Albert Bierstadt, View on the Hudson, 1866	Sotheby New York, Oktober 1975 115.000 $ (287.000 DM)	Sotheby New York, Dezember 1985 742.500 $ (1,87 Mill. DM)
Eugène Delacroix, Arabischer Reiter im Galopp, 1849	Sotheby New York, Dezember 1971 49.000 $ (157.000 DM)	Sotheby London, Juni 1988 913.000 £ (1,57 Mill. DM)
Dante Gabriel Rossetti, Proserpina, 1877	Christie London, November 1964 5.250 £ (58.800 DM)	Christie London, November 1987 1,43 Mill. £ (4,24 Mill. DM)

ames Jacques Joseph 'issot, :eading the News, 1874	Christie London, März 1983 183.600 £ (660.000 DM)	Sotheby New York, Mai 1989 1,375 Mill. $ (2,75 Mill. DM)
ean François Millet, .es Jeunes Couturières, 848/50	Sotheby London, Juni 1972 13.000 £ (106.600 DM)	Sotheby London, Juni 1982 330.000 £ (772.000 DM)
.dolf Schreyer, .rabischer Reiter	Sotheby New York, Oktober 1981 56.100 $ (129.500 DM)	Sotheby New York, Mai 1985 77.000 $ (237.000 DM)
ean Léon Gérôme, .öwe auf der Lauer, 1900	Christie New York, Oktober 1988 66.000 $ (117.500 DM)	Sotheby New York, Mai 1989 181.500 $ (363.000 DM)
ean Béraud, a Madelaine, Paris	Christie New York, Mai 1985 70.500 $ (217.000 DM)	Sotheby New York, Mai 1987 159.500 $ (283.000 DM)
.lexander Koester, :ntengruppe im See	Sotheby New York, Februar 1987 143.000 $ (260.200 DM)	Sotheby New York, Oktober 1989 264.000 $ (475.000 DM)
leinrich von Zügel, lerdenzuwachs, 1883	Neumeister München, September 1978 160.000 DM	Neumeister München, November 1986 250.000 DM
:duard von Grützner, esender Mönch, 1891	Sotheby New York, Mai 1987 27.500 $ (48.700 DM)	Neumeister München, Juni 1989 70.000 DM
ean-Baptiste Camille :orot, âturage dans les Marais, 865/70	Sotheby New York, Oktober 1980 115.500 $ (218.000 DM)	Sotheby New York, Oktober 1988 396.000 $ (704.800 DM)
.lfred Stevens, a Boule de Verre, 1875	Sotheby New York, Mai 1984 115.500 $ (316.400 DM)	Sotheby New York, Oktober 1989 286.000 $ (526.000 DM)

Preisgipfel der achtziger Jahre sind die 1,375 Millionen Dollar oder 880 000 Pfund (2,75 Millionen DM), die im Mai 1989 bei Sotheby in New York das helle, zweifigurige Interieur „Reading the News" erzielte; das Gemälde mit leicht sozialkritischem Touch kam im März 1983 bei Christie in London noch für 183 600 Pfund (660 000 DM) unter den Hammer.

Der Siegeszug der viktorianischen Malerei in den Londoner Auktionen ist selbstverständlicher Ausdruck jener Aufwertung der Nationalschulen, die wir in den achtziger Jahren weltweit erleben. Wichtige Wegmarken am Ende dieses Jahrzehnts sind zwei Londoner Sotheby-Auktionen: Im Juni 1989 erzielte das „Aostatal" von John Brett, der den Praeraffaeliten nahesteht, die Summe von 1,32 Millionen Pfund (4,2 Millionen DM). In der Versteigerung europäischer Malerei des 19. Jahrhunderts am 21. November 1989 kommen die zwei von Edward Burne-Jones für die Kirche St. John the Apostle in Torquay geschaffenen Großformate „Die Geburt Christi" und „Der König und der Hirte" für 1,45 Millionen Pfund (2,9 Millionen DM) unter den Hammer.

Gegenüber der stetigen Verteuerung kapitaler Werke der viktorianischen Malerei ist die Marktresonanz für Gemälde William Turners geradezu spannend zu nennen. Kein europäischer Maler von diesem Rang hat auf dem Kunstmarkt der achtziger Jahre so viele Triumphe, aber auch so viele Niederlagen erlebt. Als im Juni 1976 bei Christie das „Bridgewater Sea Piece" aus der Sammlung des Duke of Sutherland mit 340 000 Pfund (1,6 Millionen DM) den höchsten bis dato für ein britisches Gemälde gebotenen Preis erzielte, war das erst der Anfang einer Neubewertung, in deren Mittelpunkt zwei gigantische Preise stehen: die am 29. Mai 1980 von der argentinischen Sammlerin Amalia La Croze de Fortabrat bei Sotheby in New York für die imaginäre Venedigvedute „Julia und her Nurse" gebotenen 7,04 Millionen Dollar (12,6 Millionen DM) und die im Juli 1984 bei Sotheby für die Seelandschaft „Folkestone" erzielten 7,37 Millionen Pfund (20,6 Millionen DM). Dieses Bild kam aus dem Nachlaß des britischen Kunsthistorikers Kenneth Clark, dessen Familie es zuvor der Schottischen Nationalgalerie für 2 Millionen Pfund vergeblich angeboten hatte.

Dazwischen und danach gab es immer wieder Ausfälle; zum Teil, weil in die Auktion gelangte Bilder nicht von lupenreiner Erhaltung waren, zum Teil, weil sie überhöhte Schätzpreise hatten. Beispiele dafür sind die im Juli 1988 bei Christie angebotene, weiträumige Komposition „Cicero auf der Terrasse seines Landhauses", die auf 6 Millionen Pfund getaxt war, oder das im April 1989 bei Christie für 4 Millionen Pfund vergeblich offerierte Seestück „Fort Vimieux". Ein charakteristischer Preis sind dagegen die 1,1 Millionen Pfund (2,06 Millionen DM), die im April 1989 wiederum bei Christie eine Flußlandschaft mit Tambourinspielerin erlöste, eines jener Spätwerke, das an die Ideallandschaften Claude Lorrains erinnert.

Wer die Preise für diesen Giganten der europäischen Malerei mit den eskalierenden Notierungen für amerikanische Kunst des 19. Jahrhunderts vergleicht, muß eine gewisse Mißrelation feststellen. Nicht, daß die Werke der amerikanischen Romantiker, Luministen und Stillebenmaler des 19. Jahrhunderts nicht aller kunsthistorischen Ehren würdig wären! Doch die Intensität, mit der kapitale Werke dieser Künstler seit 1979 in den Marktolymp gehoben wurden, kann nur - analog zur Preisentwicklung für amerikanisches Kunstgewerbe - als hymnische Aufwertung einer Nationalkunst bezeichnet werden.

Die Gallionsfigur dieser Entwicklung ist Frederic Edwin Church, einer der Hauptvertreter der Luministen-Bewegung zwischen 1850 und 1875. Das Cleveland Museum hatte 1965 die dramatisch lodernde Landschaft „Twilight in the Wilderness" für 25 000 Dollar erworben. Die großartige Eisszenerie „Icebergs" (1861), ein in kalten Farben gehaltenes Panorama der gestrandeten Hoffnung, wurde am 25. Oktober 1979 bei Sotheby von einem US-Sammler mit 2,75 Millionen Dollar (4,78 Millionen DM) bewertet: ein unerhörter Preis, denn der teuerste Church hatte bis zu dieser Zeit 230 000 Dollar gekostet. Noch einen gewaltigen Sprung nach oben machte im Mai 1989 bei Sotheby ein weiteres kapitales Werk: die herrliche Catskill-Landschaft „Home by the Lake" von 1852, die auf maximal 5 Millionen Dollar geschätzt war, stieg auf 8,25 Millionen (16,5 Millionen DM) - der höchste

Preis für ein Gemälde des 19. Jahrhunderts nach Turners „Seascape, Folkestone“.

Von den amerikanischen Malern, die sich neben Church der höchsten Marktreputation erfreuen, ist kaum ein Hauptwerk unter der Millionengrenze zu haben. So liest sich die Ehrenliste

Der britische Kunsthistoriker Kenneth Clark vor Turners „Seascape: Folkestone“, das nach seinem Tod 1984 bei Sotheby für 7,04 Millionen Dollar versteigert wurde.

der achtziger Jahre als Millionenbarometer. 1982 erwirbt der Sammler Daniel J. Terra, der sich in Washington sein eigenes Museum baute, für 3,25 Millionen Dollar Samuel Morses Monumentalbild „Galerie im Louvre“, das James Fenimore Cooper, der Autor des „Lederstrumpf“, 1835 bei dem Künstler in Auftrag gegeben hatte. Im Dezember 1985 ersteigert die Washingtoner Nationalgalerie bei Sotheby für 4,07 Millionen Dollar (10,17 Millionen DM) Rembrandt Peales biedermeierlich anmutendes Porträt „Rubens Peale mit Geranie". Im Februar 1987 verkauft die Familie des Senators Claiborne Pell George Caleb Binghams Hauptwerk „The jolly Flatboatmen", eine Ikone der amerikanischen Genremalerei, für 6 Millionen Dollar an den Detroiter Sammler Richard Manoogian. Im Dezember 1987 erlöst bei Sotheby Martin Johnson Heades exotisches Tableau mit kämpfenden Kolibris vor einer Orchideenstaude 1,93 Millionen Dollar (3,18 Millionen DM). Im Januar 1989 steigt eine New Yorker Straßenszene von Childe Hassam bei Sotheby auf 2,31 Millionen Dollar (4,2 Millionen DM). Im Mai desselben Jahres erzielt bei Sotheby ein strahlendes Landschaftspanorama („Platte River, Nebraska") des von der Düsseldorfer Malerschule geprägten Albert Bierstadt 2,64 Millionen Dollar (5 Millionen DM).

Wie in den europäischen Ländern bestimmt gegen Ende des Jahrzehnts auch in den USA gesteigerter Nationalbedarf das Preisniveau: hier wie dort ein Phänomen, das den Markt für Malerei des 19. Jahrhunderts als ein schillerndes Mosaik autonomer Einzelmärkte erscheinen läßt.

Impressionisten und Moderne:

Markt ohne Schranken

Die Kunst des Impressionismus und der Moderne hat auf den internationalen Kunstmärkten eine unerschütterliche, publizitätsträchtige Position. Wann immer man über Kunst und ihre Marktbewertung spricht, werden die Hauptrepräsentanten dieses Sammelgebiets, van Gogh, Picasso, Renoir und Monet, als Herolde der Marktentwicklung herausgehoben. Doch hat sich, bei näherer Betrachtung, diese gar nicht so dorncnfrci vollzogen, wie es die New Yorker und Londoner Impressionistenauktionen der Jahre 1987–1989 suggerieren. Angesichts der unreflektierten Euphorie, die heute „Weltrekord"-Preise hervorrufen, erscheint es angebracht, sich noch einmal retrospektiv den Wandel der Märkte und das Auf und Ab zu vergegenwärtigen, das auch dieses prominenteste aller Sammelgebiete aufzuweisen hat.

Mit der Malerei des Impressionismus begann 1952 die Revitalisierung des Weltkunstmarktes nach dem Zweiten Weltkrieg, als in der Pariser Galerie Charpentier die Sammlung Gabriel Cognacq versteigert wurde: für 302,5 Millionen alte Francs. Während Paris bis Anfang der sechziger Jahre Weltzentrum für die Gegenwartskunst blieb, mußte es schon 1958 die Marktführung für Impressionisten an die Londoner Auktionen abgeben, vor allem an Sotheby, das in diesem Jahr den zweiten und wichtigsten Teil der Sammlung Jacob Goldschmidt versteigerte. In nur 21 Minuten wurden für sieben Gemälde 781000 Pfund (9,13 Millionen DM) eingespielt – eine damals unerhörte Summe, die sich allerdings an der heutigen Gesamtperspektive stark relativiert: Für diesen Betrag kann man heute kaum noch ein einziges Spitzenbild von Cézanne, van Gogh oder Manet erwerben.

Der erste wirkliche Picasso-„Weltrekord“: Im Mai 1980 geht das in der klassizistischen Periode entstandene Gemälde „Sitzender Gaukler mit verschränkten Armen“ für 3,3 Millionen Dollar in den japanischen Handel.

Bis zur Saison 1978/79, als bei Christie die Sammlung Hans Mettler, bei Sotheby die Impressionisten der Sammlung Robert von Hirsch und die Sammlung des Picasso-Händlers Paul Rosenberg versteigert wurden, blieb London die unangefochtene Auktionsdrehscheibe für Kunst dieser Art. In den zwei Londoner Prestigeauktionen im Juli 1979 setzten Sotheby und Christie zusammen 4,81 Millionen Pfund um (19,48 Millionen DM). Der „Weltrekord“ für ein Werk der Moderne lag damals bei jenen 792 000 Pfund (3,16 Millionen DM), die bei Christie das 1906 datierte Matisse-Gemälde „Le Jeune Marin I“ aus Osloer Privatbesitz erzielte.

Der Mai 1980 bringt die Wende. In diesem Monat kommen in New York die Sammlungen Chrysler Garbisch (Sotheby) und Henry Ford II (Christie) unter den Hammer, die zusammen 33,9 Millionen Dollar (60,7 Millionen DM) einspielen, womit sich die New Yorker Impressionisten- und Moderne-Umsätze mit einem Schlag verdreifachen. Der rauschende Erfolg dieser Versteigerungen, in denen das van Gogh-Gemälde „Le Jardin du Poète, Arles“ aus Ford-Besitz bei Christie 5,72 Millionen Dollar (10,24 Millionen DM) bringt und Picassos klassizistisches Figurenbild „Sitzender Gaukler mit verschränkten Armen“ (1923) bei Sotheby für 3,3 Millionen Dollar (5,9 Millionen DM) an das Bridgestone Art Museum, Tokio, fällt, sorgt für eine dramatische Aufwertung des Auktionszentrums New York. Seit dieser Zeit gibt es eine ständige, teils marktbelebende, teils marktbelastende Konkurrenz zwischen London und New York um die Marktvorherrschaft für Impressionismus und klassische Moderne.

Der frische Marktglanz wird aber im folgenden Jahr zunächst einmal getrübt. Eine tiefe Irritation hinterläßt die New Yorker Mai-Auktion von Christie, in der acht Gemälde aus dem Besitz des Verlegers und Investors Dimitry Jodidio angeboten werden, aber nur ein einziges für 2,42 Millionen Dollar (5,6 Millionen DM) verkauft werden kann: Degas' Gemälde des auf einem Felde sitzenden Eugène Manet. Es ist jene Versteigerung, die später den Christie-Direktor David Bathurst um Amt und Würden bringt, weil er der Presse gegenüber behauptet, es seien drei Bilder verkauft worden. Im Juni desselben Jahres gibt es in den nicht gerade aufregend bestückten Londoner Auktionen Rückgangsraten von 40 Prozent, und im November 1981 herrscht auch in New York strengste Selektion, was Auktionskommentatoren zu der Aussage vom „stagnierenden Impressionistenmarkt“ veranlaßt. Unselige

Erinnerungen an die erste große Marktbaisse 1974/75 werden wach.

Auch die zweite Hälfte der Saison 1981/82 bringt keine Besserung. Die Londoner Impressionisten-Auktionen vom März 1982 charakterisiert das „Handelsblatt“ als „Wechselbad von Zustimmung und Ablehnung“. Bei Sotheby erlebt die Sammlung Marcus Mizne mit einer Rückgangsquote von 73 Prozent ein totales Fiasko. Die unrealistisch hohen Preisvorstellungen des Einlieferers und die Tatsache, daß die meisten dieser Werke zuvor schon im Handel zu Höchstpreisen offeriert worden waren, sorgten für eine heilsame Abfuhr. Auch im Juni 1982 herrschte in London die selbe trübe Stimmung: die Schwäche der Gesamtofferte reizte kaum noch zu Spitzengeboten. Hochzinspolitik und knappes Geld verursachten eine Absatzkrise, die zu 50prozentigen Rückgangsraten in den Hauptauktionen von Sotheby und Christie führte. Erst im November 1982 kommt die Wende: In den New Yorker Impressionisten- und Moderne-Auktionen bleiben die Rückgangsziffern deutlich unter 20 Prozent, und sogar Werke mittlerer Güte sind gefragt – markantes Zeichen einer Gesundung.

Die Jahre 1983 und 1984 stehen ganz im Zeichen der New Yorker Auktionen. Im Mai 1983 gibt es neuen Auftrieb durch die bei Sotheby versteigerte Sammlung Doris D. Havemeyer mit jahrzehntelang gehüteten Meisterwerken, in der Höchstpreise für Degas geboten werden. Das Norton Simon Museum und das Getty Museum erwerben gemeinsam für 3,74 Millionen Dollar oder 8,98 Millionen DM das beispielhafte Degas-Pastell „L'Attente“. Weltweite Zinssenkungen und eine bis 1987 anhaltende Hausse der Aktienmärkte beleben von nun an den Impressionistenmarkt.

Im November 1983 spielen die beiden New Yorker Prestigeauktionen von Sotheby und Christie 44,7 Millionen Dollar ein, 41 teils mittelprächtige Werke von Boudin bis Chagall aus der Sammlung Paul Mellon realisieren bei Christie 11 Millionen Dollar. In den Impressionistenmarkt fließen Dollargewinne aus Aktien und Venture-Kapitalanlagen. Das Manet-Porträt „La Promenade“ aus

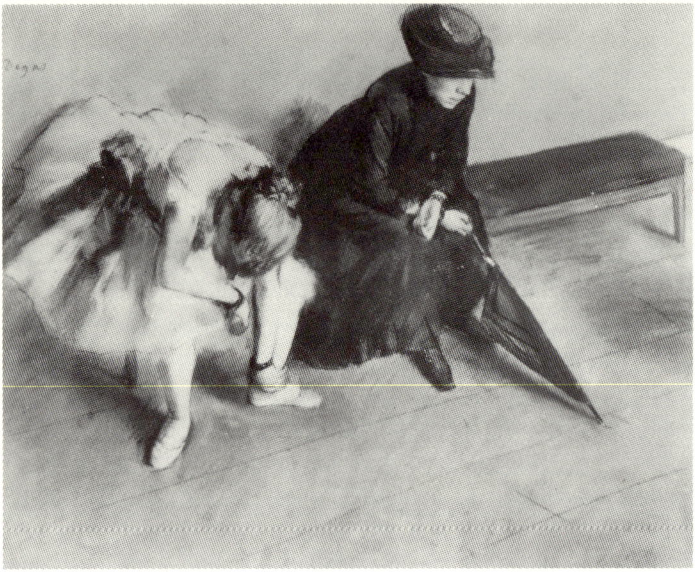

Ein Gemeinschaftskauf des J. Paul Getty Museums und des Norton Simon Museums: Im Mai 1983 wird das Degas-Pastell „L'Attente" aus der Sammlung Havemeyer für 3,74 Millionen Dollar zugeschlagen.

der Mellon-Sammlung geht für 3,96 Millionen Dollar (10,53 Millionen DM) in die Sammlung des australischen Verlegers Alan Bond, der es am 15. November 1989 bei Sotheby wieder versteigern läßt: Jetzt geht es für 14,85 Millionen Dollar (28,96 Millionen DM) in den japanischen Kunsthandel. Im Mai 1984 erlösen die New Yorker Impressionistenauktionen von Sotheby und Christie bereits 73 Millionen Dollar; davon entfallen 11,8 Millionen auf die Sammlung Erna Wolf Dreyfuss. Im November desselben Jahres triumphiert erstmals die Kunst des 20. Jahrhunderts über die gut, aber nicht aufregend repräsentierten Impressionisten. Zwar bringt Jean-Baptiste Corots an der italienischen Renaissancemalerei inspirierte „Frau mit Mandoline" aus der Sammlung David Bakalar bei Sotheby überraschende 3,85 Millionen Dollar (11,4 Millionen DM), doch der Rekordpreis von 4,62 Millionen Dollar (13,7 Millionen DM) für den Modigliani-Akt „La Rêveuse" (um

1917/18), den ein amerikanischer Sammler bewilligt, überstrahlt das gesamte Marktgeschehen.

Im Dezember 1984 bestätigen die Londoner Auktionen den Marktaufschwung: Die Käufer verhalten sich hier keineswegs mehr selektiv, es wird alles assimiliert, was einen guten Namen hat. Hier beginnt auch der Aufstieg der Fauves in die vorderste Marktriege, als bei Sotheby André Derains 1905 entstandenes Landschaftsbild „Arbre, Paysage au Bord d'une Rivière", das im Juli 1977 im selben Saal noch 77000 Pfund (416000 DM) eingespielt hatte, durch Telefongebot auf 671000 Pfund (2,5 Millionen DM) steigt.

Im März 1985 fallen die Londoner Auktionen durch zweitklassiges Material aus dem Rahmen, es gibt Rückgangsraten um 40 Prozent. Im April folgt bei Sotheby in New York eine vorgezogene Auktion mit 56 Werken aus der Sammlung von Florence J. Gould, der frankophilen Tochter des amerikanischen Eisenbahnmagnaten Jay Gould, die mit französischen Möbeln ausgestattete Residenzen in Paris und an der Riviera bewohnte. Die Sammlung erlöst 32,6 Millionen Dollar. Henri de Toulouse-Lautrecs unvollendetes Ölbild „La Clownesse Cha-U-Kao" (1895) geht für 5,28 Millionen Dollar (16,4 Millionen DM) in eine Privatsammlung. Van Goghs 1889 in Saint-Remy entstandenes Landschaftsbild „Paysage au Soleil levant" steigt auf 9,9 Millionen Dollar. Erst später wird bekannt, daß es die argentinische Sammlerin Amalia La Croze de Fortabat ersteigert hat, die 1980 den Rekordpreis von 7,04 Millionen Dollar für Turners „Juliet and her Nurse" geboten hatte. Die New Yorker Mai- und Novemberauktionen sind reine Routineveranstaltungen: Es fehlt an Material aus bedeutenden Sammlungen. Obwohl das Angebot auch in den Londoner Dezember-Versteigerungen nicht besser ist, gibt es eine glänzende Resonanz (Rückgangsquoten um 10 Prozent). Die Präsenz der Japaner, auch im Mittelfeld, ist stärker als je zuvor.

Seit Mai 1986 erlebt die Kunst des Impressionismus und der Moderne weltweit das, was die Börsianer „Bull market" nennen. Bei Sotheby und Christie werden in zwei New Yorker Prestigeauktionen 48,18 Millionen Dollar umgesetzt; europäische Händler sichern sich die Hälfte der Spitzenlose bei Sotheby, bei Christie dominieren die Japaner. In den entsprechenden New Yorker Novemberauktionen setzen die beiden Auktionsriesen bereits 61,9 Millionen Dollar um, in der gesamten Auktionswoche steigt der Gesamterlös auf 115,5 Millionen Dollar. Wieder triumphiert die klassische Moderne über den Impressionismus: Piet Mondrians rautenförmige „Komposition in einem Quadrat mit roter Ecke“ (1938) geht für 5,06 Millionen Dollar (10,3 Millionen DM) an ein japanisches Konsortium, und Joan Mirós 1945 entstandenes Großformat „Femme dans la Nuit“ erzielt 2,53 Millionen Dollar (5,2 Millionen DM). Beide Bilder kamen aus der Sammlung von James Johnson Sweeney, der von 1952 bis 1960 Direktor des New Yorker Guggenheim-Museums war. In der Londoner Dezemberwoche desselben Jahres werden 76 Millionen Pfund (214 Millionen DM) eingespielt. Von den neun bei Christie versteigerten Bildern der Sammlung Hans Schröder, Garmisch-Partenkirchen, gehen sechs an Japaner. Ebenfalls bei Christie wird das Manet-Gemälde „Rue Mosnier aux paveurs“ aus dem Besitz des Courtauld-Erben James für 7,7 Millionen Pfund (21,7 Millionen DM) an einen europäischen Käufer abgegeben. Bei Sotheby erlöst Georges Braques kubistische „Femme lisant“ (1911) 6,6 Millionen Pfund oder 18,7 Millionen DM. Am 10. Dezember kommt bei Lempertz in Köln der überwiegende Teil der Sammlung Hans Schröder unter den Hammer. Für Chagalls süßliches Spätwerk „Les Amoureux de Vence“ wurden dabei von einem süddeutschen Privatsammler netto 1,4 Millionen DM geboten, bis dahin der höchste in einer deutschen Auktion gebotene Preis. Die Londoner „Financial Times“ bringt das Marktgeschehen am 6. Dezember auf den Punkt: „Kunstwerke rangieren in Geld, als gäbe es kein Morgen.“ Diese Tendenz verfestigt sich in den drei Folgejahren.

Nachdem am 30. März 1987 bei Christie in London van Goghs Sonnenblumengemälde für 24,75 Millionen Pfund (71,7 Millionen DM) an die japanische Versicherungsgesellschaft Yasuda gefallen ist und auch die Mittelware sich drastisch verteuert, werden in den zentralen New Yorker Mai-Auktionen beider Häuser 111,2 Millionen Dollar eingenommen. In den zwei Londoner Spezialauktionen am 29. Juni und 1. Juli werden 54,3 Millionen Pfund (159 Millionen DM) umgesetzt. Gemälde von Manet und Pissarro (jeweils über 2 Millionen DM) werden von deutschen Käufern ersteigert. Im November 1987, wenige Wochen nach dem Börsencrash, folgt

Bei Lempertz für netto 1,4 Millionen DM zugeschlagen: das Chagall-Gemälde „Les Amoureux de Vence“ aus der Sammlung Hans Schröder.

die New Yorker Marktexplosion: In den zwei Hauptaktionen werden 188,9 Millionen Dollar umgesetzt, und selbst wenn man den von Sotheby mitfinanzierten Rekordzuschlag von 53,9 Millionen Dollar (91,09 Millionen DM) für Vincent van Goghs Irisgemälde als fiktiven Wert betrachtet, bleiben doch überragende 135 Millionen Dollar. In beiden Häusern ersteigern die Japaner 41 Werke für 37,2 Millionen Dollar. Wenige Tage später, am 20. November, wird im neuen Pariser Auktionsdomizil Drouôt-Montaigne die Moderne-Sammlung des Pariser Warenhausbesitzers Georges Renand für 180 Millionen Francs (61,4 Millionen DM) versteigert. Modiglianis Akt „Die schöne Römerin“ bringt den Spitzenpreis von netto 41 Millionen Francs (12,09 Millionen DM). In den Folgejahren sind es immer wieder Höchstpreise in den französischen Auktionen, die der anglo-amerikanischen Übermacht Paroli bieten.

Im Mai 1988 versteigern Sotheby und Christie in ihren zwei Abendauktionen impressionistische und moderne Kunst für 151 Millionen Dollar (252 Millionen DM). Im Juni desselben Jahres nimmt Christie in der Hauptauktion 32,8 Millionen Pfund (101,7 Millionen DM) ein. Doch das Marktgeschehen ist wie im folgenden November in New York - hier gehen von 77 Losen 23 zurück - von Irritation durchsetzt: Die zehn von Alan Clore, dem Sohn des 1983 verstorbenen Londoner Warenhauskönigs Charles Clore, eingelieferten Impressionistenwerke bleiben mit 6,1 Millionen Pfund stark unter der Preiserwartung von 10 Millionen. Im November erlösen bei Christie in New York 28 Werke aus der Sammlung des Hollywood-Filmmagnaten William Goetz in einer knappen Stunde 85 Millionen Dollar. Aber die mit übertaxierten Losen ausstaffierte Folgeauktion verzeichnet gravierende Rückgänge; darunter Pablo Picassos kubistische „Femme à la Mandoline", die bei 7 Millionen Dollar zurückgehen mußte. Starke Auslese prägt auch die Londoner Prestigeauktionen vom November: Von 165 Losen bleiben 50 unverkauft. Alles überstrahlendes Ereignis ist der Verkauf der einst von den Nationalsozialisten aus dem Museum Elberfeld konfiszierten Picasso-Gouache „Akrobat und junger Harlekin" für 20,9 Millionen Pfund (66,2 Millionen DM) an einen Vertreter des japanischen Warenhauses Mitsukoshi.

Das Jahr 1989 bringt noch einmal eine fulminante Steigerung. Im April wird bei Sotheby die Impressionistensammlung des British Rail Pension Fund versteigert: 37 Werke von Boudin und Matisse, die in den siebziger Jahren für 3,4 Millionen Pfund im Handel und in den Auktionen zusammengetragen wurden, erlösen triumphale 38,35 Millionen Pfund (122 Millionen DM). Nach Abzug aller Unkosten und Steuern ergab sich für den Pensionsfonds eine jährliche Rendite von 20,1 Prozent, nach Abzug der Inflationsrate von 11,9 Prozent. Den Höchstpreis von 10,34 Millionen Pfund (33 Millionen DM) setzt das Getty Museum für das frühe Renoir-Gemälde „La Promenade" ein, das im November

Ein Picasso, der der „Entarteten"-Aktion der Nationalsozialisten zum Opfer fiel: Die Gouache „Akrobat und junger Harlekin", einst im Museum Elberfeld, ging am 28. November 1988 bei Christie für 20,9 Millionen Pfund in japanischen Besitz.

1976 für 682 000 Pfund (2,84 Millionen DM) ersteigert worden war. Im Mai erzielt bei Christie in New York die Sammlung des Hollywoodtycoons Hal B. Wallis 39,6 Millionen Dollar (75 Millionen DM). Jaime Ortiz-Patiño, Erbe eines bolivianischen Zinnkö-

Hohe Wertsteigerung für Renoirs Gemälde „La Promenade". 1976 wird es vom British Rail Pension Fund bei Sotheby für 682 000 Pfund ersteigert (unser Foto), im April 1989 bringt es durch Gebote des J. Paul Getty Museums im selben Auktionssaal 10,34 Millionen Pfund.

nigs, streicht bei Sotheby für acht Werke 67,8 Millionen Dollar ein. In den drei Abendsektionen nehmen Christie 172,7 Millionen Dollar ein, bei Sotheby, wo das Picasso-Selbstbildnis „Yo Picasso" für 47,9 Millionen Dollar (91,3 Millionen DM) an einen Anonymus geht, werden 204,8 Millionen verbucht. Während noch im Mai 1980 ganze neun Bilder über die 1 Million-Dollar-Hürde kommen, überspringen jetzt 89 Kunstwerke diese Schwelle: Millionen bedeuten nichts mehr, ein schrankenloser Markt sprengt alle Grenzen der Vernunft.

Das belegen auch die New Yorker Novemberauktionen, die in einer knappen Woche insgesamt rund 600 Millionen Dollar einspielten. Das Getty Museum ersteigerte bei Christie für 26,4 Millionen Dollar Edouard Manets „Rue Mosnier im Flaggen-

Noch ein Getty-Ankauf: Im November 1989 ersteigert das kalifornische Museum bei Christie in New York für 26,4 Millionen Dollar Manets „Rue Mosnier im Flaggenschmuck“.

schmuck“ (1878) aus der Sammlung Paul Mellon; dieses Gemälde hatte 1958 in der Londoner Goldschmidt-Auktion 113 000 Pfund (316 400 Dollar oder 1,83 Millionen DM) erlöst. Bei Sotheby erhielt der in Philadelphia residierende ehemalige Botschafter der

USA in England Walter Annenberg bei 40,7 Millionen (77,7 Millionen DM) den Zuschlag für Pablo Picassos Kneipeninterieur „Au Lapin Agile" (1905) mit einem Selbstbildnis des Malers als Harlekin. Ein Rest von gesunder Resistenz prägt Christies Versteigerung der 14 Werke des Impressionismus und der Moderne aus der Sammlung Paul Mellon, von denen die Hälfte unverkauft bleibt: Folge eines unsensiblen Preisdiktats, das in den achtziger Jahren den Kunstmarkt aller Bereiche belastet.

Am Ende des Jahrzehnts steht noch einmal ein Rekordpreis für Picasso, der wiederum von einem japanischen Unternehmen geboten wurde: Brutto 315 Millionen Francs (92,29 Millionen DM) bewilligte am 30. November in Paris der japanische Immobilienspekulant Tsurumaki für das museale, aber nicht gerade brillant erhaltene Großformat „Les Noces de Pierrette". Das Gemälde, so ließ er nach der Auktion verlauten, werde die Starattraktion eines Museums sein, das in einem Vergnügungspark mit Autorennbahn in der japanischen Provinz gebaut werde. Um das Gemälde hatte es in Frankreich staatlichen Tauschhandel gegeben. Die Exporterlaubnis wurde erst erteilt, als der Besitzer, der schwedische Kunsthändler Frederick Roos, dem Pariser Musée Picasso ein anderes hochbedeutendes Werk aus der blauen Periode stiftete: das Porträt der blinden „Celestina", für das er selbst 100 Millionen Francs bezahlt haben soll. So präsentiert sich am Anfang und am Ende dieses achten Dezenniums Picasso als der große Marktheros, der japanischen Kaufwillen anstachelt.

Auch im ersten Halbjahr 1990 ist die Kauflust der Japaner ungebrochen. Als im Mai 1990 in den New Yorker Impressionistenauktionen museale Hauptwerke von Vincent van Gogh und Pierre-Auguste Renoir aus altem New Yorker Privatbesitz ausgeboten werden, schlägt ein japanischer Milliardär zu: Der 74jährige Papierfabrikant Ryoei Saito läßt bei Christie durch einen Tokioter Galeristen van Goghs in ausdrucksvoller Melancholiepose komponiertes „Porträt Dr. Gachet" für 82,5 Millionen Dollar (135,3 Millionen DM) und ersteigert telefonisch Renoirs kleinere und spontanere Fassung des Tanzgartenbildes „Au Moulin de la Galette" von 1876 für 78,1 Millionen Dollar (128,6 Millionen DM).

Van Gogh als Rekordhalter: Im Mai 1990 ersteigert der japanische Sammler Ryoei Saito bei Christie in New York das „Porträt Dr. Gachet" für 82,5 Millionen Dollar.

Andere Fassungen beider Gemälde hängen im Pariser Museé d'Orsay. Der Kunstmarkt hat eine neue Sensation und das nach dem Finanzierungsdebakel, das der Versteigerung des van Goghschen Irisgemäldes folgte, so dringend erwünschte Erfolgssignal. Doch in dieser New Yorker Auktionswoche, in der Impressionisten und Moderne für rund 700 Millionen Dollar abgesetzt werden, gibt es nicht nur Rekorde. Trotz der hohen Kaufbereitschaft der Japaner und beherztem europäischem Zuspruch müssen viele hochgemute Taxen in letzter Minute nach unten korrigiert werden, um den Absatz nicht zu gefährden, - eine erneute Lektion für Einlieferer und Auktionatoren, den Bogen nicht zu überspannen, und ein Stabilisierungsfaktor.

So weit die globale Entwicklungslinie. Doch welche Preisbewegungen, welche geschmacksgeschichtlichen Tendenzen sind für dieses Jahrzehnt symptomatisch? Bleiben wir einen Augenblick beim Picasso-Markt. Von den dreißig bedeutenden Gemälden und bildmäßigen Gouachen, die in den achtziger Jahren in die Auktionssäle gelangten - das ist ein Zwanzigstel des gesamten Picasso-Auktionsaufgebots in diesen zehn Jahren -, sind jene von besonderer Marktrelevanz, deren objektive Preisentwicklung sich durch wiederholte Auktionsauftritte darstellen läßt. Paradebeispicl ist das 1901 auf der Suche nach der eigenen künstlerischen Identität entstandene Selbstbildnis „Yo Picasso", das innerhalb von 20 Jahren nicht weniger als viermal auf dem Auktionsblock erschien. Im Juni 1970 kam es aus der New Yorker Sammlung Michael Zimmer zu Christie, wo es 147 000 Pfund (1,28 Millionen DM) erzielte. Aus dem Nachlaß des kalifornischen Sammlers Fletcher Jones lieferte es die Bank of America im Dezember 1975 wiederum bei Christie ein, wo es für 283 500 Pfund (1,65 Millionen DM) nach Aussage des Auktionshauses in eine französische Sammlung verkauft wurde. Am 21. Mai 1981 taucht es auf der New Yorker Auktionsbühne von Sotheby auf und wird für 5,83 Millionen Dollar (13,4 Millionen DM) von dem Sammler Wendell Cherry aus Kentucky ersteigert. Er liefert das berühmte Bild, das Hugo von Hofmannsthal 1912 von seinen „Rosenkavalier"-Tantiemen für 13 000 Mark erworben hatte, im Mai 1989 in die New Yorker Impressionistenauktion von Sotheby ein, wo es mit 47,85 Millionen Dollar (91,3 Millionen DM) von der Stärke des Picasso-Marktes zeugt.

Ebenfalls 1901 ist das sentimentale Frühwerk „Maternité" entstanden, in dem Mutter und Kind in altniederländischer Manier vor eine Landschaft im Geiste Gauguins gestellt sind. In der Auk-

Seit 1970 viermal auf der Auktionsbühne: Pablo Picassos Selbstbildnis „Yo, Picasso" (1901), das im Mai 1989 in der Impressionistenauktion von Sotheby, New York, mit 47,85 Millionen Dollar bewertet wurde.

tion der Sammlung Kirkeby bei Parke-Bernet im November 1958 fällt der Hammer bei 152 000 Dollar (638 000 DM). Im November 1989 wird das Bild bei Christie, anstelle von erwarteten 10 Millionen Pfund, zum angemessenen Preis von 7,15 Millionen Pfund (20,3 Millionen DM) der japanischen Finanzgruppe Aska International zugeschlagen, die in den Londoner Prestigeauktionen nicht weniger als 14 Werke des Impressionismus und der Moderne ersteigert. Eine andere, auf dem Höhepunkt der blauen Periode gemalte Version des Themas „Maternité" kam im November 1988 mit der Sammlung des Filmmagnaten William Goetz für 24,7 Millionen Dollar (43,21 Millionen DM) unter den Hammer. Schließlich ist noch ein Gemälde aus dem Jahr 1939 hervorzuheben, das zweimal in Londoner Auktionen erschien und die drastische Aufwertung der späteren Schaffenszeit dokumentiert: Das 61 x 38 cm große mittelmäßige Werk „Femme lisant" spielte im April 1981 bei Sotheby 94 600 Pfund (445 000 DM) ein und erzielt im November 1989 bei Sotheby bereits 1,045 Millionen Pfund (2,9 Millionen DM). Das 1932 datierte starkfarbige Ölbild „Le Miroir" geht im November 1989 bei Sotheby in New York für 26,4 Millionen Dollar (51,5 Millionen DM) an den japanischen Händler Shigeki Kameyama. Selbst periphere Bilder der späten fünfziger und sechziger Jahre kommen in New Yorker und Londoner Auktionen des Jahres 1989 auf Summen zwischen 3 und 5,5 Millionen Mark: Auch die Schwachpunkte eines gigantischen Œuvres werden in den nivellierenden Investitionsstrudel gerissen.

Ein Hauptwerk von Monet: „Die Eisenbahnbrücke bei Argenteuil" steigt im November 1988 bei Christie auf 6,82 Millionen Pfund.

Ein Künstler, bei dem noch trotz höchster Preistriumphe die Selektion regiert, ist Claude Monet. Er ist der Impressionist, dessen Gemälde in den achtziger Jahren den stärksten Marktrückfluß aufweisen. Die deutlichsten Schwächezonen durchschreiten Monet-Gemälde in den Marktjahren 1981 und 1985. Seitdem geht es steil aufwärts, auch wenn sich nicht alle Werke absetzen lassen. Ein Paradebeispiel für die Steigerung eines Hauptwerks ist das 1873 datierte, von Mallarmé bewunderte Gemälde „Die Eisenbahnbrücke bei Argenteuil". In der Cargill-Auktion vom Juni 1963 bringt es bei Sotheby 77 000 Pfund (847 000 DM), wird im April 1979 vom selben Haus mit der Sammlung Sidney R. Barlow für 462 000 Pfund (1,75 Millionen DM) versteigert und erlöst im November 1988 bei Christie mühelos 6,82 Millionen Pfund (21,6 Millionen DM). Die kürzeste Marktwiederkehr mit beachtlichem Resultat konnte das ebenfalls 1873 entstandene Gartenbild mit Camille und Jean Monet in vielfarbiger Blütenpracht feiern. Das Hochformat hatte 1986 in Paris 10,78 Millionen Francs (3,37 Millionen DM) erzielt und wurde im Juni 1989 bei Christie mit 3,85 Millionen Pfund (11,7 Millionen DM) bewertet.

Unaufhaltsam verteuerten sich auch die Seerosenbilder. „Le Bassin aux Nymphéas", ein 2 Meter breites Bild der Spätzeit 1917–19 in strahlenden Blautönen, kam 1979 in Paris für 2,53 Millionen Franc (1,08 Millionen DM) unter den Hammer und stieg im November 1989 bei Sotheby programmgemäß auf 5,72 Millionen Pfund (15,9 Millionen DM). Doch im Juni 1988 wurde der Rekordpreis von 14,3 Millionen Pfund (44,3 Millionen DM) für ein Gemälde aus der Sammlung David-Weill geboten: „Dans la Prairie" (1876) mit der lesenden Camille Monet inmitten eines üppigen Blumenfeldes.

Auf die Manet-Spitzenpreise habe ich bereits in der Auktionschronologie verwiesen. Nachzutragen wäre noch ein charakteristischer Preis für ein Werk mittlerer Güte. Das um 1874 in Öl- und Pastelltechnik auf Leinwand entstandene Porträt „Femme à la Fourrure, de profil" wurde im Oktober 1980 bei Sotheby in New York mit der Sammlung André Meyer für 385 000 Dollar (647 500 DM) versteigert. Im Juni 1988 erschien es bei Christie erneut auf dem Auktionsparkett und wurde für 660 000 Pfund (2,05 Millionen DM) zugeschlagen. Manet-Werke sind auf dem Kunstmarkt der achtziger Jahre höchst selten.

Das genaue Gegenteil trifft auf die unerschöpfliche Produktion des Auguste Renoir zu. In jeder einschlägigen Londoner, New Yorker oder Pariser Auktion erscheinen meist mehrere der späten Atelierschnipsel mit Blumen, Köpfen, vagen Landschaften, Fingerübungen eines von der Gicht geplagten Hochbetagten. Mitte der siebziger Jahre wurden die besten dieser läßlichen Werkmuster nicht über 30 000 bis 50 000 DM bewertet; in den Londoner November-Auktionen des Jahres 1989, in denen zahlreiche Renoirs von Japanern ersteigert wurden, liegen drei charakteristische Kleinformate bei 181 500 bis 462 000 Pfund (502 750 bis 1,3 Millionen DM). Die meisten Bilder wurden vom japanischen Handel assimiliert, der sich aber auch mit Millionenbildern bedient: Renoir ist heute neben Picasso und van Gogh der in Japan populärste westliche Künstler.

Während sich bei ihm der Preisauftrieb stetig, fast ohne Knick (bis auf die konjunkturbedingte Flaute 1982) vollzieht, gibt es 1988 noch einmal eine explosive Wertsteigerung, die sich an zwei Bildern mit rascher Marktwiederkehr belegen läßt. Im Mai 1985 hatte das um 1875 entstandene Gartenbild „Le Jardin ou Dans le Parc“ aus der Sammlung Wolf Dreyfuss bei Sotheby 1,375 Millionen Dollar (4,2 Millionen DM) eingespielt, genau vier Jahre später bot ein Europäer im selben Saal 6,6 Millionen Dollar (12,6 Millionen DM). Eine der zahllosen „Badenden“ („Femme en Jupe rouge s'essuyant les Pieds“, 1888) kam im November 1985 bei Sotheby auf 1,65 Millionen Dollar (4,3 Millionen DM). Genau drei Jahre später bot ein Sammler an gleicher Stelle 8,525 Millionen Dollar (14,9 Millionen DM).

Auch wenn übertaxierte Renoirs zuweilen zurückgehen, so ist 1990 noch kein Ende des Booms abzusehen. Den ephemeren Rekordpreis von 13,75 Millionen Dollar (26,3 Millionen DM) bescherte in der New Yorker Ortiz-Patiño-Auktion im Mai 1989 das nur 55 x 46 cm große Halbfigurenbild „Jeune fille au Chapeau garni de Fleurs de Champs“ (1880). Es hatte in der Pariser Auktion der Sammlung Cognacq 1952 schon einmal Auktionsgeschichte gemacht. Damals wurde es mit 22,5 Millionen alten Francs (298 000 DM) bewertet. Dem im Mai 1990 für „Au Moulin de la Galette“ erzielten Rekordpreis von 78,1 Millionen Dollar ist nichts

Rekordpreis für ein Spitzengemälde: Renoirs kleinere Version des Sujets „Au Moulin de la Galette“ (die große Fassung hängt im Pariser Musée d'Orsay) geht im Mai 1990 bei Sotheby in New York für 78,1 Millionen Dollar an den Japaner Ryoei Saito.

hinzuzufügen, er galt einem Frühwerk, das auf dem Markt der letzten zwanzig Jahre einzig dasteht und seit 60 Jahren in der New Yorker Sammlung John Hay Whitney war; dieser große Impressionistensammler hatte es 1929 für 165 000 Dollar in der New Yorker Knoedler Gallery erworben.

Mitte der siebziger Jahre gehört Henri de Toulouse-Lautrec noch zu den Künstlern mit maßvoller Steigerungsrate.[1] Der Höchstpreis liegt im Dezember 1975 bei 230 000 Pfund (1,26 Millionen DM) für das Ölbild „Fille à l'Accroche-Cœur“. Knapp zehn Jahre später erlöst die attraktive vielfigurige Peinture à l'essence

[1] Siehe: Christian Herchenröder, Die Kunstmärkte, a.a.O., Seite 183.

„Au bal de l'Opéra", eine Mischtechnik in Öl, Gouache und Kohle, bei Sotheby 2,86 Millionen Dollar (7,4 Millionen DM). Ein der „Fille à l'Accroche-Cœur" vergleichbares Frauenporträt, das 1888 entstandene Ölbild „A Batignolles", wird im Juni 1988 von Maître Loudmer im Pariser Hotel Drouôt für 30,35 Millionen Francs (8,96 Millionen DM) zugeschlagen. Doch den absoluten Rekordpreis von 12,98 Millionen Dollar (21,3 Millionen DM) erzielt im Mai 1990 bei Christie in New York das Profilporträt der Jeanne Fontaine aus der Sammlung Robert Lehman.

Einen ähnlich steilen Aufstieg haben die Gemälde Paul Gauguins zu verzeichnen. Im März 1976 bringt das „Stilleben mit japanischem Farbholzschnitt" in der New Yorker Rosensaft-Auktion den Rekordpreis von 1,4 Millionen Dollar (3,6 Millionen DM). Im November 1989 geht bei Sotheby in New York die 1889 entstandene bretonische Landschaft „Entre les Lys" aus der Basler Sammlung Staechelin für 11 Millionen Dollar (20,4 Millionen DM) in japanischen Besitz. Schon sechs Monate vorher war jenes anderthalb Jahre nach Gauguins Ankunft in Tahiti entstandene Landschaftsbild „Mata Mua" (1892), das Jaime Ortiz-Patiño und Baron Thyssen 1984 in Sothebys Wolf Dreyfuss-Auktion für 3,85 Millionen Dollar (10,6 Millionen DM) ersteigert hatten, durch Thyssens Alleinbesitz-Streben auf 24,2 Millionen Dollar (46,2 Millionen DM) hochgeschnellt. Bereits 1982 hatte ein Gauguin-Gemälde in Amerika Schlagzeilen gemacht: Das 1891 in Tahiti entstandene Figurenbild „Mann mit Hacke" verkaufte der New Yorker Sammler Alexander Lewyt für 6 Millionen Dollar in europäischen Privatbesitz.

Auch für die Stilleben und Landschaften von Paul Cézanne hat der Auktionsmarkt scit 1986 cin Hochplateau geschaffen, von dem es kaum ein Abweichen gibt. Ein klassisches Beispiel ist das 1879/80 entstandene Apfelstilleben „Pommes et Serviette", das im November 1981 bei Sotheby in New York für 1,98 Millionen Dollar (3,18 Millionen DM) und genau acht Jahre später bei Christie in London für 11 Millionen Pfund (30,5 Millionen DM) versteigert wurde. Das 13 Jahre später entstandene Früchtestilleben „Pichet et Fruits dans un Table" aus der Sammlung Ortiz-Patiño wurde

Ein Hochplateau für Cézanne: Das 1879/80 entstandene Stilleben „Pommes et Serviette", 1981 noch mit 1,98 Millionen Dollar bewertet, bringt am 27. November 1989 bei Christie 11 Millionen Pfund.

bereits im Mai 1989 in New York auf 11,55 Millionen Dollar oder 22,06 Millionen DM hochgeboten. Teuerstes Figurenbild im Auktionsgeschehen ist 1988 der bei Sotheby für 4,4 Millionen Pfund oder 13,7 Millionen DM an den Basler Händler Ernst Beyeler versteigerte „Harlequin".

Die große Pariser Degas-Ausstellung vom Winter 1988/89 hat auch dem letzten Zweifler die Augen über die Qualität eines gigantischen Gesamtwerks geöffnet. Hier wie bei anderen Impressionisten, die in den achtziger Jahren große Einzelausstellungen in den USA und Frankreich sowie in London haben (Monet, Manet, Renoir, van Gogh, Gauguin), ist im Umfeld dieser Retrospektiven eine deutliche Marktbelebung festzustellen. Markante Daten für das 1976 datierte Gemälde „Blanchisseuses portant du Linge" sind der 25. November 1972, als das Wäscherinnenbild in den dominierenden Braun-Gelb-Tönen 460 000 Dollar (1,45 Millionen DM respektive 170 000 Pfund) erlöst, und der

28. März 1988, als es bei Christie für 3,96 Millionen Pfund (12,3 Millionen DM) von einem privaten Telefonbieter übernommen wurde. Ein anderes Wäscherinnenbild aus der gleichen Zeit, das im November 1987 aus der Familienammlung Durand-Ruel bei Christie versteigert wurde, ging für 7,48 Millionen Pfund (22,3 Millionen DM) ebenfalls an einen Telefonbieter. Schon im Mai 1983 hatte eines der schönsten Pastelle des Malers, das raffiniert komponierte Zweifigurenbild „L'Attente" aus der Sammlung Havemeyer durch Gemeinschaftskauf des kalifornischen Norton Simon Museums und Getty Museums 3,74 Millionen Dollar (8,98 Millionen DM) eingebracht. Das nicht minder kühne, 1880 entstandene Pastell „Le Baiser du Rideau" mit farbigen Tänzerinnen unter einem fallenden Vorhang hatte bereits im November 1988 bei Sotheby in New York den Spitzenpreis von 7,96 Millionen Dollar (13,5 Millionen DM) erzielt.

Zwischen Degas und van Gogh liegen marktpolitische Welten. Als am 25. Februar 1970 bei Sotheby Parke Bernet ein mysteriöser Bieter im Gefecht gegen den Verleger Malcolm Forbes 1,3 Millionen Dollar (damals 4,75 Millionen DM) für das 1889 entstandene Gemälde „Les Cypres et l'Arbre" einsetzt, wird das von der gesamten Kunstwelt als Sensation empfunden. Am Ende des achten Jahrzehnts ist kein kapitales Werk mehr für eine einstellige Millionensumme zu haben. Die Gipfelstürmerei begann im April 1985 bei Sotheby in New York, als die „Paysage au Soleil levant" für 9,9 Millionen Dollar (30,8 Millionen DM) an Amalia La Croze de Fortabat fällt, die es vier Jahre später für angeblich 50 Millionen Dollar über eine Londoner Galerie offeriert. Wenn wir das berühmt-berüchtigte Irisgemälde wegen seiner manipulierten Preisbildung ausklammern, steht am Ende des Jahrzehnts noch immer der im März 1987 aufgestellte 24 Millionen-Pfund-Rekord für die „Sonnenblumen". Fast marginal wirken dagegen jene 20,35 Millionen Dollar (37,6 Millionen DM), die von einem einsamen Telefoninteressenten gegen das Auftragsbuch am 14. November 1989 bei Christie für die Baumstudie „Le vieil If" (1888) aus der Sammlung Paul Mellon geboten werden. Zweimal von begeistertem Applaus begleitet war das dreiminütige Bietgefecht am 15.

Mai 1990 bei Christie in New York, als ein japanischer Kunsthändler im Auftrag des Sammlers Saito und ein Telefonbieter van Goghs „Porträt Dr. Gachet" über die 50-Millionenschwelle hoben und der Hammer bei 82,5 Millionen Dollar (135,3 Millionen DM) fiel. Das Gemälde gehörte bis 1937 zu den Beständen der Städtischen Galerie Frankfurt, wo es im Rahmen der „Entarteten"-Aktion ausgeschieden und an den Bankier Siegfried Kramarsky verkauft wurde. In gehörigem Abstand folgte in derselben Auktion mit 26,4 Millionen Dollar (43,48 Millionen DM) van Goghs kleinformatiges Selbstporträt von 1888, das von den Erben des New Yorker Sammlers Robert Lehman eingeliefert worden war.

Gegenüber solchen Hochfliegern haben es vor allem zwei Impressionisten der ersten Stunde schwer, die auch anno 1989 deutlich im Marktschatten ihrer teuren Mitstreiter stehen: die Landschaftsmaler Camille Pissarro, der die intellektuelle, beschauliche Seite des Impressionismus verkörpert, und Alfred Sisley, ein Apostel der Stille. Ihr Werk ist ebenmäßig, unspektakulär, ihre Biographie ohne Sensation. Die teuersten Sisley-Gemälde werden 1989 in London und New York versteigert: ausnahmslos Flußlandschaften, die 715 000 Pfund (2,3 Millionen DM) bis 1,76 Millionen Dollar (3,34 Millionen DM) bringen. Die teuersten Pissarro-Gemälde kommen 1989 auf 1,32 Millionen Pfund (4,22 Millionen DM) und 1,65 Millionen Pfund (5,28 Millionen DM); es handelt sich um zwei Werke aus den Beständen des British Rail Pension Fund, von denen das erste 1978 in der Hirsch-Auktion 330 000 Pfund (1,26 Millionen DM), das zweite im Juli 1975 in London 120 000 Pfund (648 000 DM) gekostet hatte.

Wer diese Höchstpreise betrachtet, dem muß die ab 1987 rasante Aufwertung für Postimpressionisten vom Schlage eines Henri Martin, Henri Le Sidaner, Gustave Loiseau suspekt erscheinen. Diese Maler aus der zweiten Reihe werden heftig von der Londoner Galerie Richard Green promoviert. Sie sind die Ersatz-Impressionisten, die Monets des kleinen Mannes, die auch zu Kindern der Spekulation geworden sind. In Massen werden sie in die Londoner Auktionen geworfen, wo sie bis zu 297 000 Pfund (Martin) bringen. Gegenüber diesen Preisen für derivative Kunst erscheint der im November 1988 registrierte Spitzenpreis von 1,1 Millionen Pfund (3,5 Millionen DM) für eine Venedig-Ansicht des Neo-Impressionisten Paul Signac geradezu wohlfeil.

Die seltsamen Wege des Geschmacks, die hier für Modetendenzen sorgen, haben es auf der anderen Seite lange Jahre verhindert, daß ein so originärer Impressionist wie der 1894 frühverstorbene Gustave Caillebotte bis weit in die achtziger Jahre im Marktschatten seiner Zeitgenossen Renoir, Manet und Monet stand. 1985 lag der Spitzenpreis bei 473 000 Dollar (1,42 Millionen DM) für das „Bassin d'Argenteuil", im November 1989 kommt bei Christie das attraktive Flußbild „Pêcheurs sur la Seine" von 1888 auf verdiente 1,32 Millionen Pfund (3,66 Millionen DM). Die höchsten Steigerungsraten für einen Künstler aus dem Dunstkreis des Impressionismus hat allerdings Henri Fantin-Latour aufzuweisen. Die Preise reichen in den späten achtziger Jahren bis zu jenen 3,08 Millionen Dollar (5,36 Millionen DM), die 1988 bei Christie das Hortensien-Stiefmütterchengemälde (1879) aus der Sammlung Mayer Goetz realisiert. Im Mai 1966 hatte bei Parke Bernet ein 1889 datiertes Rosenbouquet noch umgerechnet 23 700 Pfund (260 000 DM) eingespielt; im April 1989 stieg es bei Sotheby auf 1,21 Millionen Pfund (4,06 Millionen DM).

Welche Tendenzen sind noch bestimmend für die achtziger Jahre? Eine nachhaltige Wirkung hat die Aufwertung für Malerei der Fauves, an der Spitze André Derain. Ein absoluter Rekordpreis sind die netto 46 Millionen Francs (13,5 Millionen DM), die im März 1990 in einer Pariser Auktion bei Maître Loudmer vom Museé Beaubourg für Derains „Brücke von Chatou" geboten wurden. Zwei im Jahr 1905 entstandene Ansichten des Hafens von Collioure hatten schon in London deutliche Preissprünge nach oben gemacht. Die erste wurde im März 1987 bei Christie für 2,2 Millionen Pfund (6,38 Millionen DM) versteigert, die zweite erzielte im Juni 1989 im selben Auktionssaal 6,16 Millionen Pfund (18,5 Millionen DM): Damals ein Rekordpreis für ein Fauves-Gemälde, den die New Yorker Acquavella Gallery einsetzt. Sie gehört neben dem Basler Händler Ernst Beyeler zu den wichtigsten professionellen Bietern für Kunst des 20. Jahrhunderts in den

Londoner und New Yorker Auktionssälen. Beyeler, der in den achtziger Jahren maßgebliche Themen-und Einzelausstellungen (Chagall, Monet, Max Ernst, Matisse, Francis Bacon, Baselitz) zeigt, ist einer der raren Weltmarkt-Händler, die seit über dreißig Jahren, nur dem eigenen guten Geschmack und Auge verpflichtet, Kunst vermitteln. Wichtige Bilder aus seiner Privatsammlung figurieren in bedeutenden Wanderausstellungen, zuletzt in der Kubismus-Schau „Picasso und Braque", die 1989/90 in New York und Basel zu sehen war.

Starke Aufwertung für Fauvisten: André Derains Hafenbild „Bateaux dans le Port, Collioure" (1905) erzielt am 26. Juni 1989 bei Christie 6,16 Millionen Pfund.

Das bringt uns zu Georges Braque, dem introvertierten Kubisten, dessen Gemälde aus den Kernjahren 1911–13 auch die teuersten sind. In der erwähnten New York-Basler Kubismus-Ausstellung hing als Leihgabe der Sammlung Ernst Beyeler das Zentralwerk „Femme lisant" aus dem Jahr 1911, das am 2. Dezember 1986 bei Sotheby den bis Ende 1989 gültigen Höchstpreis von 6,6 Millionen Pfund (18,7 Millionen DM) erzielte: Beyeler war der erfolgreiche Bieter in der Abendauktion vom 27. November 1989 bei Christie, in der sechs Werke aus einer „europäischen Stiftung" (der früheren Kölner Sammlung Steegmann) ausgeboten wurden. Er ließ sich für 9,35 Millionen Pfund (26,63 Millionen DM) das 1913 datierte kubistische Léger-Gemälde „Contraste de Formes" und für 4,18 Millionen Pfund (11,8 Millionen DM) das 20 Jahre später entstandene Léger-Gemälde „Les Acrobates" zuschlagen. Diese Rekordpreise galten zwei Bildern, die Beyeler schon einmal Ende der sechziger Jahre besessen hatte.

Nicht weniger heftig als Braque und Léger wird Henri Matisse gefeiert. Vor allem die in den frühen Nizza-Jahren entstandenen Fensterbilder, Stilleben und Interieurs sind begehrt. Unübersehbare Schwächen der Komposition werden durch strahlende Farbigkeit und mediterrane Stimmung aufgewogen, so daß sich auch hier in den haussegetränkten achtziger Jahren nur die reine Affirmation einstellt. Stationen eines Aufstiegs: 1982 bringt im Hotel Drouôt das 1919 datierte Blumenstilleben „Der 14. Juli" netto 6,8 Millionen Francs (2,7 Millionen DM). Im Mai 1988 kostet ein Zitronenstilleben aus dem Jahr 1943 bei Sotheby in New York bereits 5,72 Millionen Dollar (9,55 Millionen DM). Im Oktober 1989 wird bei Sotheby in New York die Sammlung John T. Dorrance Jr. versteigert, in der das Balkonbild „Femme à l'Ombrelle rouge, assise de Profil" (1919/21) den Rekordpreis von 12,37 Millionen Dollar (22,8 Millionen DM) einspielte. Auch die Matisse-Skulptur verteuert sich drastisch. In der British Rail-Auktion im April 1989 bei Sotheby wird die Bronze „Deux Négresses", die der British Rail Pension Fund 1977 für 58 240 Pfund ersteigert hatte, auf 1,76 Millionen Pfund oder 5,63 Millionen DM hochgeboten, und im Mai 1990 bringt die ebenfalls in 10 Exemplaren gegossene Bronze „Figure décorative" bei Sotheby in New York durch Telefongebot 4,18 Millionen Dollar (6,88 Millionen DM).

Pablo Picasso ist der große Anreger unter den Repräsentanten der ersten Ecole de Paris, doch auch Künstler wie Chagall, Modigliani und Kees van Dongen erleben phänomenale Zuwachsraten. Ein Chagall-Rekord wurde einmal nicht bei Sotheby oder Chri-

Aus der Sammlung des Guggenheim Museums bei Sotheby in New York versteigert: Modiglianis Knabenbildnis brachte im Mai 1990 durch Gebote des Kunsthändlers Klaus Perls 11,55 Millionen Dollar.

stie, sondern in der ersten New Yorker Moderne-Auktion von Habsburg, Feldman S.A. im Mai 1989 aufgestellt, als das 1929 entstandene Gemälde „Le violiniste au Monde renversé“ für 4,62 Millionen Dollar (8,8 Millionen DM) an die Tokioter Fujii Gallery fiel.

Nach Japan verkauft: Marc Chagalls Gemälde „Anniversaire“ aus den Beständen des Guggenheim Museums erlöst im Mai 1990 bei Sotheby 14,85 Millionen Dollar.

Das sehr viel bedeutendere Frühwerk „La Chambre jaune“ (1911) hatte im Dezember 1985 bei Christie mit 734 400 Pfund (2,75 Millionen DM) einen vergleichsweise dezenten Erfolg, während die ebenfalls gelbtonige Paris-Ansicht mit Riesenrad „La Grande Roue“ (1911/12) aus der Sammlung Clore im Juni 1988 bei Christie auf 1,65 Millionen Pfund (5,1 Millionen DM) kam. Das 1935 entstandene Gemälde „Fleurs dans la Rue“ erschien im März 1976 in der New Yorker Rosensaft-Auktion für 165 000 Dollar (419 000 DM), wurde aber acht Jahre später bei Christie für 605 000 Dollar (1,66 Millionen DM) an den japanischen Handel abgegeben und erlöste im Juni 1989 bei Sotheby 2,09 Millionen Pfund (6,73 Millionen DM). Doch alle bisherigen Höchstpreise werden im Mai 1990 bei Sotheby in New York entmündigt, als das 1923 entstandene Interieur „Anniversaire“, in dem sich Chagall mit seiner Verlobten Bella als schwebendes Paar darstellt, durch japanisches Gebot auf 14,85 Millionen Dollar (24,4 Millionen DM) steigt.

Bei Hauptwerken von Amedeo Modigliani ist die Steigerung seit 1986 kaum weniger drastisch. In diesem Jahr kam das Porträt der Madame Modot (1918), das 1978 in der Londoner Hirsch-Auktion noch für 165 000 Pfund (633 600 DM) an das Genfer „International Art Centre“ der Brüder Nahmad gefallen war, bei Sotheby in New York auf 1,65 Millionen Dollar (3,36 Millionen DM). Im November 1989 erlöste bei Sotheby in London das im selben Jahr entstandene Porträt „Fillette au Tablier noir“ einen Spitzenpreis durch japanisches Händlergebot: Das attraktive Porträt, das im März 1987 bei Christie von Nahmad für 2,64 Millionen Pfund (7,66 Millionen DM) ersteigert worden war, erzielte jetzt überraschende 5,06 Millionen Pfund (14,12 Millionen DM), was die These bestätigt, daß Ausnahmebilder in Boomperioden selbst bei rascher Marktwiederkehr Rekordpreise erreichen können. Für 11,55 Millionen Dollar (19 Millionen DM) ersteigerte der New Yorker Händler Klaus Perls im Mai 1990 bei Sotheby in New York das Knabenbildnis „Garçon à la Veste bleue“ aus dem Besitz des Guggenheim Museums.

Nicht ganz so rasant verlief die Entwicklung für die figurative Malerei Kees van Dongens, dessen beste Bilder in den Jahren 1905–14 entstanden: Erst 1988 wurde die 1 Millionen-Dollar-Marke überschritten, und im November 1989 kam in der New Yorker Moderne-Auktion von Habsburg, Feldman das Spätwerk „Femme au Chapeau fleuri“ (1942) auf erstaunliche 1,76 Millionen Dollar (3,25 Millionen DM). Ein charakteristischer Spitzenpreis des Handels sind die 2,75 Millionen Dollar (4,52 Millionen DM), die die japanische Galerie Tamenaga im Mai 1990 in einer van Dongen-Ausstellung ihrer New Yorker Dependance für das Gemälde „La Femme blonde, Nu assise“ (1909/10) verlangte, das bei Sotheby in New York im Mai 1986 noch 319 000 Dollar gebracht hatte.

Zu den interessantesten Trends der achtziger Jahre gehört die starke Aufwertung für konstruktivistische Kunst. Ich meine hier vor allem die schleichende Verteuerung für die puristischen Kompositionen des Piet Mondrian, die in den im November 1989 bei Sotheby in New York für die „Facade in Tan und Grey" (1913) gebotenen 9,265 Millionen Dollar (17,1 Millionen DM) kulminieren. Bereits im Mai 1983 hatte der japanische Händler Shigeki Kameyama bei Christie den Rekordpreis von 1,4 Millionen Pfund (4,51 Millionen DM) für eine 1930 datierte „Composition en Rouge, Bleu, Jaune" geboten, der allerdings im November 1985 in New York revidiert wurde, als dasselbe Bild bei 1,9 Millionen Dollar zurückgehen mußte. Unrealistische Preisvorstellungen eines Mondrian-Verkäufers (laut Katalog „The property of a European Foundation") mußten im Mai 1990 bei Christie in New York revidiert werden, als das 1925 in Paris entstandene Gemälde „Tableau losangique II", das auf 12–15 Millionen Dollar angesetzt war, bereits für 8,8 Millionen Dollar (14,4 Millionen DM) telefonisch zugeschlagen wurde.

Aber nicht nur De Stijl, sondern auch die russische Avantgarde, die seit 1970 nicht immer mit glänzendem Erfolg in Londoner Spezialauktionen vermarktet wird, beherrschen den Konstruktivistenmarkt. Für diese nicht immer mit relevantem und gesiebtem Material bestückten Versteigerungen bringt erst das Jahr 1989, in dem in europäischen Galerien die Rußland-Mode grassiert, den eigentlichen Durchbruch.

Im April dieses Jahres, termingerecht zum Gorbatschow-Besuch in London, veranstaltete Sotheby eine Spezialauktion mit 220 Losen und einem Gesamterlös von 11,3 Millionen Mark. Den Spitzenpreis von 759 000 Pfund (2,42 Millionen DM) erreicht Alexandra Exters „Komposition (Genua)" von 1912. Das Ljubow Popowa-Gemälde „Malerisch architektonisch" von 1918 kommt auf 473 000 Pfund (1,5 Millionen DM), fünf weitere Popowa-Gemälde bis zur Marge von 374 000 Pfund (1,18 Millionen DM) werden von dem Londoner Galeristen Leslie Waddington ersteigert: Die weitere Aufwertung schien programmiert. Doch die Hochpreis-Euphorie wird im April 1990 in London deutlich gebremst, als bei Sotheby eine Auswahl von eindeutig überschätzten Werken aus der Sammlung des kurz vorher verstorbenen George Costakis fast auf totale Ablehnung stößt und sich dieses Desinteresse noch einmal in der Sotheby-Spezialauktion russischer Avantgarde-Kunst vom Mai 1990 wiederholt, wo die Spitzenlose zurückgehen und die Rückgangsrate bei 52 Prozent liegt. Fälschungsprobleme und bei schwankender Qualität nicht immer gerechtfertigte Höchstpreise haben hier für eine heilsame Marktkorrektur gesorgt.

Weniger plötzlich, aber mit einer immensen Beharrlichkeit hat sich der Aufstieg von Surrealisten und Dada in den Markthimmel vollzogen. Schon im November 1979 hatte bei Sotheby in New York die Sammlung William N. Copley, die 6,7 Millionen Dollar für 130 Werke einspielte (das war damals der höchste Auktionsumsatz für eine amerikanische Einzelsammlung), die Weichen gestellt. Man Rays Gemälde mit den in einer Landschaft schwebenden Lippen „A l'Heure de l'Observatoire" (1932–34) brachte den Spitzenpreis von 825 000 Dollar (1,44 Millionen DM). Ein Hauptwerk von Max Ernst aus dem Jahr 1942, „Le Surréalisme et la Peinture", wurde für 682 000 Dollar (1,2 Millionen DM) der New Yorker Byron Gallery zugeschlagen. Auch Magrittes Bildnis eines Riesenapfels in einem engen Zimmer, „La Chambre d'Ecoute" (1953), brachte mit 297 000 Dollar (519 750 DM) einen Rekordpreis, den der kalifornische Schallplattenproduzent David Geffen bewilligte.

Diese Auktion, deren Preise lange Zeit die Ausnahme bildeten, zog in den Folgejahren noch einige prominente Surrealistensammlungen auf den Markt, darunter die Sammlung des Briten Edward James (1,73 Millionen Pfund oder 8,3 Millionen DM), der die meisten der im März 1981 bei Christie ausgebotenen Werke in den dreißiger Jahren direkt von den Künstlern erworben hatte.

Auch die im November 1981 bei Sotheby versteigerte Sammlung des New Yorker Kunsthändlers Julien Levy (insgesamt 4 Millionen Dollar oder 8,96 Millionen DM) zählt dazu, ebenso die im Mai 1985 bei Sotheby in New York ausgebotene Sammlung Joel

Mallin und die Magritte-Nachlaßversteigerung im Juli 1987 bei Sotheby in London.

Die stärksten Steigerungen sind in diesen Jahren für Gemälde von Salvador Dali zu verzeichnen. In der James-Auktion 1981 ersteigerte der greise Pariser Surrealistenhändler Alexandre Jolas für 396 000 Pfund (1,58 Millionen DM) das 1937 entstandene „Le Sommeil“: ein auf Krücken schwebendes, lappiges Gesicht; der teuerste Dali der Sammlung Julien Levy bringt 517 000 Dollar (1,14 Millionen DM): das 1929 entstandene Gemälde „Accomodations of Desire“. Das im selben Jahr entstandene, auf Freuds Traumdeutung basierende „L'enigme du Désir“ aus der Sammlung des Zürcher Psychoanalytikers Oskar R. Schlag, ging im März 1982 bei Christie für 453 600 Pfund (1,84 Millionen DM) an die Bayerischen Staatsgemäldesammlungen. Dali-Gemälde dieser Bedeutung waren bis zum Ende des Jahrzehnts nicht mehr auf dem Auktionsmarkt, mit einer Ausnahme: das im November 1989 bei Christie in New York für 2,09 Millionen Dollar oder 3,87 Millionen DM versteigerte Porträt Paul Eluard von 1925.

Während die Preise für Max Ernst seit Mitte des Jahrzehnts auf hohem Niveau eingependelt sind (ein Höchstpreis für ein mittleres Format sind 1988 die von der Berliner Galerie Brusberg für das Ölbild „Jardin Gobe-Avions“ geforderten 1,8 Millionen DM), hat sich der Magritte-Markt seit 1987 rasant nach oben entwickelt. 1985 lagen Spitzenpreise in den Londoner Auktionen bei 110 000 Pfund (440 000 DM). Im Juli 1987 kommt das 1936 entstandene Selbstbildnis „La Clairvoyance“ durch Privatgebot auf 418 000 Pfund (1,23 Millionen DM). Die 1928 gemalte Atelierszene „Tentative de l'Impossible“ bringt im Juni 1989 bei Sotheby 880 000 Pfund (2,66 Millionen DM), und im November desselben Jahres kommt das Fensterbild „La Condition Humaine II“ von 1935 bei Christie auf 1,43 Millionen Pfund (4 Millionen DM). Auch hier sind die Preise noch entwicklungsfähig, auch wenn man konzedieren muß, daß wie bei Dali auch bei Max Ernst die vor 1950 entstandenen Werke die besten Marktchancen haben.

Lange bevor die Surrealisten ihre „Ecriture automatique“ entwickelten, hatte sich der sogenannte „deutsche Impressionismus“, der sich in seinen besten Momenten an der französischen Freilichtmalerei orientierte, im Berlin nach der Jahrhundertwende etabliert. Der Wiederaufstieg in den Markthimmel begann erst in den 80er Jahren. Als um die Jahreswende 1979/80 in Berlin und München die erste große Max Liebermann-Retrospektive seit

Ein Auktionsrekord für Liebermann: Das frühe Hauptwerk „Altmännerhaus" bringt am 25. Juni 1990 bei Christie 484 000 Pfund.

1954 stattfand, hatte der Markt für Gemälde und Pastelle dieses Berliner Impressionisten gerade erst seine Gipfelfahrt angetreten. Zwar war bereits 1973 in einer jener ephemeren Christie-Auktionen, die damals in Düsseldorf abgehalten wurden, ein früher, auf Holz gemalter „Münchner Biergarten" auf netto 260 000 DM gestiegen, doch galt dies lange Jahre als Ausnahmepreis. 1986 wurde dieses Frühwerk zum damals unerhörten Preis von 1,95 Millionen DM von den Bayerischen Staatsgemäldesammlungen erworben. Zum erstenmal in einem deutschen Auktionshaus rückte ein Liebermann-Gemälde im Mai 1977 bei Lempertz in Köln über die 100 000-Mark-Grenze: das Freilichtsujet „Sommerabend an der Alster" fiel damals für netto 110 000 DM (brutto rund 134 000 DM) an eine Hamburger Brauerei.

1978 wurden bei Christie von einem deutschen Sammler 55 000 Pfund (210 000 DM) für das Hochformat „Stille Arbeit“ (68,5 x 45,5 cm) aus der holländischen Periode geboten. Dasselbe etwas lockerer gemalte Sujet einer strickenden Holländerin am Fenster, 1884 datiert und 75,5 x 50 cm groß, wurde auf der Berliner „Orangerie“ 1988 von der Londoner Händlerin H. Fritz-Denneville für 480 000 DM angeboten. Ein immer noch maßvoller Preis, denn zu dieser Zeit hatten schon mehrere Liebermann-Gemälde in den Auktionen die 500 000-Mark-Hürde genommen, allen voran das Spätwerk „Blumenbeet im Garten des Künstlers am Wannsee“ (1923), das bereits im Dezember 1986 bei Christie 176 000 Pfund oder 502 000 DM erzielt hatte. Das ein Jahr früher datierte „Gartencafé an der Elbe“ - ein Bild, das die Frage „Echt, aber schlecht?“ aufwirft - brachte dann im November 1989 im selben Haus 220 000 Pfund (609 000 DM).

Daß bei Liebermann eine gehörige Portion Spekulation und Suggestion im Spiel ist, zeigen zwei Hochpreise, die im Mai und November 1988 in Münchner Sotheby-Auktionen fixiert wurden: telefonisch gebotene 715 000 DM netto für ein höchst problematisches Wannseebild, das noch 1985 bei Neumeister für netto 150 000 DM zugeschlagen wurde, und netto 560 000 DM für das Tiergartenmotiv „Allee mit Spaziergängern“. Ein gewisses Unbehagen bleibt, denn beide Starlose tauchen in den stets um Eigenpublizität bemühten Sotheby-Jahrbüchern nicht auf. Daß solche Zuschläge dem Handel dennoch zur Durchsetzung einer forschen Preispolitik dienen, zeigen die 645 000 DM, die die Düsseldorfer Galerie Ludorff 1989 für eines der grünen, leeren Wannseegartenbilder aus der Zeit um 1925 forderte. Im Juni 1990 gibt es, in DM umgerechnet, gleich zweimal einen Millionenpreis bei Christie in London, als die aus einer deutschen Privatsammlung eingelieferten Ölbilder „Altmännerhaus“ (1880) und „Spielende Kinder im Park“ (1882) für 484 000 Pfund (1,4 Millionen DM) respektive 462 000 Pfund (1,34 Millionen DM) zugeschlagen werden.

Die Preise für herausragende Werke anderer „deutscher Impressionisten“ sind ähnlich hoch: etwa die Blumenstilleben von Lovis Corinth (bis 800 000 DM) oder Landschaftsbilder aus

Noch 1990 ein Rekordpreis: Im Juni 1984 erzielt Max Slevogts „Papageienmann" in der Lempertz-Auktion der Kölner Sammlung Walter Franz netto 800 000 DM.

der nicht immer gleichwertigen Produktion von Max Slevogt, dessen 1901 gemalter „Papageienmann" 1984 in der Lempertz-Auktion der Sammlung Walter Franz netto 800 000 DM, brutto also eine knappe Million Mark brachte, ein Rekord, der noch nach sechs Jahren steht.

Wenige Kunstrichtungen sind in den achtziger Jahren so erschöpfend von den Museen dargestellt und ausgewertet worden wie der deutsche Expressionismus. 1980 zeigt das Münchner Lenbachhaus eine umfassende Franz Marc-Ausstellung, 1979/80 gibt es eine nicht minder bedeutende Marc-Wanderschau der Aquarelle und Zeichnungen. Kandinsky, Kirchner, Heckel, Klee, Jawlensky, Schmidt-Rottluff, Pechstein, Campendonk sind am Ende des Jahrzehnts aufgearbeitet. Die Forschungsarbeit, die „Brücke", „Blauen Reiter" und auch die Dresdner Sezession erschöpfend durchforstet hat, erfaßt zunehmend die zweite Generation, die Nachexpressionisten. Einer von ihnen ist Georg Tappert, dessen vor dem Ersten Weltkrieg entstandene Bilder hochbegehrt sind. Nachdem einzelne Tappert-Gemälde – nicht zuletzt durch die Förderung der New Yorker Hutton-Gallery, die seit den sechziger Jahren den amerikanischen Expressionistenmarkt kontrolliert – in den New Yorker Christie-Auktionen seit 1983 Spitzenpreise erzielt hatten, gab es in der Billy Wilder-Auktion vom November 1989 bei Christie in New York einen imposanten Preisschub: Das quadratische Aktbild „Schwarze Strümpfe" (1910), das im November 1985 im selben Versteigerungssaal 110 000 Dollar (287 000 DM) realisiert hatte, ging jetzt für 638 000 Dollar (1,18 Millionen DM) an einen Telefonbieter. Dieser Preis belegt, wie hoch in der Sammlergunst jetzt auch erstrangige Bilder der zweiten Künstler-Gruppe stehen.

Das gilt auch für den Dresdner Conrad Felixmüller, dessen programmatisches Gemälde „Der Tod des Dichters Walter Rheiner" (1925) im November 1982 bei Christie durch Gebote des kalifornischen Sammlers Robert Gore Rifkind auf überraschende 145 800 Pfund (583 000 DM) rückte: für den Rest des Jahrzehnts der höchste Felixmüller-Preis. Das gilt nicht minder für Max Pechstein, dessen frühe Werke – die beste Zeit liegt vor 1920 – nicht erst seit der Pechstein-Schau 1989 in Schloß Cappenberg heftig aufgewertet wurden. Ein Paradebeispiel sind hier die bereits im Mai 1988 bei Lempertz in Köln von einem Bremer Kunsthändler für das starkfarbige Gemälde „Haff" gebotenen 898 000 DM. Doch bei Pechsteins sehr ungleichgewichtigem Werk wird die Spreu stark vom Weizen getrennt. In den deutschen Frühjahrsauktionen 1990 wurden mittelmäßige Bilder schon in der Preisregion von 75 000–150 000 DM zugeschlagen.

Ein Nolde-Rekord: Im Juni 1988 steigt das 1908 datierte Gemälde „Blumengarten" in einer Münchner Sotheby-Auktion auf 1,81 Millionen DM.

Die Auktions- und Handelsstars des Expressionismus sind Nolde, Feininger und Franz Marc. Die höchsten Nolde-Preise wurden bei Sotheby in München erzielt. Schon im Juni 1988 stieg das 1908 datierte Gemälde „Blumengarten", das in der 30. Auktion des Stuttgarter Kunstkabinetts 1957 ganze 32 000 DM eingespielt hatte, durch das Telefongebot eines Privatkäufers auf brutto 1,81

Der Beckmann-„Weltrekord“ lag im November 1987 bei 1,54 Millionen Dollar für das „Selbstbildnis mit weißer Mütze“. Doch im Juni 1990 ersteigerte der New Yorker Händler Richard Feigen bei Kornfeld in Bern das aus einer deutschen Privatsammlung eingelieferte Schlüsselwerk „Der Wels“ (1929) für 5,3 Millionen Franken (das sind mit dem Aufgeld 6,87 Millionen DM).

Millionen DM: ein veritabler Richtpreis. 1,95 Millionen Mark kostet im März 1990 in der Jubiläumsschau der Galerie Thomas „25 Jahre danach“ das blau-ockerfarbige Gemälde „Meer und helle Wolken“ (um 1935), das im November 1989 bei Christie 418 000 Pfund (1,2 Millionen DM) erzielt hatte. Im Prinzip ist es heute so, daß höchste Expressionistenpreise nicht nur in London oder New York, sondern auch in Deutschland bewilligt werden. Deutsche und schweizerische Galerien bewegen den Markt. Aus Amerika kommen nach dem Verstummen von Helen Serger und

Leonard Hutton und nach dem Rückzug von Serge Sabarsky aus dem Handel kaum noch weltbewegende Impulse. Die einzige aktive Spezialgalerie ist die Lafayette Parke Gallery in New York.

Der erste Weltrekordpreis in der Berliner Villa Grisebach: Lyonel Feiningers Gemälde „Raddampfer III" (1982) geht für 2,66 Millionen Dollar in amerikanischen Privatbesitz.

Das ist um so erstaunlicher, als es in den USA noch eine starke Sammlergruppe gibt, die meist durch Händler vertreten alljährlich auch die deutschen Auktionen frequentiert.

Einer dieser Sammler, allerdings mit reichlich spekulativem Einschlag, ist der New Yorker Finanzmakler und „Greenmail King" Saul P. Steinberg, der seine schnell zusammengekaufte Expressionistensammlung im Mai 1981 bei Christie in New York versteigern ließ. Diese Auktion war durch überhöhte Schätzpreise belastet. Es gab 34 Rückgänge (von 73 Losen) und nur einen wirklichen Spitzenpreis: jene 660 000 Dollar (1,52 Millionen DM), die Max Beckmanns exemplarisches „Selbstbildnis mit weißer Mütze“ aus dem Jahr 1926 einspielte. Doch im November 1987 feierte es bei Sotheby, jetzt mit 1,54 Millionen Dollar (2,59 Millionen DM), Marktwiederkehr. Erst im Juni 1990 gab es in der Berner Kornfeld-Auktion moderner Kunst einen wirklichen Weltmarktpreis für Beckmann: Das 1929 in Paris entstandene, mit erotischer Symbolik aufgeladene Schlüsselwerk „Der Wels“ aus deutschem Privatbesitz erzielte durch Gebote des New Yorker Händlers Richard Feigen 5,3 Millionen Schweizer Franken (brutto 6,87 Millionen DM).

Neben den Auktionen von Hauswedell & Nolte in Hamburg, Lempertz in Köln, Ketterer und Karl & Faber in München hat sich in den letzten drei Jahren das erst 1986 von vier deutschen Galerien (Pels-Leusden, Thomas, Utermann, Neumann) als Offensive gegen die Übermacht der Londoner Auktionshäuser gegründete Berliner Versteigerungshaus „Villa Grisebach-Auktionen“ als Marktzentrale für dieses Sammelgebiet etabliert. Die hier erzielten Preise für Gemälde von Lyonel Feininger und Arbeiten von Franz Marc haben Weltniveau: Die brillant erhaltene Temperaarbeit „Fabeltier II“ von Franz Marc wurde hier im Juni 1989 von der Düsseldorfer Galerie Wittrock für einen deutschen Sammler mit 2,99 Millionen DM beboten. Schon im November 1988 hatte an gleicher Stelle das exemplarische Feininger-Gemälde „Raddampfer III“ (1928) durch amerikanisches Privatgebot 2,66 Millionen DM eingespielt, ein Preis, der im November 1989 noch einmal durch jene 3,3 Millionen DM übertrumpft wurde, die ein deutscher Sammler in das Städtebild „Mellingen V“ investierte: am Ende des Jahrzehnts höchster Zuschlag überhaupt auf einer deutschen Auktion. Wie sehr der Feininger-Markt aus den Fugen geraten ist, belegen am klarsten die 550 000 Pfund (1,54 Millionen DM), die im November 1989 bei Christie für das mittelmäßige, kubistisch angehauchte Städtebild „Dorfkirche“ (um 1915) gezahlt wurden. Noch im April desselben Jahres hatte es in der hochkarätigen Feininger-Ausstellung der Kölner Galerie Gmurzynska 750 000 DM gekostet.

Ähnlich hoch notieren am Ende des Jahrzehnts in den internationalen Auktionen Jawlenskys frühe Porträts und Köpfe, die einen unaufhaltsam steigenden Markt haben. Von Ernst Ludwig Kirchner ist während des gesamten Jahrzehnts kein Hauptwerk auf dem Markt gewesen, dennoch ist auch hier die Preisbewegung für die zweite Wahl beachtlich. Paradebeispiel ist das problematisch erhaltene mittlere Format (50 x 70 cm) „Zwei Akte auf blauem Sofa“ (von 1920), das in der Billy Wilder-Auktion im November 1989 an einen Telefonkäufer für 1,54 Millionen Dollar (2,85 Millionen DM) versteigert wurde; die durchaus realistische Schätzung hatte bei maximal 700 000 Dollar gelegen. Das erste

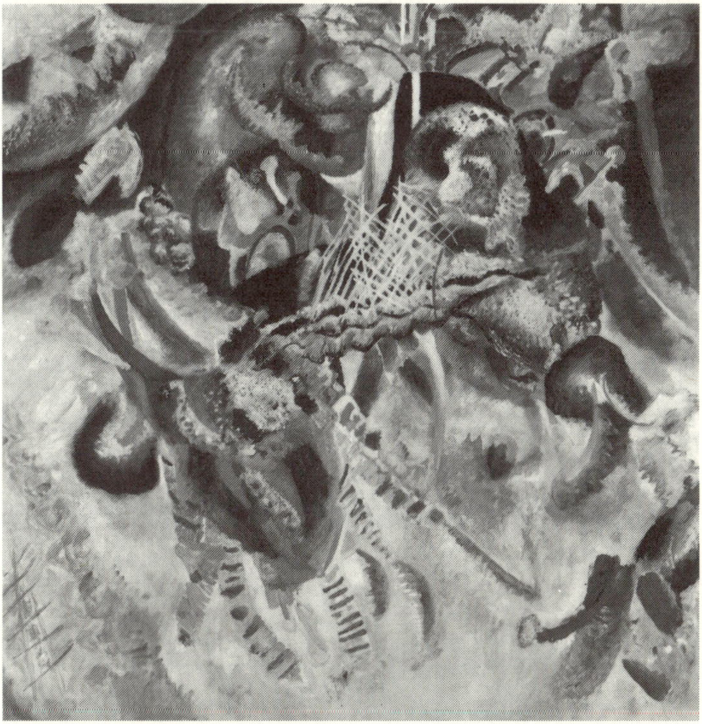

Ein triumphaler Kandinsky-Preis: Im Mai 1990 ersteigert der Basler Kunsthändler Ernst Beyeler bei Sotheby in New York gegen japanische Gebote das 1914 entstandene Gemälde „Fuge“ für 20,9 Millionen Dollar.

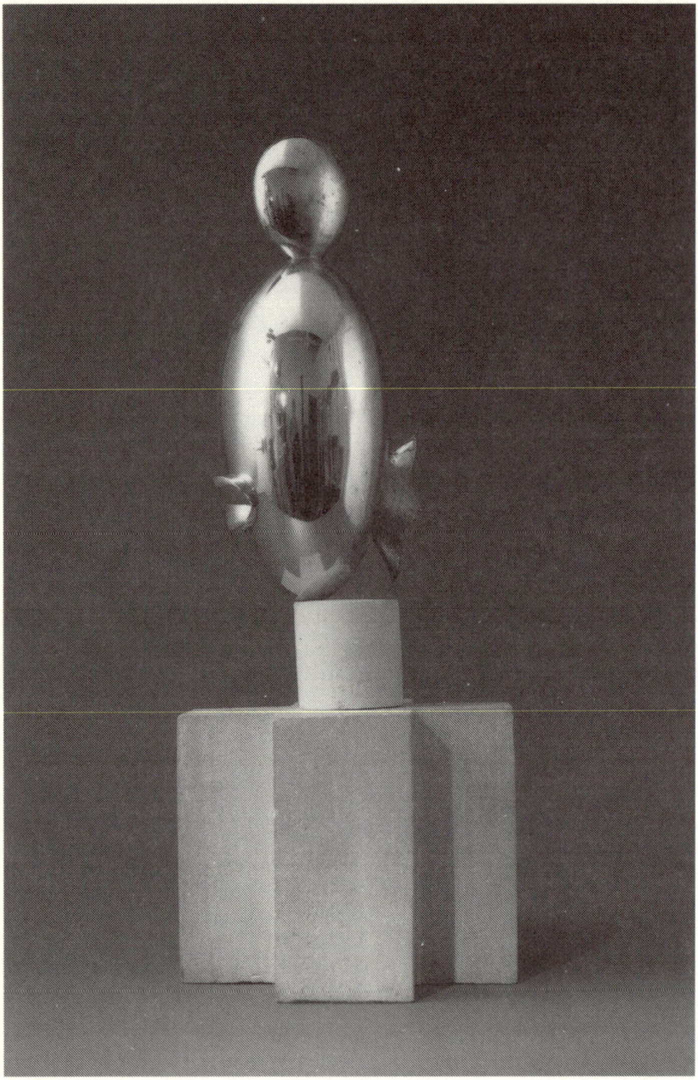

Constantin Brancusi wird in den achtziger Jahren zum höchstbezahlten Plastiker des frühen 20. Jahrhunderts. Die polierte Bronze auf Stein „La Négresse blonde“ aus der Sammlung Lydia Winston Malbin erzielt im November 1990 bei Sotheby 8,8 Millionen Dollar. Im Mai 1974 hatte ein anderes Exemplar bei Sotheby Parke-Bernet 750 000 Dollar eingespielt.

Eine der teuersten Skulpturen der Marktgeschichte: Degas' lebensgroße „Petite Danseuse de quatorze ans", hier das Exemplar der Sammlung Edith Mayer Goetz, das im November 1988 bei Christie auf 10,17 Millionen Dollar kam.

wirklich museale Kirchner-Bild, das nach langer Durststrecke auf den Markt kam, ist das im Mai 1990 bei Sotheby in New York für moderate 1,65 Millionen Dollar (2,71 Millionen DM) an einen amerikanischen Sammler versteigerte „Brücke"-Gemälde „Drahtseiltanz" (um 1909), das trotz dieses „Auktionsrekords" unterbewertet war.

Wie sehr die Preise andererseits aus den Angeln geraten sind, zeigt sich auch bei Kandinsky und Klee, deren Rekordpreise im Jahr 1989 bei 4,62 Millionen Dollar (für Kandinskys frühabstrakten „Engel des jüngsten Gerichts" bei Christie) und 3,08 Millionen Pfund (für Klees erdfarbiges Gemälde „Auftrieb und Weg", 1932 entstanden, bei Christie) liegen. Der jüngste Preismillionär ist Oskar Kokoschka, dessen 1919 datierte, blautonige Vedute „Dresden, Neustadt I" aus dem Besitz des Chicagoer Art Institute am 9. Mai 1989 bei Sotheby in New York 2,97 Millionen Dollar (5,581 Millionen DM) erzielte. Einen triumphalen Kandinsky-Rekord gab es im Mai 1990 bei Sotheby in New York, als der Basler Kunsthändler Ernst Beyeler gegen japanische Privatgebote die aus dem Guggenheim Museum eingelieferte Abstraktion „Fuge" (1914) für 20,9 Millionen Dollar oder 34,4 Millionen DM ersteigert.

Der deutsche Expressionismus hat sich bis Japan durchgesetzt. Das gilt auch für die Malerei der Wiener Secession. Gemälde von Klimt und Schiele haben in der zweiten Hälfte der achtziger Jahre eine fulminante Steigerung erfahren. Im Sommer 1987 wurden bei Sotheby in New York und London für Gustav Klimt Höchstpreise geboten: Das 1912 datierte, im Mosaikstil gehaltene „Bildnis Eugenia Primavesi" ging damals für 3,85 Millionen Dollar (6,89 Millionen DM) an den Tokioter Händler Shigeki Kameyama, und sechs Wochen später wurden für die 1909 geschaffene Ansicht „Schloß Kammer am Attersee II" in London 3,3 Millionen Pfund (9,83 Millionen DM) bewilligt. Der höchste Schiele-Preis sind die am 10. Mai 1989 bei Christie für eine farbige „Sommerlandschaft" (1917) aus der Searle Collection gebotenen 5,94 Millionen Dollar (11,35 Millionen DM).

Daß auch in einem so heftig akklamierten Bereich nicht alle Investitionsträume reifen, besonders dann nicht, wenn die erwartete Steigerungsrate jenseits aller Vernunft angesiedelt ist, zeigt das Schiele-Gemälde „Liebespaar". Der in Kentucky residierende Sammler

Wendell Cherry hatte es 1984 bei Sotheby für 3,19 Millionen Pfund (11,9 Millionen DM) ersteigert und im November 1987 bei Christie in New York in den Marktkreislauf zurückgeschickt - vergeblich, denn solche schon teuer bezahlte Inkunabeln brauchen eine angemessene Konsolidierungsphase.

Man kann die Kunst des Impressionismus und der Moderne nicht behandeln, ohne einen Blick auf die Skulptur zu werfen, die in den achtziger Jahren eine weltweite Aufwertung erfahren hat, die einer Neuentdeckung gleichkommt. Die Preise für Bronzen und Marmorskulpturen von Auguste Rodin erfahren trotz der durch die postume Auflagenpolitik des Pariser Musée Rodin bedingten Inflationierung des Gesamtwerks schon seit Mitte der siebziger Jahre kontinuierliche Aufwertung. Einen Gipfelpunkt stellen die 4,29 Millionen Dollar (7,06 Millionen DM) dar, die der japanische Papierindustrielle Ryoei Saito im Mai 1990 bei Sotheby in New York für die nach 1982 vom Museé Rodin in je 12 Exemplaren (acht davon für den Handel und vier für Museen bestimmt) gegossenen „Bürger von Calais" aufbieten mußte. Die beharrliche Bergfahrt der Skulptur begann erst 1984, als Constantin Brancusis Bronze „Mademoiselle Pogany" (1913), die 1950 noch für 1700 Dollar zu haben war, bei Sotheby 1,65 Millionen Dollar (4,62 Millionen DM) erzielt. Im November 1989 ersteigert ein Japaner bei Christie in New York für unglaubliche 8,25 Millionen Dollar (15,26 Millionen DM) den 1917 ausgeführten liegenden Marmorkopf „La Muse endormie III".

In New Yorker Auktionen vom Mai 1988 (bei Sotheby) und vom November 1989 (Christie) gibt es die Klimax, als zwei verschiedene der insgesamt 27 postumen Güsse von Edgar Degas' lebensgroßer „Petite Danseuse de quatorze Ans" erst 10,125 dann 10,175 Millionen Dollar (16,9 bzw. 18,8 Millionen DM) bringen. Henry Moore, der stets das Postulat niedriger Auflagen beherzigte und testamentarisch postume Nach- und Fortgüsse verbot, ist Ende der achtziger Jahre einer der teuersten Klassiker der jüngeren Moderne (Spitzenpreis sind die 990 000 Pfund oder 3,01 Millionen DM vom Juni 1989 bei Christie für die Kleinbronze „Familiengruppe" von 1946). Die in Travertin-Marmor ausgeführte Großskulptur „Reclining Connected Forms", die im Mai 1990 bei Sotheby in New York unter den Ham-

Marktwiederkehr von Gemälden des Impressionismus		
Pierre Auguste Renoir, Baigneuse s'essuyant les pieds, 1888	Sotheby New York, November 1985 1,65 Mill. $ (4,3 Mill. DM)	Sotheby New York, November 1988 8,52 Mill. $ (14,9 Mill. DM)
Pierre Auguste Renoir, Jeune Fille au Chapeau garni de Fleurs, 1880	Galerie Charpentier Paris, Mai 1952 22,5 Mill. Fr. (298.000 DM)	Sotheby New York, Mai 1989 13,75 Mill. $ (26,3 Mill. DM)
Edgar Degas, Sur la Scène (Pastell), 1879/81	Parke-Bernet New York, Mai 1959 180.000 $ (750.000 DM)	Christie New York, Mai 1989 6,6 Mill. $ (12,6 Mill. DM)
Edgar Degas, Petite Danseuse de 14 Ans, (Plastik), 1881	Sotheby Parke Bernet New York, Mai 1971 380.000 $ (1,33 Mill. DM)	Sotheby New York, Mai 1988 10,12 Mill. $ (16,9 Mill. DM)
Camille Pissarro, Quai Saint-Sever à Rouen, 1896	Sotheby London, April 1962 28.000 £ (308.000 DM)	Christie New York, Mai 1989 2,31 Mill. $ (4,41 Mill. DM)
Alfred Sisley, Le Carrage-Canal du Loing à Saint-Mammes 1884	Christie London, Dezember 1986 319.000 £ (902.700 DM)	Christie New York, Mai 1989 1,76 Mill. $ (3,36 Mill. DM)
Claude Monet, Le Parlement; Coucher de Soleil, 1904	Christie London, Juli 1971 89.250 £ (753.000 DM)	Christie New York, Mai 1989 14,3 Mill. $ (27,3 Mill. DM)
Claude Monet, Pont dans le Jardin de Monet, 1900	Sotheby London, Dezember 1984 1,056 Mill. £ (3,09 Mill. DM)	Sotheby New York, Mai 1987 2,86 Mill. $ (5,09 Mill. DM)
Paul Cézanne, Au Jas Buffan, 1882/85	Sotheby New York, Oktober 1980 650.000 $ (1,23 Mill. DM)	Sotheby New York, November 1986 1,485 Mill. $ (2,97 Mill. DM)
Paul Gauguin, Te Fare Hymenée (La Maison des Chants), 1892	Christie New York, November 1982 770.000 $ (1,96 Mill. DM)	Sotheby London, April 1989 6,6 Mill. £ (22,2 Mill. DM)

und der Moderne		
Vincent van Gogh, Carrière près de St. Remy, 1889	Sotheby New York, Mai 1974 Taxe 7–900.000 $ unverkauft	Sotheby New York, November 1989 11,55 Mill. $ (21,37 Mill. DM)
Pablo Picasso, Les Amants dans la Rue, 1900	Parke-Bernet New York, April 1945 4.250 $ (13.000 DM)	Sotheby London, Juni 1988 858.000 £ (2,68 Mill. DM)
Pablo Picasso, Femme lisant, 1939	Sotheby London, April 1981 94.600 £ (445.000 DM)	Christie London, November 1989 1,045 Mill. £ (2,9 Mill. DM)
Amedeo Modigliani, Jeune Femme à la Robe jaune, 1918	Sotheby London, Juni 1978 165.000 £ (623.700 DM)	Sotheby New York, November 1986 1,65 Mill. $ (3,3 Mill. DM)
Georges Braque, Paysage à l'Estaque, 1906	Christie New York, April 1984 605.000 $ (1,62 Mill. DM)	Christie New York, Mai 1989 4,675 Mill. $ (8,3 Mill. DM)
Juan Gris, Verres sur une Table, 1913/14	Sotheby New York, Oktober 1980 352.000 $ (665.200 DM)	Sotheby New York, Mai 1988 1,54 Mill. $ (2,57 Mill. DM)
Maurice de Vlaminck, Maisons au Bord de la Seine à Chatou, 1906/07	Sotheby London, April 1976 60.000 £ (279.000 DM)	Christie London, November 1989 1,54 Mill. £ (4,27 Mill. DM)
Max Beckmann, Selbstbildnis mit weißer Mütze, 1926	Christie New York, Mai 1981 660.000 $ (1,52 Mill. DM)	Sotheby New York, November 1987 1,54 Mill. $ (2,59 Mill. DM)
Alexej von Jawlensky, Kopf blau-braun, 1913	Hauswedell & Nolte, Hamburg 1973 netto 94.000 DM	Christie London, April 1989 352.000 £ (1,12 Mill. DM)
Emil Nolde, Tanzende Mädchen, 1925	Sotheby London, Juni 1986 198.000 £ (665.200 DM)	Sotheby New York, November 1988 935.000 $ (1,63 Mill. DM)

Kunst des British Rail Fund		
Werke	**Erworben**	**Verkauft (Sotheby 4.4.1989)**
A. Renoir, La Promenade (1870), Ölgemälde	1976: 682.000 £ (2.960.000 DM)	10.340.000 £ (33.000.000 DM)
C. Monet, Santa Maria della Salute (1908), Ölgemälde	1979: 253.000 £ (981.000 DM)	6.710.000 £ (21.470.000 DM)
P. Picasso, Le garçon bleu (1905), Gouache	1978: 26.400 £ (101.000 DM)	3.960.000 £ (12.670.000 DM)
P. Cézanne, Melonenstilleben (1902–06), Aquarell	1978: 330.000 £ (1.260.000 DM)	2.530.000 £ (8.090.000 DM)
V. van Gogh, Mas à Saintes-Maries (1888), Federzeichnung	1978: 225.500 £ (863.000 DM)	2.310.000 £ (7.390.000 DM)
H. Matisse, Deux Négresses (1908), Bronze	1977: 58.240 £ (235.000 DM)	1.760.000 £ (5.630.000 DM)
C. Pissarro, La Rue de l'Epicerie à Rouen (1898), Ölgemälde	1975: 120.000 £ (648.000 DM)	1.650.000 £ (5.280.000 DM)
A. Renoir, Porträt Paul Cézanne (1880), Pastell	1976: 124.000 £ (576.000 DM)	1.430.000 £ (4.570.000 DM)

Werke	Erworben	Verkauft (Sotheby 4.4.1989)
C. Pissarro, Porträt Paul Cézanne (1874), Ölgemälde	1978: 330.000 £ (1.260.000 DM)	1.320.000 £ (4.220.000 DM)
C. Pissarro, La Route de Versailles (1872), Ölgemälde	1975: 90.000 £ (504.000 DM)	990.000 £ (3.160.000 DM)
C. Pissarro, Effet de neige à l'Hermitage Pontoise (1875), Ölgemälde	1975: 71.500 £ (371.000 DM)	528.000 £ (1.680.000 DM)
H. de Toulouse-Lautrec, Gabrielle la danseuse (1875), Gouache	1974: 25.000 £ (130.000 DM)	496.000 £ (1.580.000 DM)
H. Fantin-Latour, Rosenstilleben (1890), Ölgemälde	1975: 40.450 £ (210.000 DM)	484.000 £ (1.540.000 DM)
E. Degas, Pferd im Galopp, (1880er Jahre), Bronze	1975: 16.500 £ (85.800 DM)	440.000 £ (1.400.000 DM)
P. Cézanne, Badende (1902–06), Aquarell	1978: 154.000 £ (589.000 DM)	440.000 £ (1.400.000 DM)

mer kam, erzielte angemessene 2,42 Millionen Dollar (3,98 Millionen DM).

Er wird nur von Alberto Giacomettis beharrlichem Aufwärtstrend übertrumpft, der sich folgendermaßen liest: Mai 1983, Christie New York, „Chariot" - 1,375 Millionen Dollar (3,38 Millionen DM); jeweils Mai 1987, Christie New York, aus der Sammlung Baron Léon Lambert dreimal die in verschiedenen Größen gegossene, variiert gestaltete „Grande Femme debout" mit 2,53, 3,08 und 3,63 Millionen Dollar (4,5, 5,5 und 6,46 Millionen DM). Die mittlere dieser drei Skulpturen, das Exemplar der Robert B. Mayer Collection, bringt im November 1989 bei Christie in New York bereits 4,95 Millionen Dollar, während der „L'Homme qui marche I" sich im November 1988 in der Londoner Christie-Zentrale für 3,74 Millionen Pfund (11,78 Millionen DM) verkaufen läßt.

Der wichtigste deutsche Klassiker der Skulptur ist Ernst Barlach, bei dem die zu Lebzeiten des Künstlers entstandenen Bronzegüsse, aber vor allem die Holzbildwerke am teuersten sind. Die im Juni 1988 bei Hauswedell & Nolte für netto 420 000 DM dem Hamburger Barlach-Haus zugeschlagene Holzplastik blieb nur deshalb so billig, weil norddeutsche Sammler und Händler zugunsten dieses Barlach-Museums auf Gebote verzichtet hatten. Höchstbezahlte Plastiker der Nachkriegsära sind die Amerikaner Alexander Calder, von dem bereits im Mai 1984 bei Sotheby in New York ein 7 Meter hohes „Stabile" aus der Sammlung Schmela 852 000 Dollar (2,36 Millionen DM) erzielt und David Smith, dessen 1963 entstandene Stahlskulptur „V.B. XXIII" im Mai 1986 bei Christie in New York mit 1,32 Million Dollar (2,66 Millionen DM) bewertet wurde.

Der neue Boom für die Plastik entspricht einem wiedergewonnenen dreidimensionalen Formgefühl, das wichtige Galerieausstellungen (Gmurzynska, Wolfgang Werner, Krugier) durchreflektieren und dem sich auch die jüngere Generation der „Maler-Bildhauer" von Baselitz bis Fetting verpflichtet fühlt. Die Skulptur, lange Jahre Stiefkind der bildenden Künste, rückt damit auch als ein marktbelebendes Element in die oberste Bewertungsskala auf.

Kunst der Gegenwart:

Die neuen Götter

Nichts vermag das Wachstum des Marktes für zeitgenössische Kunst so klar auszudrücken wie die Umsatzziffern der fetten fünf Marktjahre 1984 bis 1988, die das Haus Sotheby, seit der denkwürdigen Scull-Auktion 1973 Branchenvorreiter auf diesem Sammelgebiet, vorweisen kann. 1984 wurden 13,11 Millionen Dollar eingenommen, 1987 lagen die Erlöse bereits bei 52,2 Millionen und im Superjahr 1988 schoß der Umsatzpegel noch einmal drastisch in die Höhe: 124,9 Millionen Dollar (208,6 Millionen DM) wurden in dieser Marktperiode vor allem dank der New Yorker Rekordpreise für Pollock, Rauschenberg und Jasper Johns umgesetzt. Vor allem das Bietgefecht um das 1959 in abstraktem Gestus entstandene Jasper Johns-Gemälde „False Start“ aus der Sammlung François de Menil war in diesen Novembertagen 1988 marktsymptomatisch für die fast ausschließlich von amerikanischen Sammlern angefachte Rekordstimmung.

Das Bietgefecht für dieses auf 4 bis 5 Millionen Dollar taxierte Gemälde begann bei 3 Millionen Dollar, übersprang schnell die im November 1986 für das Wachsfarbenbild „Out the Window“ (1959) gebotenen 3,6 Millionen, die im Mai 1988 bei Christie für die Großassemblage „Diver“ eingesetzten 4,18 Millionen Dollar und triumphierte spielend über die 7,04 Millionen Dollar (12,3 Millionen DM), die genau einen Tag vorher bei Christie die frühe „White Flag“ (1955/58) aus der Sammlung Tremaine erzielt hatte. Ein New Yorker Privatsammler, der im Saal durch einen Händler vertreten war, siegte bei 17,05 Millionen Dollar (29,7 Millionen DM). Danach gab es noch einmal einen zweistelligen Millionenbetrag: 12,1 Millionen Dollar (22,4 Millionen DM) im

Spitzenposition für Jasper Johns: „False Start" aus der Sammlung François de Menil erzielte im November 1988 bei Sotheby 17,5 Millionen Dollar.

November 1989 bei Sotheby für das 1973 entstandene Sternenbanner-Bild „Two Flags", in dem die Streifen vertikal nebeneinander stehen. Der Prototyp dieser Bilderfindung aus der Sammlung Robert Scull (die zwei Flaggen stehen vertikal übereinander) hatte noch im November 1986 bei Sotheby lediglich 1,76 Millionen

Dollar (3,6 Millionen DM) erlöst. So heftig hat sich zum Ende des Jahrzehnts der Markt vor allem in Amerika, und besonders für amerikanische Kunst entwickelt: für abstrakten Expressionismus, Colourfield, Pop Art. Im Falle Jasper Johns war ein Museum der Marktvorreiter. 1980 erwarb das New Yorker Whitney Museum das Gemälde „Three Flags" für 1 Million Dollar, ein Preis, der damals heftig kritisiert wurde und für die folgende Marktbewertung zweifellos Signalwirkung hatte.

Wir wollen hier nicht auf jeden der amerikanischen Marktrepräsentanten detailliert eingehen, die großen Bewegungslinien und Wegmarken nachzuzeichnen erscheint uns wichtiger. Sie sind durchaus als Bestandteil der umfassenden Aufwertung eines nationalen Kulturerbes aufzufassen, das von der Hudson River School bis zu den sogenannten „Pißbildern" von Andy Warhol reicht. Viel Aufregendes, viel Neues hatten die achtziger Jahre in den Metropolen New York und Los Angeles nicht zu bieten. Das zu Anfang des Jahrzehnts in der Biennale des Whitney Museums propagierte „New Image Painting" hat sich als Flop erwiesen, und 1989 dominieren jene Künstler vom Schlage eines Philip Taaffe, Christopher Wool, Jeff Koons, Joel Shapiro, deren ornamentaler Leerlauf oder neue Nippeskultur auch schon mit Preisforderungen bis 175 000 Dollar einherging (für Bilder von Taaffe, den die New Yorker Galeristin Mary Boone fördert).

1989 setzt in den New Yorker Galerien ein beispielloser Run auf zeitgenössische Kunst ein: von Robert Ryman, dem Klassiker der Minimal Art, dessen Höchstpreis am Ende des Jahrzehnts bei 2,31 Millionen Dollar (4,3 Millionen DM) liegt, über den wandlungsfähigen Julian Schnabel bis zu dem 1988 an einer Überdosis Kokain gestorbenen farbigen New Yorker Jean-Michel Basquiat, der seit seinem 22. Lebensjahr von den Galerien Bruno Bischofberger (Zürich), Mary Boone (New York) und Michael Werner (Köln) heftig gefördert wurde. Seine im besten Sinne naiven, wie auf Leinwand transponierte Graffiti wirkenden, Bilder gehören zu den wenigen Beispielen der jüngsten Kunst, die auch auf den Auktionen Erfolg hatten. 1982 war eines seiner Großformate erstmals bei Christie in New York vertreten und wurde für 20 900 Dollar

(48 070 DM) zugeschlagen. Ein entsprechendes, ebenfalls titelloses Bild brachte 1988 bei Christie bereits 110 000 Dollar (191 400 DM). Doch der eigentliche, jetzt spekulativ geschürte Boom setzte 1989 nach dem Tod des ehemaligen Sprayers ein, als Bilder wie „Jesus", „La Hara" und „Arroz con Pollo" sukzessive auf 308 000, 341 000 und 440 000 Dollar stiegen – Preise, wie sie zu dieser Zeit in den New Yorker Auktionen für keineswegs marginale Werke von Redon, Bonnard und Jawlensky geboten wurden: welch illustre Nachbarschaft!

Ob es sich dabei um Stütz- oder Promotionspreise handelt, sei dahingestellt. Tatsache ist, daß gerade die New Yorker Auktionen, in punktuellen Fällen (etwa bei Baselitz, als dessen Preisauftrieb begann) auch die Londoner Versteigerungen, vom Handel gern zur Legitimation der eigenen Preispolitik benutzt werden. Nicht immer gehen solche Rechnungen auf, weil die jüngste Kunst im Auktionssaal erst noch die Aura gewinnen muß, die ihr die Leitfiguren der neueren Kunstgeschichte voraushaben. Im Fall Basquiat gab es im Mai 1990 einen empfindlichen Marktrückschlag. In den New Yorker „Contemporary Art"-Auktionen gingen die in Serie eingelieferten Bilder des postumen Aufsteigers reihenweise zurück.

Ein interessantes Marktbeispiel ist der stets wandlungsfähige New Yorker Künstler Julian Schnabel, der neben anderen, von dem Londoner Großsammler Charles Saatchi mit en bloc-Käufen gefördert (oder überfördert?) wird. Im Mai 1983 hofften die Schnabel-Promoter, allen voran die publicityträchtige Mary Boone, auf einen sechsstelligen Dollarpreis für das fast drei Meter große, aus zerbrochenen Tellern komponierte Bild „Nôtre Dame" (1979) bei Sotheby. Die mit Mary Boone befreundete Washingtoner Händlerin Anita Reiner bot 93 500 Dollar, was allgemein enttäuschte. 1984 und 1985 gingen weitere große Schnabel-Bilder auf den New Yorker Contemporary Art-Auktionen zurück. 1986 brachte es das Dreimeter-Opus „Tower of Babel" bei Christie auf 121 000 Dollar (246 840 DM), doch im Boomjahr 1989 kam das maximal auf 120 000 Dollar taxierte rote Hochformat „The Act" (1982) aus der Manilow Collection zum Rekordpreis von 220 000

Dollar (407 000 DM) unter den Hammer: der Ritterschlag für ein ebenso leeres wie gefälliges Œuvre. Nachdem Schnabel von Mary Boone zur einflußreichen Pace Gallery übergewechselt war, die bereits Anselm Kiefer unter ihre Fittiche genommen hatte, gab es im Mai 1990 im abbröckelnden New Yorker Galerienviertel SoHo eine neue Marktoffensive: diesmal mit Monumentalskulpturen, die, in je sechs Exemplaren gegossen, zwischen 200 000 und 300 000 Dollar beziffert waren.

Modekünstler wie Schnabel, deren Preisbewegung vom Handel initiiert wird, haben in den Auktionen nicht immer die erwünschte Resonanz. Bei den Klassikern von Pollock bis Robert Ryman ist es umgekehrt: Hier können die von Jahr zu Jahr heftig steigenden Auktionspreise als Richtwerte gelten, da sie immer wieder selbst die Preisvorstellungen des Handels übertrumpfen. Das gilt im

Rekordpreis für Lichtenstein: Das Großformat „Torpedo ... los!" (1963) aus der Sammlung Robert B. Mayer erzielte im November 1989 bei Christie 5,5 Millionen Dollar.

besonderen Maße für Material aus bedeutenden Sammlungen, von denen in den Jahren 1981–89 nicht weniger als 15 allein in New York und überwiegend bei Christie versteigert wurden: von den Bacon-Hauptwerken der Sammlung Saul P. Steinberg bis zu den 20 Werken von Dubuffet bis Roy Lichtenstein, dessen 1963 datiertes Zweimeter-Bild „Torpedo... los!" an diesem 7. November 1989 zum Rekordpreis von 5,5 Millionen Dollar (10,2 Millionen DM) von dem Zürcher Händler Thomas Amann ersteigert wurde.

Bleiben wir noch einen Moment bei Lichtenstein. Im Mai 1980 lag sein Auktionshöchstpreis bei 231 000 Dollar (422 000 DM), die bei Sotheby Parke Bernet von einem New Yorker Händler für das 1,22 Meter große, quadratische Acrylbild „Oh, Jeff... I love you, too... but..." geboten wurden. Im Mai 1985 brachte im selben Auktionssaal die 1977 entstandene, drei Meter große „Reclining Nude" bereits 522 500 Dollar (1,6 Millionen DM), im November 1986 erzielte das Frühwerk „Blang" (1962, 1,72 x 2,03 Meter) aus der Sammlung Ted Ashley bei Christie 792 000 Dollar (1,62 Millionen DM), und im November 1988 gab es bei Sotheby für das 1,77 x 2,03 Meter große Gemälde „Sailboats III" aus der Sammlung Carter Burden bereits einen Millionenpreis. Für 2,09 Millionen Dollar (3,64 Millionen DM) ging das quadratische Comic-Motiv „I can see the whole Room... and there is Nobody in it" (1961) aus der Sammlung Tremaine (November 1988) in den New Yorker Handel. Den Rekordpreis von 6,05 Millionen Dollar (10,1 Millionen DM) setzte im Mai 1990 bei Christie in New York die Fujii Gallery im Auftrag des japanischen Privatsammlers Wanibuchi für das frühe Lichtenstein-Gemälde „Kiss II" (1962) ein.

Was für Lichtenstein gilt, trifft auch auf andere Künstler der einstigen amerikanischen Avantgarde zu. Von den abstrakten Expressionisten haben lediglich Sam Francis (der Richtpreis von 1,302 Millionen Dollar im November 1988 bei Christie galt dem Großformat „Towards Disappearance" von 1957/58, das genau vier Jahre zuvor im selben Haus noch 770 000 Dollar eingespielt hatte), Clyfford Still und Hans Hofmann nicht das Millionenroulette mitgemacht, das den New Yorker Markt seit 1988 beherrscht. Die stark tektonischen Schwarz-weiß-Abstraktionen des Franz

Kline, 1981 in den Auktionen noch mit 300 000–400 000 Dollar bewertet, bringen in den Schlüsseljahren 1988/89 ohne Mühe 1,1 bis 2,86 Millionen Dollar (1,93 bis 5 Millionen DM).

Schon in den siebziger Jahren gehört Jackson Pollock zu den höchstbezahlten amerikanischen Künstlern, als die Washingtoner Nationalgalerie und die Australische Nationalgalerie in Canberra jeweils 2 Millionen Dollar für Hauptwerke ausgeben.[1] In der ersten Hälfte der achtziger Jahre kommt kein bedeutendes Bild in die Auktionen. Die Witwe des Malers, die Künstlerin Lee Krasner, verkauft im Herbst 1981 dem Metropolitan Museum das Frühwerk „Pasiphae" (1943) für 1 Million Dollar (2,2 Millionen DM). Auch das im Mai 1987 bei Sotheby für 2,75 Millionen Dollar (4,9 Millionen DM) versteigerte Kleinformat „Number 26" (1950) aus der Playboy Corporate Collection gehört keineswegs zu den zentralen Bildern im Gesamtwerk. Das starkfarbige kapitale Ölbild „Search" (1955) aus der Sammlung Belle Linsky kam im Mai 1988 bei Sotheby für 4,84 Millionen Dollar (8 Millionen DM) an den japanischen Händler Kazuo Fuji. Hier handelte es sich um das letzte große Werk, das Pollock vor seinem Unfalltod (1956) vollendet hatte. Erschien dieser Preis noch durch die Stellung im Gesamtwerk legitimiert, so galten die 11,55 Millionen Dollar (21,9 Millionen DM), die der New Yorker Kunstberater Jeffrey Deitch im Mai 1989 bei Sotheby für das Drip painting „Number 8" (1950), ehemals in der Lausanner Sammlung Basil P. Goulandris, bot, als nationale Überbewertung.

Ähnliches gilt für die Abstraktionen des Willem de Kooning, die 1983 erstmals die Millionenhürde nehmen, als das 1955 entstandene Ölbild „Two Women" auf unerwartete 1,21 Millionen Dollar (2,99 Millionen DM) steigt. Weitere Gemälde, in denen die Figur der Frau mehr oder minder stark abstrahiert ist, klettern in den Auktionsjahren 1987 und 1988 bis zur Rekordhöhe von 3,63 Millionen Dollar („Pink Lady", 1944). Doch als im November 1989 bei Sotheby das Zweimeterbild „Interchange" aus der Sammlung Edgar J. Kaufman, ein abstraktes Konglomerat aus Stadtland-

[1] Christian Herchenröder, Die Kunstmärkte, a.a.O., Seite 214.

Für 20,68 Millionen Dollar an den japanischen Handel versteigert: Willem de Koonings Ölbild „Interchange" wurde im November 1989 bei Sotheby in New York ausgeboten.

schaft und menschlicher Figur, ausgeboten wird, gibt es für dieses auf maximal 6 Millionen Dollar geschätzte Schlüsselwerk ein hartes Bietgefecht, aus dem der Tokioter Händler Shigeki Kameyama mit 20,68 Millionen Dollar (38,3 Millionen DM) als Sieger hervorgeht. In derselben Versteigerung brachte es auch Mark Rothkos schwarz-rote Komposition „Black Areas in Red" durch japanische Kauflust auf 3,63 Millionen Dollar (6,7 Millionen DM), und die 2,76 Meter breite schwarze Leinwand „Tomlinson Court Park

(Second Version)" des bis dato mit 1,32 Millionen Dollar höchstbewerteten Frank Stella - soviel realisierte im Mai 1989 das Vietmeterbild „Quathlamba" aus einer Serie keilförmiger Bilder - stieg auf phänomenale 5,06 Millionen Dollar (9,4 Millionen DM).

Nicht nur der bereits erwähnte Roy Lichtenstein, auch andere Repräsentanten der Pop art wie Robert Rauschenberg und Andy Warhol haben Ende der achtziger Jahre in einem unerhörten Ausmaß zugelegt. Rauschenberg, der seltener als andere Zeitgenossen auf dem Auktionsparkett erscheint, hat seinen Marktgipfel im November 1988 bei Sotheby, wo zwei große „Combine paintings" aus der Sammlung Victor W. Ganz auf 6,325 Millionen respektive 3,74 Millionen Dollar (11 und 6,5 Millionen DM) steigen: „Rebus" (1955), das der schwedische Sammler Hans Thulin erwirbt, und „Winter Pool" (1959).

Nichts kann den Aufstieg Andy Warhols aus der Subkultur in höchste Marktregionen besser dokumentieren als zwei exemplarische Preisvergleiche. Im Oktober 1973, als bei Sotheby Parke Bernet der erste große Schub der Sammlung Scull versteigert wurde, kam ein 2,08 x 4,11 Meter großes Blumenbild auf 135 000 Dollar (337500 DM). Im Mai 1989 wurde dieses in Pink, Rot und Grün komponierte Riesenformat für 1,54 Millionen Dollar (2,9 Millionen DM) an gleicher Stelle veräußert. Im November 1982 brachte bei Christie das Silver paint „Triple Elvis" aus der Abrams-Familiensammlung 49 500 Dollar (128 200 DM), im November 1986 wurde es im selben Auktionssaal, nun aus der Sammlung eines „amerikanischen Museums" stammend, mit 203 500 Dollar (415 140 DM) bewertet. Eine andere, geringfügig breitere Version dieses populären Siebdruckbildes (1964) erzielte bei Sotheby im November 1989 bereits 2,2 Millionen Dollar (4,07 Millionen DM). Die teuersten Warhols der achtziger Jahre sind das im November 1988 bei Sotheby für 3,96 Millionen Dollar (6,9 Millionen DM) zugeschlagene fast 2 Meter hohe übermalte Siebdruckbild mit 20 Marilyn Monroe-Köpfen aus der Sammlung de Menil und die im Mai 1989 bei Christie für 4,07 Millionen Dollar (7,8 Millionen DM) versteigerte „Shot red Marilyn" aus der Sammlung Max Palevsky.

4,07 Millionen Dollar für eine Pop-Ikone: Andy Warhols „Shot red Marilyn" aus der Sammlung Max Palevsky wurde im Mai 1989 bei Christie versteigert.

Die dramatischen Preisanstiege für amerikanische Kunst der fünfziger bis siebziger Jahre sind Teil einer gigantischen Aufwertung des eigenen Kulturerbes vom „Folk painting" bis zum Frank Lloyd Wright-Möbel. Seit die Japaner in der zweiten Hälfte der achtziger Jahre die zeitgenössische Kunst als Investitonsquelle ersten Ranges entdeckten, gibt es hier einen verschärften Wettbewerb, den bis 1990 die amerikanischen Großsammler und Großinvestoren kontrollieren. Doch auch hier beginnt sich, zumindest in Teilbereichen, ein stärkerer Wettbewerb mit den Japanern abzuzeichnen.

Ein Maler aus der Generation von Rauschenberg und Jasper Johns, der in der Ära des abstrakten Expressionismus geformt wurde, aber in seinem Werk seit 1957 (dem Jahr der Übersiedlung nach Rom) die Verschmelzung mit europäischen Mythen, Kunstgeschichte und Literatur sucht, ist Cy Twombly. Als „europäisierter“ Amerikaner, dessen teils skripturale, teils farbgesättigt-pastose Malerei trotz periodischer Ausstellungen bei Leo Castelli in New York stets mehr von europäischen Galerien gefördert wurde, hat er in seinem Heimatland nicht annähernd die Marktnotierungen erreicht, mit denen sein Künstlerfreund Rauschenberg aufwarten kann. Im November 1981 wird bei Sotheby Parke Bernet eines der grauen mit horizontalen Kreidespiralen besetzten Großformate (1968) aus der Sammlung des Fiat-Chefs Giovanni Agnelli für 192 500 Dollar (431 200 DM) an einen amerikanischen Sammler versteigert. Dieser Preis hat auch Folgen auf dem europäischen Markt. In den Stammgalerien (seit 1975 ist der Kölner Galerist Karsten Greve einer der Hauptvermittler) werden 1982 Großformate kaum noch unter 400 000 DM abgegeben.

Ein neuer Preisschub kommt im November 1985, als wiederum bei Sotheby ein von der New Yorker Dia Art Foundation eingeliefertes, 1,26 x 1,56 Meter großes skripturales Frühwerk (Bleistift auf weißem Ölgrund, 1956) 418 000 Dollar (1,09 Millionen DM) einspielte. In der New Yorker Sotheby-Auktion der Sammlung Andy Warhol im Mai 1988 folgt ein Riesensprung nach oben: Twombly-Promoter Karsten Greve ersteigert eines der hochbegehrten graugrundigen Kreidebilder (1967) im Format 2 x 2,64 Meter für 990 000 Dollar (1,7 Millionen DM). Diesen magischen Preis erzielt im November 1989 bei Christie auch das nur 100 x 80 cm große Öl-Graphitbild „Leda und der Schwan“ (1963). In definitive Millionenhöhen wurde Twombly zur selben Zeit bei Sotheby hinaufbefördert, als das 1964 konzipierte, 1972 vollendete skripturale Gemälde „How long must you go“ auf 1,705 Millionen Dollar (3,2 Millionen DM) stieg. Die höchsten Marktweihen empfängt Twombly in der New Yorker Sotheby-Auktion vom 8. Mai 1990, wo ein japanischer Händler ein 3 x 4,67 Meter messendes graues Großformat mit weißen Kreidespuren von 1971 für 5,5 Millionen Dollar oder 9,18 Millionen DM übernimmt.

Die deutsche Kunst der Nachkriegszeit hat in den achtziger Jahren einen Marktaufschwung zu verzeichnen, der nicht zuletzt auf die zunächst enthusiastische Resonanz zurückzuführen ist, die ihre Hauptrepräsentanten seit Beginn des Jahrzehnts vor allem in den USA haben. Der Siegeszug begann zeitlich mit der großen Beuys-Ausstellung im New Yorker Guggenheim Museum (1979) und führte über zum Teil mehrmalige Ausstellungen der Werke von Anselm Kiefer, Gerhard Richter, Georg Baselitz, A. R. Penck, Rainer Fetting in maßgeblichen Galerien und Museen bis zu der vom New Yorker Guggenheim Museum organisierten Schau „Refigured Painting" (1988/89). Diese Heerschau der Neuen Figuration von Baselitz bis Kiefer, die eine vernünftige Selektion vermissen ließ, hatte in den amerikanischen Medien eine denkbar schlechte Resonanz: Auf die auch durch Museumsankäufe bestätigte Assimilation der deutschen Magier und Wilden folgten natürliche Übersättigungserscheinungen. Sie stellten sich auch im eigenen Lande ein, als die noch durch die 7. Kasseler „documenta" des Jahres 1982 geweckte Euphorie verflogen war. Im Rückblick stellte sich heraus, daß zumindest in dieser ersten Hälfte des Jahrzehnts die Produktion wichtiger war als das Produkt und daß viele in Windeseile aufgebaute Sammlungen „wilder" Kunst (etwa die im Essener Museum Folkwang stationierte Sammlung Metzger) eine Anhäufung von Flachware sind, die einen vorübergehenden „Hunger nach Malerei", aber auch neu erwachte Spekulationsgelüste stillten.

Wer von der deutschen Nachkriegskunst spricht, kommt am Lebenswerk von Joseph Beuys nicht vorbei, das seit Ende der siebziger Jahre die Hitlisten, allen voran den vom Wirtschaftsmagazin „Capital" verbreiteten „Kunstkompaß", anführt. Beuys, der allem, was Markt hieß, mit Skepsis begegnete, sich aber wie kein zweiter Künstler seiner Generation noch zu Lebzeiten hemmungslos vermarkten ließ, erscheint seit Beginn der achtziger Jahre verstärkt in deutschen und englischen Auktionen. Seine multiple Kunst ist gefragter denn je: vom schlichten Holzkästchen mit der Bleistiftaufschrift „Intuition", das 1968 in unlimitierter Auflage für 8 DM als Beitrag zur Demokratisierung der Kunst abgegeben wird und

Ein Spitzenpreis für Beuys: Am 29. Juni 1989 wurde das „Stumme Grammophon“ (1981) in der ersten ausschließlich Beuys-Werken gewidmeten Christie-Auktion für 198 000 Pfund zugeschlagen.

1989 für 4 400 DM versteigert wird, bis zum in den USA begehrten Filzanzug (in 100er Auflage 1970 von René Block für 1200 DM ediert), der 1989 schon für 200 000 DM angeboten wird. Der ebenfalls von René Block herausgegebene Schlitten mit Stablampe und Filzrolle, der 1988 bei Schoppmann in Düsseldorf plötzlich knapp 50 000 DM erzielt, wird ein Jahr später in New York bereits für 175 000 Dollar angeboten. Von den deutschen Auktionatoren sind für Beuys, vor allem was die multiple Kunst betrifft, die rheinischen Häuser Lempertz und Schoppmann federführend.

Im angelsächsischen Bereich hat sich Christie nach vorn gespielt, nicht zuletzt dank einer umfassenden Beuys-Offerte von über 100 Multiples und Originalen, die am 29. Juni 1989 in London unter den Hammer kam. Drei Hauptlose, darunter das 1961 entstandene „Stumme Grammophon“ (auf einem Karton schwebt ein Knochen als Tonarm über einer Schallplatte), das ein Londoner Händler mit 198 000 Pfund (607 000 DM) bezahlte, kamen aus der Sammlung des Künstlerkollegen Gotthard Graubner. Den höchsten Tagespreis erlöste einer von 12 Bronzegüssen der „Rükkenstütze eines feingliedrigen Menschen“, die Beuys 1972 vom Gipsbett eines kranken Kindes abgeformt hatte: 242 000 Pfund (742 000 DM).

Zu dieser Zeit lief die Beuys-Spekulation in der Bundesrepublik bereits auf Hochtouren. Ein letzter Auslöser war die große Beuys-Retrospektive 1988 im Berliner Martin Gropius-Bau, in der professionelle Beuys-Propagandisten aller Couleur dem Düsseldorfer Kunstbeweger die letzte entscheidende Marktweihe verpaßten. Diese erst nach dem Tod des Künstlers arrangierte Schau wirkte so klassisch und abgehoben, als habe Beuys die hier versammelten Zeichnungen und Objekte speziell für Museen geschaffen. Den Kern der Ausstellung bildete die Beuys-Sammlung des Berliner Geschäftsmanns Erich Marx, dem nicht nur Großobjekte, sondern auch der 450 Aquarelle, Zeichnungen und Materialzeichnungen umfassende „Secret Block“ gehören. Marx war neben dem Londoner Beuys-Händler Anthony d'Offay zu 50 Prozent Anteilseigner an den über 300 Werken des Darmstädter Beuys-Blocks der Sammlung Ströher, den die Ströher-Erben 1980 für inoffizielle 3,5 Millionen DM abgegeben haben. 1989 wurde dieser Block mit Geldern der hessischen Kulturstiftung und der Kulturstiftung der Länder für 16 Millionen Mark für das Landesmuseum Darmstadt gesichert: Ein staatlich geförderter Sieg der Spekulation, deren Grenzen noch nicht abzusehen sind.

Von emphemerem Ballast halten sich die Bilder von Baselitz, Kiefer, Richter frei. Doch auch für sie ist das „documenta“-Jahr 1982 ein Stichdatum. Bereits im Vorfeld dieser vom Eindhovener Museumsdirektor Rudi Fuchs zusammengestellten Schau werden ihre Preise vom Handel erhöht. Mit Kiefer, dessen Kölner Galerist Paul Maenz im Juni 1982 sämtliche Bilder zu Preisen von 30 000 bis 80 000 DM verkaufen konnte (schon vorher hatte der Londoner Großsammler Charles Saatchi einen ganzen Block der mit 70 000 und 80 000 DM dotierten Großformate übernommen), hatten sich damals bereits das Amsterdamer Stedelijk Museum und die Londoner Tate Gallery bedient. In den Jahren danach folgte der amerikanische Siegeszug, der die Preise bis hart an die Millionendollargrenze hochschnellen ließ: Kiefers tiefschürfende Evokation deutscher Historie und Geistesgeschichte und seine skrupulöse Mythensuche stießen auch bei amerikanischen Sammlern und Museen auf Gegenliebe. Im Dezember 1989 schloß Paul Maenz seine Kölner Galerie mit einer Kiefer-Ausstellung, in der Bildtafeln und Flugkörper zu sehen waren, deren Preise von 750 000 bis 1,5 Millionen DM reichten. In der Kölner Messe „Art Cologne“ im November 1989 verlangte der Kölner Galerist Rudolf Zwirner für das 1975 entstandene Schneebild „Siegfried vergißt Brunhilde“ 1,2 Millionen Mark. Beruhigend ist, daß der vom amerikanischen Kunsthandel angeheizte Kiefer-Markt in den Auktionen immer wieder an seine Grenzen stößt: In New Yorker Auktionen der Saison 1989/90 blieben seine Großformate deutlich unter den hochgemuten Schätzungen.

Während Kiefer zu den zeitgenössischen Künstlern zählt, deren Werke in den Versteigerungen meist unverkauft bleiben (ein Solitär sind die im Mai 1988 bei Christie für das 1978 entstandene Ölbild „Yggsdrasil I“ gebotenen 418 000 Dollar), ist Baselitz einer jener Maler, deren Preisaufstieg in den Londoner und New Yorker Auktionen geradezu forciert wurde. Der erste preisprägende Museumsverkauf datiert aus dem Jahr 1982, in dem das Pariser Centre Pompidou für 55 000 Dollar das Großformat „Mädchen von Olmo II“ erwarb. Am oberen Ende der Preisskala liegt im Mai 1990 mit 1,25 Millionen Dollar das Gemälde „Meissener Waldarbeiter“ (1967), das die Londoner Galerie Anthony d'Offay auf der Chicagoer Kunstmesse offeriert. Am 26. Juni 1984 kommt bei Christie eines der kopfüber komponierten Porträts, „Elke (schwarzer Akt)“, auf überraschende 86 400 Pund (325 000 DM). Hier, wie bei den darauf folgenden Londoner Spitzenpreisen (immer bei Christie), wurden skeptische Marktbeobachter den Eindruck nicht los, daß es sich um Promotionsgebote etwa des Kölner Baselitz-Strategen Michael Werner gehandelt habe: Stets waren es undurchsichtige Telefongebote, die Baselitz-Bilder in neue Marktregionen hoben. Der letzte und zugleich gewaltigste Preisauftrieb erfolgte im November 1989 bei Sotheby in New

Rekordzuschlag für Baselitz: 797 000 Dollar erzielte das frühe Figurenbild „Ein moderner Maler“ im November 1989 bei Sotheby in New York.

York, als das frühe Figurenbild „Ein moderner Maler“ aus der gleichnamigen Serie des Jahres 1966 auf triumphale 797 000 Dollar (1,5 Millionen DM) stieg. Einen Tag vorher hatte bei Christie A. R. Pencks Dreimeterbild „O A TE MI 2“ (1981), in dem eine weibliche Figur auf Chiffren aus Primitivkulturen trifft, den Spitzenpreis von 242 000 Dollar (447 700 DM) eingespielt. Ein vergleichbares

Riesenbild, die 1982 auf der „documenta" ausgestellte Leinwand „TRR" (1982) hatte damals 145 000 DM gekostet. In der Penck-Ausstellung Februar/April 1989 der Basler Galerie Beyeler hatten die Preise für die wichtigsten Bilder, darunter auch ein Dreimeter-Werk von 1982, bei 200 000 bis 400 000 Franken gelegen.

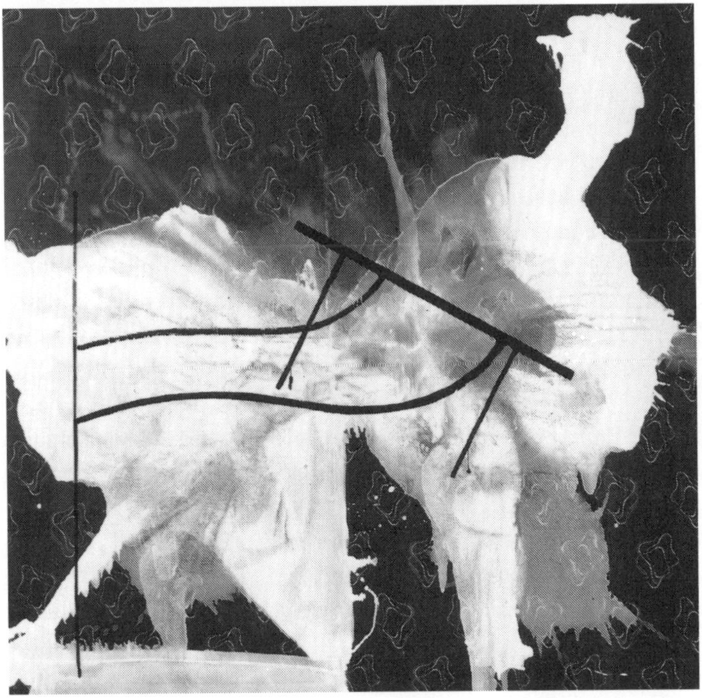

Zum Polke-Signet geworden: das 1982 in Kassel ausgestellte Bild „Tischrücken" aus der Kölner Sammlung Speck. Mit ihm begann die Polke-Spekulation.

Gerhard Richter, dessen gelbgrundiges abstraktes Diptychon im Format je 2,60 x 2 Meter sich das Kasseler Museum 1982, schon vor der 7. „documenta", für 60 000 DM sicherte, erlebte den größten Preisauftrieb seiner Werke durch Ausstellungen in amerikanischen Museen und Galerien (Marian Goodman, New York). Die Auktionspreise zogen mit: Im November 1989 realisieren bei

Christie in New York zwei Großformate aus den Jahren 1977 und 1984 die charakteristischen Summen 220 000 respektive 253 000 Dollar (407 000 und 468 000 DM). Auch Sigmar Polke, Chronist der 68er Generation, malender Proteus und Farbalchimist, kommt erst gegen Ende des Jahrzehnts zu hohen Auktionsehren. Als im November 1988 eines der begehrten Rasterbilder von 1969 bei Christie in New York für 286 000 Dollar (498 000 DM) unter den Hammer kommt, ist das die offizielle Bestätigung einer seit 1982 von Galeristen und Sammlern zielstrebig inszenierten Teuerung. Ein Hauptbeispiel ist das 1982 in Kassel ausgestellte Großformat „Tischrücken", das zu einer Zeit (November 1981), als andere Polke-Bilder dieses Kalibers noch für 60 000 DM gehandelt wurden, von dem Kölner Sammler Franz Specks für angeblich 80 000 DM in der Bonner Galerie erworben wurde. 1989, auf der ersten Frankfurter Moderne-Messe „Art", präsentiert Karsten Greve, der zu dieser Zeit auf den „klaren amerikanischen Dollarmarkt" für Polke-Arbeiten verweist, das 1982–86 entstandene Bild „Klavier" für 560 000 DM. Zwei Jahre vorher hatte es ein rheinischer Käufer für 90 000 DM in der Düsseldorfer Galerie Schmela erworben. Ein Ende der Spekulation ist auch hier noch nicht in Sicht. In einer Polke-Ausstellung der New Yorker Galerie Mary Boone im Mai 1990, in der vorwiegend weißgrundige Bilder figurieren, liegen die Preise zwischen 200 000 und 300 000 Dollar. Eine völlig neue Preiskategorie hart an der Millionengrenze repräsentieren die 950 000 DM, die die Galerie Schmela auf der Basler Kunstmesse 1990 für ein großes ornamentales Stoffbild von 1986 (2,10 x 3,80 Meter) verlangte.

Wesentlich niedriger sind am Ende des Jahrzehnts die Notierungen für die Gemälde einer anderen Vaterfigur: des seit 1974 an der Berliner Hochschule der Künste lehrenden K. H. Hödicke, dessen Großformate aus jüngster Produktion 1989 in einer Ausstellung der Düsseldorfer Galerie Gmyrek bei 50 000 bis 128 000 DM (für das vierteilige Fuchsienbild „Hecke" im Format 1,90 x 6 Meter) kosten. Ein anderer Berliner, dessen Anfänge in den sechziger Jahren liegen, ist der Farbmaler und „Sonderromantiker" Bernd Koberling, dessen frühe Großformate („Klatschmohn", 1972/73) im Juli 1989 auch schon mit 120 000 DM notieren, während die Höchstpreise für Bilder der achtziger Jahre bei 85 000 DM liegen.

Hödicke und Koberling sind Ahnen jener Berliner und Kölner Maler, die seit Beginn der achtziger Jahre wie ein Katarakt über den deutschen Markt hereinbrachen: Fetting, Salomé, Middendorf und die Maler der „Mülheimer Freiheit" etwa, Künstler, die man mit dem Etikett „Neue Wilde" versah und die einem rigorosen Subjektivismus huldigten, der mit Expressionismus so wenig zu tun hat wie die italienische „Arte cifra" (Chia, Cucchi, Clemente, Paladino, der mit Preisen über der 200 000-Mark-Schwelle der teuerste dieses Viergestirns ist) mit der Pittura metafisica der zwanziger Jahre.

Heute, aus der Distanz eines Jahrzehnts, können wir sagen, daß diese zunächst der Malerei, später auch der Skulptur verschriebene junge Kunst keinen neuen Abschnitt der Kunstgeschichte, sondern ein Zwischenstadium markiert, in dem ein ermüdeter Markt sich an grellen Farben auf großen Nesselflächen, fetziger, lakonischer Malweise, an bissiger, obszöner, rätselhaft-rauher Thematik aufrichten konnte. Das hat er auch weidlich getan – bis zur Erschöpfung mancher Künstler, die zunächst wie die Besessenen arbeiteten, um die eskalierende Marktnachfrage zu befriedigen.

Im Mai 1982 lagen die Preise für diese neue deutsche Malerei generell unter 10 000 DM; bei Fetting, der damals schon bei Mary Boone in New York ausgestellt hatte, zwischen 10 000 und 14 000 DM. Nach der „documenta" desselben Jahres notierte Fetting bereits mit 12 000–18 000 DM, und dann ging es von Messe zu Messe und von Ausstellung zu Ausstellung aufwärts, wobei die in New York fixierten Dollarpreise, wie auch bei anderen Künstlern, auf den deutschen Markt zurückwirkten. 1985 waren herausragende Bilder aus der nicht gerade sparsamen Produktion des Süffigsten und Kultiviertesten unter den Schnellmalern der achtziger Jahre schon knapp über die 50 000 DM-Schwelle gerückt. Im Juni 1986 wurde dieser Preis bestätigt, als bei Christie in London das auf dem Katalogumschlag abgebildete, 1983 entstandene Acrylbild „Van Gogh Mauer" 15 120 Pfund (51 400 DM) erzielte. Salomés „Nackte grün“ (1981) kam in derselben Versteigerung auf 11 880 Pfund (40 400 DM). Doch während die Salomé-Preise seit Mitte der 80er Jahre stagnieren, weil sie sich schon sehr früh drastisch verteuert hatten (1984 kostete das Schwimmer-Bild „Kaltes Ultramarin“ im Format 4 x 3 Meter bereits 80 000 DM), herrscht bei Fetting eine von der Berliner Galerie Raab klug disponierte schleichende Verteuerung. Kurz vor der großen Ostberliner Retrospektive im März 1990, die einen erneuten Nachfrageschub mit sich bringt, liegen die Preise für Bilder im Format 2 x 2,50 Meter, die auf der Basler „ART“ 1989 noch 36 000 Dollar kosten, bereits bei 50 000 Dollar.

Fettings kontinuierlicher Erfolg auch in den USA steht in deutlichem Kontrast zu der nur schleichenden Aufwertung für Gemälde des Figurativen Konrad Klapheck, von dem zentrale Werke noch unter dem 200 000-Mark-Level zu haben sind. Das erste Bild, das diese Schwelle nahm, war das im Juni 1989 bei Sotheby für 71 500 Pfund (218 000 DM) versteigerte Nähmaschinenporträt „Die Tyrannin“ (1967). In einer Pariser Winterausstellung der Galerie Lelong kostet das Hauptwerk, das 2 x 3 Meter große Motorradbild „Die Jagd nach dem Glück“ 1,5 Millionen Franc (440 000 DM): ein Ausnahmepreis. Auch die großen „Farbraumkörper“ Gotthard Graubners, die 1978 noch bei 80 000 DM liegen, haben sich gegen Ende des achten Jahrzehnts mit Preisen um 150 000 DM eher behäbig nach oben bewegt. Im Mai 1990 erzielte bei Lempertz in Köln durch Gebot eines Essener Händlers ein 2 x 2 Meter großer blauschwarzer „Farbraumkörper“ von 1975/76 netto 98 000 DM, das sind mit Aufgeld und Steuer rund 120 000 DM. Es ist unverständlich, warum Hauptwerke dieser weltweit anerkannten Düsseldorfer Künstler nur ein Drittel bis ein Viertel dessen kosten, was heute für die Bilder von Polke oder Kiefer ausgegeben wird.

Auch auf dem Markt für zeitgenössische Kunst gilt die Devise „Alles kommt wieder“. Sie trifft in besonderem Maße auf die Renaissance der abstrakten Malerei, des deutschen „Informel“, zu. Als Klassiker wird der 1968 gestorbene Ernst Wilhelm Nay gehandelt, wobei der stärkste Preisruck nach oben erst in den Jahren 1988/89 zu registrieren ist. In dieser Marktperiode wird erstmals auf einer deutschen Messe ein Hauptwerk für 360 000 DM angeboten (zur selben Zeit offeriert die Münchner Galerie Gunzenhauser das 1953 entstandene Spitzenbild „Mit festlichem Blau“, einst im Besitz des Münchner Händlers Günther Franke, für maßvolle 200 000 DM). Im Juni 1989 gab es dann in Hamburger und Londoner Auktionen einen definitiven Preisschub, als die Kölner Galerie Orangeric-Reinz netto 450 000 DM in ein 1956 entstandenes Querformat aus der Serie der Scheibenbilder („Sonnenweg“) investierte und bei Christie in London das fünf Jahre vorher komponierte Gemälde „Glut“ für 176 000 Pfund (540 000 DM) zurück nach Deutschland ging.

Nicht ganz so üppig, aber deutlich genug, vollzog sich die Aufwertung für weitere Hauptvertreter der deutschen Abstraktion, allen voran der konstante Emil Schumacher, der in dem Düsseldorfer Galeristen Hans Strelow einen konsequenten Anwalt gefunden hat (auf der Basler „ART“ 1989 waren an seinem Stand Großformate wie „Tangum“, von 1988, mit 280 000 DM beziffert).

Gegenüber diesem Fels in der Marktbrandung haben es andere, jetzt wieder heftig geförderte Informelle etwas schwerer: Fritz Winter, Bernard Schultze (der 1989 in der Kölner Galerie Baukunst eine Retrospektive 1953–1989 hatte, in der die Höchstpreise bei 250 000 DM lagen), Fred Thieler, Georg Meistermann, Peter Brüning, Gerhard Hoehme, um nur einige jener Künstler zu nennen, die Ende der achtziger Jahre eine glänzende Marktrückkehr hatten und in Galerien von Berlin bis München vertreten sind. Von Fritz Winter, den wir hier als pars pro toto nehmen, gab es zu Beginn des Jahres 1986 in der Münchner Galerie Gunzenhauser eine hochkarätige Schau von rund 30 Gemälden, in denen das Preisniveau generell bei 21 000 bis 76 000 DM lag; nur ein Werk, die 1,50 x 2,30 Meter große „Urlandschaft 4“ (1965), fiel mit 138 000 DM aus dem Bewertungsrahmen. Im April/Mai 1989 zeigt Alfred Gunzenhauser in seiner Münchner Galerie wieder eine differenziert bestückte Winter-Ausstellung, in der die „Urlandschaft 4“ bereits 195 000 DM kostet. Im Februar 1990, als in der Düsseldorfer Galerie Ludorff eine große Winter-Ausstellung mit Beständen aus einer Sammlung läuft, ist dieser Level bereits Marktalltag. Auch die Spitzenpreise für die anderen Künstler dieser Ära liegen am Beginn des neuen Jahrzehnts deutlich zwischen 100 000 und 200 000 Mark.

Der 1989 verstorbene Wahlpariser Hans Hartung ist das kultivierte Bindeglied zwischen deutschem und französischem Informel. Sein Aufstieg ist an den englischen Auktionen abzulesen. 1986 wurde die 1,60 x 102 Meter große „Composition T 1956-17“ bei Christie für 66 000 Pfund (186 800 DM) zugeschlagen. Zwei Jahre später, im Dezember 1988, erzielte die hellblaue „Composition T 1954“ (97 x 146 cm) aus amerikanischem Privatbesitz bereits 147 400 Pfund (471 700 DM). Ein halbes Jahr danach stieg die „Composition T 56-13“ (1,80 x 1,37 Meter) im selben Saal auf 286 000 Pfund (909 500 DM), und im November 1989 gab es dann mit 352 000 Pfund (982 000 DM) für die gleichgroße „Composition T 56-15“ einen Rekordpreis, der allerdings nicht lange galt. Bereits im Juni 1990 erzielte das im Januar 1947 entstandene Gemälde „T 47-10“ in einer Pariser Auktion von Maître Viviane Jutheau 8,02 Millionen Francs oder 2,35 Millionen DM.

Zur gleichen Zeit verteuern sich in den Pariser und Londoner Auktionen drastisch die Preise für die zum Teil starkfarbigen und pastosen Werke von Jean Fautrier, Jean-Paul Riopelle, Sergej Poliakoff, Elena Vieira da Silva, Nicolas de Staël, die den Hauptstamm der zweiten Ecole de Paris bilden. Ein charakteristischer Preis sind hier die im Februar 1990 in einer Pariser Auktion für Vieira da Silvas blau-weiße Wolkenkratzer-Komposition „Essone“ erzielten 1,79 Millionen Franc (523 300 DM), die im November 1989 von einem Spekulanten bei Christie in New York noch für 165 000 Dollar (305 250 DM) ersteigert worden war. Spitzenpreise für die anderen Künstler: 550 000 Pfund (1,52 Millionen DM) für eine helle, 1955/57 entstandene Abstraktion Poliakoffs im Format 130 x 96 cm (Sotheby), 852 000 Dollar (1,6 Millionen DM) für ein mit Spachtelspuren übersätes starkfarbiges Dreimeterbild von Riopelle (Sotheby) und 500 000 DM für die zum Teil süßlichen Farbreliefs des Jean Fautrier (auf der ersten Frankfurter „Art“ im April 1989); Fautrier-Auktionshöchstpreise liegen bei

286 000 Pfund, die jeweils im Juni und November 1989 in London für Bilder aus den Jahren 1956 und 1963 erzielt wurden.

Bilder von Nicolas de Staël kosten bereits Mitte der achtziger Jahre in deutschen und französischen Galerien über 200 000 DM. Sichtbares Zeichen einer Aufwertung sind die 451 000 Dollar (812 000 DM), die das 1954 datierte, 73 x 92 cm große Bild „Maisons de Sicile" aus dem Washingtoner Hirshhorn Museum im Oktober 1987 bei Christie in New York einspielt. Höchster Londoner Auktionspreis sind die im Juni 1989 bei Christie für die nur 32 x 35 cm große „Paysage du Midi" erzielten 313 000 Pfund (950 000 DM). Doch im März 1990 steigt in einer Pariser Auktion der Maîtres Ader, Picard, Tajan ein Hauptwerk überraschend auf netto 11 Millionen Francs (3,27 Millionen DM). Es handelt sich um das 50 x 70 cm große, 1954 entstandene Gemälde „Syrakuse". Die große blaue Meerlandschaft „Himmel bei Honfleur" kostete im Juni 1990 am Basler Messestand der Genfer Galerie Jan Krugier 2,5 Millionen Dollar.

Eine Sonderstellung auf dem internationalen Markt nimmt Jean Dubuffet ein, dessen „Art brut" von der Malerei der Kinder und Geisteskranken inspiriert ist. Nach seinem Tod im Jahr 1985 sind die Preise astronomisch geklettert. Im Dezember 1986 erzielt bei Sotheby das monochrome Bild eines Flöte blasenden Kamelreiters („La Flûte sur la Bosse") von 1947, das 1968 am selben Ort noch mit 20 000 Pfund (180 000 DM) bewertet wurde, 319 000 Pfund (902 770 DM).

Bei Sotheby in New York erzielt im November 1988 die 1945 entstandene „Promenade au Parapluie" 1,43 Millionen Dollar (2,5 Millionen DM). Das 1963 datierte Hourloupe-Bild „Le Principe dansant", das im Mai 1981 bei Sotheby in New York noch bei 90 000 Dollar zurückgegangen war, stieg im Juni 1989 bei Sotheby durch Gebote des Londoner Händlers Leslie Waddington auf 858 000 Pfund (2,6 Millionen DM). Waddington gehört zu den Händlern für zeitgenössische Kunst, die sich seit je für Dubuffet-Werke stark machen. Im Sommer 1989 verkaufte er innerhalb einer Woche sechs Dubuffets, von denen zwei bereits über 1 Million Pfund kosteten. Eine strenge Differenzierung zwischen Früh-

Im Mai 1990 zeigt die Londoner Galerie Waddington eine Dubuffet-Ausstellung, von der das 1975 datierte Acrylbild „Lieu de Coincidences" mit 1 Million Dollar beziffert ist.

werk und Spätproduktion des Malers gibt es nicht. Im November 1989 erzielte bei Christie in New York das 1947 entstandene Figurenbild „Monsieur d'Hôtel" aus der Sammlung Robert B. Mayer 2,53 Millionen Dollar (4,7 Millionen DM). Im selben Jahr werden in Auktionen in Paris und Enghien für Bilder der Jahre 1943–1955 stolze 3,52 bis 4,53 Millionen Francs (1,03–1,33 Millionen DM) geboten. Als am 7. Mai 1990 bei Christie in New York das 1962 entstandene Ölgemälde „Pèse Cheven" aus der Serie der Pariser Zirkusbilder ausgeboten wird, bietet der Chicagoer Galerist Richard Gray triumphale 5,17 Millionen Dollar oder 8,63 Millionen DM.

Die Wiederentdeckung der Abstrakten nach einer zwanzigjährigen Ruhepause ist mehr als eine Sammel-Mode, sie ist Ausdruck eines rückwärtsgewandten multistilistischen Zeitgefühls, das auch den letzten Strang unserer Kunstgeschichte erfaßt und marktfähig macht. Auch die Mitglieder der 1948 gegründeten und bereits 1950 wieder aufgelösten „Cobra"-Gruppe, in deren Malerei eine Verschmelzung von expressiven, surrealistischen und abstrakten Elementen stattfindet, partizipieren in der zweiten Hälfte der achtziger Jahre an dieser globalen Aufwertung, die noch einmal 1990 in einer Amsterdamer Mai-Auktion bei Christie bestätigt wird.

Besonders der Amsterdamer Karel Appel, dessen New Yorker Höchstpreis - ein einsamer Ausrutscher nach oben - 1980 noch bei 29 000 Dollar (51 900 DM) liegt, wird im Dezember 1986 plötzlich auf 110 000 Pfund (311 300 DM) gehoben und bringt im Juli 1987 bei Christie bereits 198 000 Pfund (584 000 DM). Die beiden letzten Preise beziehen sich auf Cobra-Bilder aus dem Jahr 1950. Ein 1951 datiertes Querformat („Personnage et Chat") steigt im Februar 1990 in Paris auf 1,32 Millionen Franc (386 000 DM). Der Juli 1987 brachte für Constant (eigentlich Constant Nieuwenhuys) den Durchbruch: Bei Sotheby erzielte ein 1949 entstandenes Cobra-Bild überraschende 187 000 Pfund (551 650 DM). Bei Asger Jorn, dessen charakteristisches Ölbild „Le Môme Bijoux" (1957) im Juli 1980 bei Christie noch 7150 Pfund (29 390 DM) bringt, liegt der Höchstpreis im November 1989 bei 308 000 Pfund (859 000 DM), die Sotheby für ein noch stark figuratives Hochformat aus dem Jahr 1945 realisiert.

Wenn es einen Künstler im französischen Kulturraum gibt, dessen Marktwiederkehr ein fast unerklärliches Phänomen der achtziger Jahre ist, dann ist es Bernard Buffet, der zwei Jahrzehnte lang international als Maler eines prätentiös-sentimentalen, oft an der Grenze zum Kitsch angesiedelten Existentialismus galt. Das Eigenständige dieser mit düsterer Kontur und kantigen Linien wuchtenden Malerei ist nicht zu bestreiten. Doch ein tiefgründiger Geschmackswandel hin zur Farbe und zum Hedonismus in der Kunst haben seine zahllosen Werke auf das Abstellgleis der Kunstmärkte geschoben, und es ist schon eine Paradoxie, daß just in dem Augenblick, in dem der farbstrotzende französische Tachismus weltweit neu reüssiert, die Werke dieses Gegenpapstes wieder gefragt sind, und das vor allem bei Japanern.

Erstmals massiv in den Vordergrund gespielt wurde Buffet im Juni 1988, als bei Christie und Sotheby nicht weniger als neun Bilder unter den Hammer kamen, von denen das teuerste („Nature morte aux Bouteilles“, 1952) 147 000 Pfund (460 000 DM) einspielte. Im Dezember desselben Jahres versteigerten die Pariser Maîtres Ader, Picard, Tajan im Tokioter Hotel Okura eine Privatsammlung von 40 Buffet-Gemälden, die restlos abgesetzt wurden. 2,86 Millionen Francs (847 000 DM) brachte das 1949 datierte

Seit 1988 jagt ein Buffet-Rekord den anderen. Ein erstaunlicher Preis sind die 5,5 Millionen Franc netto (1,6 Millionen DM), die im Juni 1990 in einer Lyoner Auktion von Maitre Anaf das 1955 entstandene Ölbild „Zirkus, Musikclowns“ erzielt.

„Selbstporträt im Atelier“. Auf 4,19 Millionen Francs (1,43 Millionen DM) kam das ein Jahr früher entstandene „Selbstbildnis mit Palette“. Mit insgesamt 410 Millionen Yen engagierte sich das private Bernard Buffet-Museum, das der japanische Finanzier Kiichiro Okano 1973 am Fuße des Fujijama eingerichtet hatte.

Danach gab es immer wieder erstaunliche Preise, speziell für die von Armut und Verlassenheit geprägten Bilder und, ganz gegen den Markttrend, keineswegs für die farbfreudigeren Blumenstilleben. Im November 1989 beispielsweise kamen bei Christie nicht weniger als 10 Bilder in einer Auktion unter den Hammer, von denen die teuersten mit 132 000 Pfund (366 000 DM) bis 209 000 Pfund (581 000 DM) für ein graues „Stilleben mit Suppenterrine und Fisch" (1949) bewertet wurden. Die erste stolze Preisbestätigung im neuen Jahrzehnt erfuhren Städtebilder, die am 26. Februar in New Yorker Routineauktionen auf 770 000 beziehungsweise 797 000 Dollar (1,28 und 1,33 Millionen DM) stiegen: für eine Ansicht der menschenleeren „Place Vendôme" (1962) und eine fahle „Straßenszene" (1956). Ganz offensichtlich sucht sich der Markt ständig neue Götter, auch wenn diese das triste Potential einer Mangelzeit verkörpern oder, wie im Spätwerk, zu Repräsentanten ambitionierter Kitsch-Peinture werden.

Zwei Einzelgänger der Moderne, die wir rückblickend als *die* Marktheroen der achtziger Jahre bezeichnen können, sind Lucio Fontana und Yves Klein, beides Leitfiguren für eine ab 1960 aktive Künstlergeneration, die den Tachismus ablehnte und eine neue Objektivität suchte. Die Galeriepreise für Fontana lagen 1976 bis hart an der 100 000-Mark-Grenze. Zu dieser Zeit kam eine Reihe von „Concetti" in die Londoner Auktionen und wurde mit Höchstpreisen bis 8 500 Pfund (37 400 DM) bedacht. Heute ist es umgekehrt: Die Londoner Auktionen sind zum Schrittmacher geworden, an dessen Spitzenzuschlägen sich der Galeriemarkt orientiert. Im Juni 1986 kam bei Sotheby das 1961 entstandene Großformat „Luna a Venezia" (150 x 150 cm) deutlich über 100 000 Pfund: Der Hammer für dieses schwarz-silberfarbige Lochbild mit Glassplittern fiel bei 143 000 Pfund (480 500 DM). Eines der mit großen und kleinen unregelmäßigen Löchern durchsetzten 38 Ovalbilder, die den Titel „La Fine di Dio" tragen, wurde im Juli 1987 bei Sotheby für 143 000 Pfund (422 000 DM) zugeschlagen, im November 1989 brachte dasselbe braune Spätwerk 575 000 Pfund (1,6 Millionen DM); ein unerhörter Preis angesichts der Tatsache, daß in jeder großen Londoner „Contemporary Art"-Auktion vier bis fünf Fontana-Bilder erscheinen. In den Londoner Novemberversteigerungen des Jahres 1989 waren es nicht weniger als vierzehn.

Bei Werken von Yves Klein, der 1962 im Alter von 34 Jahren starb, ist die Marktsituation etwas diffiziler. Im Herbst 1988 machte im Handel die interne Mitteilung die Runde, eine Leinwand dieses eng mit der Düsseldorfer Gruppe ZERO verbundenen Franzosen sei privat für 3 Millionen Dollar verkauft worden. Die hohen Preise für die monochromen Werke, die Schwammbilder und die Körperabdrucke („Anthropometrien") – unterbewertet sind allein die puristischen Feuerbilder – sind nicht zuletzt auf die vorsichtige Nachlaßpolitik der Künstlerwitwe Rotraud Klein und ihres jetzigen Ehemanns Daniel Moquay zurückzuführen, die etwa 100 Hauptwerke für Museumszwecke hüten. Unter 100 000 Dollar ist heute kaum noch ein Yves Klein-Original zu haben. Schon in der ersten Hälfte der achtziger Jahre gab es einen Preisauftrieb, der sich an einem der 1959 entstandenen blaumonochromen Bilder (IKB 91) dokumentieren läßt. Das 92 x 72 cm große Bild wurde im November 1982 bei Christie für 34 560 Pfund (137 900 DM) zugeschlagen, im Dezember 1985 erzielte es bei Sotheby bereits 143 000 Pfund (534 900 DM).

Einen riesigen Sprung nach oben machten die Preise im Juli 1987, als bei Sotheby in London das 2 x 1,40 Meter große blaue „IKB 74", das der Künstler einst dem Krefelder Museumsdirektor und Verfasser des Werkverzeichnisses, Paul Wember, geschenkt hatte, auf 638 000 Pfund (1,9 Millionen DM) stieg. Endgültig in den Markthimmel gehoben wurde Yves Klein mit dem ebenfalls blau-monochromen „IKB 86" im Format 92 x 73 cm, das im November 1989 bei Sotheby für 1,012 Millionen Pfund (2,95 Millionen DM) an die japanische Fujii-Galerie fiel. Es war das erstemal, daß ein Werk der Nachkriegskunst in einer Londoner Auktion über 1 Million Pfund einspielte.

Die bereits für die Malerei des 19. Jahrhunderts konstatierte Aufwertung betrifft zu einem nicht geringen Teil die Kunst des 20. Jahrhunderts. Jüngstes Glied in dieser Kette marktrelevanter Renaissancen ist die britische Malerei. Seit 1986 triumphieren in den englischen Auktionen die sogenannten britischen und irischen „Modernisten", die mit breitem Pinselduktus in spätimpressionistischer Manier arbeitenden „Glasgow Boys" (William

In der Bacon-Ausstellung der Basler Galerie Beyeler figurierte das Gemälde „Two seated Figures" von 1979 mit 2,4 Millionen Dollar.

Kennedy, James Stuart Park, E. A. Walton, Edward Atkinson Hornel u. a.), der Postimpressionist Walter Richard Sickert und der Porträtist Lucian Freud, dessen Gemälde und Zeichnungen am Ende des Jahrzehnts in den Londoner Auktionen Weltmarktpreise erreichen: etwa jenen Spitzenpreis von 308 000 Pfund (945 560 DM), den im Juni 1989 das 1947 entstandene Pastell „Girl in a white Dress“ bei Sotheby durch Privatgebot erzielte. Freud gehört zu den britischen Künstlern, die der Großsammler Charles Saatchi seit 1989 systematisch fördert und ankauft. Für das Hauptwerk „Zwei Männer im Atelier“ mußte er bei Freuds Vertragshändler 2 Millionen Dollar bewilligen. Den unaufhaltsamen Aufstieg der britischen Figurativen dokumentieren auch jene 770 000 Pfund (2,15 Millionen DM), die ein Londoner Händler am 9. März 1990 bei Christie für das Auferstehungsbild „The Resurrection: Waking up“ von Stanley Spencer bot. Kurz zuvor hatte die Londoner Tate Gallery dem britischen Einzelgänger einen eigenen Saal eingerichtet.

Unangefochtene Nummer eins nach Markt- und Museumsmaßstäben ist der jetzt 80jährige Francis Bacon, dessen Preise Ende 1986 plötzlich in die Millionenriege hineinwuchsen, als bei Christie in New York die in einem Glaskasten plazierte „Seated Figure“ (1978) aus der Sammlung Ted Ashley 935 000 Dollar (1,9 Millionen DM) erlöste. Ein Jahr später gab es dann für herausragende Auktionsbilder, darunter das bei Christie für 1,76 Millionen Dollar (2,97 Millionen DM) zugeschlagene Papstbild „Study for Portrait II“ (1953) aus der Sammlung Baron Lambert, nur noch Millionennotierungen. Im Mai/Juni 1987 zeigte die Basler Galerie Beyeler eine imposante Bacon-Ausstellung, in der die Preise bis 3,8 Millionen Dollar rückten. Soviel kostete damals das Hauptwerk „In Memory of George Dyer“, ein Triptychon aus dem Jahr 1971, in dem Bacon dem Freund, der in einem Pariser Stundenhotel starb, ein bewegendes Denkmal setzt. Dasselbe museale Werk hatte im Mai 1981 bei Christie nicht ohne Mühe 385 000 Dollar (885 500 DM) eingespielt, – so schnellebig ist der Markt.

Am Ende des Jahrzehnts überschlagen sich die Auktionspreise. Im Mai 1989 kommen zwei Werke Bacons in jene Preisregion, die bis dato einzig der amerikanischen Malerei vorbehalten war: Die 1957 entstandene, von beeindruckender Ausstellungs- und Literaturliste begleitete „Study for Portrait of van Gogh II“ aus der Sammlung Edwin Janss Jr. steigt bei Sotheby auf 5,83 Millionen

Dollar (11,14 Millionen DM), und das im Mai 1981 in der New Yorker Auktion der Sammlung Saul P. Steinberg unverkaufte „Triptychon May-June 1973“, eine fast klinische Todesstudie, die ebenfalls im Mai 1989 in New York mit 6,27 Millionen Dollar (11,98 Millionen DM) bewertet wurde.

Wird Bacon heute als der skrupulöse Klassiker der britischen Gegenwartskunst gehandelt, so erscheint der in der Pop-Ära zu Ruhm und Ansehen gelangte David Hockney, der seine meist freundlichen und heilen Sujets der Sonne Kaliforniens abgewinnt, als apollinische Gegenfigur, die nicht minder heftigen Marktzuspruch findet. Als im Juni 1977 das Hochformat „Man taking Shower“ (1965) bei Christie für 28 600 Pfund (115 550 DM) zugeschlagen wurde, war das ein Hockney-Rekord. Im Juni 1983 erzielte ein vergleichbares Bild, „Boy about to take a Shower“ (1964), im selben Auktionssaal 66 960 Pfund (265 830 DM). Die Theaterszene „Play within a Play“ (1963) wurde im November 1984 bei Sotheby in New York mit 253 000 Dollar (748 900 DM) bewertet. Weitere Hauptstationen einer markanten Aufwertung sind die 880 000 Dollar (1,7 Millionen DM), die das 1967 gemalte Interieur „Room, Manchester-Street“ im Mai 1989 bei Christie in New York erzielte, und die einen Tag vorher von einem US-Sammler für das Frühwerk „A grand Procession of Dignitaries in the semi-egyptian Style“ (1961) gebotenen 2,2 Millionen Dollar (4,2 Millionen DM).

Hockney, Jahrgang 1937, gehört zu den Nutznießern eines Kunstbooms, den es heftiger, umfassender und spekulativer nicht gegeben hat als am Ende dieses rauschenden Kunstmarktjahrzehnts. Die zeitgenössische Kunst - das heißt jene Malerei, Skulptur, Objektkunst, die in den Jahren 1945–1985 entstanden ist - steht heute ganz vorn in der Gruppe der marktbewegenden Sammelgebiete. Ihre künftige Markt-Bedeutung ist nicht hoch genug zu veranschlagen: Die stetig wachsende Resonanz, in den USA geschürt und bis Japan getragen, sichert ihren Protagonisten Ehrenplätze. Auch wenn die New Yorker Prestigeauktionen vom Mai 1990, in denen von 160 Losen 58 zurückgingen und so manche Preiserwartung in letzter Minute nach unten korrigiert werden

Die teuersten Werke der Auktionsgeschichte*			
Vincent van Gogh, Porträt des Dr. Gachet, 1890	Christie, New York Mai 1990	82,50 Mill. $ (135,30 Mill. DM)	Käufer: Ryoei Saito, japanischer Sammler
Pierre Auguste Renoir, Au Moulin de la Gallette, 1876	Sotheby, New York Mai 1990	78,10 Mill. $ (128,60 Mill. DM)	Ryoei Saito
Pablo Picasso, Les Noces de Pierrette, 1905	Maitre Binoche, Paris November 1989	315 Mill. Franc (92,29 Mill. DM)	Tomoro Tsurumaki, Sammler in Tokio
Vincent van Gogh, Iris-Gemälde, 1889	Sotheby, New York November 1987	53,90 Mill. $ (89,70 Mill. DM)	Ersteigerer: Alan Bond. Ab Mai 1990 im Getty Museum
Pablo Picasso, Yo Picasso, 1901	Sotheby, New York Mai 1989	47,85 Mill. $ (91,30 Mill. DM)	Anonymes Gebot
Pablo Picasso, Au Lapin agile, 1905	Sotheby, New York November 1989	40,70 Mill. $ (75,20 Mill. DM)	Walter Annenberg, kalifornischer Sammler
Vincent van Gogh, Sonnenblumen, 1889	Christie, London Mai 1987	24,75 Mill. £ (72,50 Mill. DM)	Yasuda Versicherungs-Gesellschaft, Tokio
Giacopo Pontormo, Porträt Cosimo de Medici, ca. 1537	Christie, New York Mai 1989	35,20 Mill. $ (66,80 Mill. DM)	Getty Museum, Malibu
Pablo Picasso, Akrobat und junger Harlekin, 1905	Christie, London November 1988	20,90 Mill. £ (66,20 Mill. DM)	Mitsukoshi Warenhaus, Tokio
Pablo Picasso, Der Spiegel, 1932	Sotheby, New York November 1989	26,40 Mill. $ (48,80 Mill. DM)	Shigeki Kameyama, Händler, Tokio

* Stand: Juni 1990

Edouard Manet, Rue Mosnier aux Drapeaux, 1878	Christie, New York November 1988	26,40 Mill. $ (48,80 Mill. DM)	Getty Museum, Malibu
Vincent van Gogh, Selbstporträt, 1888	Christie, New York Mai 1990	26,40 Mill. $ (43,48 Mill. DM)	Anonyme Privatsammlung
Pablo Picasso, Maternité, 1901	Christie, New York November 1988	24,75 Mill. $ (43,30 Mill. DM)	Südamerikanische Privatsammlung
Paul Gauguin, Mata Mua, 1892	Sotheby, New York Mai 1989	24,20 Mill. $ (45,90 Mill. DM)	Baron Thyssen
Claude Monet, Dans la Prairie, 1876	Sotheby, London Juni 1988	14,13 Mill. £ (44,30 Mill. DM)	Anonym
Vincent van Gogh, Brücke von Trinquetaille, 1888	Christie, London Juni 1987	12,65 Mill. £ (37,00 Mill. DM)	Anonyme Privatsammlung
Willem de Kooning, Interchange, 1955	Sotheby, New York November 1989	20,68 Mill. $ (38,3 Mill. DM)	Shigeki Kameyama Händler, Tokio
Wassily Kandinsky, Fuge, 1914	Sotheby, New York Mai 1990	20,9 Mill. $ (34,4 Mill. DM)	Galerie Beyeler, Basel
Pierre Auguste Renoir, La Promenade, 1870	Sotheby, London April 1989	10,34 Mill. £ (33 Mill. DM)	Getty Museum, Malibu
Vincent van Gogh, Le Vieil If, 1888	Christie, New York November 1989	20,35 Mill. $ (37,6 Mill. DM)	Anonyme Privatsammlung

mußte, einen Sieg der Vernunft signalisieren, ist an einem weiteren Marktaufschwung nicht zu zweifeln. Selbst wenn wir (erwünschte) temporäre Abkühlungsphasen einkalkulieren, wird die erste Garnitur zeitgenössischer Kunst mittelfristig jene Position einnehmen, die die in unerreichbare Dimensionen aufgerückte klassische Moderne auf den Weltkunstmärkten jahrzehntelang innehatte.

Graphik, Handzeichnungen, Skulptur:

Aufstieg in Bilderpreise

Es gibt eine Reihe von Sammelgebieten, die in den letzten zehn bis zwölf Jahren einen kometenhaften Aufstieg auf den Weltmärkten hatten. Ich möchte in diesem Kapitel drei wichtige Bereiche herausgreifen, die im engeren Sinne zur bildenden Kunst gehören: Graphik, Handzeichnungen und Aquarelle sowie die Skulptur. Vor allem die Graphik, deren demokratischer Charakter mit Blick auf heutige Vervielfätigungsmöglichkeiten immer wieder beschworen wird, hat in den achtziger Jahren beispiellose Marktsiege errungen. Nicht der Problemkreis Originalgraphik/ Reproduktionsgraphik soll uns hier beschäftigen[1], sondern die neueren Marktstationen für heraldische Blätter und Folgen von Dürer bis Jasper Johns, die seit je das Auktions- und Galeriegeschehen prägen. Gerade in den letzten drei Jahren des achten Jahrzehnts sind zu diesen musealen Säulen noch die Aufschwünge für zeitgenössische Graphik, vor allem amerikanischer Künstler, hinzugekommen.

Was die alte Graphik betrifft, so hat es in den achtziger Jahren vor allem für die seit Jahrhunderten in der Sammelgunst an erster Stelle rangierenden Marktmagneten Dürer und Rembrandt noch einmal eine deutliche Aufwertung gegeben. Das gilt vor allem für die Hauptblätter und immer dann, wenn sie aus berühmten Sammlungen kommen: Wie auf dem Markt für Altmeistergemälde werden die Preise für Graphiken und Handzeichnungen entscheidend vom Provenienzdenken mitgeprägt. Greifen wir

[1] Zu dieser Problematik: Christian Herchenröder: Meistergraphik - Graphikmarkt. München, 1983, Seite 18 ff.

1976 mit 120 000 DM bewertet, 1987 bei Sotheby für 511 500 Dollar versteigert: Dürers „Melancholie“ im Frühdruck der Sammlung Leendertz.

uns einige symptomatische Dürer-Preise heraus. 1976 war im Düsseldorfer Kunstantiquariat C. G. Boerner die Dürer-Sammlung Richard Leendertz ausgestellt, zu der großartige Frühdrucke auch der sogenannten „Meisterstiche“ gehörten. Einen der höchsten Preise erzielte damals das schlechthin vollkommene Exemplar der „Melancholie“ (Meder IIa) mit 120 000 DM. Dieses Hauptblatt aus den alten Sammlungen Robert-Dumesnil und Robert Scholz wurde später vom Kimbell Art Museum, Fort Worth (Texas), erworben. Es kam neben anderen Altmeistergraphiken aus diesem Institut im Mai 1987 bei Sotheby in New York unter den Hammer und wurde für 511 500 Dollar (920 000 DM) von dem New Yorker Graphikhändler David Tunick erworben, der in den achtziger Jahren auf den internationalen Auktionen die teuersten Dürer-Blätter erwarb.

Schon im Dezember 1986 hatte es bei Sotheby in London mit 220 000 Pfund (620 000 DM) einen Spitzenpreis für ein anderes Hauptwerk, „Adam und Eva“ (Meder IIb), aus der Sammlung Yorck von Wartenburg, gegeben, und als im Dezember 1985 bei Christie 183 Lose Altmeistergraphik aus Chatsworth versteigert wurden, bringt der „Heilige Eustachius“ - ebenfalls eines der großformatigen, musealen Blätter - durch Privatgebot 183 600 Pfund (680 000 DM). Diese Preise markieren die absolute Marktspitze. Herausragende Abzüge der „Melancholie“, freilich ohne den nobilitierenden Sammler-Nachweis, waren 1989 im Handel für 200 000 bis 300 000 DM zu haben. Weniger exponierte Blätter wie die kleinformatigen Madonnendarstellungen aus den ersten zwei Jahrzehnten des 16. Jahrhunderts liegen vielfach noch unter 50 000 DM.

In der Chatsworth-Auktion, in der 3,61 Millionen Pfund (13,5 Millionen DM) eingenommen wurden, feierte auch Rembrandt seinen bisher größten Markttriumph. Das als letztes Los ausgebotene Hauptblatt „Christus dem Volke vorgestellt“, in der großen Fassung noch von der unbeschnittenen Platte gedruckt (2. Druckzustand), wurde von dem Londoner Händler Fred Mulder auf 561 600 Pfund (2,1 Millionen DM) hochgeboten. Zum Vergleich: Im Sommer 1975 erwarb das Amsterdamer Rijksprenterkabinett für rund 825 000 Gulden ein nicht minder qualifiziertes stark gratiges Exemplar im 3. Druckzustand. Der Rembrandt-„Rekord“ des Jahres 1983 hatte noch bei 181 500 Dollar (480 000 DM) gelegen, die D. Tunick im November bei Christie für den „Hl. Hieronymus in einer Felslandschaft“ im ersten Druckzustand geboten hatte.

In der Londoner Sotheby-Auktion mit Graphik aus dem Besitz des British Rail Pension Fund (29. Juni 1987) wurde ein toniger Druck dieses Blattes auf dem von fortgeschrittenen Sammlern begehrten „oatmeal“-Papier für 121 000 Pfund (357 000 DM) von C. G. Boerner ersteigert, ebenso ein gratiges Exemplar des „Faust“

Eine der teuersten Rembrandt-Graphiken überhaupt: „Die drei Kreuze“. Ein Exemplar im IV. Druckzustand wurde im Mai 1990 von David Tunick im New Yorker Auktionshaus Doyle für 990 000 Dollar (1,67 Millionen DM) ersteigert.

für 209 000 Pfund (616 000 DM). David Tunick übernahm ein anderes Hauptblatt, „Die drei Kreuze“ im vierten Druckzustand, für 242 000 Pfund (713 000 DM)[1]. Ein knappes Jahrzehnt vorher hatte dieser New Yorker Händler dasselbe Exemplar bereits für rund 1 Million Mark in die British Rail-Sammlung abgegeben, womit sich beweist, daß nicht alle vom Handel fixierten Preise

[1] Ein weiteres Exemplar im vierten Druckzustand wurde im Mai 1990 im New Yorker Auktionshaus Doyle für 999 000 Dollar an Tunick abgegeben.

schon automatisch Zuwachsraten in sich tragen. Auf dem Graphikmarkt, der weltweit von wenigen Händlern und einem guten Dutzend hochkarätiger Sammler bewegt wird, können leichte atmosphärische Störungen - ein Marktgerücht oder die Abstinenz eines bedeutenden Sammlers - kurzfristig Absatzprobleme schaffen. In der New Yorker Sotheby-Auktion vom Februar 1988 der Sammlung des Stahlindustriellen Albert W. Blum brachten zwei differenzierte Druckzustände von Rembrandts Porträt des Goldschmieds Jan Lutma 486 000 respektive 429 000 Dollar (811 000 und 716 000 DM).

Im Vergleich zu den siebziger Jahren hat sich geschmacksgeschichtlich seit Mitte der achtziger Jahre ein interessanter Wandel vollzogen. Bis dahin war das Kaufverhalten der Sammler alter Graphik mit einiger Ausschließlichkeit auf die großen Namen Schongauer, Dürer, Rembrandt, Ostade und Goya bezogen. Seit Anfang des Jahrzehnts erfolgte auch für die übrige niederländische Graphik, vor allem für die Manieristen mit Hendrik Goltzius an der Spitze, eine globale Aufwertung. Doch seit 1986 begann dieses Interesse merklich abzuflauen, nicht zuletzt bedingt durch den Materialmangel an den führenden Auktionsplätzen (London, New York, Bern). Nun rückten plötzlich die Italiener in den Mittelpunkt des Interesses, die bis dato, mit Ausnahme von Canaletto und den beiden Tiepolo, nur von einem kleinen Kreis von Liebhabern favorisiert wurden.

Schon im Dezember 1983 hatte es im Auktionssaal von Sotheby einen „Ausrutscher" gegeben, als der Kupferstich „Das Parisurteil" des Raffael-Reproduktionsstechers Giorgio Ghisi mit 23 100 Pfund (91 000 DM) unverständlich hoch bewertet wurde. In den letzten Jahren des Jahrzehnts wurde, auch bedingt durch Ausstellungen in Amerika, der gesamte Fundus der italienischen Barockgraphik aufgewertet. Paradebeispiel ist Giovanni-Battista Piranesi, dessen „Vedute di Roma" seit je zum eisernen dekorativen Bestand des Bildungsbürgertums gehörten. Die höchsten Marktehren genießt allerdings die imaginäre „Carceri"-Folge, die im ersten Druckzustand zu den bedeutendsten Zeugnissen der italienischen Graphik überhaupt zählt. 1978 erzielt ein solches Exemplar bei Sotheby 23 900 Pfund (88 000 DM). Im Juni 1988 kostet die Erstausgabe bei Christie schon 132 000 Pfund (409 000 DM) und im Oktober 1989 bringt ein weiteres Frühexemplar (nur das Titelblatt im zweiten Zustand) in einer Pariser Auktion 1,83 Millionen Francs (620 000 DM). Der Frankfurter Graphikhändler Helmut H. Rumbler hatte 1979 bereits ein Erstausgabenexemplar für 360 000 DM an ein Museum verkauft, eines der noch suggestiveren, überarbeiteten Exemplare der zweiten Ausgabe kostete bei ihm zu dieser Zeit auch schon 145 000 DM. Piranesi ist nun der Marktgott, doch auch für die anderen Italiener vor und neben ihm gibt es ein neues Preisgefüge.

Nicht minder heftig bewegt sich die Preisspirale bei der Graphik des 19. und 20. Jahrhunderts. Bei den französischen Meistergraphikern liegt Toulouse-Lautrec mit einer Preisforderung des Handels von 1,6 Millionen DM ganz vorn (soviel forderte der Düssel-

Die teuerste Graphik der Auktionsgeschichte: Pablo Picassos „Minotauromachie". 1981 realisiert das Exemplar der Sammlung James bei Christie 88 000 Pfund, doch im Juni 1990 ersteigert der New Yorker Händler David Tunick das hier abgebildete Exemplar bei Kornfeld in Bern für 2,15 Millionen Franken, das sind mit Aufgeld 2,79 Millionen DM.

dorfer Händler W. Wittrock 1989 für die extrem rare Farblithographie „Elsa dite la Viennoise“ aus der Sammlung Gerstenberg). Nur Picasso, der in allen Kunstgattungen Teure, kann da noch mithalten. Die gesuchteste Graphik ist seine 1935 entstandene, mit Schabeisen und Grabstichel überarbeitete Radierung „Minotauromachie“, von der bis heute etwa 63 Exemplare bekannt sind. 1981 bringt das Exemplar der Sammlung Edward James bei Christie 88 000 Pfund (372 000 DM). Im Dezember 1984 realisiert ein nicht lupenreines, an den Rändern beschnittenes Exemplar bei Sotheby 137 500 Pfund (422 000 DM). Im März 1987 wird in einer Provinzauktion in Enghien ein weiteres Exemplar für netto 2,5 Millionen Francs (rund 750 000 DM) zugeschlagen: Die Millionenreise ist programmiert. Sie kulminiert in den 2,15 Millionen Schweizer Franken (brutto 2,79 Millionen DM), die im Juni 1990 bei Kornfeld in Bern ein unnumeriertes Exemplar durch Gebote des New Yorker Graphikhändlers David Tunick erlöst.

Teuerstes graphisches Gesamtwerk Picassos wird im November 1989 bei Christie ein kompletter Satz der frühen „Saltimbanques“-Suite in der Vorzugsausgabe auf Japanpapier, der für 605 000 Pfund (1,68 Millionen DM) nach Japan geht. Das darin enthaltene Hauptblatt „Le repas frugal“ bringt in einem lupenreinen Exemplar der Normalausgabe von 250 Exemplaren zur selben Zeit bei Sotheby bereits 376 000 Pfund (1,05 Millionen DM). Zum größten Picasso-Flop der jüngeren Marktgeschichte wird in derselben Auktion ein kompletter Satz der „Suite 347“ (1968) mit 347 meist erotischen Radierungen, der, aus der Sammlung Georges Bloch stammend, bei Sotheby auf 1,2 bis 1,5 Millionen Pfund geschätzt ist und zurückgehen muß.

Während der späte Picasso, mit Ausnahme der Farblinolschnitte, weniger gefragt ist, gibt es bei der Graphik des späten Chagall so gut wie keine Probleme. Dauerseller vor allem bei japanischen Käufern sind die farbigen Lithofolgen „Daphnis und Chloë“ und „Cirque“. Die Daphnis-Serie verteuerte sich seit 1985, als sie bei Sotheby für 81 400 Pfund (301 000 DM) zugeschlagen wird, auf umgerechnet 943 000 DM (72,6 Millionen Yen), die ein anderes Exemplar im Oktober 1989 in der ersten Sotheby-Gra-

Im Februar 1980 bei Sotheby für 49 500 Dollar zugeschlagen, im November 1989 in der Berliner Villa Grisebach Auktion für netto 600 000 DM versteigert: der Farbholzschnitt „Zwei ruhende Frauen", ein Hauptblatt von Erich Heckel.

phikauktion in Tokio erzielt. Im Juni 1990 bringt die Vorzugsausgabe bei Sotheby durch japanisches Gebot 1,815 Millionen Pfund (5,28 Millionen DM).

Neben diesen Herolden der Ecole de Paris sind es vor allem die Expressionisten, die in den achtziger Jahren auf dem Graphikmarkt die höchsten Steigerungsraten zu verzeichnen haben. Es beginnt mit dem Proto-Expressionisten Edvard Munch, wo die Preise für herausragende Einzelblätter innerhalb kurzer Zeit von 75 600 Pfund (257 000 DM), die im Juni 1986 bei Christie für einen vierfarbigen Druck der Lithographie „Krankes Mädchen" geboten werden, bis zu 297 000 Pfund (950 000 DM) reichen, die im November 1988 der Londoner Händler Fred Mulder bei Christie für die handkolorierte Lithographie „Geschrei" von 1895 bietet.

Auch die Farblithographie „Madonna - Liebendes Weib“ in einem vierfarbigen Abzug erzielte durch Gebote von David Tunick im Mai 1990 bei Christie in New York mit 616 000 Dollar (1,01 Millionen DM) einen ähnlich hohen Preis. Noch etwas teurer wurden die Graphiken von Ernst Ludwig Kirchner bereits im Juni 1988 bei Kornfeld in Bern, als die Chicagoer Sammlung Alan N. Press, durchmischt mit Material aus anderen Einlieferungen, unter den Hammer kam. Gleich drei Blätter, die Farbholzschnitte „Selbstbildnis als Kranker“, „Wintermondnacht“ und der Schwarz-Weiß-Holzschnitt „Frauen am Potsdamer Platz“ kamen netto auf je 860 000 Franken, das sind brutto knapp 1 Million Franken (1,15 Millionen DM). Für das „Selbstbildnis als Kranker“ gibt es Preisvergleiche: Exakt dasselbe Exemplar aus der ehemaligen Sammlung Gustav Stein kostete 1971 bei C. G. Boerner 125 000 DM und wurde 1979 dem Chicagoer Sammler Press für 250 000 DM angeboten.

Auch berühmte Einzelblätter aus der „Brücke“-Zeit Erich Heckels haben einen glänzenden Marktaufschwung zu verzeichnen. Schon 1987 hatte der Farbholzschnitt „Fränzi stehend“ im Privathandel 320 000 DM eingebracht. Der weitaus seltenere Farbholzschnitt „Zwei ruhende Frauen“, der 1958 im Stuttgarter Kunstkabinett für 3 100 DM zugeschlagen wurde und im Februar 1980 bei Sotheby in New York 49 500 Dollar (86 000 DM) erzielte, wurde im November 1989 in der Berliner Villa Grisebach-Auktion von einem Düsseldorfer Sammler für 600 000 DM (das sind brutto 745 000 DM) ersteigert. In dieser denkwürdigen Auktion wurden auch jeweils netto 180 000 DM für Noldes Farblithographie „Mühle am Wasser“ und für Paul Klees frühe Radierung „Jungfrau im Baum“ geboten.

Nicht minder großartig war Ende der achtziger Jahre der Auftrieb für Graphik des russischen Konstruktivismus. Vor allem El Lissitzkys lithographische Folgen „Sieg über die Sonne“ und „Proun“ hatten 1989 bei Hauswedell & Nolte erhebliche Steigerungen zu verzeichnen, wo deutsche, englische und amerikanische Interessenten sich ein heftiges Bietgefecht lieferten. Die „Proun“-Folge, die noch 1987 im selben Auktionslokal für netto 260 000 DM nach Japan gegangen war, wurde für netto 530 000

DM (brutto rund 652 000 DM) einem Telefonbieter zugeschlagen. Die zehnteilige Suite „Sieg über die Sonne", die 1986 bei Christie 72 050 Pfund (203 000 DM) und im November 1988 in der New Yorker Auktion der Sammlung Neuerburg 154 000 Dollar (269 500 DM) erlöst hatte, ging 1989 für glorreiche 680 000 DM (brutto rund 836 000 DM) an einen Bostoner Händler.

Nicht nur die der Klassiker, auch die zeitgenössische Graphik hat in der zweiten Hälfte des Jahrzehnts eine beispielhafte Aufwertung erfahren, die vor allem in den New Yorker Sotheby- und Christie-Auktionen nachzuprüfen ist und die nicht zuletzt durch das geradezu forcierte Kaufinteresse der Japaner initiiert wurde. Die bisher höchsten Preissteigerungen hatten die Mai-Auktionen 1989 zu verzeichnen: Ein japanischer Händler investierte 770 000 Dollar (1,47 Millionen DM) in die 1968/69 bei GEMINI in Los Angeles in einer Auflage von 40 Exemplaren gedruckte Folge „Color Numerals" von Jasper Johns. Diese Serie war im Mai 1981 bei Sotheby in London noch mit 20 900 Pfund (rund 100 000 DM) bewertet worden und erzielte im November 1981 bei Sotheby in New York 154 000 Dollar (315 000 DM). Teuerste Einzelblätter von Jasper Johns wurden im Mai und November 1989 die Graphiken „Ale Cans" (Farblithographie) und „Flaggen I" (Farbserigraphie), die mit jeweils 308 000 Dollar (etwa 560 000 DM) zugeschlagen wurden. In den New Yorker Graphikauktionen von Mai 1990 haben sich die Preise wieder weitgehend normalisiert.

Bei Andy Warhol, dessen Graphik analog zu den Siebdruckgemälden nach dem Tod des Künstlers rasant gestiegen ist, liegt die Siebdruckmappe mit den zehn „Marilyn"-Blättern ganz vorn. Die 1967 gedruckte Folge realisierte 1971 bei Kornfeld in Bern 22 000 Franken und im Dezember 1988 bei Sotheby in London 137 500 Pfund (435 000 DM). Einzelblätter, die 1983 noch mit höchstens 4 000 DM gehandelt werden, bringen im Februar 1990 bei Sotheby in New York bereits 58 000 Dollar. Den höchsten Preis erzielt die komplette Serie im Mai 1989 bei Sotheby in New York, mit 552 500 Dollar (1,06 Millionen DM), nachdem bereits fünf Monate vorher bei Christie ein anderes Exemplar für 506 000 Dollar (875 300 DM) in den japanischen Handel gewandert war.

Der teuerste zeitgenössische Künstler Europas ist der Brite David Hockney. Den bisherigen Spitzenpreis für eines seiner graphischen Werke erzielte die Lithographie „Views of Hotel Well III", die ein amerikanischer Sammler im November 1989 bei Christie mit 143 000 Dollar (264 000 DM) bebot. Der Preisschub brachte wie in allen anderen Sammelbereichen erst einmal eine Welle überhöhter Preisforderungen von Anbietern mit sich. Das ist auch der Grund für zahlreiche Rückgänge höchstdotierter Blätter in den New Yorker Februarauktionen 1990. Doch à la longue bleibt auch der Markt für zeitgenössische Graphik auf kontinuierliches Wachstum ausgerichtet.

Weniger hektisch als auf dem Graphikmarkt, aber mit einer deutlichen Tendenz zu Bilderpreisen für herausragende Blätter, ist in den achtziger Jahren die Entwicklung für Handzeichnungen verlaufen. Hier hat vor allem die Sammeltätigkeit des kalifornischen J. Paul Getty Museums eine Multiplizierung der Preise in den Auktionen bewirkt. Dessen unbedingter Erwerbswille sorgte spätestens seit dem Auktionsjahr 1982 für spektakuläre Preise. In diesem Jahr und im folgenden ersteigerte das Museum, das seine Sammlung von Altmeisterzeichnungen quasi aus dem Boden stampfte, in den Londoner Christie-Auktionen, wo seit je die besten Einzelblätter und Sammlungen angeboten werden, Spitzenblätter zu Rekordpreisen.

Zu den Erwerbungen dieser beiden Jahre zählen u. a. Raffaels Kreidezeichnung „Jesus in der Glorie" (205 200 Pfund oder 882 300 DM), ein Blatt mit Frauenstudien von Rubens in Rötel und Kreide (108 000 Pfund oder 409 700 DM), die Rubens-Zeichnung „Mann in koreanischem Kostüm" in Kreide und Rötel (324 000 Pfund oder 1,27 Millionen DM). Auch zwei Blätter von Hendrik Goltzius wurden 1984/85 zu Spitzenpreisen (bis 1,03 Millionen Gulden) dazugekauft. Die zweithöchste je für eine niederländische Zeichnung gebotene Summe bewilligte das superreiche Museum im November 1988 bei Sotheby in Amsterdam für Pieter Saenredams lavierte Federzeichnung mit dem Inneren der St. Bavokerk, Haarlem: 2,12 Millionen Gulden! Ein veritabler Gemäldepreis, den bis dato noch nicht einmal ein Ölbild des Haar-

Eine Erwerbung des J. Paul Getty Museums: Pieter Saenredams Interieur der St. Bavokirche, Haarlem (aquarellierte Federzeichnung über Kreide) wurde im November 1988 bei Sotheby in Amsterdam für 2,12 Millionen Gulden zugeschlagen.

lemer Architekturmalers erreicht hatte. Das höchste Gebot für eine niederländische Handzeichnung hatte am 6. Juli 1987 in der zweiten Londoner Chatsworth-Auktion die Londoner Kunsthandlung Baskett & Day, wohl auch im Auftrag des Getty-Museums, für Rembrandts Federzeichnung „Hütten beim St. Anthoniespoort" abgegeben: 1,375 Millionen Pfund (4,07 Millionen DM).

Als im Juli 1984 bei Christie 71 Zeichnungen aus Chatsworth versteigert wurden, die zum Teil schon aus den Beständen des zweiten Duke of Devonshire (1672–1739) stammten, hielt sich das Getty als Bieter zurück. Aufmerksamen Marktbeobachtern war es

Eine Haupterwerbung der amerikanischen Sammlerin Barbara Johnson in der ersten Chatsworth-Auktion 1984: Raffaels Figurenstudie zur „Verklärung Christi“ für 3,56 Millionen Pfund.

jedoch kein Geheimnis, daß mehrere der stark engagierten Händler im Auftrag des Museums boten. In dieser für den Handzeichnungenmarkt historischen Stunde erwarb Getty sieben Zeichnungen von Holbein, Mantegna, Raffael, Rubens, van Dyck und Rembrandt für insgesamt 25,85 Millionen DM. Die beiden höchsten Preise der denkwürdigen Sitzung aber bewilligten amerikanische Privatsammler: Die Millionärswitwe Barbara Johnson ersteigerte gegen das Getty-Museum für 3,56 Millionen Pfund (13,43 Millionen DM) die Kreidestudie eines Apostel-Kopfes und einer Hand zu Raffaels „Transfiguration“ im Vatikan. Und der New Yorker Sammler Ian Woodner, der seine imponierende Altmeistersammlung 1988 durch europäische Museen und Ausstellungsinstitute geschickt hatte, erwarb für 3,24 Millionen Pfund (12,21 Millionen DM) eine Seite aus Vasaris „Libro de Disegni“ mit aufgeklebten Zeichnungen von Filippino Lippi und Raffaelino del Garbo. Insgesamt wurden in dieser ersten Chatsworth-Auktion Zeichnungen für 21,17 Millionen Pfund (79,8 Millionen DM) umgesetzt: der bis heute höchste Erlös für eine Handzeichnungen-Sammlung.

Am 6. Juli 1987 wurden im selben Auktionssaal noch einmal 16 Chatsworth-Blätter nachgeschoben, die aber trotz ihrer zum Teil mangelhaften Erhaltung (Raffael, Rembrandt) immer noch 6,29 Millionen Pfund (18,5 Millionen DM) einspielten. Den Höchstpreis von 1,76 Millionen Pfund (5,19 Millionen DM) bot der New Yorker Händler David Tunick für Federico Baroccis lavierte Feder- und Kreidestudie zur „Madonna del Popolo“ (Uffizien). Seit dieser Zeit hat es nur noch einmal vergleichbare Weltmarktrekorde für italienische Werke gegeben: In der im Dezember 1989 von Sotheby in Monaco organisierten Auktion der Sammlung Comtesse de Béhague ließ Barbara Johnson zwei Gewandstudien von Leonardo da Vinci, Gouachen auf Leinwand, für brutto 36 Millionen Francs (10,55 Millionen DM) und 31,5 Millionen Francs (9,22 Millionen DM) ersteigern. Im Frühjahr und Sommer 1990 schickt die gebürtige Polin Barbara Johnson rund 90 Werke ihrer Sammlung nach Europa und Japan, darunter auch die beiden Leonardo-Zeichnungen, die vorher schon in einer Leonardo-Schau des Louvre figurierten.

Ein weiterer Großsammler ist, oder besser gesagt war, der amerikanische Hundefutter-Fabrikant John Gaines, der sich in der ersten Chatsworth-Auktion 1984 noch mit Blättern von van Dyck und Rembrandt (Ansicht von Houtewaal für 432 000 Pfund oder 1,62 Millionen DM) bedient hatte, aber seine 46teilige Kollektion, die Blätter von der Gotik bis zu kubistischen Arbeiten von Braque und Picasso umfaßte, plötzlich auf den Auktionsblock von Sotheby schickte. Am 17. November 1986 brachte sie in New York 21,29 Millionen Dollar (42,5 Millionen DM), wobei das Getty-Museum in vorderster Linie durch einen Londoner Händler am Bietgefecht beteiligt war und sich neben Blättern von Antonio

Carracci, Canaletto und Delacroix ein beidseitig mit Kinderstudien bedecktes Blatt Leonardo da Vincis für 3,63 Millionen Dollar oder 10,7 Millionen DM sicherte. Ein hoher, aber kein extremer Preis, wenn man berücksichtigt, daß wenige Tage vorher in New York eine in Rot, Gelb und Blau übermalte Zeitungscollage von Jasper Johns genau den gleichen Dollarpreis erzielt hatte. Gaines gehörte zu jenem Typus amerikanischer Sammler, die mit ihren Kollektionen nicht so ideell verwachsen sind, daß sie nicht zur rechten Zeit die materiellen Früchte ihrer jahrelangen Sammeltätigkeit ernten könnten. Der Markt für Zeichnungen alter Meister hat sich am Ende der achtziger Jahre total internationalisiert, auch die zur Mitte des Jahrzehnts noch als Quelle des Unentdeckten geltenden Pariser Auktionen sind zunehmend leergeräumt. Obwohl der Weltmarkt insgesamt nur von einem guten Dutzend von Spezialhändlern (fünf davon in Deutschland) bewegt wird, hat er sich in atemberaubender Geschwindigkeit zu einem Hochplateau entwickelt.

Der oben genannte Jasper Johns-Preis deutet an, wie hoch in diesem ungezügelten Jahrzehnt auch die Preise für Handzeichnungen, vor allem aber farbige Blätter der Moderne und der zeitgenössischen Kunst, gestiegen sind. Seit Mitte der achtziger Jahre gibt es kaum eine Londoner Auktion mit Zeichnungen und Aquarellen der klassischen Moderne, in der nicht wieder ein Rekordpreis erzielt wird: für Arbeiten von Klee (mittlere bis herausragende Aquarelle liegen Ende 1989 bei 300 000 bis 600 000 Dollar), Picasso, Braque, Chagall, Schiele, Marc und Nolde – um nur die wichtigsten der drastisch verteuerten Marktgrößen zu nennen.

Bei Nolde genügt ein Paradebeispiel, um die Steigerung innerhalb weniger Jahre aufzuzeigen. Das brillante, blau-gelb-orangefarbige Aquarell „Abendhimmel über der Marsch", das im Juni 1985 bei Hauswedell & Nolte in Hamburg zum damaligen Rekordpreis von netto 240 000 DM (brutto etwa 290 000 DM) in den Londoner Handel abgegeben wurde, kam im November 1989 bei Christie auf 165 000 Pfund (468 000 DM) und wurde in der Jubiläumsausstellung der Münchner Galerie Thomas im März 1990 für 585 000 DM angeboten: das bis dato teuerste Nolde-Aquarell auf dem Weltmarkt. Nolde-Aquarelle werden von Expressionistensammlern gerahmt und als Bildersatz gehütet, und das, obwohl doch das fragile Japanpapier eine Aufbewahrung in Mappen nahelegt. Wer eine Chronologie der Preisentwicklung sucht, kann sie an den Auktionszuschlägen der Hamburger Auktionen von Hauswedell & Nolte seit den siebziger Jahren ablesen. Im

1989 das teuerste deutsche Kunstwerk auf Papier: In der 9. Villa Grisebach Auktion erzielte Franz Marcs Temperaarbeit „Fabeltier II" 2,6 Millionen DM.

November 1986 gab es bei Sotheby in New York ein Intermezzo, als die schnell zusammengetragene Sammlung des Kanadiers Charles Tabachnik versteigert wurde und trotz einiger Erhaltungsmängel die Preise für Nolde-Aquarelle bis 165 000 Dollar (326 000 DM) stiegen.

Der bis heute höchste Preis für ein Schiele-Aquarell wurde im Juni 1987 bei Kornfeld in Bern erzielt: Der Düsseldorfer Händler

Die teuerste Altmeister-Skulptur: Am 7. Dezember 1989 ersteigerte der Londoner Skulpturenhändler Cyril Humphris bei Sotheby für 6,82 Millionen Pfund den „Tanzenden Faun“ des Adriaen de Vries.

Wittrock ersteigerte damals für atemberaubende 1,52 Millionen Franken (mit Aufgeld sind das 2,13 Millionen DM) das 1912 entstandene, kunsthistorisch bedeutsame „Selbstbildnis im Gefängnis“. Wittrock war es auch, der im Juni 1989 in der 9. Villa Grisebach-Auktion im Auftrag eines Sammlers den Superpreis von brutto 2,6 Millionen DM für Franz Marcs 26,5 x 30,5 cm große Temperaarbeit „Fabeltier II“ bot, - ein Preis, der beweist, daß es am Ende eines ereignisreichen Kunstmarktjahrzehnts kaum noch Bewertungsunterschiede zwischen Malerei und singulären Arbeiten auf Papier gibt.

Auch die Skulptur hat diese lange zwischen ihr und der Malerei aufgebaute ideologische Barriere eingerissen. Das gilt für die moderne Plastik, die wir bereits im achten Kapitel anvisiert haben, aber in gleichem Maße auch für die Skulptur der Renaissance und des Barock. Nur auf dem Gebiet der gotischen Holzbildwerke, von denen exemplarische Stücke noch zu Preisen zwischen 100 000 und 250 000 DM zu haben sind, verhindert eine immer stärker um sich greifende Religionsscheu eine angemessene Marktrezeption. Dies ist um so paradoxer, als sich viele der spätmittelalterlichen Holzschneider auf Bildfindungen Dürers stützen, aber Dürers Graphik und Zeichnungen sich nicht nur musealer Marktresonanz erfreuen. Dafür ist die weltliche oder mythologische Plastik um so teurer, besonders wenn sie aus der Werkstatt eines Giganten wie Giovanni da Bologna (oder Giambologna) oder seines Schülers und Mitstreiters am Prager Hof Rudolfs II., Adriaen de Vries, stammt. Hier ist am Ende des Jahrzehnts auf dem Auktionsmarkt der Schüler sogar teurer als der Meister geworden. Ein als Unikat ausgewiesener Bronze-Faun des Adriaen de Vries wurde am 7. Dezember 1989 bei Sotheby von dem Londoner Skulpturenhändler Cyril Humphries für 6,82 Millionen Pfund (19 Millionen Mark) ersteigert. Dies ist der höchste je für eine Skulptur gebotene Preis in einer Region, in der bisher allenfalls Gemälde von Rembrandt, Rubens, Caravaggio rangierten. Was muß, so darf man angesichts solcher Summen ketzerisch fragen, für eines der absolut einmaligen Holzbildwerke eines Tilman Riemenschneider ausgegeben werden, wenn ein noch so rarer und fein ziselierter Bronzeguß bereits eine zweistellige Millionensumme aufbringt?

Der eigentliche Preisauftrieb für Bronzen begann Mitte der achtziger Jahre. Vorher hatte nur ein Spitzenstück dieser Epoche einen Millionenpreis erzielt: ein schreitendes Pferd mit freigelegten Muskeln der Bologna-Susini-Werkstatt, das bereits 1975 bei Sotheby in Monaco überraschend 15 Millionen Franc (8,82 Millionen DM) erlöste. Im Dezember 1984 offerierten die Pariser Auktionatoren Couturier und Nicolay den exemplarischen Guß eines sich aufbäumenden Pferdes nach einem Modell des Adriaen de Vries, der es damals auf netto 9,2 Millionen Francs (2,9 Millionen DM) brachte. Die in der Dezemberauktion 1985 bei Sothey lediglich als Zuschreibung an de Vries geführte Figurengruppe „Merkur und Cupido" realisierte 291 000 Pfund (1,07 Millionen DM).

Das letztgenannte Exemplar reflektiert die Unwägbarkeiten, mit denen der Skulpturenmarkt zu leben hat. Zuschreibungsprobleme gibt es allenthalben. Oft ist die definitive Beschreibung von Güssen bestimmter Meister, die sukzessive in einer führenden Werkstatt gearbeitet haben, unmöglich. Selbst herausragende Ziselierung, die ein entscheidender Preisfaktor ist, vermag nicht immer unumstößlich auf einen der Hauptrepräsentanten dieser Kunstgattung zu verweisen. So bleibt vieles, was in die Auktionen oder in den Handel gelangt, spekulativ wie jene Statuette eines muskulösen Mannes mit angewinkeltem Bein, die im Juni 1980 bei Christie als Zuschreibung an Michelangelo für 132 000 Pfund (542 000 DM) unter den Hammer kam. Auch die in den Werkstätten der Florentiner Bologna-Susini-Werkstätten gegossenen Exemplare sind nicht immer leicht zu identifizieren. Der kränkelnde Giambologna hatte seinem hervorragenden Gehilfen Antonio Susini bereits 1605 die meisten seiner Gußmodelle übergeben, der sie wiederum seinem Neffen Francesco zur Weiterverwendung vermachte. Ein gutes halbes Jahrhundert lang konnten so auf Bestellung „Giambologna"-Güsse gefertigt werden, die heute nur aufgrund ihrer ziselierten Feinarbeit zu identifizieren sind.

Eine der populärsten Inventionen Giambolognas ist die Gruppe „Raub der Sabinerin", deren dreifiguriges Urbild die Marmorgruppe in der Loggia dei Lanzi, Florenz, darstellt. Die Urgüsse vom zweifigurigen, in der Susini-Werkstatt häufig benutzten Modell befinden sich in Wien und Neapel. In der Versteigerung der Sammlung Hatvany im Juni 1980 bei Christie, in der die Preise moderat blieben, wurde ein Susini-Guß dieser geschmacksprägenden Bronze für 22 000 Pfund (90 000 DM) in die Sammlungen des Fürsten von Liechtenstein verkauft. Ein anderer, ebenfalls 59 cm hoher Guß, der am 5. Dezember 1989 bei Christie wegen der Signatur im Sockel (GIO. BOLONGE) und der hohen Ziselierungsqualität als eigenhändiges Giambologna-Exemplar mit 2,75 Millionen Pfund (7,64 Millionen DM) bewertet wurde, ist das letzte in den achtziger Jahren versteigerte Paradestück. Am 15. April 1989 hatte ein Francesco Susini-Guß der dreifigurigen Plastik „Raub der Helena" in Paris bereits 21 Millionen Francs (7,24 Millionen DM) erlöst, – ein erstaunlicher Zuschlag für ein Derivat aus der dritten Generation. Gegenüber dieser Summe erscheinen die 1,8 Millionen Dollar, die der Münchner Händler Konrad Bernheimer in seiner Münchner Kunsthandelsschau „Kunst und Tradition" (Oktober/November 1989) für die einzig erhaltene Holzskulptur dieses größten Bildhauers seiner Zeit verlangte, mehr als moderat. Mit 6,9 Millionen Pfund bewertete die Londoner Skulpturenhändlerin Patricia Wengraf im Mai 1990 auf der Londoner Grosvenor Fair jene von ihr in einer Christie-Auktion von Gartenskulpturen im September 1989 für 715 000 Pfund ersteigerte Marmorskulptur „Fata Morgana", die den Rücktritt des Christie-Skulpturenspezialisten Charles Avery auslöste. Avery, Verfasser der maßgeblichen Giambologna-Monographie, hatte dieses als „Venus Marina, 18. Jahrhundert" katalogisierte Werk vor der Auktion besichtigt und selbst ein Auftragsgebot abgegeben. Die Paradoxie will es, daß gerade die 1988 publizierten Forschungsergebnisse Averys den Londoner Handel wachgerüttelt hatten: Neben Patricia Wengraf beboten noch die Skulpturenspezialisten Dany Katz und Cyril Humphris dieses edle Fundstück. Avery selbst veröffentlichte im Juni 1990 in der Londoner Kunst-

Bei Christie' wurden die Preise für Giambologna-Skulpturen „gemacht". Ein auf dem Sockel signierter Guß erzielte im Dezember 1989 im Haus an der Londoner King Street 2,75 Millionen Dollar.

Ein Stein des Anstoßes: die Marmorskulptur „Fata Morgana“, die von der Londoner Galerie Wengraf 1989 in einer Christie-Auktion von Gartenskulpturen ersteigert und auf der Londoner Burlington Fair im Juni 1990 mit 6,9 Millionen Pfund beziffert wurde.

zeitschrift „Apollo“ einen Aufsatz, in dem er die Urheberschaft Giambolognas ausschloß.

Kurzfristige und übertriebene Spekulation zahlt sich in diesem weltweit nur von einem Dutzend Sammlern und Museen bewegten Marktgebiet nicht aus. Das mußten auch die Erben jenes Sammlers aus Toronto erfahren, die eine nicht unumstrittene „Bernini“-Marmorbüste in die New Yorker Christie-Auktion vom 10. Januar 1990 eingeliefert hatten und 7 Millionen Dollar erwarteten. Dieses Kunstwerk, ein Porträt des Papstes Gregor XV., hatte eine bewegte Marktvergangenheit. 1978 wurde es als anonymes Werk bei Christie für 85 Pfund versteigert und tauchte wenig später im Londoner Victoria & Albert Museum als Leihgabe auf, wo es das Pro und Contra Bernini der Fachwelt wachrief. Im Dezember 1980 ersteigerte ein Londoner Händler die Marmorbüste für 132 000 Pfund (rund 700 000 DM) bei Sotheby, wo sie als Zuschreibung an Bernini ausgeboten wurde. Dieser professionelle Käufer beantragte 1983 beim britischen Exportkomittee eine Lizenz für die Ausfuhr nach Toronto. Der Verkaufspreis lag nun bei 2,87 Millionen Pfund oder 11,48 Millionen DM. Nach einer neuerlichen eingehenden Begutachtung kamen britische Museumsleute zu dem Schluß, daß es sich hier nicht um ein eigenhändiges Werk Berninis, auch nicht um ein Frühwerk handeln könne. Die Ausfuhrerlaubnis wurde erteilt.

In der Tat war die Diskrepanz zwischen dem naturalistisch ausmodellierten Kopf und der mechanisch wirkenden Bearbeitung des Gewands irritierend: ein deutlicher Beweis dafür, daß es auf dem Markt für die alte Skulptur nicht nur Gußprobleme, sondern auch nicht immer schlüssig zu klärende Streitfragen über das in Stein oder Marmor gemeißelte Objekt gibt.

Das klassische Kunstgewerbe:

Stabile Märkte

Die Kunstgewerbe-Märkte, die in den siebziger Jahren noch mehr oder minder unbewegliche Standorte hatten, haben sich im achten Jahrzehnt weiter auseinanderentwickelt. Auch hier hat sich eine deutliche Tendenz zu Nationalmärkten mit eigenen Präferenzen und Gesetzmäßigkeiten vollzogen. Im Möbelbereich ist London nicht länger der Nabel der Welt. Seit der Versteigerung der Sammlung Wildenstein/Akram Ojjeh (1979) werden französische Möbel der Spitzenklasse vielfach nach Monaco geschafft, wo sie in Abendauktionen versteigert werden, - hinzu kommt jenes Normalmaterial, das zum Teil schon durch Händlerbesitz gewandert ist und hier auf uninformierte Käufer wartet. Solches Wandergut befrachtet auch die etwa viermal im Jahr in den New Yorker Sotheby- und Christie-Filialen abgehaltenen Auktionen.

In London hat es in den achtziger Jahren lediglich drei Auktionen französischer Möbel gegeben, die das Etikett „Highly important" wirklich verdienten. Als erste wäre die Christie-Versteigerung aus gemischtem Besitz vom 1. Dezember 1983 zu erwähnen, in der hochkarätige Stücke mit spekulativer Provenienz zurückgehen mußten, aber ein schmales Bureau plat von Martin Carlin der Louis XVI-Epoche, eingelegt mit Sèvres-Plaketten, 918 000 Pfund (3,63 Millionen DM) erzielte. In der Christie-Versteigerung vom Juni 1987 wurden Möbel aus britischem Adelsbesitz sowie Stücke aus der Sammlung des in finanzielle Schwierigkeiten geratenen Libanesen A. Tannouris versteigert, wobei ein um 1720 in Paris oder Augsburg entstandenes „Boulle"-Möbel mit Chinoiserie-Einlagen in Perlmutt und Horn aus Knole House auf 1,2 Millionen Pfund (3,63 Millionen DM) stieg. Drittes Marktereignis war die

Versteigerung der französischen Möbel aus dem Besitz des British Rail Pension Fund im November 1988 bei Sotheby.

Ein weiterer Höhepunkt des Marktgeschehens ist die Auktion mit 22 Möbel-Losen aus der Sammlung Charles Clore im Dezember 1985 bei Christie in Monaco. Alle anderen Spitzenmöbel, die in den achtziger Jahren Geschichte gemacht haben, sind als Einzelstücke in Pariser Prestigeauktionen oder in New Yorker Versteigerungen angeboten worden. Außer dem Londoner Nobelhändler Partridge sind es vor allem die Pariser Händler, allen voran die sogenannten „großen Sechs“, Aaron, Aveline, Segoura, Perrin, Meyer und Steinitz, die das Marktgeschehen prägen. Ihre abenteuerliche Preispolitik, die ein bereits zu Spitzenpreisen ersteigertes Möbel mit mindestens hundert-, meist aber zwei- oder dreihundertprozentigem Aufschlag belastet, hat dem Absatz und der Verknappung an erstrangigen Stücken der Epochen Louis XIV bis Louis XVI keinen Abbruch getan.

Ein Paradebeispiel für solche dem Bildermarkt angeglichenen Usancen ist ein mit elf Blumenplaketten der Manufaktur Sèvres eingelegter Klappsekretär des Louis XVI-Ebenisten Martin Carlin, der im Oktober 1986 bei Sotheby in New York 2,09 Millionen Dollar (4,11 Millionen DM) erzielt hatte, und auf der Pariser „Biennale des Antiquaires“ im September 1988, am Stand des Pariser Händlers Mikaeloff magisch ausgeleuchtet, für 30 Millionen Franc oder 8,76 Millionen DM offeriert wurde. Zum teuersten von einer Pariser Etude versteigerten Möbel der achtziger Jahre wurde das im November 1984 von den Maîtres Ader, Picard, Tajan in Monaco ausgebotene Medaillenkabinett des Louis XVI-Ebenisten G. Beneman, dessen in frühklassizistischem Geschmack dekorierte Ebenholz- und Mahagonimöbel seit je Spitzenreiter des Weltmarktes sind. Dieses mit Plaketten exotischer Vogelfedern, Schmetterlinge und Insekten unter Glas eingelegte und für die Versailler Privatgemächer Ludwigs XVI gearbeitete Möbel brachte 16,65 Millionen Francs (5,12 Millionen DM).

Schon in den siebziger Jahren wurden einzelne Spitzenmöbel französischer Meister mit Millionenbeträgen bedacht. Doch der definitive Preisschub erfolgte erst zum Ende des Jahrzehnts, in der Sotheby-Auktion der Sammlung Akram Ojjeh im Juni 1979 in Monaco. Hier handelte es sich um 200 Möbel und Objets d'Art, die ursprünglich im Besitz der Kunsthändlerfamilie Wildenstein waren und bereits im Dezember 1977 in Monaco versteigert werden sollten. Kurz vor diesem Termin wurde die Auktion abgeblasen, da der saudi-arabische Finanzier und Bauunternehmer Ojjeh

Peter Wilson versteigert in Monaco die Möbel der Sammlung Akram Ojjeh aus ehemaligem Wildenstein-Besitz.

die Jahrhundertsammlung für angeblich 75 Millionen Francs en bloc erworben hatte: für ein schwimmendes Museum auf dem kurz zuvor für 80 Millionen Francs gekauften Luxuskreuzer „France". Bereits anderthalb Jahre später geriet der Spekulant finanziell ins Schlingern; der Luxusliner wurde nach Norwegen verkauft, die Sammlung erschien nun doch, mit dem Etikett „Collection Monsieur Akram Ojjeh" versehen, bei Sotheby in Monaco auf dem Auktionsparkett. Kurz vor der Versteigerung kursierten Gerüchte, der Saudi habe die Wildenstein-Sammlung nie bezahlt und gebe jetzt nur seinen Namen her, um die Familie Wildenstein nicht als Düpierte erscheinen zu lassen. Noch vierzehn Tage vor der Auktion wurden in London harte Verhandlungen zwischen

1986 bei Sotheby für 2,09 Millionen Dollar ersteigert, auf der Pariser Biennale des Antiquaires 1988 für 30 Millionen Franc offeriert: „Sécrétaire à abattant“ mit eingelegten Sèvres-Plaketten von Martin Carlin.

Ojjeh und Sotheby-Direktor Peter Wilson geführt. Der Pariser „Figaro“ wußte zu berichten, daß die Versteigerung erst gesichert war, nachdem das Auktionshaus einen Minimum-Erlös von 32 Millionen Francs garantiert hatte, eine Summe, die als niedrigste Preiserwartung auch in den Pressevorberichten von Sotheby erschien.

In dieser denkwürdigen Versteigerung, die 54,48 Millionen Francs (24,08 Millionen DM) erlöste, bewegten zwei große europäische Sammler die Preise: der Reeder Stavros Niarchos und der

1988 aus dem Besitz des British Rail Pension Fund für 1,65 Millionen Pfund versteigert: Konsoltisch von Jean-Henri Riesener für Königin Marie-Antoinettes Versailler Cabinet Intérieur.

britische Warenhauskönig Charles Clore. An Clore gingen damals 10 Möbel, an Niarchos 17, wenn auch nicht ganz so exponierte Stücke. Das teuerste Möbel allerdings übernahm die Galerie Heim im Auftrag: eine reich mit ornamentalen und figurativen Goldbronzen dekorierte Encoignure (Eckmöbel) mit Uhrenaufsatz von Jacques Dubois nach einem Entwurf von Nicolas Pineau, ein Prachtstück des französischen Rokoko für brutto 8,43 Millionen Francs (3,71 Millionen DM). Clore erwarb Möbel für über 20 Millionen Francs, allen voran die klassizistische Louis XVI-

Kommode mit zentralem Lyra- und Sonnenbeschlag in feuervergoldeter Bronze von Jean François Leleu für 4,66 Millionen Francs (2,05 Millionen DM) und ein Paar Louis XV-Encoignuren mit floraler Marketerie von J. P. Latz, die es auf 2,88 Millionen Francs (1,26 Millionen DM) brachten. Eine üppigst beschlagene Boulle-Kommode der späten Louis XIV-Epoche kam auf 2,22 Millionen Francs (981 000 DM).

Diese Möbel kamen aus dem Clore-Nachlaß im Dezember 1985 bei Christie in Monaco erneut unter den Hammer. Die Preissteigerungen sprechen für sich, sie sind ein Indiz für die fortschreitende Verknappung auf diesem von exklusivem Geschmack und sublimem Dekorationswillen geprägten Marktfeld. Die Boulle-Kommoden erzielten nun 8,88 Millionen Francs (2,7 Millionen DM), die oben genannte Leleu-Kommode 12,21 Millionen Francs (3,72 Millionen DM) und 4,995 Millionen Francs (1,63 Millionen DM) die Encoignuren von Latz. Insgesamt wurden für 22 Möbellose allein schon 23,14 Millionen Francs eingenommen.

Eine zweite Auktion mit exemplarischen Preissteigerungen ist die Londoner Sotheby-Versteigerung vom November 1988 mit Stücken aus dem Besitz des British Rail Pension Fund. Für den im Dezember 1972 in New York für 400 000 Dollar (damals 1,2 Millionen DM) ersteigerten, vorn und an den abgerundeten Seiten offenen Konsoltisch, den Jean-Henri Riesener 1781 für Königin Marie-Antoinettes Versailler Cabinet intérieur geschaffen hatte, wurden nun von einem Privatsammler 1,65 Millionen Pfund (5,21 Millionen DM) geboten. Ein 1976 in Monte Carlo mit 1,66 Millionen Francs (895 000 DM) bezahltes, an den Seiten offenes Kabinett von A. Weisweiler mit Sekretäreinsatz und Sèvresplaketten wurde für 990 000 Pfund (2,12 Millionen DM) zugeschlagen. Diese Preise überragten die anderen dieser Session beträchtlich. Es soll keineswegs verschwiegen werden, daß in dieser Auktion aus einem Anlagefundus in erster Linie die gut dokumentierten und musealen Möbel Spitzenpreise brachten, während andere namenlose oder bestimmten Meistern (etwa Jean-Pierre Latz) lediglich zugeschriebene Stücke eine deutliche Preisstagnation aufzuweisen hatten.

Das „Badminton Cabinet“ wurde am 5. Juli 1990 bei Christie, wo es 8,58 Millionen Pfund einspielte, zum teuersten Kunstgewerbe-Objekt der neueren Auktionsgeschichte.

Welch überragende Anerkennung dagegen Möbel mit guter Provenienz finden, wurde im November 1989 noch einmal deutlich, als in einer New Yorker Christie-Auktion eine goldgefaßte Louis XVI-Kommode mit Girlandenschnitzerei aus dem Schloß

Ein charakteristischer Roentgen-Preis für ein höfisches Möbel: Ein von David Roentgen gestempeltes Zylinderbureau mit Girlandenmarketerie wurde 1989 für 1,3 Millionen Mark vom Berliner Kunstgewerbemuseum erworben.

Der „Achilles-Schild“: ein Hauptexponat der Silbersammlung Al-Tajir, das im Mai 1984 für 484 000 Pfund ersteigert wurde.

Ein Hochpreis für ein englisches Girandolenpaar: Im November 1989 erzielen bei Sotheby in New York diese 1738 von dem George II-Silberschmied Frederick Kandler geschaffenen Exemplare 1,54 Millionen Dollar.

Fontainebleau auf 1,32 Millionen Dollar (2,44 Millionen DM) stieg. Marktfrische wurde schließlich 1990 in einer Pariser Märzauktion der Maîtres Millon und Jutheau honoriert, in der ein Rotlack-Sekretär von Jacques Dubois für brutto 7,8 Millionen Francs (rund 2,68 Millionen DM) an einen Telefonbieter fiel. Ein besonders ausgefallenes Möbel hatte allerdings schon 1981 bei Sotheby in Monaco einen Nettozuschlag von 5 Millionen Francs (2,1 Millionen DM) erzielt: jener klassizistische, Joseph Baumhauer zugeschriebene Ebenholzschreibtisch mit Cartonnier, der noch 1974 in London 240 000 Pfund (1,35 Millionen DM) eingespielt hatte. Das teuerste Möbel der neueren Auktionsgeschichte ist weder französischer, noch deutscher, noch englischer Provenienz. Es handelt sich um ein ab 1720 in den großherzoglichen Werkstätten in Florenz gearbeitetes, 3,86 Meter hohes Ebenholzmöbel mit Pietra dura-Einlagen und reichem Ormoulu-Dekor. Dieses von dem dritten Herzog von Beaufort im Zuge seiner „Grand Tour" durch Italien in Auftrag gegebene „Badminton Cabinet" wurde am 5. Juli 1990 bei Christie für 8,58 Millionen Pfund (25,31 Millionen DM) der amerikanischen Sammlerin Barbara Piasecka Johnson zugeschlagen: Nicht nur „Weltrekord" für ein Möbel, sondern der höchste bisher für ein Kunstgewerbe-Objekt gebotene Preis!

1979 in der Ojjeh-Auktion erschien zum erstenmal ein Möbel, dessen Urheberschaft mysteriös blieb. Es handelte sich um eine seitlich gebauchte, vorn geschweifte Kommode mit extensivem Ormoulu-Beschlag, die als deutsche Arbeit aus dem zweiten Viertel des 18. Jahrhunderts katalogisiert war. Die französischen Bronzebeschläge trugen den Stempel „gekröntes C", der für die Jahre 1745–49 gilt. Da solcher Ormoulu-Dekor höchst selten an deutschen Möbeln zu finden ist, liegt die Vermutung nahe, daß es sich hier um ein nach deutschem Entwurf in Paris gefertigtes Möbel handelt. Es ging damals bei 1 Million Francs zurück, wurde aber anschließend in die Sammlung Clore abgegeben. Im Dezember 1986 kam es bei Sotheby in London für 231 000 Pfund (670 000 DM) erneut unter den Hammer. Hier wurde, zum erstenmal wieder nach der Versteigerung eines Dresdner Blaulack-Sekretärs von J. G. Borlach und Christian Reinow, der im April 1977 bei Christie brutto 70 400 Pfund (281 600 DM) erzielt hatte, der Blick auf deutsche Möbelkunst und ihre Entwerfer gelenkt.

Peu à peu setzte sich in den achtziger Jahren die Erkenntnis durch, daß das deutsche Möbel des 18. und frühen 19. Jahrhunderts auf den Weltmärkten unterbewertet sei. Im Vergleich mit den französischen Ebenistenstücken wird immer wieder die schlichte Innenverarbeitung hervorgehoben, doch wer die Möbel eines J.-F. Oeben, F. Reizell, J.-H. Riesener, Adam Weisweiler als Belegstücke zitiert, sollte nicht vergessen, daß es sich hier um aus Deutschland zugereiste Möbelmeister handelt, ohne die die Geschichte der französischen Möbelkunst wesentlich ärmer wäre.

Im Gegensatz zum Markt für französische Möbel, dessen Preise auf den Auktionen „gemacht" und vom Pariser Handel

„weiterentwickelt“ werden, war der Markt für deutsche Möbel bis zum Ende des Jahrzehnts ein reiner Händlermarkt. Die in den deutschen und englischen Auktionen (hin und wieder taucht ein interessantes Stück auch in der Schweiz oder in Skandinavien auf) diskret von deutschen Händlern erworbenen Möbel wurden dann, sorgfältig restauriert, auf den deutschen Antiquitätenmessen präsentiert. Dort kosten heute stereotype Marktbeispiele wie Frankfurter Wellenschränke oder süddeutsche Tabernakelsekretäre ohne aufwendige Einlegearbeit bereits um oder über 100 000 DM. Gegenüber solchen braven gutbürgerlichen Stücken erscheinen die beschnitzten und blattvergoldeten Holsteiner Spiegelschatullen mit 200 000 bis 250 000 DM keineswegs überbewertet. Mehrfach haben in den achtziger Jahren elfenbein-intarsierte Braunschweiger Barockschränke bereits die 300 000 DM-Schwelle überschritten. Doch der Trend geht am Ende des Jahrzehnts eindeutig zu den Kleinmöbeln, das Monumentale wird nur garantiert, wenn es museumswürdig ist.

Ganz oben auf der Bewertungsskala deutscher Möbel stehen Exemplare aus der Neuwieder Werkstatt von Abraham und David Roentgen, den ersten selbständigen Unternehmern der deutschen Möbelgeschichte. Sie haben im letzten Drittel des 18. Jahrhunderts die gesamte europäische Möbelkunst durch die feine Einlegearbeit und die aufwendige Technik ihrer Möbel nachhaltig beeinflußt. Der Preisaufschwung begann Mitte der siebziger Jahre, als herausragende Roentgen-Exemplare für 300 000 bis 400 000 DM offeriert wurden. Den ersten Millionenpreis auf deutschem Boden bewilligte 1985 das Badische Landesmuseum, Karlsruhe, als es von einem deutsch-britischen Händlerkonsortium für rund 1,5 Millionen DM ein exemplarisches David Roentgen-Rollbureau auf zwölf kanellierten Säulenbeinen aus der Sammlung Baron de Redé erwarb. Ein Jahr vorher hatte der deutsche Händler Otto von Mitzlaff bei Philipps in London mit einiger Courage ein exemplarisches Abraham Roentgen-Möbel ersteigert: einen Sekretär auf Huffüßen mit üppiger Blumenintarsie, der auf 880 000 DM angesetzt war. In den Folgejahren etablierte sich Mitzlaff auf den deutschen Kunst- und Antiquitätenmessen als Roentgen-Händler schlechthin, der immer wieder charakteristische Stücke aus dieser produktiven Werkstatt anzubieten hatte. Ein beispielhafter Preis sind die 1,3 Millionen DM, die der Münchner Händler Konrad Bernheimer 1988 für ein von David Roentgen gestempeltes Zylinderbureau mit Girlandenmarketerie aus der Sammlung Thyssen-Bornemisza forderte. Das höfische Möbel steht heute im Berliner Kunstgewerbemuseum.

Auf der Westdeutschen Kunstmesse im März 1990 präsentierte der Würzburger Händler Albrecht Neuhaus, der sich seit Jahrzehnten für das herausragende deutsche Möbel einsetzt, ein „Cantourgen“ (dreiteiliges Aufsatzmöbel mit Voluten, die oft in C-Schwüngen auslaufen) des Mainzer Möbeltischlers Johann Phillip Raab, das er 1989 für rund 600 000 DM in London ersteigert hatte. Der Preis lag jetzt bei 1,1 Millionen DM: eine legitime Bewertung angesichts der Harmonie und kunsthandwerklichen Finesse dieses Möbels, die höher anzusiedeln ist als bei einem Vergleichsstück aus dem Badischen Landesmuseum Karlsruhe.

Angesichts solcher Möbelkunst von europäischem Rang erscheinen die Preise, die zum Ende der achtziger Jahre für zum Teil noch nicht einmal angemessen aufgearbeitete Biedermeier-Möbel verlangt werden, deutlich übertrieben. Amerikanische Innenarchitekten und Einrichtungsmagazine, die sich seit Mitte der achtziger Jahre mit Vehemenz auf alles Klassizistische und Nachklassizistische stürzen, haben hier für Rückwirkungen auf den europäischen Markt gesorgt. Eine flüchtige Mode bewirkte Preisaufschwünge bis hart an die 200 000 Mark-Grenze für ausgefallene Hellholzsekretäre mit reicher Innenverarbeitung. Auf der Münchener Kunst- und Antiquitätenmesse im Oktober 1989 figurierten gleich zwei Schreibschränke aus dem ersten Viertel des 19. Jahrhunderts, die auf jeweils rund 170 000 DM angesetzt waren: ein süddeutscher Kirschbaumsekretär mit Arabeskenmalerei in Schwarzlot und ein österreichisch-ungarisches Schreibmöbel in Nußbaum- und Birkenmaser mit vierschubigem Unterbau. Problematisch aufgearbeitete Kastensekretäre wurden im März 1990 für 30 000 bis 40 000 DM angeboten, normale Sofas für 20 000 DM, schlichte Kommoden ab 15 000 DM. Der Dekorationstrend zum Gradlinigen hat hier wider alle Vernunft für Höchstpreise gesorgt, die kaum zu verantworten sind: Ein Sieg des genormten, von Wohnzeitschriften propagierten Geschmacks.

Ähnliche Dimensionen, nur auf viel höherem Preisniveau, hat der Handel mit englischen Möbeln angenommen. An ihrer Problematik hat sich bis heute nichts geändert: Rund die Hälfte dessen, was in den Routineauktionen und vom Routinehandel als 18. Jahrhundert angeboten wird, ist umgebaut, verändert, zusammengestückelt oder Nachbildung aus zweiten Epochen. Möbel der viktorianischen Ära, ja selbst der edwardianischen Epoche, werden inzwischen höher bezahlt als Stücke der Regency-Periode (1795–1840) in den späten siebziger Jahren bewertet wurden. Heute wird der Markt, der sich ausschließlich auf London und vor allem auf die USA konzentriert, wo der Geschmack der Superreichen nach wie vor englische Möbel favorisiert (Regency-Eßzimmer gehören zu den Standardausstattungen der Nobelreviere), fast ausschließlich vom Regency-Möbel geprägt. Der englische Antique Collector's Club hat bereits 1988 in einem Report über Möbelpreise festgestellt, daß in ein gewöhnliches Sitzmöbel dieser Epoche, das 1968 noch 100 Pfund kostete, zwanzig Jahre später 2 200 Pfund investiert werden mußten.

Eines der teuersten in New York versteigerten englischen Möbel kostete bereits 1981 nicht weniger als 946 000 Dollar (2,08 Millionen DM). Es handelt sich um einen Queen Anne-Schwarzlacksekretär mit Bibliotheksaufsatz, der aus der Sammlung Merle Oberon kam, die ihn 1973 für 90 000 Dollar (225 000 DM) ersteigert hatte. Ein charakteristischer Preis für ein herausragendes Chippendale-Möbel sind die im Juli 1989 bei Sotheby in London für eine reich beschnitzte, um 1755 nach Tafel XLIII in Thomas Chippendales stilprägender Entwurfsammlung „The Gentleman and Cabinet-Maker's Director“ (1754) entstandene Kommode, die 550 000 Pfund (1,68 Millionen DM) erzielte. Seit 1987 erschienen in Londoner Auktionen mehrfach Möbel des zwischen 1814 und 1818 in London nachgewiesenen „Cabinet-Makers“ George Bullock, der 1816 auch Möbel für Napoleons zeitweilige Residenz Longwood House auf St. Helena, entwarf. Die ersten Exemplare dieses für den Markt wiederentdeckten Tischlers tauchten in der Christie-Auktion von Great Tew Park (Mai 1987) auf, wo sie ein geschlossenes, gut dokumentiertes Ensemble bildeten. Das Museum Birmingham sicherte sich diese Paradestücke zu Preisen zwischen 37400 Pfund (112 000 DM) für ein in Eiche, ein von Bullock wiederentdecktes Holz, gearbeitetes Sofa bis zu 82 500 Pfund (247 500 DM) für ein Paar offener Bücherregale mit floralen Einlagen. Einen knappen Monat später kostete ein Paar bronzemontierter Seitenschränkchen bereits 242 000 Pfund (726 000 DM). Eine Museumsschau in Birmingham und eine Ausstellung beim Londoner Möbelhändler Blairman & Sons folgte auf dem Fuße: Der Markt hatte einen neuen Stern. In der Bundesrepublik hat sich der Markt für englische Möbel inzwischen gesundgeschrumpft. Einrichtungskäufer sind nicht mehr gewillt, die hohen Preise selbst für Möbel zweiter Zeiten mitzutragen. Außerdem hat sich hier ein Geschmackswandel zurück zum deutschen Möbel vollzogen.

Die radikalste Aufwertung gegenüber der europäischen Möbelkunst haben in den achtziger Jahren amerikanische Möbel der frühen regionalen Zentren Newport, Boston, New York, Baltimore, vor allem aber Philadelphia zu verzeichnen. 1983 begann der Preisaufschwung in den New Yorker Auktionen, als ein dem Newporter Ebenisten E. Townsend zugeschriebener Sekretär aus der Mitte des 18. Jahrhunderts unerwartete 687 000 Dollar (1,71 Millionen DM) brachte. Bei Christie wurde im Januar 1986 ein im Chippendale-Stil beschnitztes Teetischchen aus Philadelphia bereits mit 1,045 Millionen Dollar (2,58 Millionen DM) bewertet. Im Januar 1987 ersteigerte ein New Yorker Händler bei Sotheby für 2,75 Millionen Dollar (5,08 Millionen DM) einen Ohrensessel mit Klauenfüßen, der für den mit George Washington befreundeten General John Cadwalader von Thomas Affleck in Philadelphia gefertigt wurde. Mehr noch als das beste Paradestück französischer Ebenistenkunst erzielte am 3. Juni 1989 bei Christie ein mit Muschelwerk verzierter, 2,87 Meter hoher Aufsatzsekretär, der dem Newporter Möbeltischler John Goddard zugeschrieben war:

Einer der Hochpreise der im Juni 1989 bei Lempertz versteigerten Meißen-Sammlung Werner Jahn: 66 000 DM für diesen Ormoulu-montierten Gewürzbehälter als Segelschiff.

12,1 Millionen Dollar (24,2 Millionen DM). Ein Preis jenseits aller Vernunft oder angemessene Notierung für ein Stück geheiligter Nationalkultur?

Was die Möbelmärkte charakterisiert, trifft auch auf die Silbermärkte zu: eine drastische Verteuerung der nationalen Silberschmiedekunst, allen voran die englische und die deutsche. Briti-

Hauptstücke aus dem Augsburger Silberservice, das 1980 bei Sotheby in Genf versteigert wurde und dessen wesentlicher Teil 1981 für das Bayerische Nationalmuseum erworben wurde.

sches Silber, das seine Hauptstützpunkte in den Londoner und New Yorker Auktionen hat, wurde innerhalb eines Jahrzehnts vor allem durch die manische Kauflust eines einzigen Sammlers in astronomische Höhen befördert. Der in London residierende Finanzier und Diplomat Mahdi Al-Tajir aus Dubai läßt über seinen Londoner Auftragshändler Jaques Koopman seit Beginn der achtziger Jahre in den anglo-amerikanischen Auktionen systematisch alles aufkaufen, was gut und teuer ist.

Im Januar 1990 zeigte Christie diese Sammlung in einer Sonderausstellung; sie präsentierte in imponierender Breite den Glanz der britischen Goldschmiedekunst vom Deckelkrug aus elisabethanischer Zeit bis zum viktorianischen Rennpokal. Hier waren all jene Stücke versammelt, die in einem knappen Jahrzehnt Rekordpreise erzielt hatten, darunter der von John Flaxman entworfene, 1822 von Philipp Rundell gearbeitete „Achilles-

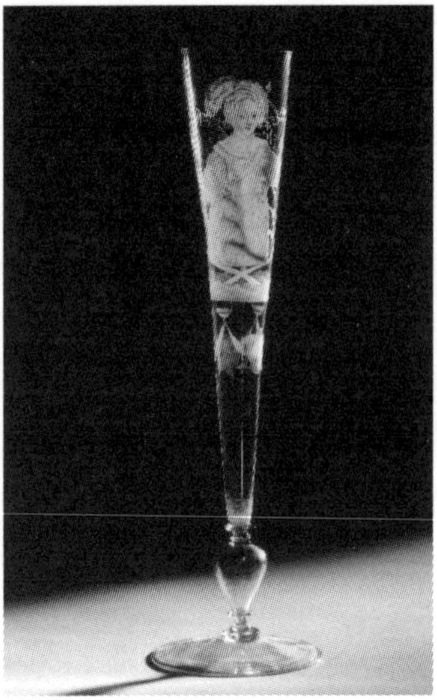

Das teuerste Stück der Sammlung Guépin: Flötenglas mit diamantgraviertem Porträt des Prinzen Willem III. von Oranien, das im Juli 1989 862 500 Gulden erzielte.

Gotischer Deckelbecher der Familie Glauburg, Köln (?), erstes Drittel des 15. Jahrhunderts: 1988 für 1,45 Millionen DM vom Historischen Museum der Stadt Frankfurt erworben.

Schild", der im Mai 1984 bei Sotheby aus der Sammlung des Herzogs von Northumberland für 484 000 Pfund (1,81 Millionen DM) versteigert wurde, die berühmte, 1738 von dem hugenottischen Silberschmied Paul de Lamerie gearbeitete Kaffeekanne mit Muschelwerk und Maskarons, die im Oktober 1983 bei Christie in New York den damaligen Rekordpreis von 275 000 Dollar (715 000 DM) erlöste, oder die um 1735 von dem frühen Rokoko-Meister George Wickes für den Prinzen von Wales gearbeitete Kanne mit Becken, die als „Bristol ewer and basin" in die Kunstgeschichte eingegangen ist und im Juni 1983 bei Sotheby 176 000 Pfund (682 000 DM) kostete. In Al-Tajirs Sammlung, die in ihrer rund 30teiligen europäischen Abteilung den Schwerpunkt bei französischen Empirestücken von Odiot und Biennais hat, findet sich auch ein herausragendes Beispiel manieristischen Utrechter Silbers: jene Kanne und Becken von Christian van Vianen, die in Sothebys

Mentmore-Auktion 1977 noch 125 000 Pfund (505 000 DM) erzielt hatte und von dem Sammler 1989 für 880 000 Pfund (2,8 Millionen DM) freihändig aus dem Fundus des British Rail Pension Fund angekauft wurde.

Die oben genannten Preise belegen, wie hoch schon in der ersten Hälfte der achtziger Jahre das hochrangige Einzelstück bewertet wurde. Welchen Einfluß auf die Preisbildung eine berühmte Provenienz haben kann, zeigte sich in einer Christie-Auktion vom Dezember 1988, in der ein schlichtes Schreibzeug von Paul de Lamerie aus dem Besitz von Sir Robert Walpole 770 000 Pfund (2,46 Millionen DM) einspielte. Das Ende des Jahrzehnts markieren die 1,54 Millionen Dollar (2,84 Millionen DM), die im November 1989 bei Sotheby in New York für ein 1738 von dem Londoner Silberschmied Charles Frederick Kandler mit vollplastischen Figuren und Rankenwerk gearbeitetes Girandolenpaar geboten wurden. Auf rekordbrechende 1,155 Millionen Pfund (3,2 Millionen DM) kamen im Mai 1990 bei Sotheby sechs um 1730 von dem Londoner Silberschmied Peter Archamdo gegossene Wandkerzenleuchter aus britischem Adelsbesitz. Doch der britische Silbermarkt ist keineswegs durchgängig in ein Hochpreisgefüge eingebettet, sondern auffällig gespalten: Hier die Rekordnotierungen für die museumswürdigen Einzelstücke von der Regierungszeit Elizabeth I. bis zur hochviktorianischen Epoche, dort das noch zum Teil unter den Preisen für vergleichbares Neusilber liegende Tafelsilber des „late Georgian“-Stils aus den ersten drei Jahrzehnten des 19. Jahrhunderts.

Solch eine Zweiteilung mit ausgesprochenem Höhenflug der Spitzenobjekte herrscht auch auf dem Markt, oder sagen wir besser den Märkten für deutsches Silber, die nicht nur von deutschen Silberhändlern wie Helmut H. Seling geprägt, sondern auch von ausländischen Firmen wie Payer, Zürich, und S. J. Phillips, London, bewegt werden. Das wichtigste deutsche Silber kam in den achtziger Jahren in den Genfer Auktionen von Sotheby und Christie unter den Hammer. Hier ersteigerte der Würzburger Händler Klaus Hübner, der vor allem den Markt für altes Glas kontrolliert, seit Mitte der achtziger Jahre aber auch im Altmeisterbereich tätig ist, im Mai 1986 für 792 000 Schweizer Franken den teilvergoldeten gotischen Deckel-Becher der Familie Glauburg, den anderthalb Jahre später das Historische Museum der Stadt Frankfurt für 1,45 Millionen DM erwarb. In Genf wurde bereits im November 1980 der sogenannte „Augsburger Silberschatz" versteigert, ein umfangreiches Tafelservice, das 1761–63 im Auftrag des Fürstbischofs von Hildesheim die berühmtesten Augsburger Silberschmiede gearbeitet hatten. Es gibt inzwischen Anhaltspunkte, daß dieses ungewöhnlich komplette Ensemble (die meisten Service dieser Zeit wurden zumindest teilweise eingeschmolzen) direkt von einem Mitglied des Hauses Hannover eingeliefert wurde. Zwei Parteien lieferten sich damals ein heftiges Bietgefecht: Albrecht Neuhaus und, mit Rückendeckung einer Kapitalgruppe, die Silberhandlungen Phillips und Seling, die den wesentlichen Teil des in insgesamt 67 Lose aufgebrochenen Schatzes für umgerechnet rund 4,8 Millionen DM ersteigerten, darunter die drei vollplastisch gearbeiteten Tafelaufsätze mit Figuren in Rocaille-Lauben, die zusammen schon 1,2 Millionen Schweizer Franken erzielt hatten. Unmittelbar danach wurde das Ensemble dem Bayerischen Nationalmuseum angeboten; doch es dauerte bis zum Mai 1981, ehe der Haushaltsausschuß des Bayerischen Landtags den Ankauf für 5,7 Millionen DM billigte. Der von Neuhaus ersteigerte Teil ging kurze Zeit später an das Roemer- und Pelizaeus-Museum in Hildesheim, das für den Ankauf eine erfolgreiche Spendenaktion ins Leben gerufen hatte.

Ein charakteristischer Hochpreis für ein Einzelstück sind die 825 000 DM, die die Stadt Hanau mit Hilfe von Geldern der in Berlin ansässigen Kulturstiftung der Länder Ende 1989 in einen manieristischen Stadtpokal von Hanau investierte, der bereits um 1615 in Hanauer Archiven erwähnt wird, aber seit 1911 als verschollen galt. Seling hatte ihn wiederentdeckt und 1988 auf der Münchner Kunst- und Antiquitätenmesse gezeigt. Solche Stücke sind die Spitze eines Marktes, der sich im oberen Bereich auch schon einmal vergreifen kann. Ohne zu murren bewilligten die Städtischen Kunstsammlungen Augsburg im Frühjahr 1989 die 3,4 Millionen DM, die die für ihre forsche Preispolitik bekannte Bremer Galerie

Neuse für einen Silberkoffer, ein sogenanntes Reiseservice mit knapp 40 in den Jahren 1751–53 von acht Augsburger Goldschmieden gearbeiteten Silberteilen forderte. Der Preis war mehr als astronomisch, wenn man ihn mit anderen Marktbeispielen gleicher Importanz vergleicht. Im Mai 1983 wurde bei Christie in Genf ein Reiseservice ähnlichen Charakters, 1745–49 in Augsburg von den besten Meistern der Epoche (Drentwett und Warnberger u. a.) gearbeitet, für 286 000 Schweizer Franken zugeschlagen. Das wesentlich frühere, um 1705 in Augsburg entstandene 33teilige Reiseservice im Koffer aus dem Besitz des Kölner Händlers H. G. Klein kostete auf der Berliner „Orangerie" im September 1985 charakteristische 900 000 DM. So weit können Bewertungen auseinanderklaffen: Hier wie dort läßt der Markt genug Spielraum für Phantasie. Eines der teuersten Beispiele eminent seltenen Dresdner Rokoko-Silbers offerierte die Londoner Firma Phillips auf der Berliner „Orangerie '89" für eine runde Million DM. Es handelte sich um vier etwa 1750 für Friedrich August II. von Sachsen gearbeitete vierarmige Leuchter.

Solche Stücke, die die Silberschmelze der Schlesischen Kriege überlebt haben, stehen in hellstem Marktlicht, doch ähnlich wie bei englischem Silber hat das normale Material von der Augsburger Rokoko-Kanne bis zum Leuchterpaar des Berliner Klassizismus im sonst so hektischen Teuerungsdrang der späten achtziger Jahre eine dezente Preisposition bewahrt. Insgesamt gilt die Devise: Frühe, historisch dokumentierte, komplette, reich bearbeitete Stücke mit guter Provenienz haben immer einen festen Markt. Nicht einmal weltweite Silberkrisen, wie der Zusammenbruch des von den amerikanischen Brüdern Hunt 1979/80 monopolistisch kontrollierten Silbermarkts, können ihren Höhenflug bremsen – ein Sieg des Kunsthandwerks und damit der Historie über das börsentäglich bewertete Rohmaterial.

Etwas anders sieht es auf dem Keramik- und Porzellanmarkt aus, der weltweit von nicht mehr als sieben Händlern bewegt wird. Das Auktionsgeschehen verteilt sich auf London, wo es qualitativ immer mehr abbröckelt, die Genfer Sotheby- und Christie-Auktionen und die deutschen Kunstgewerbe-Versteigerungen, an der

Spitze Lempertz in Köln. Die Entwicklung ist insgesamt sehr uneinheitlich. Während etwa die Preise für Sèvres-Porzellan der Spitzenklasse in den achtziger Jahren erheblich angezogen haben (Hauptbeispiel sind die beiden eiförmigen Vasen in „Bleu lapis“ mit weiß-goldfarbigem Dekor von 1769, die das J. Paul Getty Museum im Dezember 1985 zum Weltrekordpreis von 1,99 Millionen Francs bei Christie in Monaco ersteigerte), bewegt sich bei frühem Meißen kaum etwas nach oben. Die Preise stagnieren hier seit Mitte der achtziger Jahre auf hohem Niveau.

Selten passiert es, daß ein Spitzenstück etwa nach einem Modell von J. J. Kändler oder Reinicke die 100 000-Mark-Marge überschreitet. Das gilt auch für die Stücke der Meißen-Sammlung Werner Jahn, die im Juni 1989 bei Lempertz in Bankenauftrag versteigert wurde und netto 3,2 Millionen DM erzielte. Nur ein Einzelstück, ein um 1800 in feuervergoldete Empirebronze-Montur eingebetteter Walzenkrug in poliertem Böttger-Steinzeug, brachte damals mit brutto 123 000 DM einen Weltpreis. Im Spezialhandel, etwa bei H. Reichert in München, sind heute immer noch exemplarisch bemalte Formstücke aus den ersten zwei Jahrzehnten der Manufaktur für 20 000–70 000 DM zu haben. Der teuerste Meißen-Händler, der in den Auktionen stets Höchstpreise bewilligt, ist der Münchner G. Röbbig, der bereits 1987 eine Krinolinengruppe von Kändler für 160 000 DM und eine um 1732 geformte, mit Vogelmalerei in der Art von A. F. von Löwenfink dekorierte Kanne mit Becken für 185 000 DM offerierte.

Eine paradoxe Sonderentwicklung hat der Markt für Porzellan der Berliner Manufaktur durchgemacht. Die Versteigerung der Sammlung Köllmann bei Lempertz in Köln (Juni 1987) hat sich als Schrittmacher einer Hochpreisentwicklung erwiesen. Doch während damals die meisten Preise noch unter der 10 000 DM-Schwelle blieben, bringen heute in Genfer und Bremer Auktionen (Bolland & Marotz) üppig dekorierte Teller und Platten des Klassizismus schon weit über 30 000 DM – angesichts der Produktions-Menge solcher Stücke schon eine übertriebene Notierung –, während archivalisch erfaßte und exemplarisch dekorierte Prunkvasen der Epoche bis 1840 vielfach noch unter 50 000 DM zu haben sind. Solche Kontraste zwischen überteuerter Dekorationsware und historischem Einzelstück gibt es in allen Sammelbereichen, sie sind das Salz des Marktes.

In den achtziger Jahren war der Meißen-Markt nicht frei von Manipulationen. Eine Gruppe deutscher Regionalhändler ersteigerte auf den internationalen Auktionen vornehmlich ramponierte Stücke, ließ sie restaurieren, fügte auch schon einmal nicht Zusammenhängendes zusammen (Teller und Deckelschüssel, zu Kannen fremde Deckel) und verteilte diese Stücke auf deutsche Provinzauktionen, wo sie mit Gewinn versteigert wurden. Das hat zwar wissende Sammler nicht tangiert, aber so manchen Novizen, der erst im Nachhinein sein Auktionsengagement bedauern mußte, für immer verschreckt.

Auch der Markt für italienische Majoliken, die die eigentlichen Überflieger dieses bewegten Marktjahrzehnts sind, ist in den achtziger Jahren heftig gewachsen. Gesteuert wird er von der italienischen „Majolika-Mafia"; Händlern, die Ringe bilden und Eindringlinge abwehren, ganz nach französischem oder altem britischen Händlermuster. Einen der höchsten Majolika-Preise bewilligte im Oktober 1988 bei Sotheby ein italienischer Händler, der einen um 1530 entstandenen Istoriato-Teller aus Urbino mit der Entführung der Proserpina (die Malerei ist eine Zuschreibung an Nicola da Urbino) für 99 000 Pfund (312 000 DM) ersteigerte. Er kam aus der Sammlung des British Rail Pension Fund, der ihn 1978 für 27 500 Pfund erworben hatte. Für deutsche Fayencen war die im November 1988 vom Heilbronner Auktionshaus Jürgen Fischer versteigerte Sammlung Kurt Bösch eine Wegmarke. Hier kamen die Gebote dicht an die Spitzenpreise für frühes Meißen-Porzellan heran: brutto rund 97 000 DM für einen wahrscheinlich von Johann Espenmüller bemalten Künersberger Enghalskrug und rund 113 000 DM für einen mit Schwarzlotmalerei (Ruinenlandschaft) von Johann Schaper dekorierten Nürnberger Enghalskrug. Abgesehen von solchen Ausnahmepreisen, die sich auf Material beziehen, das fast dreißig Jahre in Privatbesitz eingeschlossen war, zeigte sich der Fayencen-Markt in den achtziger Jahren relativ unbeweglich.

Ähnliches gilt für das normale alte Glas, das weder eine wohlklingende Provenienz, noch historische Bezüge oder einen bedeutenden Formschneider, Graveur oder Maler aufweisen kann. Hier sind die Preise seit Beginn der achtziger Jahre auf dem gleichen Niveau stehengeblieben. Doch immer dann, wenn ausgesprochene Raritäten oder geschlossene Sammlungen (z. B. die von Juli 1981 bis März 1983 in vier Etappen bei Sotheby versteigerte Sammlung Helfried Krug) auf den Markt kamen, explodierten die Preise. In den Auktionen der Sammlung Krug, in denen für rund 800 Lose insgesamt 5,39 Millionen DM eingespielt wurden, dominierten die Würzburger Glasspezialisten Heide und Klaus Hübner. Sie boten bereits in der ersten Sitzung vom 7. Juli 1981 den Höchstpreis von 85 000 Pfund (damals 391 000 DM) für den schlesischen Hochschnitt-Deckelpokal aus der Werkstatt des Friedrich Winter. Auch in der im Juni 1984 bei Sotheby versteigerten Glassammlung Fritz Biemann, die für 239 Lose bereits 3,27 Millionen DM erlöste, boten die Hübners Höchstpreise: 66 000 Pfund (250 000 DM) für einen vorbildlich erhaltenen Nürnberger Schwarzlot-Becher mit Callot-Szenen von Johann Schaper (der nicht nur Fayencen, sondern auch Glas dekorierte) und 49 500 Pfund (188 000 DM) für einen lichtgrünen deutschen Römer des frühen 17. Jahrhunderts mit Soldatenfiguren und einem Trinkspruch in Goldmalerei. Diese beiden Gläser wurden dann am Stand von Hübner auf der Westdeutschen Kunstmesse im März 1985 für 395 000 respektive 320 000 DM angeboten.

Seit diesen Auktionen fließt das Material nicht mehr so reichlich. Nur Einzelstücke erzielen Ausnahmepreise, wie jener im Dezember 1989 bei Nagel in Stuttgart für brutto 492 000 DM versteigerte, in Hoch- und Tiefschnitt dekorierte schlesische Deckelpokal des frühen 18. Jahrhunderts mit einer Devise des Grafen Schaffgotsch. Daß auch niederländisches Glas der Spitzenqualität Weltmarktpreise erringt, zeigte sich in der Amsterdamer Christie-Auktion der Sammlung J. A. Guépin im Juli 1989, in der 127 Lose 5,57 Millionen Gulden aufbrachten. Einer der Hauptbieter neben Hübner war ein niederländischer Glassammler, der für ein 1657 datiertes Flötenglas mit dem diamantgravierten Porträt des Prinzen Willem III. von Oranien den Rekordpreis von 862 500 Gulden bot. Deutsches Spitzenglas des 18. Jahrhunderts hat einen unerschütterlichen Marktwert, der auch durch japanisches Interesse gefördert wird (bereits in den Krug-Auktionen hatten sich die Japaner stark engagiert). Bei den in den letzten Jahren auf deutschen Auktionen zu fünfstelligen Preisen offerierten Schnittgläsern und Kothgasser-Bechern galt es jedoch, einige Vorsicht walten zu lassen: Nicht immer deckte sich die mediokre Qualität mit den hochgemuten Beschreibungen.

Welche Märkte des alten Kunsthandwerks sind noch relevant für die Entwicklung der achtziger Jahre? Ich möchte hier, ohne auszuschweifen, das Sammelgebiet alte Uhren herausheben. Zu Beginn des Jahrzehnts hatte es zunächst einen deutlichen Prestigeverlust hinzunehmen. Eine unberechenbare Schar von Anlagekäufern, die exemplarische Taschenuhren von Lange und Patek Philippe zu Höchstpreisen erworben und in den Safe gelegt hatten, wollte damals plötzlich Gewinnmitnahmen realisieren, doch der eben erst pointiert angeheizte Markt konnte den hochkarätigen Rückfluß nach so kurzer Zeit nicht verkraften. Heute hat sich die Marktsituation für herausragende Taschenuhren, die etwa in den Genfer Auktionen von Habsburg Feldman S.A. versteigert wurden, stabilisiert. Das Firmenmuseum von Patek Philippe ist ein eifriger Käufer. Zuweilen wird, der Spekulation zuliebe, auch schon einmal ein Rekordpreis künstlich gezaubert wie im April 1989, als in Genf für offizielle 4,95 Millionen Schweizer Franken eine Patek Philippe-Taschenuhr „Kaliber '89" versteigert wurde, die nur zehn Tage nach der Auktion in einem Inserat der „International Herald Tribune" für 8,5 Millionen Schweizer Franken ohne Erfolg erneut angeboten wurde.

Während am Ende des Jahrzehnts Taschenuhren und in steigendem Maße auch Präzisionsarmbanduhren, Rolex eingeschlossen, auf dem Uhrenmarkt dominieren, verläuft die Marktentwicklung für historische Großuhren weniger spektakulär und hektisch. Die Preise, selbst für die entwicklungsprägenden Augsburger Renaissance-Tischuhren, reichen kaum über 1 Million. Zwar versuchte ein Bremer Händler auf der Berliner „Orangerie '87" mit einem auf 1,8 Millionen DM angesetzten Augsburger Meisterstück des späten 16. Jahrhunderts die Preisspirale ins Unermeßliche hochzudrehen, doch dieser Versuch mißlang. Kaum weniger aufwendig als dieses überstrapazierte Marktbeispiel war eine um 1600 ebenfalls in Augsburg gearbeitete Tischuhr mit vierseitigen Indikationen, Schlagwerk und zahlreichen Komplikationen, die der Frankfurter Uhrenspezialist M. Kegelmann im Februar 1989 für 750 000 DM offerierte. Während die Preise für solche nicht gerade häufigen Exemplare steigerungsfähig erscheinen, dürfte eine gewisse Reserve auf dem überhitzten Armbanduhren- und Präzisionsuhrensektor angebracht sein: Zu frisch ist noch die Erinnerung an den plötzlichen Marktrutsch 1983, der dem Marktrausch auf dem Fuße folgte.

Die ganze Breite des Marktes:

Vom Luxusstück zum Nutzobjekt

Wer die Entwicklung der Kunstgewerbe-Märkte betrachtet, darf ein Gebiet nicht außer acht lassen, das nur die immer rarer werdenden Sammler mit kulturhistorischer Ambition erfreut: den Markt für die sogenannten „Works of Art", Objekte des europäischen Kunsthandwerks also, wie sie z. B. in der Auktion der Sammlung Robert von Hirsch 1978 Preistriumphe erlebten. Dieser Markt hat sich in der zweiten Hälfte der achtziger Jahre deutlich beruhigt. Das liegt in erster Linie daran, daß in dem gesamten Jahrzehnt keine Sammlung von vergleichbarer Bedeutung und ähnlichem Umfang mehr auf dem Markt war. So war beispielsweise die im Oktober 1979 von Spink und Koller gemeinsam in Zürich versteigerte Sammlung Ernest Brummer, deren beste Stücke an amerikanische Museen gingen, durch einen hohen Prozentsatz von zweifelhaften Stücken belastet. Die Höchstpreise lagen hier zwischen netto 150 000 und 300 000 Franken, die für Emaillen, Goldschmiedearbeiten und Elfenbeinwerke geboten wurden. Netto 300 000 Franken wurden damals von der New Yorker Händlerin Mrs. Blumka für eine als Trierer Arbeit des XII. Jahrhunderts katalogisierte Elfenbeinplakette mit Christus, der den Heiligen Petrus und Paulus Schlüssel und Gesetzesrolle übergibt, eingesetzt.

Von besserer Gesamtqualität, wenn auch zahlenmäßig klein (30 Objekte), war jener Teil der Luzerner Sammlung Kofler-Truniger, der im Dezember 1979 bei Sotheby ausgeboten wurde. Hier gab es einen Hochflieger: ein im letzten Jahrzehnt des 12. Jahrhunderts in Limoges entstandener Reliquienschrein in Grubenschmelztechnik emailliert und mit einer Darstellung des Marty-

Immer seltener geworden: Reliquienschrein in Grubenschmelztechnik aus der Sammlung Kofler-Truniger, der 1979 bei Sotheby für 462 000 Pfund zugeschlagen wurde.

riums von Thomas Becket dekoriert (462 000 Pfund oder 1,75 Millionen DM). Weniger aufregend als solide bestückt war die seit den fünfziger Jahren entstandene Chicagoer Sammlung Thomas F. Flannery (Sotheby, Dezember 1983), deren Schwerpunkt das Mittelalter bildete. Auch hier gab es keine Preisexzesse: Insgesamt wurden für die 435 Lose 1,87 Millionen Pfund (7,36 Millionen DM) eingenommen. An den New Yorker Händler E. Lubin, der oft im Auftrag amerikanischer Museen tätig ist, ging damals für 165 000 Pfund (650 000 DM) eine um 1350 gearbeitete sächsische Bronzerelieffigur des Hl. Thaddeus aus der Hohenzollern-Sammlung, Sigmaringen, und für 132 000 Pfund (520 000 DM) eine 11,5 cm hohe vergoldete Bronze der Maria mit Kind, franko-flämisch, um 1420.

Danach gab es, mit Ausnahme punktuell erscheinender Einzelstücke, keine wirklich marktbewegende Offerte mehr, selbst nicht bei Sotheby, wo die meisten und besten dieser Auktionen stattfanden. Erst im Dezember 1987 konnte Sotheby mit der Sammlung Comtesse de Béhague an die rauschenden Hirsch-Erfolge anknüpfen. Diese Versteigerung am 5. Dezember in Monaco enthielt als Hauptstück eine gotische Goldbrosche in Adlerform, die 1893 als Teil des Domagnano-Schatzes in San Marino ausgegraben wurde. 14,43 Millionen Francs (4,7 Millionen DM) investierte ein amerikanischer Händler im Auftrag eines Privatsammlers in dieses 12 cm hohe Stück aus dem 5. Jahrhundert. Eine der größten Renaissance-Raritäten dieser Auktion, die rund 60 Millionen Francs erzielte, war eine Kanne mit dem Monogramm Heinrichs II. von Frankreich in St. Porchaire-Porzellan. Dieses hellglasierte Steingut des 16. Jahrhunderts genießt als Vorläufer des europäischen Porzellans auch aufgrund seiner eigenwilligen Formgebung und Ornamentik als Kunstkammerobjekt höchstes Ansehen. Die Kanne wurde damals für 4,1 Millionen Francs (1,41 Millionen DM) von dem Londoner Händler Rainer Zietz ersteigert, der sie 1988 auf der Berliner „Orangerie" für 2 Millionen DM anbot. Es ist geschmacksgeschichtlich interessant, daß solche singulären Stücke in einem Atemzug mit ägyptischen und griechischen Kleinbronzen, mit byzantinischen Elfenbeinarbeiten, germanischem und byzantinischem Schmuck und Stundenbuch-Miniaturen genannt werden: Das Disparate wird zum Ereignis, wenn es, wie hier, höchsten Museumsansprüchen genügt.

Machen wir einen großen Sprung durch die Jahrhunderte, die in den Kunstgewerbeauktionen oft so dicht beieinanderliegen. Ein Markt, der zwischen allen Kunstgewerbebereichen vermittelt, ist der für Arbeiten des Jugendstils und der Art Déco. Seine Vorläufer sind, nachdem die geschmacksbildende und marktprägende Sotheby-Filiale Belgravia geschlossen wurde, die auf London und New York verteilten Offerten von Skulpturen und Kunstgewerbe des 19. Jahrhunderts. Der Historismus wurde durch sie museumswürdig gemacht. Die Preise, die hier erzielt werden, dienten dem Handel als Grundlage seiner Preispolitik und diese steht kunsthandwerklichen Objekten früherer Epochen in nichts nach, – immer vorausgesetzt, es handelt sich um ausführlich dokumentierte Objekte, wie sie beispielsweise auf den Weltausstellungen seit 1851 erschienen. Wie sehr der Handel sich hier auch zuweilen im Preis vergreift, zeigt die Forderung von 800 000 DM für ein silber-vergoldetes Trinkhorn mit Elfenbeinkern, das der hochartifizelle Aachener Goldschmied Reinhold Vasters um 1875 im neogotischen Formenkanon geschaffen hatte. Dieses Prunkstück war ein Exponat des Londoner Händlers Rainer Zietz auf der Berliner „Orangerie '88". Im April 1986 hatte es noch in einer New Yorker Christie-Auktion ganze 88 000 Dollar (205 000 DM) gekostet.

Während solche Schaustücke eine doppelte Perspektive bieten – eine durch das kunsthandwerkliche Raffinement des 19. Jahrhunderts gefilterte Gotik präsentiert sich hier –, bleiben etwa im Möbelbereich solche hohen Ansprüche unerfüllt. Selten genug tauchen exemplarische Einzelmöbel auf, die den Geist der Epoche spiegeln. Dazu gehört das auf der Westdeutschen Kunstmesse in Düsseldorf im März 1990 von dem Aachener Möbel-Händler Schmitz-Avila (er war vorher Sammler und Zwischenhändler) ausgestellte und mit 225 000 DM durchaus realistisch bezifferte Cremer-Buffet in Ahorn mit Säulen und voll geschnitzten Figuren, das für die Weltausstellung 1862 gefertigt worden war. Gegenüber diesem Paradestück erscheinen die jetzt hochbezahlten Reproduktionsmöbel nach Vorbildern der Epochen Louis XV oder Louis XVI, die in den letzten beiden Jahrzehnten des 19. Jahrhunderts in hochrangigen Pariser Werkstätten gearbeitet wurden, als aufwendige Derivate. Ein Paradebeispiel ist ein mit üppigen figurativen Bronzen beschlagenes „Louis XV"-Kabinett des Pariser Ebenisten François Linke (seine Möbel erscheinen oft in Londoner und New Yorker Auktionen), das im Oktober 1988 bei Sotheby in New York 275 000 Dollar (489 000 DM) einspielte. Solche Stücke, in Verbindung mit dem Neu-Sèvres oder Neu-Wiener Porzellan dieser Epoche, mit den oft namenlosen Figurenbronzen der Zeit, mit Orientalisten-Gemälden oder französischer Salonmalerei à la Bouguereau sind Lieblingskinder einer bestimmten reichen amerikanischen Klientel. Wer einmal Innenaufnahmen der „guten Stube" des Verlegers Malcolm Forbes, einem der reichsten amerikanischen Kunstkäufer der achtziger Jahre, gesehen hat, kann diese geschmacksgeschichtlichen Phänomene lokalisieren.

Doch nun zum Jugendstil, dessen Märkte sich seit den siebziger Jahren einerseits noch stärker nationalisiert haben (Hauptbeispiele sind u. a. die Wiederentdeckung des amerikanischen Designers Gustave Stickley in den US-Auktionen und Preise für Einzelmöbel bis zu 363 000 Dollar), andererseits aber für große internationale Namen eine Weltresonanz erreichen. Das trifft in erster Linie auf die Glaskunst von Gallé, Daum und Tiffany zu, die seit Jahren auch bei japanischen Käufern begehrt ist. Tiffany-Objekte bringen in den New Yorker Auktionen Spitzenpreise; hohe Standardnotierungen für die stets begehrten floralen Steh- oder Tischlampen liegen zwischen 120 000 und 200 000 Dollar. Kommt eine der besonders favorisierten „Wisteria-Lampen" unter den Hammer, bringt sie leicht 231 000 Dollar (462 000 DM) wie jenes Exemplar der Sammlung Walter P. Chrysler Jr., das im Juni 1989 bei Sotheby versteigert wurde. Die teuerste Glaslampe des Jugendstils wurde im Dezember 1989 bei Sotheby in New York mit 1,76 Millionen Dollar (3,08 Millionen DM) eine Lotuslampe, deren Schirm von Daum und deren Messingfuß von Louis Majorelle entworfen wurde.

Seit Mitte der achtziger Jahre suchen die Pariser Versteigerungsetüden verstärkt den Konnex zu Japan, wo sie die Glaskunst von Gallé und Daum noch besser an den Mann bringen als im eigenen Land. Im Juni 1988 veranstaltete das Genfer Haus Habsburg Feldman S.A. eine Spezialauktion mit Gallé-Objekten aus einer Privatsammlung, deren Katalog auch in Japanisch gehalten war. Das Hauptlos der Auktion, die im Juni 1979 bei Christie in Genf zum damaligen Rekordpreis von 421 000 Franken versteigerte Rhabarberblatt-Vase von 1903, wurde im Nachverkauf für brutto 1,5 Millionen Schweizer Franken abgegeben. Schon im Oktober 1987 hatte eine Daum-Auktion von Ader, Picard, Tajan in Tokio Spitzenpreise bis 3,13 Millionen Francs oder 1,04 Millionen DM (für eine balusterförmige Vase mit Rosenrelief) realisiert. Zwei Tage später brachte in einer Provinzversteigerung in

Schon im März 1980 bei Christie in New York mit 396 000 Dollar bewertet: Spinnweblampe aus den Tiffany-Werkstätten in der Versteigerung der Sammlung Mihalak.

Béthune eine wesentlich schlichtere Libellenvase 4,15 Millionen Francs (1,38 Millionen DM). Der Höchstpreis für ein Glasobjekt von Gallé liegt im Februar 1990 bei netto 4,8 Millionen Francs (1,65 Millionen DM), die ein japanischer Industrieller in einer Auktion in Compiègne für eine 18 cm hohe Vase bewilligte. Schon Ende der achtziger Jahre gab es kaum eine Pariser Auktion oder französische Provinzauktion, in der nicht herausragende Stücke von Gallé oder Daum über die 1 Million-Francs-Marke rückten.

Der deutsche Jugendstil hat seine stärkste Bastion in den Münchner Ketterer-Auktionen zweimal pro Jahr. Mit den Weltmarktpreisen der französischen Zeitgenossen kann er nicht konkurrieren, die meisten Preise bleiben vierstellig: ein gutes Terrain für Sammler mit Normalbudget. Zu den hochdotierten Ausnahmen gehören vier Armlehnstühle, 1901 von Peter Behrens entworfen, die im Mai 1988 bei Ketterer netto 115 000 DM erzielten.

Bei den Möbeln des französischen Jugendstils stehen Einzelstücke nach Entwürfen von Emile Gallé, die im letzten Zipfel des Jahrzehnts noch einmal einen deutlichen Preisauftrieb hatten, ganz oben. Hier sind die Pariser Auktionen die Preisschrittmacher. So erzielten im Juni 1989 im Hôtel Drouôt eine 1896 datierte, reich geschnitzte und mit Blumenmarketerien eingelegte Gallé-Vitrine 1,38 Millionen Francs (475 000 DM), und ein ähnlich eingelegter Beistelltisch mit Libellenfüßen, ebenfalls nach Gallé-Entwurf, kam in derselben Versteigerung auf 1,054 Millionen Francs (363 000 DM): Preise, die dem anspruchsvollen Handel inzwischen als Richtwerte dienen.

Seit 1972 in Paris die erste Spezialauktion mit Art Déco-Möbeln stattfand, haben sich die Preise für die erste Garnitur dieser Möbelkunst, die mit kostbaren Materialien und in aufwendigen Techniken an die Ebenisten des 18. Jahrhunderts anknüpft, dramatisch multipliziert. 1972 zum Beispiel erzielte ein typisches Palisander-Eckschränkchen von Jacques-Emile Ruhlmann, 1,28 Meter hoch und mit Elfenbeinmarketerie in Form einer überquellenden Blumenvase, 36 900 Francs (damals 22 800 DM). Die gleiche von Ruhlmann mehrfach verwendete Marketerie erscheint auf einem Kabinettschränkchen in Macassarholz, das die Pariser Versteigerungsgruppe „Arcole“ im Juni 1989 für 3,57 Millionen Francs (1,05 Millionen DM) zuschlägt. Ein Frisiertisch aus Amboinaholz von Ruhlmann, der 1972 in der Ausführung mit Ebenholz noch 16 500 Francs (10 200 DM) erzielt hatte, brachte in der mit Höchsttaxen bestückten Versteigerung der Sammlung Lesieutre im Dezember 1989 in Paris netto 250 000 Francs (86 200 DM): Ein Durchschnittspreis für ein Möbel, das als eine von vielen Varianten des Modells „Hôtel du Collectionneur“ in Serie gegangen ist. Der sehr viel eigenwilligere, wie eine Skulptur wirkende Frisiertisch „Colonettes“ in Makassarholz kam in dieser Auktion, in der sich der deutsche Árt Déco-Sammler Gunther Sachs etwa ein Dutzend

Ein exemplarischer Art-Déco-Preis: Im Juni 1989 wird dieser Kabinettschrank von Jacques-Emile Ruhlmann mit Elfenbeinmarketerie für 3,57 Millionen Franc zugeschlagen.

Lose zuschlagen ließ, zum Spitzenpreis von 1,3 Millionen Francs (448 000 DM) unter den Hammer.

Auch die Lackmöbel, Vasen und Lackparavents von Jean Dunand haben eine brillante Marktposition. Um nicht immer nur Höchstpreise zu zitieren: ein Dreiersatz ineinandergeschobener Schwarzlack-Tischchen mit versilberter Metalleinlage erzielte im März 1988 im Hôtel Drouôt 500 900 Francs (172 700 DM), - ein Durchschnittspreis, denn für herausragende Wandschirme, die die chinesische Technik des 18. Jahrhunderts wiederaufleben lassen, werden heute ohne Mühe zwischen 1 und 1,5 Millionen Francs erlöst. Ein Paradebeispiel ist der Dunand-Paravent mit dem Titel „Animaux fantasques", der im Oktober in Paris 1,269 Millionen Francs (437 000 DM) erzielte. Auch von den nicht ganz so seltenen Dinanderie-Vasen Dunands sind Einzelexemplare in den Pariser Auktionen der Jahre 1988/89 bereits über 300 000 Francs gestiegen.

Natürlich prägen den Markt nicht nur die französischen Hauptrepräsentanten des modernen Kunstgewerbes, sondern auch Einzelgänger wie Eileen Gray (ein charakteristischer Preis: 231 000 Dollar oder 436 000 DM für einen Schwarzlacksessel mit Spannlederbezug im Mai 1989) oder der Holländer G. T. Rietveld, von dem wichtige Einzelmöbel und Ensembles seit 1986 in den Amsterdamer Christie-Auktionen versteigert werden. Schon damals wurde ein schwarz gefaßter „Easy Chair", der 1924 von dem Amsterdamer Designer entworfen wurde, für 110 200 Gulden verkauft, der drei Jahre später entstandene Armlehnstuhl „Birza-Chair" brachte gar 127 600 Gulden. In demselben Auktionssaal erlösten ein Jahr später drei differenzierte Rietveld-Sessel, darunter der gelochte Alumunium-Armlehnstuhl, 156 600 minimum bis 197 200 Gulden, wobei der Spitzenpreis dem asymmetrischen schwarz-weißen „Berlin-Chair" von 1924 galt.

Als im Oktober 1988 in Paris eine erste Auktion mit Möbeln und Objekten von Architekten und Designern des 20. Jahrhunderts stattfand, wurde das in der französischen Presse als neue Marktinitiative gefeiert. Allerdings hatte man vergessen, daß in der Sotheby-Filiale Belgravia schon in den späten siebziger Jahren modernes Design von Marcel Breuer bis Alvar Aalto unter den Hammer gekommen war. Inzwischen ist die Marktführung auf diesem Sektor auf die Londoner Christie-Auktionen übergegangen, die seit Mitte der achtziger Jahre auch Design der letzten drei Jahrzehnte versteigern. Ein typisches Beispiel sind die zwei ab 1978 von De Sede produzierten Chaiselongues in Form überdimensionaler Boxhandschuhe, die im November 1984 für 7 020 Pfund (25 800 DM) zugeschlagen wurden. Ron Arads Stahlarmlehnstuhl „Rolling Volume" erlöste in einer Christie-Auktion vom Februar 1990, in der zum erstenmal eine geballte Ladung britischen Designs auf dem Prüfstand war, 5 500 Pfund (15 100 DM). Auch auf dem Gebiet des Industrie-Designs hatte Christie die Nase vorn, als es im Dezember 1988 eine erste einschlägige Auktion veranstaltete, in der neben Elektrogeräten auch eine Gruppe von Bakelitobjekten der dreißiger bis fünfziger Jahre ausgeboten wurde. Am Ende der achtziger Jahre ist auktionsstrategisch und sammeltechnisch die ganze Breite des Marktes vom Christopher Dresser-Toasthalter der 1880er Jahre bis zur modernen Reiseschreibmaschine abgedeckt.

Zwischen Bakelitventilator und Golddosen liegen Bewertungs-Welten. Kehren wir noch einmal zu den teuren Marktpretiosen zurück. Die Märkte für das hochkarätige Kunstgewerbe haben wechselnde Stützpunkte. Relativ erratisch ist der Konsum von Vitrinenobjekten wie Golddosen oder Fabergé-Arbeiten auf die Genfer Auktionen konzentriert. Dort werden stets Höchstpreise für friderizianische Schnupftabaksdosen erzielt wie z. B. für jene exemplarische, mit rosa Diamanten inkrustierte Chrysopras-Tabatière, die Friedrich der Große seinem Bruder August-Wilhelm schenkte und die im November 1986 in Genf 1,87 Millionen DM erlöste. Auch die Schmuck- und Juwelenkäufer werden vor allem durch die Genfer Christie- und Sotheby-Auktionen angesprochen: Hier wird der Markt echt bewegt, während er in den ebenfalls stark bestückten New Yorker Prestigeversteigerungen, die auch zweimal im Jahr stattfinden, und in den Februarauktionen in St. Moritz bestätigt wird. Den Juwelenmarkt, der ähnlich wie die Börse von Tagesstimmungen und atmosphärischen Hintergründen lebt, prägen vor allem die Erwerbungen der großen Juweliere wie Laurence Graff, London, Harry Winston, New York, oder Robert Mouawad, einem Saudi-Arabier mit Geschäftsräumen in Genf. Er war es, der 1976 bei Sotheby in Genf für netto 2,7 Millionen Schweizer Franken den 24.44 Karat schweren pinkfarbigen Diamanten ersteigerte, der anschließend als „Mouawad Pink" in die Juwelen-Geschichte einging. Ihm wurde auch im Mai 1989 bei Christie in Genf für triumphale 10,23 Millionen Franken ein 21.06karätiger kissenförmiger „fancy pink"-Diamant zugeschlagen, den die Fachwelt daraufhin „Pink Mouawad" taufte. Auf exemplarische 4,07 Millionen Pfund (11,68 Millionen DM) kam im Juni 1990 bei Christie der kissenförmige 32.24 Karat schwere fancy-rosafarbene „Agra"-Diamant, den der Londoner Juwelenhändler Laurence Graff ersteigerte.

Dieser Preisauftrieb, den diese Auktionszuschläge für relativ gleichwertige Steine belegen, hat sich keineswegs so steil und

Eine Vitaminspritze für den Juwelenmarkt: die Versteigerung der Sammlung der Herzogin von Windsor im April 1987 in Genf.

unbeschädigt vollzogen, wie es auf den ersten Blick scheinen mag. Auf dem Diamantensektor, der diesen Markt entschieden dominiert, gab es stets eine Zickzackkurve. Glänzende Boomperioden wurden kurzfristig immer wieder von Depressionsphasen abgelöst. Die größte Marktenttäuschung der achtziger Jahre war der Rückgang des mit Aplomb angekündigten, goldfarbigen 407-Karäters, des größten Diamanten der Auktionsgeschichte, der im Oktober 1988 bei Christie in New York bei einer Taxe von 20 Millionen Dollar durchfiel. Die beharrlichen Gewinner des Jahrzehnts sind die in den siebziger Jahren noch stark unterbewerteten farbigen Steine. Daß Genf das unumstrittene Zentrum des

Ein stolzer Fabergé-Preis: Im Mai 1989 kommt bei Christie in Genf das „Pinienzapfen-Ei“ für 5,28 Millionen Schweizer Franken unter den Hammer.

Juwelenmarktes ist, zeigte sich mit aller Publizität im April 1987, als Sotheby die Sammlung der Herzogin von Windsor versteigerte, die 75,4 Millionen Schweizer Franken erzielte. Die üppigsten Stücke brachten die höchsten Preise: 3,09 Millionen Franken realisierte ein 1939 gearbeitetes Burmarubin- und Diamantenhalsband von Van Cleef & Arpels; Graff ersteigerte für 3,41 Millionen Franken ein Paar Diamantohrclips von Harry Winston mit zwei kanariengelben Diamanttropfen von 40.81 und 52.13 Karat. Schöner, raffinierter und kunsthandwerklich anspruchsvoller als diese protzigen Accessoires ist ein Goldemail-Schlangenarmband mit Opalen und Diamanten, das der Pariser Jugendstil-Juwelier G.

Fouquet 1900 nach Entwürfen von Alphonse Mucha gearbeitet hatte, und das im Mai 1989 bei Christie in Genf für 990 000 Franken versteigert wurde.

Die Fabergé-Objekte begannen ihren Aufschwung im Jahr 1973, als bei Christie in Genf ein „kaiserliches Osterei" mit eingebautem Uhrwerk, das sogenannte „Kuckucksei" des Fabergé-Werkmeisters Michael Perchin, netto 620 000 Schweizer Franken erzielte. Gegen Ende des Jahrzehnts, im Mai 1989, kam bei Christie ein weiteres Osterei von Perchin zum Rekordpreis von 5,28 Millionen Franken unter den Hammer: das blau emaillierte, sogenannte „Pinienzapfenei", in das ein diamantbesetzter Elefant eingeschlossen war. Solche Eier waren das ganze Glück des im Februar 1990 verstorbenen amerikanischen Verlegers Malcolm Forbes, der diese Millionenobjekte, zwölf an der Zahl, in den letzten Lebensjahrzehnten gesammelt und in seinem Privatmuseum an der Fifth Avenue ausgestellt hatte. Gnade Gott dem Fabergé-Markt, wenn diese zaristischen Pretiosen - Luxusspielzeuge, die zu Anlageobjekten wurden - en bloc versteigert würden.

Auch der britische Warenhauskönig Charles Clore war von Fabergé-Objekten fasziniert. Seine im November 1985 in Genf versteigerte 74teilige Sammlung enthielt zwar keine Ostereier, aber eine erst nach 1907 von Werkmeister Henrik Wigström gearbeitete, von zwei emaillierten Mohren getragene Goldsänfte mit Sitzfigur Katharina der Großen, die damals den Spitzenpreis von 1,43 Millionen Schweizer Franken erzielte: Ein Juwel, das wie kein zweites die teure Zwecklosigkeit und den verschwenderischen Schein dieser letzten, dem Ancien Régime abgelauschten Hofkunst entlarvt. Gerade solche Objekte sind die idealen Status- und Identifikationsstücke der Superreichen von heute. Darum wird ihr Markt, trotz konjunkturbedingter Gelegenheitsflauten, wohl auf lange Sicht unanfechtbar bleiben, auch wenn hin und wieder eines der überteuerten Ostereier in den Auktionen zurückgeht, wie jenes 1903 von dem Petersburger Unternehmer A. F. Kelch in Auftrag gegebene „Bonbonnieren-Ei", das am 19. April 1990 bei Christie in New York unverkauft blieb.

Außereuropäische Kunst:

Auseinanderstrebende Märkte

Nicht alle Märkte haben in den achtziger Jahren ein so explosives Wachstum aufzuweisen wie die Gemäldemärkte, die seit ihrem Gleitflug in Investitions- und Spekulationszonen als Schrittmacher sui generis gelten. Vor allem der Markt für Antiken und Ausgrabungen ist zumindest bis 1988 gegenüber anderen Sammelgebieten in einem unverdienten Maße zurückgeblieben. Zwar zeigt sich auch hier eine Spaltungstendenz - die Spitzenstücke heben sich in ihrer Preisentwicklung immer stärker vom stagnierenden Normalmaterial ab -, doch gibt es selbst für museale Prachtstücke aus ägyptischer oder griechischer Zeit keine Preiseuphorie. Wagen wir einen Vergleich. Als im Dezember 1978 bei Sotheby in New York die 80 cm hohe, bemalte Sandsteinfigur eines schreitenden Mannes (Ägypten, späte V. Dynastie, um 2300 v.Chr.) aus der Sammlung des Bostoner Museum of Fine Arts 280 000 Dollar (532 000 DM) erzielte, konnte man noch für den gleichen Preis eine der begehrten Themseansichten mit Waterloo Bridge von Claude Monet erwerben. Im Juni 1989 kam bei Sotheby in London die Grabfigur des ägyptischen Priesters Ka-Nefer aus der V. oder VI. Dynastie für 462 000 Pfund (1,41 Millionen DM) unter den Hammer, für diese Summe konnte man beispielsweise noch gerade ein Haremsbild des Orientalisten J. L. Gérôme oder eines der späten süßlichen Marie Laurencin-Gemälde ersteigern, aber kein Impressionistengemälde und nicht einmal mehr ein wichtiges Werk der zeitgenössischen Kunst.

Der Antikenmarkt ist eng und von wechselhaftem Zuspruch geprägt. Die wichtigsten Auktionen, die je zweimal pro Jahr in London und New York abgehalten werden, sind Rückenstütze, aber nicht Vorreiter. Auf dem Handelssektor ist die Schweiz die Drehscheibe. Den besten und komplexesten Markteinblick bietet die alljährlich im März stattfindende Baseler Kunst- und Antiquitätenmesse „KAM“, auf der sich mehr als ein halbes Dutzend Antikenhändler präsentieren. In den achtziger Jahren wird die Marktverknappung durch starke Restriktionen in den Ausgrabungsländern Italien, Griechenland und Türkei begünstigt. Doch allein von dem Material aus alten Sammlungen, das nur punktuell in den Markt tröpfelt, läßt sich der Markt nicht ernähren. Die liberale Schweizer Import- und Exportpraxis läßt zu, daß hier immer wieder Objekte aus illegalen Grabungen den Markt passieren: Ohne solche Stücke von reichlich dunkler Provenienz gäbe es kaum noch einen fungiblen Handel, denn das Auktionsmaterial ist zu bekannt und viel zu gering, um weltweit rund 12 bis 15 Spezialgalerien zu ernähren.

Es ist charakteristisch genug, daß in den gesamten achtziger Jahren nur wenige Sammlungen von einigem Gehalt unter den Hammer kamen. Am Anfang steht die im Juli 1980 bei Christie versteigerte Sammlung griechischer, etruskischer und süditalienischer Vasen aus Ashby Castle, die in den zwanziger Jahren des 19. Jahrhunderts vom Marquess of Northampton in Italien zusammengestellt wurde. Für die 99 Lose wurden 1,34 Millionen Pfund (5,58 Millionen DM) eingenommen. Den Höchstpreis von 209 000 Pfund (860 000 DM) bewilligte ein amerikanischer Privatsammler für eine ostgriechische Halsamphore, die als „Northampton-Amphore“ in die wissenschaftliche Diskussion eingegangen ist: mit Satyrmalerei und Tritonen, schwarzfigurig und mit rot-weißen Akzenten auf rotem Grund. 13 Stücke sicherte sich auf dieser Auktion der griechische Reeder G. Callimanopoulos für insgesamt 1,70 Millionen Pfund. Die wichtigste gegen Ende des Jahrzehnts bei Christie versteigerte Vasengruppe kam aus dem Besitz des 1980 gestorbenen schwedischen Industriellen H. Throne-Holst, die rund 2 Millionen DM für 47 Lose einbrachte. Teuerste Keramik wurde mit 132 000 Pfund (405 000 DM) eine attische schwarzfigurige Oinichoe (Weinkanne) mit Odysseus und den Sirenen.

Die höchste Aufwertung auf dem Antikenmarkt haben in den achtziger Jahren Skulpturen der kykladischen Kultur erfahren. Dieser Marmorkopf einer Göttin aus der frühen Bronzezeit erzielte im Dezember 1988 bei Sotheby 2,09 Millionen Dollar.

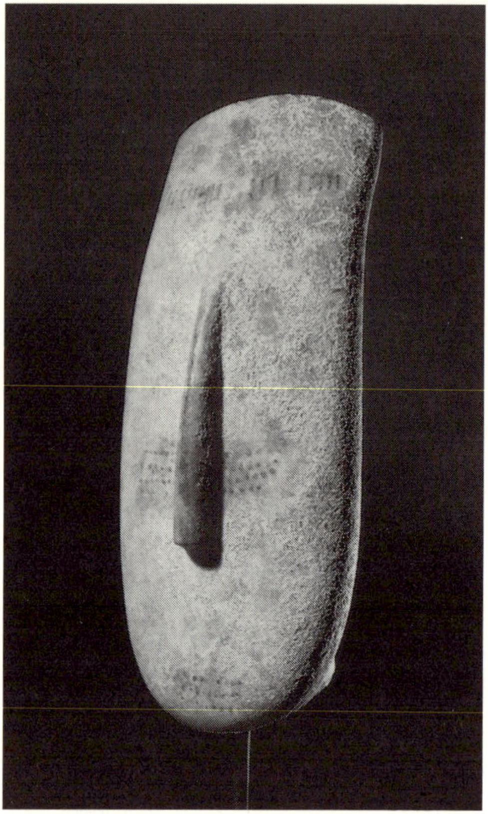

Unter den 149 Losen der Antikensammlung Comtesse de Béhague, die im Dezember 1987 von Sotheby in Monaco versteigert wurden, brachte die 12 cm hohe griechische Kleinbronze eines stehenden Apollo aus dem fünften vorchristlichen Jahrhundert mit 8,32 Millionen Francs (2,44 Millionen DM) den Höchstpreis; die 18 cm hohe Holzfigur einer jungen Frau aus der XVIII. Dynastie (1350 v.Chr.) erlöste 3,99 Millionen Francs (1,2 Millionen DM): zwei Preise, die die hohe Marktfunktion von Sammlungsmaterial belegen. Einige Tage später erzielten bei Christie in London 14 römische Marmorskulpturen aus Marbury Hall (Cheshire) 1,5 Millionen Pfund. Spitzenpreis in dieser Versteigerung sind die

242 000 Pfund (706 600 DM) für eine lebensgroße Maenade aus dem zweiten vorchristlichen Jahrhundert. Der Kopf dieser Statue stammt wahrscheinlich aus dem 18. Jahrhundert, in dem die Skulpturen aus Marbury Hall extensiv restauriert worden waren.

Auch antikes Glas gehört zu den Favoriten des Antikenmarktes. Im November 1987 erwarb der Londoner Händler Mansour bei Christie einen nur 8 cm hohen Doppelhenkelbecher (Skyphos) aus augustinischer Zeit mit Darstellung eines Wagenrennens für 352 000 Pfund (1,06 Millionen DM), und das war keineswegs ein Rekordpreis. Schon im Juni 1979, als bei Sotheby 355 Lose der Sammlung Constable-Maxwell ausgeboten wurden, hatte ein bis dato der Wissenschaft unbekanntes römisches Diatretglas mit geschnittenem Gitterwerk um den halbrunden Corpus einen „Weltrekord" erreicht: Für 572 000 Pfund (2,27 Millionen DM) wurde es vom British Rail Pension Fund ersteigert.

Die eigentlichen Sieger auf dem Antikenmarkt der achtziger Jahre sind jedoch nicht die ägyptischen und römischen Ausgrabungen, sondern die Marmorskulpturen der kykladischen Kultur aus der frühen Bronzezeit (um 2500 v.Chr.). Im Dezember 1980 wurde die 24 cm hohe Sitzfigur eines Harfenspielers bei Sotheby noch mit 49 500 Pfund (227 205 DM) bewertet, im Dezember 1988 erzielte der sehr viel abstraktere 22 cm hohe Kopf einer Göttin, der Spuren einer ursprünglichen Bemalung aufwies, mit 2,09 Millionen Dollar (3,64 Millionen DM) den bis heute gültigen Auktionsrekordpreis für ein Antiken-Objekt. Ersteigerer war die New Yorker Galerie Edward Merrin, an der sich kurz vor diesem Auktionserwerb eine amerikanische Investmentgesellschaft mit Namen Canal Capital Corporation mit 10 Millionen Dollar beteiligt hatte. Diese Summe galt noch Mitte der achtziger Jahre als das gesamte Geschäftsvolumen des internationalen Antikenmarktes.

Auch hier also wieder der Einbruch marktfremden Geldes in einen bisher nur von Kennern und Enthusiasten bewegten Spezialmarkt? Die neunziger Jahre werden zeigen, ob sich die düsteren Ahnungen des alteingesessenen Antiken-Handels bewahrheiten. Dieses Sammelgebiet ist schon genug gefährdet: Durch Rückschläge in den Auktionen, die bei weniger herausragendem

Rekordpreis für ein Fragment: Am 19. Juni 1990 wurde bei Sotheby in New York die Antikensammlung der texanischen Brüder Hunt versteigert, in der dieser Kalyx-Krater des Vasenmalers Euphronios 1,76 Millionen Dollar erzielte.

Material eine durchschnittliche Rückgangsrate von 30 bis 40 Prozent aufweisen und durch Fälschungsprobleme, die immer wieder auch den Londoner Auktionsbetrieb belasten. Noch keineswegs vergessen ist Sothebys Desaster mit dem sogenannten Awarenschatz, eine Sammlung von 122 goldenen und silbernen Gürtelornamenten der Völkerwanderungszeit, deren Authentizität bis zur Versteigerung im Dezember 1981 höchst umstritten war. Damals siegten die Zweifel: In der Auktion wurden ganze drei Stücke abgesetzt. Einen starken Auftrieb hatte der Antikenmarkt noch einmal im Juni 1990, als bei Sotheby die Sammlung der texa-

Schon 1984 bei Sotheby mit 660 000 Dollar bewertet: glasiertes Tang-Pferd aus der Sammlung Schloss.

nischen Brüder Nelson Bunker und William Herbert Hunt versteigert wurde: Neben den Goldmünzen 53 Lose antiker Vasen und Bronzen, die 11,4 Millionen Dollar einspielten. Den Spitzenpreis erzielte mit 1,76 Millionen Dollar ein fragmentarisch erhaltener Kalyx-Krater mit Kampfszenen und der Signatur des griechischen Vasenmalers Euphronios (um 510 v. Chr.).

Zu dem Bereich Ausgrabungen im weitesten Sinne gehören auch die chinesischen Keramiken der Han- und Tang-Zeit, die neben dem frühen blau-weißen Porzellan und den frühen Kultbronzen zum höchsten Gut des Ostasiatica-Marktes zählen. Die glasierten oder teilglasierten Pferde und Kamele der Tang-Dynastie (meist 50–80 cm hoch), die regelmäßig in den Auktionen erscheinen, geben Anhaltspunkte einer steigenden Marktbewertung. Im Dezember 1978 wird ein vollglasiertes baktrisches Kamel (56 cm hoch) aus der Sammlung Frank W. Pierce bei Christie mit 10 450 Pfund (39 290 DM) bewertet. Im Juni 1986 bringt im selben Haus ein vergleichbares stärker glasiertes Exemplar bereits 319 000 Pfund (1,1 Millionen DM). Für die ebenfalls als Grabbeigaben konzipierten Tang-Pferde war der 4. Juni 1986 ein wichtiges Datum: An diesem Tag erlöste ein 64 cm hohes Pferd mit ockergrüner „Sancai"-Glasur 506 000 Dollar (1,13 Millionen DM). Bis heute ist es das schönste Tang-Pferd, das die internationale Auktionsbühne passierte. Das kastanienbraun glasierte Exemplar der Sammlung Mona Bismarck, das genau ein Jahr später bei Sotheby versteigert wurde, kam trotz dieser Provenienz nur auf 275 000 Pfund (825 000 DM). Auch unglasierte Exemplare werden am Ende des Jahrzehnts zu Spitzenpreisen angeboten; beispielhaft ist jenes Paar schreitender Pferde, das der holländische China-Spezialist Vanderven & Vanderven auf der Maastrichter Messe 1990 für 250 000 Gulden offerierte.

Auch das Chinaporzellan hat in diesem prosperierenden Jahrzehnt beträchtliche Steigerungen erfahren. Erinnern wir uns kurz an die Zeit davor. Mitte der siebziger Jahre wurde der Markt für blau-weißes Ming-Porzellan von einer Spekulationswelle heimgesucht, die schnell in sich zusammenbrach, weil Sammler und Händler sich übernommen hatten und die Ölkrise alle weiteren Versuche des Spezialhandels, die Preise zu stützen, zunichte machte.[1] Der 1974 als Weltrekord hinausposaunte Spitzenpreis von 420 000 Pfund (2,6 Millionen DM) für eine Vase war ohnehin fiktiv, weil die Händlerin, die diese Summe im Auftrag eines portugiesischen Sammlers geboten hatte, auf dieser Erwerbung sitzenblieb: Der Klient machte nach dem Wahlsieg der Sozialisten in Portugal einen Rückzieher. Es dauerte fast ein halbes

[1] Siehe Christian Herchenröder, Die Kunstmärkte, a. a. O., Seiten 62, 63.

Jahrzehnt, ehe sich der Weltmarkt von diesem Fehlschlag erholt hatte. Erst ab Juni 1978 begann sich der Markt langsam wieder zu festigen, wobei er schon damals Tendenzen einer Spaltung zeigte: Die Spitzenstücke wurden hoch bewertet, das Mittelfeld und untere Ende zeigten nach wie vor Depressionserscheinungen. Hier schon zeichnete sich eine Entwicklung ab, die für die achtziger Jahre verbindlich war: das starke Kaufinteresse der Japaner, an ihrer Spitze der altehrwürdige Sammler Matsuoka und der Tokioter Händler Hirano sowie die großen Investitionskäufer in Hongkong, die das gesamte Jahrzehnt prägen.

Der bis 1990 ungebremste Marktaufschwung wurde durch die Versteigerung wichtiger Sammlungen gefördert. Am 7. November 1980 wurde bei Sotheby in New York die Sammlung Eugen Bernat versteigert, wobei eine mit olivbraunen Päonien dekorierte Meiping-Vase der Sung-Dynastie (960–1270) zum Rekordpreis von 550 000 Dollar (1,06 Millionen DM) dem Händler Giuseppe Eskenazi zugeschlagen wurde, der in den achtziger Jahren in seiner Londoner Galerie die wichtigsten Ausstellungen chinesischer Keramik und Kultbronzen zeigte. Zu dieser Zeit prägten Sammler aus Hongkong, Singapur und Taipeh das Marktgeschehen. Die 172 Lose der Bernat Collection erzielten 3,3 Millionen Dollar. Die nächste Wegmarke wurde knapp drei Wochen später in Hongkong gesetzt: Der erste Teil der umfassenden Sammlung des dort residierenden Händlers Edward T. Chow wurde versteigert. Diese Sammlung war schon vor dieser Sotheby-Versteigerung als eine der besten ihrer Art in einem Atemzug mit den Chinakollektionen Gustav Adolphs von Schweden, Sir Percival Davids, Barbara Huttons und Aichii Atakas genannt worden. Nun, in Hongkong, erlösten 175 Porzellane des 15. bis 18. Jahrhunderts 40,7 Millionen Hongkong-Dollar, was 15,6 Millionen DM entspricht, – eine bis dahin unvorstellbare Summe. Die höchsten Einzelpreise erzielten zwei polychrom bemalte Stücke des 15. Jahrhunderts: eine „Doucai"-Schale mit Hühnerhofszene, die 4,8 Millionen Hongkong-Dollar (1,8 Millionen DM) brachte und eine mit Vögeln auf Obstzweigen dekorierte „Doucai"-Schale auf hohem Standfuß, die 4,2 Millionen Hongkong-Dollar (1,48 Millionen DM) einspielte. Am 16. Dezember 1980 wurde in den Londoner Räumen von Sotheby der zweite, nicht mehr ganz so elitäre Teil der Sammlung versteigert. Dabei erzielte eine lichtgrüne craquelierte Sung-Schale den Spitzenpreis von 330 000 Pfund (1,51 Millionen DM). Fünf Monate später, am 19. Mai 1981, kam der dritte Teil der Chow Collection, diesmal wieder in Hongkong, unter den Hammer, 225 nicht ganz so hochkarätige Ming- und Quing-Porzellane. Der Höchstpreis lag hier bei 800 000 Hongkong-Dollar (rund 300 000 DM). Wie sehr die Preise für Ming-Porzellan zu dieser Zeit in die Höhe schossen, dokumentieren die 792 000 Pfund (3,78 Millionen DM), die im Dezember 1981 der japanische Händler Hirano in einen angebrochenen, 51 cm hohen Topf mit Drachenmuster und den vier Marken der Xuande-Periode (1426–1435) investierte.

Seit 1980 fanden die wichtigsten Auktionen chinesischer Keramik, später auch chinesischer Jadearbeiten, in Hongkong statt (seit 1987 agiert auch Christie hier regelmäßig). Lediglich Tang-Figuren und chinesische Kultbronzen, die in diesem Jahrzent immer seltener offeriert werden, erscheinen noch auf der Londoner oder New Yorker Auktionsbühne, während das von europäischen Sammlern favorisierte Exportporzellan und Stücke mit „famille rose"- oder „famille verte"-Dekor des 18. Jahrhunderts meist in London oder Monaco unter den Hammer kommen. Solche dekorativen Stücke, für die sich keiner der klassischen Chinakeramik-Sammler erwärmt, haben seit Mitte der achtziger Jahre einen wachsenden Markt, der im Mai 1986 in der Amsterdamer Christie-Auktion des „Nanking-Cargo" kulminierte. Dabei handelte es sich um eine Schiffsladung mit rund 150 000 Teilen chinesischen Blau-Weiß-Porzellans aus dem 18. Jahrhundert, die 1985 im südchinesischen Meer von Captain Michael Hatcher geborgen wurde. Bereits ein Jahr zuvor hatte dieser ein kleines Wrack mit kostbarer Porzellanladung gehoben. Händler und Privatsammler in aller Welt verfielen dem „Nanking-Fieber", eingenommen wurden rund 33,5 Millionen DM. Den Höchstpreis von 104 500 Gulden erzielte eine Platte mit Fischmuster. Ein 144teiliges Eßservice mit dem stereotypen Muster „Pagode in Landschaft“ stieg auf 812 000 Gulden. Die glänzende weltweite Medienresonanz, die diese Auktion in aller Welt hatte, sorgte auch im nachhinein für einen flüssigen Absatz. Ein halbes Jahr nach dieser Versteigerung hatten die Händler, die sich nachhaltig mit diesem im Grunde zweitrangigen Material eingedeckt hatten, die meisten Stücke verkauft. Doch bereits ein Jahr später war das Interesse geschwunden. Als Christie im Juni 1987 vier Sets à 12 Teller aus dem Nanking-Fundus erneut auf den Markt brachte, rührte sich im Auktionssaal keine Hand.

Ein weiterer Höhepunkt des Chinamarktes der achtziger Jahre ist die Versteigerung der Sammlung des chinesischen Reeders T. Y. Yao im November 1986 bei Sotheby in Hongkong. Yao hatte die meisten Stücke innerhalb von zehn Jahren zusammengetragen, einen Teil hatte er 1980/81 in den Chow-Auktionen erworben. Trotz dieser bekannten Tatsache engagierten sich Sammler und französische Händler so stark, daß manche der ohnehin schon recht hohen Erwerbspreise noch einmal multipliziert wurden. Die exzeptionelle Yongle-Mondflasche mit Drachendekor, die 1981 noch 3 Millionen Hongkong-Dollar erzielt hatte, kam jetzt auf 7,15 Millionen Hongkong-Dollar (1,86 Millionen DM), wobei die Steigerung in DM gegenüber dem ursprünglichen Preis angesichts der Inflation des Hongkong-Dollars gar nicht mehr so gewaltig ist. Ein gelbgrundiger Ming-Teller mit blauen Granatapfelblüten, der in der Chow-Auktion 1,6 Millionen Hongkong-Dollar (601 000 DM) erzielt hatte, brachte jetzt 3,3 Millionen Hongkong-Dollar (860 000 DM). Doch den bis dato absoluten Rekordpreis für ein Stück chinesischen Porzellans bewilligte der damals bereits 92jährige Sammler Matsuoka für einen in der experimentellen Kupferrot-Technik in Unterglasur mit Päonienzweigen dekorierten Hongwu-Teller des späten 14. Jahrhunderts: 10,3 Millionen Hongkong-Dollar (2,68 Millionen DM).

Als im Mai 1987 in Hongkong der zweite Teil der Sammlung T. Y. Yao versteigert wurde, stieg Sothebys Gesamteinnahme für diese Kollektion auf 63 Millionen DM. Eine birnenförmige frühe Ming-Vase mit kupferrotem Päonienmuster in Unterglasur, die Yao 1980 in London für 319 000 Pfund (1,46 Millionen DM) erwor-

Am 17. Mai 1988 bei Sotheby für 17,05 Millionen Hongkong-Dollar versteigert: eine frühe, kupferrot dekorierte Hongwu-Vase der Ming-Epoche.

ben hatte, wurde nun mit 11,22 Millionen Hongkong-Dollar (2,58 Millionen DM) teuerstes Objekt. Ein weiterer Meilenstein für die Bewertung der eminent raren Kupferrot-Stücke war die Versteigerung einer 117teiligen anonymen Privatsammlung von Ming- und Quing-Porzellan im Mai 1988 bei Sotheby in Hongkong, in der eine 32 cm hohe Ming-Vase, wiederum mit Päoniendekor, auf 17,05 Millionen Hongkong-Dollar (4,11 Millionen DM) stieg.

Letzter Gipfel des Marktauftriebs sind zwei Auktionen mit Material des British Rail Pension Fund: In Hongkong (Mai 1989), wo frühes Porzellan, Emaillen und Jadearbeiten versteigert wurden, und in London (Dezember 1989), wo frühe Keramiken, Bronzen und Skulpturen ausgeboten wurden. In Hongkong erzielte eine blau-weiße Ming-Schale, die auf maximal 4,5 Millionen

Hongkong-Dollar taxiert war, 13,2 Millionen Hongkong-Dollar (3,16 Millionen DM) und eine kupferrote Hongwu-Schüssel brachte 20,35 Millionen Hongkong-Dollar (4,88 Millionen DM) ein. In der Londoner Auktion erlöste die oben im Zusammenhang mit der Bernat Collection erwähnte Sung-Vase mit olivbraunem Päoniendekor triumphale 1,32 Millionen Pfund (3,69 Millionen DM), während ein exzeptionelles 68 cm hohes Tang-Pferd mit brauner und grüner Laufglasur, das der Pensionsfonds 1978 beim Londoner Händler Eskenazi für 150 000 Pfund erworben hatte, auf unerhörte 3,74 Millionen Pfund (10,44 Millionen DM) stieg. Käufer war der Japaner Keiichi Shimojoh. Für beide Teile der British Rail-Sammlung wurden 72,5 Millionen DM umgesetzt: ein erheblicher Wirtschaftsfaktor.

Nicht in dem Maße, in dem chinesische Keramik und Porzellan auf den Weltmärkten favorisiert werden, sind die Preise etwa für chinesische Kultbronzen gestiegen. Ein marktrelevanter Auktionszuschlag ist das im Juni 1989 bei Sotheby in New York für 990 000 Dollar (1,96 Millionen DM) versteigerte Ritualgefäß vom Typ Hu, entstanden in der Zeit der Zhou-Dynastie (9. vorchristliches Jahrhundert). Einen weit höheren Preis, nämlich 2,97 Millionen Dollar oder unerhörte 5,13 Millionen DM, mußte Giuseppe Eskenazi im Dezember 1988 bei Christie in New York in die seltenste und früheste Bronze investieren, die in den letzten zwanzig Jahren auf dem Markt war. Dieses Ritualgefäß in Form eines stilisierten Büffels aus dem 15. oder 14. vorchristlichen Jahrhundert verkaufte Eskenazi knapp ein halbes Jahr später mit maßvollen 10 Prozent Aufschlag an den New Yorker Sammler Ronald Lauder.

Was ist noch gefragt auf dem Ostasiatica-Markt? Im Januar 1989 begann, diesmal bei Christie in Hongkong, der Aufschwung für chinesische Malerei. Elf Tusch- und Farbzeichnungen aus dem Album „Die neun Weber“ von Fu Baoshi (1904–1965) brachten 3,31 Millionen Hongkong-Dollar (810 000 DM). Dieser Erfolg wurde anschließend in den New Yorker Auktionen ausgebaut, als bei Christie noch im selben Jahr Rollbilder mit Landschafts- und Jagddarstellungen des 13. bis 17. Jahrhunderts mit 660 000 bis 1,65 Millionen Dollar (1,3 bis 3,26 Millionen DM) bewertet wurden –

ein Sammelgebiet, das weiterhin im Kommen ist. Wenn wir die anderen asiatischen Kulturkreise betrachten, dann sind es vor allem die Khmer- und Thai-Skulpturen, die trotz der Fälschungsprobleme, die diesen Markt latent belasten, seit einer Sotheby-Auktion vom November 1988 eine exzellente Marktposition haben. Die fragmentarische Khmer-Sandsteinbüste des fünfköpfigen Shiva aus dem 10. Jahrhundert brachte damals 310 000 Pfund (1 Million DM), ein thailändischer Buddha-Kopf aus dem 7. Jahrhundert (Mon-Dvaravati-Dynastie) stieg auf 209 000 Pfund (658 000 DM) - Werte, die einen neuen Bewertungsrahmen setzten.

Auch die japanische Kunst partizipierte in den achtziger Jahren gewaltig an der wiedererwachten Ostasien-Mode. Es ist kein europäischer „Japonismus" mehr, der heute die Preise in die Höhe treibt, sondern eine Rückgewinnung des in Europa und den USA gehorteten japanischen Kulturguts, zu dem vor allem anderen Lackarbeiten und Schwertzierat, exemplarische Netsuke (Gürtelschnitzerei) und Farbholzschnitte zählen. Die jüngsten Kinder dieser Neubewertung sind die in Anlehnung an die westliche Kunst entstandenen Skulpturen der Meiji-Periode (1869–1912), deren Status entscheidend vom Londoner Handel gefördert wird. Charakteristische Stücke der unteren Preisskala notieren 1989 zwischen 3 000 und 10 000 DM.

Am Anfang des Jahrzehnts steht der Netsuke-„Weltrekord" bei 78 000 Dollar (156 000 DM), die im Januar 1981 in einer Sotheby-Auktion in Honolulu ein zurückblickendes Elfenbeinpferd von K. Masatsugu realisierte. Gegen Ende des Jahrzehnts stagniert der Markt, der stärker denn je von Fälschungen in allen Stilen der Edo-Zeit (1615–1867) heimgesucht wird, auf dem hohen Niveau von 1981, das von amerikanischen und japanischen Sammlern getragen wird. Teuerstes Netsuke der im Februar 1989 bei Sotheby in New York versteigerten Sammlung Hickmott wurde mit 68 700 Dollar oder 126 400 DM die Elfenbeinschnitzerei eines sitzenden Fuchses aus dem 18. Jahrhundert.

Sehr viel progressiver verlief dagegen die Marktentwicklung für die japanischen Farbholzschnitte mit Spitzenpreisen in den

Höchstpreis für japanische Farbholzschnitte der Sammlung Theodor Scheiwe: Sharakus Porträt des Schauspielers Sagata Hangoro III erlöste im März 1989 bei Christie in New York 462 000 Dollar.

geschmackprägenden vier Versteigerungen der Sammlung Henri Vever 1974–78. In der ersten wurden höchste Einzelpreise geboten, so für ein Schauspielerblatt von Sharaku 32 000 Pfund (198 400 DM). Als im März 1989 bei Christie in New York der erste Teil der Sammlung des 1988 verstorbenen westfälischen Holzhändlers Theodor Scheiwe unter den Hammer kam, erlöste Sharakus Porträt des Schauspielers Sagata Hangoro III mit 462 000 Dollar (854 000 DM) den höchsten Preis. Die drei anderen herausragenden Sharaku-Blätter, die ausnahmslos vom asiatischen Handel ersteigert wurden, lagen zwischen 220 000 und 286 000 Dollar (407 000 und 529 000 DM). Die Sammlung Scheiwe, deren imponierende Fülle 1972 auf einer Essener Ausstellung dokumentiert wurde, erzielte inklusive des im Juni 1989 in London nachgeschobenen zweiten Teils 10,47 Millionen DM. Auch hier bestätigte sich wieder, was letztlich für alle in den achtziger Jahren vermarkteten Sammelsparten gilt: Die Qualität und Ausstrahlung einer geschlossenen Sammlung ist das wichtigste Marktstimulans.

Als 1976 Sotheby und Christie in London ihre ersten „Islamischen Wochen" abhielten, war dieser Markt noch in Ordnung. Doch schon im März 1979 begann sich angesichts der dramatischen politischen Veränderungen im Iran eine Baisse oder doch zunächst eine sehr viel vorsichtigere Bewertung jener Objekte islamischer Kunst und Kultur abzuzeichnen, in die seit Mitte der siebziger Jahre vagabundierende Ölgelder eingeflossen waren. Zwar sorgten in den Folgejahren die in London und Paris lebenden arabischen Sammler immer wieder dafür, daß der Markt nicht noch stärker schrumpfte, doch im wesentlichen konzentrierte sich der Konsum in dem gesamten achten Jahrzehnt auf Miniaturen vor allem der Mogul-Zeit, auf herausragende persische Teppiche, auf Metallobjekte und auf die ottomanische Keramik, die zu Beginn des Jahres 1990 noch einmal einen heftigen Preisschub erfährt: Ein 19 cm hoher Krug des späten 16. Jahrhunderts bringt im März 1990 in Paris 660 000 Francs (193 000 DM), und Isnik-Kacheln spielten 250 000 und 260 000 Francs (73 100 und 76 000 DM) ein. Einen „Weltrekord" erzielte am 20. März 1990 in einer Auktion in Lyon ein um 570 entstandener Isnik-Teller mit geometrischem polychromem Dekor, der netto 1,07 Millionen Francs oder 316 000 DM erlöste.

Eines der bedeutendsten persischen Manuskripte des 16. Jahrhunderts ist das reich illuminierte „Houghton-Shahnameh" (Buch der Könige), das der amerikanische Glasindustrielle Arthur J. Houghton bereits 1959 aufgelöst hatte: von den 258 Miniaturen verkaufte er 40 direkt an Privatsammler, schenkte 78 dem Metropolitan Museum und ließ 1976, auf dem Höhepunkt der Islamica-Welle, bei Christie sieben Blätter für brutto 863 500 Pfund (damals 3,95 Millionen DM) versteigern. Weitere 14 Blätter kamen im Oktober 1989 bei Christie unter den Hammer, wo sie mit insgesamt 976 800 Pfund (2,87 Millionen DM) unter den Notierungen von 1976 blieben, besonders wenn wir den Währungsverfall des Pfundes gegenüber der Mark berücksichtigen.

Auch der Teppichmarkt stagnierte. Die Auktionshöhepunkte lassen sich an einer Hand aufzählen. Einen Rekordpreis für einen der sogenannten „polnischen" Teppiche, die im 17. Jahrhundert mit Seiden- und Goldfäden in Persien gewebt wurden, erzielte Sotheby im Oktober 1982 in London für ein 386 x 170 cm großes Exemplar mit 231 000 Pfund (990 000 DM). Der teuerste außerhalb Londons versteigerte Teppich wurde im November 1989 bei Rippon & Boswell in Wiesbaden ausgeboten. Es handelte sich um einen der extrem seltenen, in Kaschmirwolle gewebten Mogul-Teppiche des 17. Jahrhunderts mit „Mille fleurs"-Muster. Das 411 x 386 cm große Stück wurde für 1,15 Millionen DM zugeschlagen. Heute gibt es in den Teppichauktionen eine strenge Scheidung zwischen der Dutzendware und den wirklichen Sammlerstücken. Für Orient-Teppiche, aber auch für chinesische Stücke, ist die Maastrichter Messe, die alljährlich im März stattfindet, das wichtigste Forum.

Teuerstes islamisches Metallobjekt wurde im Oktober 1989 bei Sotheby ein in Silber eingelegtes Messingkästchen aus dem mesopotamischen Jazira. Sotheby versuchte um die Mitte des Jahrzehnts zweimal mit Spezialauktionen in Genf und Dubai, dem auf London und gelegentliche Pariser Auktionen konzentrierten Islamica-Markt eine breitere Basis zu verschaffen. Beide Male miß-

Die teuerste Benin-Bronze: 21 cm hoher Kopf, der am 4. Juli 1989 für 1,32 Millionen Pfund einem Schweizer Sammler zugeschlagen wird.

lang der Versuch; die mit über 500 Losen bestückte Auktion, die im Dezember 1985 in Dubai abgehalten wurde, ist eine der größten Auktionspleiten des Jahrzehnts. Eine neue Orientmode ist auch nach den Großausstellungen, die in den letzten Jahren etwa der ottomanischen Kunst zur Zeit Suleimans des Großen gewidmet waren, noch nicht in Sicht. So wird dieser Markt auch mittelfristig ein Tummelfeld selektiver Spezialinteressen bleiben.

Zu den Sammelgebieten außereuropäischer Kunst, die in den späten achtziger Jahren nachdrücklich durch internationale Museumsausstellungen gefördert wurden, gehört die sogenannte „Tribal Art" oder ethnographische Kunst, in deren Mittelpunkt die Holzschnitzereien Schwarz-Afrikas und Ozeaniens stehen. Im Juni 1978 lag der Weltspitzenpreis für ein Objekt ethnographischer Kunst bei den 275 000 Pfund (1,04 Millionen DM), die ein Brüsseler Sammler für die hawaiianische Holzfigur eines Gottes mit Muschelaugen und Menschenhaar auszugeben bereit war. Im Juni 1979 erlöste bei Sotheby ein figurativer Holzhocker mit westafrikanischer Buli-Schnitzerei durch Gebote des New Yorker Metropolitan Museums 264 000 Pfund (1,05 Millionen DM). Die höchsten Preise haben seit je die mit höchster Finesse im Hohlgußverfahren hergestellten Bronzen des südnigerianischen Königreiches der Benin. Im Juni 1980 lag der Rekordpreis für einen Königskopf (Oba) des 14. Jahrhunderts aus der holländischen Sammlung Joseph Schwarz bei 220 000 Pfund (1,04 Millionen DM). Die Preissteigerungen für vergleichbare Oba-Bronzeköpfe ist beachtlich. Im Juni 1985 erzielte bei Sotheby ein vergleichbares Exemplar bereits 352 000 Pfund (1,37 Millionen DM). Am Ende des Jahrzehnts, exakt am 5. Juni 1989, bringt ein aus Schweizer Privatbesitz eingelieferter und in die Schweiz zurückverkaufter Kopf sensationelle 1,32 Millionen Pfund (4 Millionen DM). Wie stark auch hier eine in sich geschlossene, marktfrische Sammlung den Markt nach oben bewegt, zeigte sich am 21. April 1990 bei Sotheby in New York, wo die Sammlung des kalifornischen Händlers Harry A. Franklin, die seit 1938 entstand, für 7,14 Millionen Dollar versteigert wurde und eine 82 cm hohe Bangwa-Königin mit expressiver Geste (einst in deutschem Besitz, später in der Sammlung von Helena Rubinstein) mit 3,41 Millionen Dollar oder 5,72 Millionen DM zum teuersten afrikanischen Kunstwerk wurde.

Abgesehen von solchen „Ausreißern", die in ihrer Feinarbeit durchaus europäischen Renaissance-Bronzen gleichzusetzen sind, hinkt der Markt für ethnographische Kunst in diesem boomverwöhnten Jahrzehnt der allgemeinen Entwicklung hinterher. Charakteristisch sind die Vergleichspreise für die 24 Objekte, die der British Rail Pension Fund im Juni 1989 bei Sotheby eingeliefert hatte. In den späten siebziger Jahren wurden diese hauptsächlich afrikanischen Objekte für 426 000 Pfund erworben; nun, gut zehn Jahre später, erzielten sie insgesamt 681 000 Pfund. Das teuerste Objekt, die 20 cm hohe Bronzefigur einer knienden weiblichen Figur, die eine Opferschale hält, war 1978 bei Sotheby für 132 000 Pfund (500 000 DM) ersteigert worden und brachte jetzt 165 000 Pfund (553 000 DM). Das ist, wenn man eine jährliche Inflationsrate von durchschnittlich 5 Prozent zugrunde legt, nicht einmal eine Stagnation, sondern ein deutlicher Wertverlust.

London hat für die ethnographische Kunst seit Ende der siebziger Jahre eine Basisfunktion, doch ein Jahrzehnt später wird auch in Pariser Versteigerungen Material aus bedeutenden Sammlungen angeboten, wie jene 67 cm hohe Kota-Figur aus Gabun, die im Oktober 1989 im Auktionssaal Drouôt-Montaigne mit netto 2,4 Millionen Francs (827 000 DM) bewertet wird. Auch die am 24. April 1990 bei Sotheby in New York ausgebotene Afrika-Sammlung Harry A. Franklin, mit 431 Objekten eine der umfassendsten ihrer Art, zeigt eine Gabelung der Marktschienen. Anfang der achtziger Jahre hatte sich der Ethnographica-Markt fast gänzlich aus New York zurückgezogen. Im neuen Jahrzehnt unternimmt er hier einen neuen Anlauf, gemäß der jetzt gültigen Maxime, daß diversifizierte Märkte die sichersten Märkte sind.

Fälschungen:

Die Macht der Gewohnheit

In dem Buch „Die Kunstmärkte" resümierte ich in dem Kapitel über Fälschungen, daß nicht allein der Fälscher der Schuldige ist, sondern auch der Markt, der solche Manipulationen zuläßt. Fest steht, daß der internationale Kunstmarkt in den vergangenen zwölf Jahren in einem unerhörten Ausmaß mit Fälschungsproblemen konfrontiert wurde, die hausgemacht sind. Hausgemacht deswegen, weil die Hüter dieses Marktes, die Kunsthandelsverbände und die Auktionatoren, die Kunstmessen und die Museen es nicht fertiggebracht haben, das mit den Preisen wachsende Fälscherwesen wenigstens halbwegs unter Kontrolle zu halten. Man darf wohl ohne Übertreibung sagen, daß wir in einer Marktära leben, in der wie nie zuvor in der Geschichte der Kunstmärkte gefälscht, verfälscht und umgebogen wird. Das gilt für den Altmeisterbereich wie für die Expressionisten, für den Gläsermarkt wie für Fabergés, für Ostasiatica wie für die Graphik.

Im Mittelpunkt des Geschehens steht nach wie vor die Kunst des Impressionismus und der Moderne, die dem Fälscher und seinen Handlangern die größten Gewinne bringen. Einer der spektakulärsten Fälle, der die Gerichte zwölf Jahre lang beschäftigte, war der des Kunsthändlers Fernand Legros, der im Juli 1979 vor der 31. Strafkammer des Pariser Gerichts mit einer absolut milden Verurteilung zu zwei Jahren Freiheitsstrafe und 15 000 Francs Geldstrafe endete. Legros hatte Mitte der sechziger Jahre dem amerikanischen Ölmillionär Algur Meadows 54 Werke der Moderne verkauft, von denen sich 38 als Fälschungen erwiesen. Wie alle von Legros verkauften Werke waren auch diese Arbeiten mit Gutachten namhafter französischer Experten wie André

Pacitti und Maurice Malingue versehen. Legros war es sogar gelungen, für seine dubiose Ware Zertifikate von Madame Marquet und der Tochter von Modigliani zu erhalten. Was bei diesem langwierigen Prozeß, in dem sich der Angeklagte stets durch den Hinweis auf die Verantwortlichkeit der Gutachter zu entlasten suchte, angesprochen wurde, ist eine alte Marktweisheit: Viele, allzuviele Kunstkäufer neigen dazu, ein Kunstwerk nicht aufgrund seiner immanenten Qualität, sondern einzig und allein aufgrund der Signatur und begleitender Expertisen zu erwerben. In seiner Urteilsbegründung betonte das Gericht damals, daß nicht der Betrug an dem Millionär Meadows der Hauptaspekt dieses Prozesses war, sondern der Verruf, in den die Machenschaften von Händlern und Experten den gesamten französischen Kunsthandel gebracht hätten, der ein bedeutendes Element des französischen Wirtschaftslebens sei.

Die problematische Rolle der Experten stand auch ein Jahrzehnt später erneut im Blickpunkt der Weltöffentlichkeit, als Jean Fabris, Verwalter des Utrillo-Nachlasses und langjähriger Sekretär der 1965 verstorbenen Witwe Utrillos, nach London reiste, um öffentlich gegen ein Dutzend Gemälde mit Utrillo-Signaturen zu protestieren, die bei Sotheby und Christie ausgeboten wurden und die seiner Überzeugung nach Fälschungen waren. Am 4. April 1989 stürmte er in den Versteigerungssaal von Christie, als das erste von sechs als Werke Utrillos katalogisierten Gemälden aufgerufen wurde, und schrie dreimal „Fake!“. Eine New Yorker Galerie ließ sich nicht beirren und bot mit 104 500 Pfund (334 400 DM) die untere Schätzung für eine Winterszene erbärmlicher Qualität, doch die anderen fünf „Utrillos“ fielen durch. Am nächsten Tag wurde Fabris bei Sotheby schon vor der Auktion des Saales verwiesen. Hier wurden dem einsamen Protestanten zum Trotz sämtliche als Utrillos ausgebotenen Gemälde zu Preisen zwischen 79 200 und 297 000 Pfund (253 000 und 950 000 DM) abgesetzt; wohl nicht zuletzt deshalb, weil das Auktionshaus in mehreren Stellungnahmen auf seine in den Auktionsbedingungen verankerte, fünf Jahre gültige Echtheitsgarantie gepocht hatte.

Die Attacken von Fabris, die sich in Pariser Auktionen der Folgewochen wiederholten (dort wurden auf sein Betreiben sieben Utrillos aus einer Auktion von Maître Loudmer entfernt), richteten sich vor allem gegen Bilder, die mit Gutachten eines Experten veredelt waren: des greisen Utrillo-Händlers Paul Pétridès, der ab 1959 den Catalogue raisonné der Utrillo-Gemälde publiziert hatte und der 1980 wegen des Verkaufs gestohlener Bilder zu einer mehrjährigen Gefängnisstrafe verurteilt wurde, die er allerdings wegen seines hohen Alters nicht anzutreten brauchte. Fabris wirft dem Händler Betrug vor, da er für hunderte falscher Utrillos Echtheitszertifikate ausgestellt und sie in sein Werkverzeichnis aufgenommen habe.

Fabris' Kampfansage kommt zu spät. Tausende von falschen Utrillos sind im Umlauf, und dem Markt und seinen Wächtern dürfte es wohl kaum noch gelingen, definitiv die Spreu vom Weizen zu trennen. Oft sind es Bilder namenloser Maler des Montmartre im Utrillo-Stil, die später mit falscher Signatur versehen und als authentische Werke angeboten wurden. Aktive Utrillo-Nachahmer in den fünfziger und sechziger Jahren sind sogar namentlich bekannt: Zézi de Montparnasse, Jacques Marisse, Jean Pinson-Berthet, Elmyr de Hory. Bereits 1948 erklärt in einem Prozeß ein Experte, daß jede Woche mindestens ein falscher Utrillo in den Versteigerungssälen des Pariser Hôtel Drouôt erscheine. Manche dieser Nachempfindungen sind sogar besser als Utrillos eigene Malereien, die absolute Fließbandprodukte sind. Fabris' Mahnrufe brachten dem Markt nur eine kurze Irritation: Nach den inkriminierten Londoner Utrillo-Auktionen vom April 1989 wurden in New York und London im selben Jahr noch weitere 71 (!) Utrillo-Gemälde zu Preisen bis 550 000 Pfund versteigert, nur zehn Bilder gingen zurück.

Schlechtes Licht auf einen Kunstexperten fiel auch in einem Pariser Prozeß des Jahres 1984, in dem es um drei gefälschte Mondrian-Gemälde ging. Die Französin Simone Verdé, Witwe eines Textilfabrikanten, hatte 1978 dem Pariser Centre Pompidou drei angebliche Gemälde Piet Mondrians für 6 Millionen Francs angeboten. Die Gelegenheit schien günstig, zumal der damals 83jährige Michel Seuphor, erster Biograph und einstiger Freund Mondrians, die Echtheit bestätigte. Erst nach Unterzeichnung des Kaufvertrages und unmittelbar vor Überweisung der ersten Rate tauchten gravierende Zweifel auf; die frühere Besitzerin der Bilder, die aus der Sammlung Weinbaum-Goldstein stammen sollten, konnte nicht bezeugen, daß es sich tatsächlich um die einst in ihrer Sammlung befindlichen Bilder handle: „Diese Mondrians sehen alle so gleich aus". In einer materialtechnischen Analyse wurden künstliche Alterung und Spuren von Titanweiß nachgewiesen, ein Pigment, das erst seit 1941 bekannt ist, und bei diesen 1915–21 datierten Bildern nicht in Frage kam. In dem anschließenden Prozeß wurde die Eigentümerin Verdé wegen des versuchten Verkaufs zu zwei Jahren Haft auf Bewährung verurteilt, die Bilder wurden konfisziert. Seuphor, der noch heute von ihrer Echtheit überzeugt ist, wurde freigesprochen, weil er nach Ansicht des Gerichts „gutgläubig" gehandelt habe. Seit 1989 sind die inkriminierten Leinwände im Besitz des Amsterdamer Stedelijk Museums, das sie schon lange vor dem Prozeß als eines der ersten Institute als falsch bezeichnet hatte.

Seit Ende der siebziger Jahre gab es immer wieder Sensationsmeldungen über gefälschte Dali-Werke. 1983, zur selben Zeit, als sich vor Madrids Museum für zeitgenössische Kunst lange Schlangen vor einer großen Dali-Retrospektive bildeteten, hatte ein Gericht in Barcelona gerade fünf Spanier gegen Kaution auf freien Fuß gesetzt, die der Fälschung und des Verkaufs von „Dalis" aller Art angeklagt waren. Zu ihnen gehörte der erfolglose 35jährige Künstler Manuel Pujol, der selbst zugegeben hatte, seit 1975 3 Ölbilder und rund 100 Zeichnungen, Aquarelle, Gouachen des katalanischen Malers gefälscht zu haben. Das Pikante an der Affäre war, daß nach der Darstellung Pujols der Dali-Clan selbst – Dalis Frau Gala und die Sekretäre Enrique Sabater und Jean-Claude Vérité – diese Werke autorisiert hatten, weil die Produktivität des aufwendig lebenden Meisters zu dieser Zeit schon stark nachgelassen hatte.

Ein Jahr zuvor hatte Dali seinen ehemaligen Privatsekretär und Propagandisten Captain Peter Moore verklagt, nachdem dieser in Perpignan 426 Ölbilder, Zeichnungen und Lithographien seiner Dali-Sammlung ausgestellt hatte. Rund 80 der Exponate waren laut Dali Fälschungen. Nicht nur mit „Originalen", auch mit falscher Dali-Graphik wurden seit Jahrzehnten Geschäfte gemacht. Ich meine hier nicht die ungezählten Farblithographien nach Dali-Aquarellen, die Dalis eigene Signatur tragen und in Riesenauflagen als Originalgraphik verbreitet wurden, obwohl sie nach strengen Marktmaßstäben nur Reproduktionsgraphik sind. Ich meine jene fotomechanischen Nachdrucke mit falscher Signatur, die im Juni 1988 bei einem Pariser Verleger beschlagnahmt wurden, der bereits falsche Picasso-Graphiken und gefälschte Chagall- und Buffet-Lithographien in Japan abgesetzt hatte: 60 000 falsche Dali-Lithographien im Wert von über 100 Millionen Francs. Falsche Expertisen hatten diese Blätter auf die Jahre vor 1980 datiert, doch Papieruntersuchungen ergaben, daß die Bögen erst nach 1980 hergestellt worden waren. Die Signaturen waren ohnehin an der falschen Stelle angebracht. Im April 1990 beschlagnahmte die spanische Polizei in den Werkstätten der Graphikunternehmen „Artdali" und „Interdal" in Barcelona rund 1000 gefälschte Graphiken und eine große Zahl ebenfalls gefälschter Echtheitszertifikate. Allein dieser in den Jahren 1988–90 sichergestellte Fundus macht Dali, der nur wenige Lithographien selbst auf den Stein gebracht hat, mit einem Schlag zum meistgefälschten Graphiker der Moderne.

Nicht weniger eifrig als Dali, Picasso oder Renoir wurden seit ihrem rasanten Marktaufschwung in den achtziger Jahren die russischen Konstruktivisten gefälscht. Meist sind es Zeichnungen, Pastelle und Aquarelle, die nachempfunden werden: allen voran Werke von Malewitsch, El Lissitzky und Larionow. Die Wege der Vermarktung führen meist über Paris. 1988 konnte die „Tribune de Genève" einen Fälschungsskandal aufdecken, den eine Larionow-Ausstellung des Genfer Musée d'Art et d'Histoire ins Rollen gebracht hatte. In dieser Schau figurierten 200 Pastelle aus dem Besitz des in Paris lebenden Michel Wolper, die der Pariser Larionow-Experte Andrej Nakow in einem wissenschaftlichen Katalog authentifiziert hatte. Diese Blätter, so stellte sich bald heraus, kamen aus einem Riesenkonvolut von etwa 1500 Larionow-Fälschungen, aus denen bereits einer New Yorker Galerie Proben angeboten worden waren, die sich nach technischer Analyse im Museum of Modern Art als moderne Fälschungen entpuppten, da sie Titanweiß enthielten (siehe oben). Dieser Fall ist nur die Spitze des Eisbergs. Inzwischen wurden nicht nur Zeichnungen und Aquarelle, sondern auch Gemälde von Künstlern der russischen Avantgarde gefälscht. Die Forschung in der UdSSR, wo das wichtigste Material gehortet wird, steckt nach Jahrzehnten der Verfemung dieser Kunst noch in den Anfängen, gültige Werkverzeichnisse gibt es nicht.

Seit Mitte der achtziger Jahre ist die Bundesrepublik, vor allem München, Umschlagplatz für gefälschte russische Kunst, die von angeblich „verfolgten" Exilrussen vertrieben wird. Selbst Fälschungen von P. N. Filonow, dem seltensten der russischen Avantgarde-Künstler, wurden auf diesem Wege lanciert. So bleibt dieses lukrative Sammelgebiet, das von einer Handvoll Galerien gepflegt und von den Londoner Auktionshäusern forciert gefördert wird, noch auf Jahre, wenn nicht Jahrzehnte hinaus Tummelfeld des internationalen Fälscherwesens.

Auch nach dem Tod des englischen Kunstfälschers Tom Keating[1], dem 1979 der Prozeß gemacht worden war, wird sein problematischer Nachlaß den Markt weiter verunsichern. Zwar gibt es ein „Werkverzeichnis" seiner Fälschungen, das 1977 in kleiner Auflage erschien, und viele der von ihm im Stil berühmter Meister wie van Gogh, Renoir, Monet gemalten Bilder tragen seine eigene Signatur; wer jedoch die Marktmechanismen kennt, weiß, wie wenig solche Schutzmaßnahmen à la longue ausrichten können. Im September 1984, wenige Monate nach dem Tod des Fälschers, wurden rund 200 Gemälde und Skizzen Keatings bei Christie für insgesamt 275 000 Pfund (eine runde Millionen DM) versteigert. Es darf vorausgesetzt werden, daß zumindest ein Teil dieser problematischen Fracht nach angemessener Frist in den Marktkreislauf zurückkehrt.

[1] Über seine Produktion siehe: Christian Herchenröder, Die Kunstmärkte, a.a.O., Seite 322 ff.

Daß auch die Arbeiten von Tom Keating, einem mittelmäßigen Fälschertalent, nur die Spitze eines Eisbergs sind, dürfte jedem klar sein, der den Londoner Kunstmarkt, dieses gigantische Sammelbecken weißer, grauer und schwarzer Waren, kontinuierlich beobachtet. Im Juli 1983 enthüllte die „Sunday Times" einen Fälscherskandal, in den vor allem der damals 34jährige Londoner Restaurator Colin Turner, ein Vetter des Bergarbeiterführers Arthur Scargill, verwickelt war. Er war der Urheber einer Modigliani-Skizze, die den Nachlaßstempel von Modiglianis Pariser Atelier am Boulevard Raspail trug und von einer Echtheitsbestätigung des anerkannten Modigliani-Experten J. Lantheman begleitet war. „Es war nur ein Spaß", kommentierte der Fälscher, als sein Manöver aufgeflogen war.

Turner war auch der Schöpfer einer Serie von Bildern im Stil des Vortizismus, einer britischen Malerschule kurz vor dem Ersten Weltkrieg, deren Haupt Wyndham Lewis ist. 52 dieser Bilder, darunter angebliche Werke von Lewis, sollten nach Darstellungen der „Sunday Times" am 30. Juni 1983 bei Christie versteigert werden. Die Tate Gallery war bereit, außerhalb der Auktion aus diesem Pool ein Gemälde von Cuthbert Hamilton zu erwerben. Eine maltechnische Untersuchung durch Christie ergab dann noch rechtzeitig genug, daß das Bild nicht älter als sechs Jahre war, worauf die Tate sich rasch bemüßigt fühlte, auch alle anderen Werke dieser geplatzten Auktion für falsch zu erklären: „Sie sind das Werk eines höchst kompetenten Fälschers", so lautete der offizielle Kommentar. Schon 1981/82 war der damals noch mit englischer Moderne befaßte Londoner Galerist Anthony d'Offay auf Turner und seine Helfershelfer hereingefallen, die ihm für 109 000 Pfund Zeichnungen und Gemälde angeblicher Vortizisten verkauft hatten. Erst eine Untersuchung dieses Fundus durch Ronald Alley von der Tate Gallery ergab, daß es sich um Fälschungen handelte. Das konnte aber das Museum nicht daran hindern, ein Jahr später selbst auf Fälschungen Turners hereinzufallen.

Daß auch die Bundesrepublik ein Dorado für Fälscher und für den Absatz von Fälschungen ist, bestätigt uns das Marktgeschehen der achtziger Jahre. Einer der meistgefälschten deutschen

Künstler, bereits zu seinen Lebzeiten und heute wieder, ist Max Liebermann. Der Ausstoß von Falsifikaten wird dadurch begünstigt, daß es immer noch kein gültiges Werkverzeichnis gibt und daß ein höchst produktives malerisches Gesamtwerk von etwa 1500 Bildern auch sehr viele zweitrangige Werke beinhalten muß, bei denen dann die Distanz zu kommerziellen Nachschöpfungen gar nicht mehr so groß ist. Als 1979 in Berlin die große Max Liebermann-Retrospektive gezeigt wurde, figurierten in der Schau ein halbes Dutzend Gemälde und noch sehr viel mehr Zeichnungen von zweifelhafter Authentizität. Hauptärgernis war die Hängung einer aus Schweizer Privatbesitz stammenden schlechten Kopie des Hauptwerkes „Flachsscheuer in Laren" (Nationalgalerie Ost-Berlin), die von den West-Berliner Organisatoren und Katalogbearbeitern wider alle Vernunft als „erste Fassung" deklariert wurde, obwohl perspektivische Mängel, grober Duktus und mißlungene Signatur eine deutliche Sprache sprechen.

Wo Museen so lässig sind, brauchen sich Handel und Auktionatoren erst recht nicht zu bemühen. Man ist lasch und selbstgenügsam geworden. War es in den siebziger Jahren angesichts der zahlreichen schon damals kursierenden Fälschungen eine Pflicht, alle nicht in der zeitgenössischen Liebermann-Literatur von Rosenhagen über Pauli und Hancke bis Ostwald aufgeführten Werke zumindest nach Provenienzen zu befragen, so genügt heute ein Attest der sogenannten Liebermann-Experten Hans-Jürgen Imiela und Günter Busch, der 1986 ein läßliches Liebermann-Buch publiziert hat. Wer sich damit begnügt, dem ist als heilsame Irritation entgegenzuhalten, daß heute drei von zehn angebotenen Liebermann-Gemälden Fälschungen sind (sie werden oft über die Schweiz in die Bundesrepublik lanciert) und daß bei den Handzeichnungen der Anteil problematischer Werkmuster noch höher liegt.

Auch Emil Nolde gehört zu den Künstlern, die aufgrund ihrer Marktbedeutung besonders viel gefälscht werden. Schon 1979 hatte die Nolde-Stiftung in Seebüll, die den Kern des Noldeschen Werks besitzt und seinen Nachlaß hütet, rund 300 Bilderfälschungen in der Kartei. Das waren noch Zeiten: Mit den sprunghaft gestiegenen Preisen (bis knapp zwei Millionen Mark für Gemälde und bis hart an 600 000 DM für herausragende Aquarelle) stieg auch die Lust der Fälscher und ihrer Auftraggeber, vor allem die weniger aufwendigen Blumen- und Landschaftsaquarelle auf Japanpapier nachzupinseln. Ein Urteil des Bundesgerichtshofs vom Juni 1989 legitimiert noch ihre Arbeit. Ein Kaufmann hatte 1985 zwei Aquarelle mit Nolde-Signatur erworben, die er zur Begutachtung nach Seebüll schickte. Die Stiftung fotografierte die Blätter und verweigerte die Herausgabe, da es sich hier um Fälschungen handle, die nicht wieder auf den Kunstmarkt gelangen dürften. Der Besitzer pochte auf sein Recht als Eigentümer, die Stiftung ihrerseits erhob Widerklage, in der sie die Vernichtung der Aquarelle oder zumindest ihre Kennzeichnung als Fälschungen forderte, da diese das Namensrecht Noldes auch über dessen Tod hinaus verletzten.

Der Bundesgerichtshof[1] folgte dieser Argumentation nicht. Er verurteilte die Stiftung zur Herausgabe. Zwar seien Fälschungen dazu geeignet, das „auch nach dem Tod des Künstlers fortbestehende künstlerische Ansehen und seine künstlerische Wertschätzung zu beeinträchtigen“, doch habe die Stiftung allenfalls eine Entfernung der Nolde-Signatur auf diesen Aquarellen, aber nicht die Kennzeichnung als Fälschungen verlangen können. Einer Rückgabe in den Marktkreislauf – vor allem in die für diese Ware so beliebten Provinzauktionen – wird so Tür und Tor geöffnet. Die französische Justiz reagiert da mehr im Sinne eines Konsumentenschutzes: Eindeutig identifizierte Fälschungen werden, soweit sie nicht als Dokumentationsmaterial in Museen landen, vernichtet.

Die Fälscher werden immer dreister. Sie treten, einmal ertappt, schamlos ins Rampenlicht, um ihre Nachempfindungen post festum zu vermarkten. Noch frisch in der Erinnerung ist der Skandal der gefälschten Hitler-Tagebücher, die der gutgläubige „Stern“ publizierte. Konrad Kujau, der Fälscher dieser millionenschweren „Dokumente“, betätigte sich nach Verbüßung seiner Strafe als Bil-

[1] Aktenzeichen I ZR 135/87 vom 8. Juni 1989

derfälscher und produzierte am Fließband Kopien nach Werken berühmter Meister von Dürer bis Dali und Miró, die er in seiner Stuttgarter „Galerie der Fälschungen" auch mit der entsprechenden Signatur offerierte; lediglich auf der Rückseite des Rahmens war ein Stempel „Falsifikat von Konrad Kujau" angebracht. Auch hier gab es 1989 ein problematisches Gerichtsurteil: 32 von insgesamt 126 beschlagnahmten Kujau-Kopien erhielt der Fälscher zurück, weil bei ihnen kein Verstoß gegen das Urheberrecht vorliege; es handle sich um Fälschungen von Malern, die schon länger als 70 Jahre tot seien. Kujau wurde lediglich dazu verpflichtet, seine eigene Signatur neben das gefälschte Künstler-Signum zu setzen. Doch die läßt sich später leicht wieder entfernen.

Auktionshäuser im gesamten Bundesgebiet sind die meist ahnungslosen, da nicht genug recherchierenden Abnehmer frischer Fälscherware. Im Mai 1988 hob das Landeskriminalamt Baden-Württemberg eine seit über einem Jahrzehnt aktive Fälscherwerkstatt im Kreis Ludwigsburg aus, in der rund 500 Falsifikate (Graphiken, Zeichnungen, Ölbilder) von Rembrandt bis Nolde produziert worden waren. 220 davon wurden beschlagnahmt, über 300 hängen in deutschen Stuben: Die Fälschungen waren von ihrem Urheber, einem glücklosen Kunstmaler und zwei Helfershelfern in bundesdeutsche Auktionen geschleust worden.

Ähnlich ging auch der Berliner Fälscher Edgar Mrugalla vor, der inzwischen seine Publizität auf dreiste Weise zur Eigenreklame nutzt. In Ausstellungen präsentiert er seine Nachempfindungen vom „Heckel"-Farbholzschnitt, auf der eigenen Druckpresse hergestellt („Fränzi liegend", „Fränzi stehend"), bis zum Otto Mueller-Aquarell und Picasso-Gemälde. Auch die Picasso-Graphiken, die im Werkkatalog von Bloch unter Nr. 2–56 geführt sind, wurden nachgedruckt. Experten staunten über die Qualität: Sogar den Grat konnte man fühlen, da Mrugalla Kupferplatten fotosensitiv präpariert hatte. Als die Kriminalpolizei 1988 sein „Atelier" in Schleswig-Holstein aushob, hatte er in einem sorgfältig geführten „Werkverzeichnis" seiner Fälschungen über 2300 Arbeiten aufgelistet. Darunter figurieren zahlreiche „Liebermann“-Falsifikate, die, zum Teil mit Imiela-Expertise versehen, in deutsche Galerien (vor allem in Hannover und Düsseldorf) geschleust wurden. Angefangen hatte Mrugalla Mitte der siebziger Jahre als Lesser Ury-Fälscher und als Imitator des Tiermalers Otto Dill.

Der Fundus von Mrugalla-Fälschungen, der 1988 von der Düsseldorfer Staatsanwaltschaft sichergestellt wurde. Rechts die gefälschten Heckel-Farbholzschnitte, in der Mitte ein angeblicher „Max Beckmann“.

Mit Otto Mueller, seinem Lieblingsmaler, hatte Mrugalla weniger Glück. Ein Konvolut von 24 Zeichnungen, die er als Werke des begehrten Expressionisten per Inserat in der „Frankfurter Allgemeinen“ zum Verkauf angeboten hatte, wurde ihm hier zum Verhängnis. Auf Initiative des Berliner Otto Mueller-Händlers Florian Karsch und des Hannoveraner Zille-Spezialisten Detlev Rosenbach wurde Mrugalla 1983 in Berlin der Prozeß gemacht, der mit einem Freispruch endete, weil es dem Beschuldigten gelang, sich als Opfer des Kunstmarktes und einer Rufmordkampagne darzustellen.

Immer war es dieselbe Methode, mit der Mrugalla oder seine Distributoren an arglose Kunden herantraten: per Inserat oder durch Verteilung der grauen Ware auf Auktionshäuser aller Regionen. Immer konnte er mit der Jagd der Käufer nach Trouvaillen rechnen, ob er seine Werke nun in Eigenregie mit folgendem Inserat offerierte: „Zur Repräsentation verkaufe ich nur erstklassige zugeschriebene Meisterwerke des 17.–20. Jahrhunderts. Bei Beschaffungsaufträgen wird jeder Wunsch berücksichtigt“ oder ob sie in simulierte Haushaltsauflösungen als „Werke aus Privatbesitz“ hineingeschoben wurden – meist fand er willige Käufer, die sich solche „Schnäppchen“ nicht entgehen ließen. Eine verständliche Billigpreis-Mentalität und die Beteuerungen des Verkäufers, hier handle es sich um signierte Werke, die dem Handel und den Experten nicht bekannt und deshalb so preiswert seien, förderten den Absatz. Ein Zille-Käufer, der 1978 für von Mrugalla eine Zeichnung für 4 500 DM erworben hatte, die zu der Zeit schon 15 000 DM hätte kosten müssen, gab in der Berliner Gerichtsverhandlung zu: „Ich hab’s gekauft, obwohl mir der Preis sehr niedrig erschien. Ich weiß auch nicht, warum. Ich bin eben ein Zille-Fan.“

Dem Düsseldorfer Galeristen G. Riese („Galerie Universitas“), der ein Hauptinitiator und -abnehmer der Mrugalla-Fälschungen war, wurde 1989 vom Düsseldorfer Landgericht der Prozeß gemacht. Mrugalla selbst war noch im Frühjahr 1990 auf freiem Fuß und konnte sich als schamlos ausgebeuteter „Fälscherkönig“ produzieren, der in Hamburger und Bonner Galerien seine Nachempfindungen, darunter natürlich auch van Goghs Irisgemälde und ein Figurenbild nach Gauguin für fünfstellige Summen offerieren darf. Die Illustrierte „Quick“ trug einiges zum zweifelhaften Ruhm Mrugallas bei, indem sie ihn 1989 verkleidet in Kupferstichkabinette und Galerien schickte, um dort angebliche Fälschungen zu entlarven: „Der Fälscher als Ankläger“, – was für eine perverse Perspektive!

Ein anderer Fall, der seine Kreise von Holland und Belgien über die Bundesrepublik bis in die Schweiz zog, ist der des Den Haager Händlers Wilhelm Lenting, der in Zeitungsinseraten „Von Privatbesitz zu verkaufen“ Aquarelle allerschlimmster Machart nach

Toulouse-Lautrec, Kandinskiy, Klee, Dix, Kokoschka, Macke, Kirchner, Schiele und anderen Meistern der klassischen Moderne zum Stückpreis von je 2 000 DM anbot. Auch hier wurde bei naiven Käufern verschiedener Länder der Drang nach Okkasionen freigesetzt. Die Kasse klingelte, und die Betrogenen merkten nicht, oder wollten bei ihrer problematischen Jagd nicht wahrhaben, daß dieser Preis viel zu niedrig für ein Original, aber immer noch zu hoch für eine schlechte Fälschung war.

Nicht nur in Zeitungsanzeigen, auch in Auktionen erscheinen immer wieder Fälschungen, die ohne exakte Recherche, ohne Provenienzangaben, aber nicht selten mit dubiosen Expertisen garniert, katalogisiert werden. In vorderer Reihe stehen, wie könnte es auch anders sein, Max Liebermann, die russischen Konstruktivisten, die deutschen Expressionisten, aber auch Zeichnungen und Objekte, die angeblich von Joseph Beuys stammen, wie jenes auf 45 000 DM geschätzte „Objekt mit Hut", das 1986 in einer Münchner Auktion auftauchte. Von den Malern des 19. Jahrhunderts gehört Carl Spitzweg zu den meistgefälschten. Als pars pro toto greife ich ein Gemälde heraus, das 1984 in Stuttgart als authentisches Werk für 220 000 DM versteigert wurde. Das mit alter Uhde-Bernays-Expertise versehene Hochformat mit dem Titel „Eremit, Blumen gießend" war wenige Monate vorher von Neumeister in München abgelehnt worden, da eine Untersuchung im Münchner Doerner Institut erhebliche Zweifel geweckt hatte. Das auf körniger, fabrikmäßiger Leinwand produzierte Gemälde trug auf der Rückseite den Stempel der Malmittelfirma Wurm, die erst später als Spitzweg-Bilder dieser Periode ihre Geschäfte aufnahm.

In den letzten Monaten der achtziger Jahre schreckt eine Flut von Fälschungsmeldungen in aller Welt die Kunstinteressenten auf. Aus einer Londoner Sotheby-Auktion werden eine große Gruppe angeblich früher Khmer- und Thai-Skulpturen entfernt, nachdcm sich cinc von ihnen im Oxforder Laboratorium für Archäologie und Kunstgeschichte als Fälschung aus dem 19. Jahrhundert entpuppt hatte. In Paris fliegt eine Bande auf, die in zwei Werkstätten in Burgund in großem Stil Skulpturen von Bugatti,

Dieser sogenannte „Spitzweg“ wurde 1984 in einer deutschen Auktion für 220 000 DM versteigert.

Rodin und Giacometti nachgegossen hatte. Im August 1989 werden in New York, Chicago und anderen amerikanischen Städten über 250 Bilder, darunter Fälschungen nach Picasso, Miró, Dali, sichergestellt, die ein 39 Jahre alter Maler produziert hatte. Im November 1989 konfisziert die italienische Polizei in zwanzig Galerien Roms und Mittelitaliens 3637 gefälschte Ölbilder, die

Picasso, Dali und hochbezahlten italienischen Künstlern wie De Chirico, Manzú, Fiume, Ligabue zugeschrieben sind.

Das sind die jüngsten Fälle, die bekannt wurden: die Spitze des Eisbergs. Jede Epoche bekommt die Fälschungen, die sie verdient und die sie geschmacksgeschichtlich charakterisiert. Wenn wir von dem oben genannten auf den Geist unserer Epoche schließen, müßten wir bekennen, daß er mehr denn je von Surrogaten lebt. Zwischen das autonome Werk und seine Betrachter schiebt sich immer stärker jene totale Kommerzialisierung von Künstler und Sujet, die erst zum Nährboden einer Generation von Fälschern wird.

Macht der Sammler

Ohnmacht der Museen

Die Märkte der achtziger Jahre werden nicht nur von den Auktionsrekorden bewegt. Wie in dem Jahrzehnt davor stehen auch Sammler im hellen Rampenlicht, die sich nicht scheuen, Höchstpreise zu bewilligen oder in Auktionsverkäufen Ernte einzufahren. Und schließlich gibt es da noch die Museen, die als wichtige Marktkaryatide wirken, weil sie in vielen Sammelbereichen Spitzenpreise bewilligen, die dann wieder vom Handel und von den Auktionatoren zum Ausgangspunkt einer neuen Preispolitik gemacht werden. Doch beschäftigen wir uns zunächst mit den Sammlern, die diesem überhitzten Jahrzehnt ihren Stempel aufprägten, sei es durch Käufe, Verkäufe oder Affären von nicht geringer Marktrelevanz.

Um das gleich vorwegzunehmen: Mehr als die im besten Sinne konservativen Sammler mit Kulturverständnis und ausgeprägtem Geschmack bestimmen heute jene ephemeren und kurzfristig disponierenden Kunstkäufer das Geschehen, denen man den Ehrentitel „Connaisseur" versagen muß, weil der oft hastige Aufbau einer Sammlung mehr aus Spekulations- und Investitionsgründen als aus echter Passion erfolgt. Besonders in den USA hat sich in den achtziger Jahren eine Kunstklientel herausgebildet, die ohne innere Anteilnahme kauft und verkauft, wann immer es ihr beliebt. Für sie gehört Kunst zum gesellschaftlichen Alltag. Man schmückt sich mit ihr, aber trennt sich auch schnell wieder von ihr, wenn die Preise am höchsten sind: Nicht die Kunst ist das geheime Objekt der Begierde, sondern die schnelle Gewinnmitnahme, denn es gibt ja immer wieder andere Sammelgebiete, in die man wieder neu investieren, andere Modetrends, an die man sich anhängen kann.

Daß solch eine mehr dem Börsianertum als dem kulturellen Erbe verpflichtete Strategie nicht immer tragfähig ist, zeigt das Beispiel des New Yorker Finanziers Saul P. Steinberg, dessen auf 460 Millionen Dollar geschätzte „Reliance Group" im Bereich Versicherungen, Immobilien und Firmenübernahmen tätig ist. Steinberg begann 1966 vorwiegend Kunst des 20. Jahrhunderts zu sammeln, er startete mit Picasso und konzentrierte sich dann auf deutsche Expressionisten, die zum Teil durch deutsche Auktionen der siebziger Jahre gewandert waren. 1981 verlor er die Lust an diesem Sammelgebiet und ließ seine Sammlung, die auch Werke von Matisse, Léger und Bacon enthielt, bei Christie versteigern. Doch der Markt war zu dieser Zeit in einer Zwischenbaisse. Nur 34 von 73 Losen wurden verkauft, der einzige herausragende Preis sind die 660 000 Dollar, die für Max Beckmanns „Selbstbildnis mit Matrosenmütze" geboten wurden.

In den Folgejahren stürzte sich Steinberg auf Altmeistergemälde und baute eine Sammlung auf, in der u. a. Werke von Rubens, Tizian, Hals und Michiel Sweerts vertreten sind. Amerikanische Händler bezeichnen diese Sammlung heute als eine der besten ihrer Art, zumal sie ohne Beratung, sondern nur nach eigener Wahl zusammengetragen wurde. Trotz dieses teuer erkauften Sozialprestiges hat es der Sammler noch nicht geschafft, einen heiß ersehnten Sitz als Trustee des New Yorker Metropolitan Museums zu erhalten: Der amerikanische Kulturbetrieb, und das gilt auch für das Musikleben, läßt sich durch den neuen Reichtum nicht so blenden, daß er sich ihm völlig in die Hände gibt.

Kommen und Gehen. Diese Devise scheint vor allem über dem letzten Drittel der achtziger Jahre zu lasten, wenn wir die amerikanische Sammellust rekapitulieren. Es gibt zweifellos eine Schar von US-Prominenten, die aus einer anfänglichen Laune heraus zu ernsthaften Sammlern geworden sind, wie Barbra Streisand, die mit hohem finanziellen Einsatz amerikanische Arts and Crafts (Möbel und Objekte von Frank Lloyd Wright und A. Stickley) sammelt. Doch stärker verbreitet ist der Typus des schnellen „Einsteigers", der mit der Kunst, die er erwirbt, kaum noch emotional

Einst im Besitz des Finanziers Saul P. Steinberg, der es für 660 000 Dollar bei Christie versteigern ließ: Max Beckmanns „Selbstbildnis mit weißer Mütze".

verbunden ist. Broker, Spekulanten, Konglomerateure, die ihre Erwerbungen zum Teil direkt aus Firmengeldern finanzieren, bestimmen heute sehr viel stärker das Marktbild als die noch in den siebziger Jahren dominierenden Bankiers, Diplomaten oder Konzernherren aus alten, angesehenen Familien.

Es gibt zwei Paradebeispiele, die als Negativmerkmale des Musters „Wie gewonnen, so zerronnen“ vor Augen stehen. Anfang der achtziger Jahre begann der Immobilienspekulant Gerald Gutermann (er erwarb unter anderem Hotels und baute sie um), sich für Altmeistergemälde zu interessieren. In einem halben Jahrzehnt kaufte er sich vorwiegend im europäischen Handel, in Amsterdam, London, Paris und Zürich, aber auch bei der New Yorker Galerie French & Co. eine beachtliche, wenn auch ungleichwertige Sammlung flämischer und holländischer Malerei des 17. Jahrhunderts zusammen. Als er in wirtschaftliche Schwierigkeiten geriet, kam diese 47teilige Kollektion bei Sotheby in New York (am 14. Januar 1988) unter den Hammer. Die guten Bilder wurden zu angemessenen Preisen verkauft - Stilleben von J. D. de Heem, J. J. den Uyl und eine Flußlandschaft von Ruysdael an der Spitze -, die Fehler, insgesamt 17 Bilder, blieben zurück. Der Gesamtumsatz lag bei 10,3 Millionen Dollar.

Genau zwei Jahre später erlebte der Altmeistersektor einen weiteren Notverkauf. David Paul, der in Miami Beach residierende Chairman der Centrust Savings Bank, hatte in wenig mehr als einem Jahr für über 20 Millionen Dollar Kunst aufgekauft und sie unter der Rubrik „Möbel und Inventar“ verbucht, bis die Bankenaufsicht diesen Aktivitäten einen Riegel vorschob: Innerhalb eines halben Jahres mußten die Blitzerwerbungen wieder abgestoßen werden, darunter das brillante Tischstilleben des Jan Jansz. den Uyl, das Paul im Januar 1988 aus der Konkursmasse von Gerald Gutermann zum Spitzenpreis von 2,2 Millionen Dollar ersteigert hatte, und ein für 12 Milllionen Dollar erworbenes, umstrittenes Rubens-Gemälde. Für die guten Bilder der Kollektion erwärmte sich bald die New Yorker Newhouse Gallery, die sie im Verbund mit dem potenten Stockholm-Londoner Galeristen Verner Amell auf der Maastrichter Messe 1990 zeigte. Nun war der den Uyl mit 9,5 Millionen Gulden beziffert, und für eine Flachlandschaft von Philips Koninck, die in der Gutermann-Auktion zurückgegangen war, aber von Paul anschließend erworben wurde, wurden 1,58 Millionen Gulden verlangt. Auf Anhieb verkauft wurde diese Kollektion nicht: Der Markt reagiert uneingeschränkt nur auf „marktfrische" Werke.

Europäische Sammler blicken besorgt auf diese künstliche Hochpreis-Entwicklung. Wenn auch schon der Altmeistermarkt nach den Impressionisten- und Moderne-Märkten in die Spekulationszone abgleitet, wie man angesichts des Paul-Exempels argwöhnen könnte, wird es bald kaum noch ein prominentes Sammelgebiet geben, das nicht durch solche marktkonträre Strategien belastet wird.

Der Sammler als Spekulant – dieser Typus ist eine Erscheinung der achtziger Jahre, die das Auktionsgeschehen gefördert hat. Wir finden diesen Typus, für den Kunst nicht mehr als ein Medium der Geldvermehrung ist, nicht nur in den USA, sondern auch in Europa. Ein Hauptbeispiel ist die schnell zusammengetragene Kollektion des britischen Pop-Stars Elton John, die im September 1988 bei Sotheby in London unter den Hammer kam: eine disparate, geschmacksunsichere Anhäufung von „Collectibles", Cartier-Schmuck und, als zentrale Abteilung, Möbel und Objekte des Jugendstils und der Art Déco. Die knapp 2 000 Lose brachten 5 Millionen Pfund (15,7 Millionen DM), doch die erhoffte Medienresonanz blieb aus, denn dieses Sammelsurium hatte nicht im entferntesten jene Persönlichkeitsaura, mit der etwa die im Mai desselben Jahres bei Sotheby in New York versteigerte Sammlung Andy Warhol aufwarten konnte. Das von manischer Sammellust zeugende, über 6 000 Lose umfassende Konglomerat von Kunst, Kultur und Kitsch des 19. und 20. Jahrhunderts (Schwerpunkte: amerikanische Möbel des 19. Jahrhunderts, zeitgenössische Kunst, Art Déco-Objekte) des 1987 mit 58 Jahren verstorbenen Künstlers erzielte zugunsten der Andy Warhol-Stiftung für die visuellen Künste 25,33 Millionen Dollar.

Gegenüber solch philantropischem Willen erscheint die Sammeltätigkeit eines weiteren Prominenten, des französischen Filmstars Alain Delon, der seit Ende der sechziger Jahre zunächst Altmeister-Zeichnungen, dann zunehmend auch Kunst des 19. und 20. Jahrhunderts und Tierplastiken von Barye und Rembrandt

Bugatti erwarb, als emotionale Spielerei. Die Beteuerung des Schauspielers, er verkaufe nur, um Neues zu kaufen, die er im März 1990 anläßlich einer Ausstellung seiner Kollektion bei den umstrittenen Pariser Galeristen Didier Imbert äußerte, ist nicht so ganz ernst zu nehmen, denn er hat schon seit den siebziger Jahren, und zwar immer dann, wenn großer Profit lockte, Hauptobjekte verkauft. Die Verkäufe des Hirschkäfer-Aquarells von Dürer (dessen Authentizität heute umstritten ist) und des Cézanne-Aquarells, die Delon schon zu Beginn der achtziger Jahre dem J. Paul Getty Museum weiterreichte und die en bloc-Versteigerung von 39 Tierbronzen Rembrandt Bugattis, die im April 1990 bei Sotheby 2,49 Millionen Pfund erlösten, verraten marktstrategisches Kalkül, das sich an aktuellen Preisentwicklungen orientiert.

Ganz ähnlich hat sich der amerikanische Hundefutterfabrikant John Gaines verhalten, als er sich im November 1986, nach knapp zehnjähriger Sammeltätigkeit von seiner 46teiligen Kollektion von Handzeichnungen und Aquarellen trennte (siehe das Kapitel Graphik, Handzeichnungen, Skulpturen); angeblich, weil er wegen der dramatischen Teuerung von Zeichnungen und Aquarellen die Lust am Sammeln verloren hatte und sich auf ein anderes Sammelgebiet konzentrieren wolle. Gaines gehört zur Spezies der versatilen, um nicht zu sagen rastlosen, amerikanischen Sammler, die sich, wenn der Markt günstig ist, ebenso schnell wieder von ihren Schätzen trennen, wie sie sie zusammengetragen haben. Gaines begann mit japanischen Farbholzschnitten, stieg dann um auf Skulpturen und Zeichnungen. Die 46 Handzeichnungen und Aquarelle von Leonardo da Vinci bis Matisse brachten in der Auktion 1986 erstaunliche 21,29 Millionen Dollar ein. Nicht nur das J. Paul Getty Museum engagierte sich mit insgesamt 5,25 Millionen Dollar, auch die Sammler Armand Hammer und Ian Woodner boten fleißig mit. Hammer, der der Washingtoner Nationalgalerie seine Handzeichnungen-Sammlung von 60 Blättern versprochen hat und sich gleichzeitig mit dem Bau eines eigenen, wegen des hohen Einsatzes von Firmengeldern umstrittenen Museums ein Denkmal setzen will, ersteigerte für je 440 000 Dollar eine winzige Federzeichnung Dürers (Satyrfamilie), die 1981 in der Versteigerung der Sammlung Tobias Christ bei Sotheby umgerechnet noch 107 640 Dollar erzielt hatte, und sowie Veronese-Studie.

1982 von dem Sammler Ian Woodner für 75 600 Pfund bei Christie als Aquarell des Prager Hofkünstlers und Hauptrepräsentanten der „Dürer-Renaissance", Hans Hoffmann, ersteigert und 1987 in der Londoner Ausstellung der Sammlung Woodner als eigenhändiges Werk Albrecht Dürers präsentiert: der „Flügel einer Blaurake".

Der New Yorker Architekt und Grundstücksinvestor Ian Woodner, der seit über 35 Jahren Handzeichnungen sammelt, erstritt sich in der Gaines-Auktion für 957 000 Dollar Rembrandts Ansicht des Dorfes Houtewaal bei Amsterdam, die in der ersten Chatsworth-Auktion 1984 bei Christie für umgerechnet 585 000 Dollar an Gaines gegangen war. Woodner hatte schon Anfang der siebziger Jahre eine beachtliche Sammlung von Altmeisterzeichnungen zusammengetragen, die 1971 und 1973 in New York, Los

Angeles und Indianapolis ausgestellt war. Doch auf höchstem Niveau und in sportlicher Konkurrenz zum Getty Museum begann der hochgewachsene Siebziger erst ab etwa 1978, als er einer früh erworbenen Benvenuto Cellini-Federzeichnung in den großen Auktionen in London und New York bedeutende Blätter von Perugino, Leonardo, Raffael, Andrea del Sarto, Botticelli, Filippino Lippi, Dürer, Avercamp, Rembrandt, Cézanne und Redon (von dem er auch eine separate Kollektion von Gemälden, Zeichnungen und Graphik besitzt) hinzugesellen konnte. Die Woodner Collection, die 1986/87 durch europäische Museen und Kunstinstitute wanderte, ist eine der großen Sammlungen der Welt, die ein Kapitel Kunstmarktgeschichte mitgeprägt haben: das der von musealem Interesse getragenen „prize pieces", die ihrerseits wieder aus berühmten Sammlungen stammen und schon allein deswegen gesteigerte Aufmerksamkeit der Fachwelt finden.

Wer sich die „Top 100"-Listen amerikanischer Sammler ansieht, die in periodischen Abständen in amerikanischen Antiquitätenzeitschriften veröffentlicht werden, wird nur wenig konsequente und langfristig denkende Sammler finden, die einem Sammelgebiet über Jahrzehnte hinweg die Treue halten. Beweglichkeit und Marktkalkül haben Impulse der Stetigkeit abgelöst. Ein Paradebeispiel ist Wendell Cherry aus Kentucky, der einer Gesellschaft von Privatkrankenhäusern vorsteht. Er hat Anfang der achtziger Jahre in New Yorker Auktionen der Sammlungen André Meyer, Havemeyer, Norton Simon und Florence Gould Werke von Degas (das Pastell „Au Café-Concert" für 3,41 Millionen Dollar), Toulouse-Lautrec, Munch („Mädchen auf der Brücke" für 3,08 Millionen Dollar) und in London Schieles „Liebespaar" für 3,19 Millionen Pfund ersteigert. Als er dieses Bild 1987 bei Christie in New York wieder ausbieten ließ, blieb es unverkauft; die „Ruhepause" war zu kurz. Dafür konnte er beim Wiederverkauf von Picassos frühem Selbstporträt „Yo, Picasso", das er 1981 bei Sotheby für 5,83 Millionen Dollar ersteigert hatte und das 1989 im selben Auktionssaal zum Rekordpreis von 47,85 Millionen Dollar weiterveräußert wurde, einen phänomenalen Gewinn einstreichen.

Kaufen und verkaufen – diese amerikanische Devise der achtziger Jahre gilt auch für eine der regesten Sammlerinnen des Jahrzehnts, die gebürtige Polin Barbara Piasecka-Johnson, die nach dem Tod ihres Mannes J. Seward Johnson, Erbe eines pharmazeutischen Imperiums, zu Höchstpreisen französische Möbel des 18. Jahrhunderts (darunter ein Weisweiler-Kabinett für 1,485 Millionen Dollar), Gemälde und Handzeichnungen alter Meister (u. a. für 60 Millionen Francs die beiden Leonardo-Gewandstudien aus der Sammlung Comtesse de Béhague und ein Kreideblatt von Raffael aus Chatsworth) und nicht zuletzt Gemälde des 19. Jahrhunderts ersteigerte. Allein in den New Yorker Februarauktionen 1989 von Sotheby und Christie gab sie 4,5 Millionen Dollar für Bilder von Giovanni Boldini, Jules Breton, Gustave Doré und Alfred Stevens aus. Als ihre disparate Kollektion im Frühjahr 1990 in Warschau erstmals ausgestellt wurde, war die Resonanz eher verhalten.

Verglichen mit solch sprunghaftem Horten ist eine Sammlung wie die des Medienzars und ehemaligen US-Botschafters in England, Walter Annenberg (Palm Springs, California), schon fast ein Anachronismus. Seit den frühen fünfziger Jahren aufgebaut, enthält sie eine Fülle erstrangiger Werke von Corot bis Picasso. Wichtige Schwerpunkte bilden Monet mit einem halben Dutzend Werken aus allen Schaffensphasen bis zum großen Seerosenbild von 1919, van Gogh mit einem Rosenstilleben und dem Bildnis der Madame Roulin (Annenberg war einer der Unterbieter bei der Versteigerung des van Goghschen Sonnenblumengemäldes im März 1987 bei Christie), und eine Suite von Cézanne-Gemälden. Vier amerikanische Museen buhlen um diese Akkumulation von Spitzenwerken, die sich würdig in die amerikanische Sammeltradition von H. O. Havemeyer bis Paul Mellon einreiht. Daß Annenberg nicht ans Verkaufen, sondern eher an museale Erweiterung denkt, bewies er im November 1989, als er bei Sotheby für 40,7 Millionen Dollar Picassos Frühwerk „Au Lapin agile“ ersteigerte.

Von ähnlich magistralem Zuschnitt sind die wenigen amerikanischen Sammlungen, die sich der Nationalkunst des 19. Jahrhunderts verschrieben haben. Nachdem Daniel Terra, der Vorreiter auf diesem Gebiet, sich 1980 ein eigenes Museum in Evanston, Illinois, baute, gibt es noch zwei auf dem Kunstmarkt aktive Sammler: den kalifornischen Möbelfabrikanten Julian Ganz und den in Michigan residierenden Unternehmer Richard Manoogian. Nicht selten stehen diese beiden Sammler beim Erwerb zentraler Werke in direkter Konkurrenz. Als F. E. Churchs Hauptwerk

Hymnische Aufwertung einer Nationalkunst: Frederic Edwin Churchs Catskill-Landschaft „Home by the Lake" wurde im Mai 1989 bei Sotheby von dem amerikanischen Sammler Julian Ganz für 8,25 Millionen Dollar ersteigert.

„Home by the Lake" aus dem Walker Art Center im Mai 1989 bei Sotheby für 8,25 Millionen Dollar an Julian Ganz fiel, der wichtige Werke von J. S. Sargent, R. Peale, Winslow Homer und W. M. Harnett besitzt, war Manoogian der Unterbieter. Während Ganz einige Topbilder, darunter den Church, als Leihgaben an die Washingtoner Nationalgalerie gab, schickte Manoogian eine hochkarätige Auswahl, darunter George Caleb Binghams für 6 Millionen Dollar erworbenes Genrebild „The jolly Flatboatmen" und Gemälde von Thomas Moran, Thomas Hartnett, Sanford Gifford und John F. Kensett, in eine Wanderausstellung nach New York und Detroit.

Gegenüber diesen Sammlern traditioneller Couleur sind die an zeitgenössischer Kunst interessierten Sammler stets beweglicher gewesen. Kontinuierliches Kaufen und Verkaufen - einerseits, um die Qualität der Sammlung zu verbessern („trading up"), andererseits, um brillante Gewinne einzustreichen - ist eine amerikanische Devise, die in Europa nicht leicht nachzuvollziehen ist, weil hier gewachsene Sammlungen fast als immobiles museales Gut betrachtet werden. Doch in einem Land, in dem selbst die Museen sich kontinuierlich von überflüssigen Kunstwerken trennen (das Metropolitan Museum, das Museum of Modern Art und das Art Institute, Chicago, haben dies in den Marktjahren 1987–90 extensiv vorgeführt), gelten gezielte Verkäufe als Selbstverständlichkeit. Hinzu kommt, daß die Stromlinigkeit des modernen Kunstgeschmacks in wichtigen amerikanischen Sammlungen von Peter Brant (Connecticut) und Eli Broad (Los Angeles) über Leonard Lauder (New York) und S. I. Newhouse (New York) bis Frederick R. Weisman zu ähnlichen Konglomeraten von Werken führt: Willem de Kooning, Jasper Johns, Franz Kline, Andy Warhol, Robert Rauschenberg, Roy Lichtenstein und im jüngeren Bereich Julian Schnabel, Jean Michel Basquiat, Anselm Kiefer, David Salle sind die häufigst vertretenen Namen. Kein Wunder, daß im Rückblick das Material, das von 1981–1989 aus 16 wichtigen Sammlungen zeitgenössischer Kunst in die New Yorker Auktionen gelangte, trotz der sich jagenden Rekordpreise letztlich austauschbar war.

Während sich amerikanische Sammler auch nach der modifizierten Steuergesetzgebung von 1987, die Stiftungen nicht mehr nach dem meist fiktiven „aktuellen" Marktwert, sondern nach dem Einkaufswert der Kunstwerke taxiert, uneingeschränkt spendabel zeigen, pflegt der europäische Großsammler auf eine schon fast degoutante Weise sein kulturpolitisches Gewicht in die Waagschale zu werfen. Da wird gepokert und gerungen, versprochen und verweigert, gewährt und abgezogen. Wem ist nicht eine der größten Possen der achtziger Jahre in Erinnerung: die Kontroverse des Expressionistensammlers Lothar Günther Buchheim mit der Stadt Duisburg, die die Buchheim-Sammlung in einen 11 Millionen Mark teuren Erweiterungsbau des Wilhelm-Lehmbruck-Museums aufnehmen wollte, obwohl der Stiftungsvertrag vom Sammler bis zuletzt nicht unterschrieben wurde. Wenige Monate nach der Fertigstellung dieses Baus zog Buchheim seine Sammlung, die er zuvor in den Bayerischen Staatsgemäldesammlungen deponiert und dann auf Wanderschaft geschickt hatte, zurück, weil es zu Spannungen mit den Lehmbruck-Erben gekommen war. Buchheim 1986 in einem Zeitungs-Interview: „Die Lehmbruck-Erben ... haben mich vertrieben ... Die haben eine panische Angst, das neue Museum würde das Mausoleum[1] überstrahlen." Wenige Monate später brachte sich das Land Bayern als Interessent der Sammlung wieder ins Spiel, doch à la longue ist keineswegs auszuschließen, daß diese weitgehend in den fünfziger und sechziger Jahren aufgebaute Sammlung auf dem Auktionsblock landet.

Der Sammler als Kunstunternehmer - dieser problematische Aspekt dominiert im Erscheinungsbild dreier europäischer Sammler, deren Transaktionen das Kunstgeschehen, und mit ihm auch das Marktgeschehen, der achtziger Jahre prägten: Giuseppe Graf Panza di Biumo, Baron Hans Heinrich von Thyssen-Bornemisza und Peter Ludwig. Panza, der seit 1956 sammelt und sich früher als Peter Ludwig und Karl Ströher der amerikanischen Gegenwartskunst zuwandte, hatte bis 1976 eine Sammlung von über 600 Werken der Pop Art, des Action painting, der Minimal und Concept Art zusammengetragen, die er nur zum Teil in seinem Schloß des 18. Jahrhunderts in Varese unterbringen konnte. Mitte der siebziger Jahre, rechtzeitig vor der Eröffnung des von Hans Hollein auf dem Abteiberg erbauten Museums in Mönchengladbach, versprach er dem Institut einen bedeutenden Teil seiner Sammlung als Dauerleihgabe für fünfzehn Jahre. Kurz vor der Eröffnung des Neubaus zog er die Zusage zurück, weil er sich nicht mit Holleins architektonischen und museumstechnischen Konzepten identifizieren konnte. Wenig später trat er in Verhandlungen mit der Stadt Düsseldorf ein, die sich ebenso schnell zerschlugen: Der geplante Neubau der Kunstsammlung Nordrhein-

[1] Buchheim meint damit die Lehmbruck-Sammlung des nach dem Bildhauer benannten Museums.

Westfalen sollte Werke der fünfziger Jahre, das Kunstmuseum am Ehrenhof für einen vorgesehehen Erweiterungsbau elf Großplastiken der Minimal Art erhalten. 1980 war die Sammlung sukzessive in Düsseldorf ausgestellt, doch zu dieser Zeit hatte der Graf schon Verhandlungen mit der Region Piemont aufgenommen, die das Schloß Rivoli bei Turin zur Ausstellungsstätte für Großskulpturen und Environments der Sammlung Panza umbauen wollte. Doch auch hier gab es keine Einigung.

Im März 1984 kam dann der Überraschungsschlag, als der Sammler, der sich bislang gern in der Rolle des nicht-kommerziellen, pädagogisch wirkenden Kunstvermittlers sah, 81 Werke amerikanischer Kunst (Rothko, Kline, Rauschenberg, Oldenburg, Lichtenstein, Segal) und Bilder von Fautrier und Tapiès an das frisch erbaute Museum of Contemporary Art in Los Angeles verkaufte, für insgesamt 11 Millionen Dollar, zahlbar in sechs Jahresraten. Panza reagierte erbost, als sich die Kalifornier 1986 entschlossen, einige Werke aus diesem Fundus zu verkaufen, um den Sammler früher auszuzahlen; auch ohne diese Schnellverkäufe war ein Jahr später die Gesamtschuld abgetragen. Panzas jüngste Markttransaktion ist der Verkauf von 211 Werken monochromer Malerei, Minimal, Conceptual und Environmental Art zum geschätzten Wert von 32 Millionen Dollar an die amerikanische Guggenheim Foundation, der er gleichzeitig sein Schloß in Varese als drittes Guggenheim-Museum neben New York und Venedig abtritt: der Apostel des Spirituellen in der Kunst ist zum knallharten Kunstmarktstrategen geworden. Das Guggenheim-Museum mußte sich, um diesen Ankauf zu finanzieren, im Mai 1990 bei Sotheby von drei wichtigen Gemälden Kandinskys, Chagalls und Modiglianis trennen, die durch Händlergebote 46,49 Millionen Dollar erzielten.

Ähnliche Aspekte bieten sich beim Rückblick auf die achtziger Jahre in der Person des Aachener Sammlers Peter Ludwig. Aus dem Jahr 1981 datiert sein ehrgeizigster Versuch, den pluralistischen Kernstifter und Museumsgründer auch institutionell zum Kunstpolitiker zu machen, der er ja schon längst war: mit der Gründung einer in Köln stationierten „Stiftung Ludwig“, an der sich das Land Nordrhein-Westfalen, der Bund und die Stadt Köln beteiligen sollten. Diese mit einem Anfangsvolumen von 5,25 Millionen DM projektierte Stiftung sollte im weitesten Sinne die bildende Kunst fördern und deutsches Kulturgut vor der Abwanderung ins Ausland schützen. Nach langwierigen Verhandlungen und heftigen Reaktionen der Museumswelt schwand die Vision, und der Sammler, der in der Zwischenzeit 300 Werke sowjetischer Gegenwartskunst erworben hatte, zog sich in den Schmollwinkel zurück.

Es folgte ein subtiler Racheakt: Am 10. März 1983 erhielten die Kölner Museen die Mitteilung, daß die aus 144 illuminierten Handschriften bestehende Sammlung, die das Kölner Schnütgen-Museum in jahrelanger Arbeit wissenschaftlich aufgearbeitet und auf Kosten der Stadt Köln in einem vierbändigen Prachtwerk publiziert hatte, ans J. Paul Getty Museum verkauft worden sei. Aus dem Erlös, der, wie wir heute wissen, bei rund 97 Millionen DM lag, führte Ludwig seinem Schokoladenkonzern 40 Millionen neues Eigenkapital zu und beschloß die Gründung einer „Ludwig Stiftung für Kunst und internationale Verständigung GmbH, Aachen." Als ein Akt der Wiedergutmachung ist die Schenkung von 200 Stücken präkolumbischer Kunst an die Stadt Köln zu werten, die schon seit Jahren im Rautenstrauch-Joest-Museum stationiert war.

Der kunstpolitische Ehrgeiz blieb in den Folgejahren ungeschmälert: Im Juni 1984 gründete Ludwig in Oberhausen das „Ludwig-Institut für Kunst der DDR", dessen Grundstock eine Sammlung von 200 Werken führender DDR-Künstler bildete, die dem als Forschungszentrum arbeitenden Institut für zehn Jahre als Dauerleihgabe zur Verfügung stehen sollte. Im Oktober desselben Jahres versuchte er die Stadt Aachen zur Gründung eines „Zentrums der Weltkunst", das sich der Gegenwartskunst verpflichten sollte, zu animieren. Im April 1988 reiste Ludwig nach Budapest, um in der ungarischen Hauptstadt eine Kunststiftung ins Leben zu rufen, die mit 70 Werken von Picasso bis Joseph Beuys die ungarische Kunstszene beleben soll; die Werke fallen als Schenkung an den ungarischen Staat, wenn bis

1995 ein Museumsneubau entsteht. Zur gleichen Zeit verkündete Ludwig, daß er einen Teil seiner Kunstsammlung nach Moskau transferieren wolle, wenn dort ein Museum für moderne Kunst gebaut werde: Letzter Akt einer multinationalen Strategie, mit Donationen aller Art den eigenen Namen in die Welt hinauszutragen.

Ein Schatten fiel im Mai 1988 auf den Stifter mit dem Weltkunst-Impuls, als das Aachener Landgericht gegen ihn ein Hauptverfahren wegen des Verdachts der Steuerhinterziehung eröffnete. Gegenstand dieses Verfahrens war der Verkauf der Handschriften-Sammlung an das Getty Museum, der vermögenssteuerpflichtig war. Das Verfahren wurde im März 1989 eingestellt, als Ludwig laut Gerichtsurteil eine Geldbuße von 750 000 DM (500 000 DM an die Staatskasse und 250 000 DM an gemeinnützige Einrichtungen) gezahlt hatte. Ludwigs Faible für kunstpolitische Coups und Transfers, die den Namen des Sammlers global verankern (Ludwig 1981 in einem Interview: „Wir sind auf eine deutsche Lösung nicht angewiesen") ist bekannt. Daß es Trübungen seiner Visionen gibt, daß sich nicht alle von Philanthropie, persönlicher Eitelkeit und wirtschaftlicher Taktik bewegten Projekte verwirklichen ließen, schmälert eine solch pluralistische Lebensleistung, in der breites Kunstverständnis mit dezidiertem Informationswillen gepaart ist, nicht.

Ähnliches läßt sich im Rückblick von den Aktivitäten des Barons Thyssen, der seit 1984 im Direktorium der Sotheby-Holding sitzt, kaum sagen. Zwar hat auch er seine Sammlungen gemehrt und erweitert: um Werke der osteuropäischen Avantgarde, um amerikanische Malerei des 19. und frühen 20. Jahrhunderts und um einzelne Werke der impressionistischen Ära (Hauptbeispiel Gauguins Tahiti-Bild „Mata Mua"). Die letzten 15 Jahre waren geprägt von einer regen Ausstellungstätigkeit, die alle Segmente der Thyssen-Sammlung von den 1988 mit einer beispiellosen Publizitätskampagne der Londoner Tageszeitung „Times" präsentierten Altmeistergemälden bis zu der in München ausgestellten Silber- und Schmuck-Sektion betrifft. Eine noch größere Publizität hatte das zweijährige Pokern um den end-

Erst Gemeinschaftsbesitz mit Jaime Ortiz-Patiño, dann von Baron Thyssen ganz erworben: Paul Gauguins Gemälde „Mata Mua“.

gültigen Verbleib der Bildersammlung, die in Thyssens Villa Favorita in Lugano nicht mehr angemessen präsentiert werden konnte. Obwohl der Kanton Tessin zwar Interesse am Verbleib der Sammlung in Lugano zeigte und auch bereit war, einen von dem britischen Stararchitekten James Stirling entworfenen Museumsbau zu finanzieren, bekam Thyssen nach eigener Aussage „kalte Füße“ vor dem dreistöckigen Riesenbau und der damit verbundenen Ausstellungs- und Konservierungsverpflichtung.

Inzwischen hatte der Sammler schon in Bonn, Stuttgart, London, Paris und Tokio Begehrlichkeit geweckt und verlockende Angebote für ein Thyssen-Museum erhalten. Doch den Ausschlag gab Thyssens jüngste Gattin Carmen Cervera: Im Dezember 1988 wurde zwischen Thyssen und dem spanischen Kulturminister ein Pachtvertrag unterzeichnet, der die spanische Regierung auf die Zahlung von 10 Milliarden Peseten (etwa 154 Millionen DM) an eine frisch gegründete „Stiftung Thyssen-Bornemisza“ verpflichtet, die damit Umbau und Renovierung des Madrider Villahermosa-Palasts finanziert, in dem ausgewählte Thyssen-Bilder präsentiert werden sollen. Außerdem wurde eine „Pachtsumme“ von jährlich 5 Millionen Dollar, die mit der Inflationsrate steigen soll, vereinbart. Als Gegenleistung stellt die Stiftung 778 Gemälde aus ihrem Fundus von rund 1300 Gemälden als Leihgaben zur Verfügung. 456 Gemälde sind als Werke der Kategorie „A“ definiert, die bis zum Jahr 2000 in Spanien bleiben sollen, die übrigen Gemälde der Kategorie „B“ können mit Zustimmung des Stiftungsvorstands, dem je vier Vertreter der spanischen Regierung und der Familie Thyssen angehören, ausgetauscht werden. 75 Altmeistergemälde werden im Kloster Pedralbes in Barcelona ausgestellt.

Mit dieser Regelung hat Thyssen, der auch in den achtziger Jahren Impressionisten und Moderne in New Yorker und Londoner Auktionen abgestoßen hat, ein Optimum erreicht: Die wichtigsten Werke bleiben zusammen, der spanische Staat zahlt eine splendide Leihgebühr und nach dem Ablauf eines Jahrzehnts kann die gesamte Kollektion, über deren Ankauf erst dann definitiv zu verhandeln wäre, nach einer formellen Auflösung der Stiftung wieder das Land verlassen. Das Fundament für neue, vielleicht noch lukrativere oder glanzvollere Lösungen ist gelegt, der Kunstunternehmer Thyssen bleibt so über die Jahrhundertwende hinaus im Gespräch.

Bei Sammlern, die sich mit einiger Ausschließlichkeit der Gegenwartskunst widmen, ist die Grenze zwischen Kunstbegeisterung und Spekulation oftmals nicht leicht zu ziehen. Ein Paradebeispiel dafür ist die Großsammlung von Doris und Charles Saatchi, der mit seinem Bruder Maurice 1970 eine schon bald äußerst erfolgreiche Werbeagentur eröffnete, die unter anderem für die britischen Konservativen arbeitete. Schon in den siebziger Jahren erwarb das Ehepaar Saatchi Kunst, vor allem Minimal Art von Sol LeWitt, Carl André, Robert Ryman, Donald Judd, Dan Flavin. Später kamen Warhol, Cy Twombly, Frank Stella und John Chamberlain hinzu. 1986, auf dem Zenit ihres wirtschaftlichen Erfolges – drittgrößte Werbeagentur der Welt mit einem geschätzten Volumen von 3 Milliarden Dollar – hatten die Saatchis durch en bloc-Käufe auch ihr Kunstterrain imperial erweitert. Zu dieser Zeit besaßen sie 24 Gemälde von Francesco Clemente, 27 von Julian Schnabel, 23 von Anselm Kiefer, 19 von Georg Baselitz, 19 von Sigmar Polke; ein Jahr vorher hatten sie ihr dezentes, für Wechselausstellungen der eigenen Sammlung aus einer ehemaligen Farbenfabrik in einem Nord-Londoner Vorort entstandenes Privatmuseum eröffnet. 1987 wandten sie sich New Yorker Szene-Künstlern wie Jeff Koons, Robert Gober, Haim Stainbach, Ashley Bickerton, Peter Halley zu, die alsbald auch, durch die Saatchi-Käufe in ihrer Marktposition gefestigt, durch europäische Ausstellungsinstitute wanderten.

Im Frühjahr 1989 erlitt die Werbeagentur durch Überexpansion starke Gewinneinbrüche, wiederholt machten Übernahmegerüchte die Runde. In dieser Phase benutzten die Saatchis, die nach inoffiziellen Schätzungen jährlich 2 Millionen Pfund in Kunst investierten, ihre Sammlung, um Gewinne einzufahren und, da sich das Ehepaar getrennt hatte, Vermögen zu teilen. Peu à peu ließen Verkäufe größeren Umfangs die Kunstwelt aufhorchen, doch einen Preisverfall etwa für Kiefer (von dem Saatchi Bilder für 50 000 Dollar erworben hatte und um 1 Million Dollar abstieß) oder für Baselitz gab es nicht. Kiefer und Baselitz gingen nahezu geschlossen an den New Yorker „Spekulationshändler" Larry Gagosian, auch die Gemälde von Sandro Chia und alle Polke-Bilder, bis auf eines, wurden verkauft. Im Mai 1990 präsentierte sich die Sammlung in ihrem Domizil an der Boundary Road abgespeckt und umgeschichtet, als habe es nie brisante Marktspekulationen gegeben: 60 Werke der britischen Künstler Richard Deacon, Frank Auerbach und Lucien Freud, von dem Saatchi 1989 im Londoner Kunsthandel das Großformat „Zwei Männer im Atelier“ für offizielle 2 Millionen Dollar erworben hatte, zeigten ein plötzliches Faible für die zu frischem Kunstmarktruhm gelangte Nationalkunst. Einige dieser Werke gehörten nicht Charles Saatchi persönlich, sondern waren als Besitz der Firma Saatchi & Saatchi deklariert, Anzeichen einer zweigleisigen Ankaufspolitik. Was bedeutet das Engagement für die englische Kunst? Geschmackswandel oder spekulativen Neubeginn? Im Rückblick wirkt die Aktion prosaisch: Angesichts des wachsenden Marktes für britische Kunst sind die Saatchis daran interessiert, alte An- und Verkaufsstrategien unbeschadet in die neunziger Jahre hinüberzutragen.

Kaufen und verkaufen – diese Devise des wendigen Sammlers läßt sich im Museumsbetrieb mit einiger Ausschließlichkeit auf die amerikanischen Institute anwenden. Ihr Überfluß an relativ gleichwertigem Stiftungsmaterial, das sich auf die jahrzehntelange Geschmacksidentität amerikanischer Großsammler bezieht (Impressionisten, gemäßigte Moderne, obligate Zeitgenossen gehören quasi zum Inventar von Amerikas Superreichen), gibt häufig Anlaß, sich von Depotwerken zu trennen, ohne daß dies, wie bei uns, zu lautstarken Protesten der Kunstwelt führte. „Deaccessioning“ (Abwertung) nennen die Amerikaner diese Methode, die die angelsächsischen Sammler vornehm als „Refining“ bezeichnen, denn man sollte ja in strengem Sinne nur verkaufen, um Besseres zu erwerben, zu „verfeinern“.

Vorreiter auf diesem Gebiet war in den sechziger Jahren die New Yorker Guggenheim Foundation mit ihren en bloc-Verkäufen von Kandinsky-Werken. Der letzte Verkauf aus seinem reichen Kandinsky-Fundus gelang dem Guggenheim, als es sich am 17. Mai 1990 bei Sotheby von dem 1914 entstandenen Hauptwerk „Fuge“ trennte, das für 20,09 Millionen Dollar in den Schweizer

Kunsthandel wanderte. Auch das Metropolitan Museum pflegt diese Praxis seit den siebziger Jahren, indem es teils den Handel direkt bedachte (mit Degas und Monet beispielsweise), meist aber überflüssiges Material, darunter auch viele Altmeistergemälde, in die New Yorker Auktionen ablud. Selbst ein Museum, das mit seinem kolportierten Jahreseinkommen von 128 Millionen Dollar – die allerdings nicht nur für Ankäufe, sondern auch für die Finanzierung anderer Einrichtungen des Getty Trusts[1] verwendet werden müssen – als das reichste der Welt betrachtet wird, hat 1989 und 1990 durch Verkäufe von sich reden gemacht: Das J. Paul Getty Museum in Malibu. Im Dezember 1988 ließ es – Ironie des Marktes – bei Sotheby in London acht spartanisch illuminierte Manuskripte aus dem von Ludwig übernommenen Komplex versteigern, die über 2 Millionen Pfund einspielten. Interessant ist, daß Paul Getty junior, der in Oxfordshire lebende Sohn des Museumsgründers, der dem Institut in Malibu, wann immer er kann, auf dem Manuskript-Sektor heftige Konkurrenz macht, 1989 die gleiche Summe in 34 mittelalterliche und Renaissance-Manuskripte aus dem Besitz des British Rail Pension Fund investierte. Im November 1989 veräußerte das Museum bei Sotheby in London Werke von Gauguin, Monet, Degas, Loiseau, Utrillo, die insgesamt 11,5 Millionen Pfund einspielten; das teuerste Bild, die erst 1983 erworbene „Bretonische Landschaft mit Gänsehirt" von Paul Gauguin, ging damals für 4,4 Millionen Pfund an den japanischen Großinvestor Aska. Darüber hinaus wurden noch mehrere zweitrangige Gemälde des europäischen 19. Jahrhunderts abgestoßen: Zeichen einer Konzentration auf das Teuerste und Beste.

Auf der anderen Seite sind die achtziger Jahre die Marktperiode, die in erheblichem Maße von dem sogenannten „Getty-Faktor", dem fast schrankenlosen Kaufwillen dieses Museums, mitgeprägt wurden. In einem nie gekannten Ausmaß hat es die Preise für Handzeichnungen alter Meister in die Höhe getrieben[2],

[1] Zu den Einrichtungen gehören u. a. das Getty Center for the History of Art, ein Konservierungsinstitut, das Getty Centre for Education in the Arts, ein Institut für Museumsmanagement und ein Publikationsprogramm.

[2] Siehe das Kapitel über Handzeichnungen, Seite 206.

hat sich auf dem Altmeistermarkt bedient, in Auktionen und Privatsammlungen Impressionisten und Moderne erworben und kaufte 1985 für rund 20 Millionen Dollar 18 000 Fotografien aus neun europäischen und amerikanischen Privatsammlungen und überrundete mit diesem Coup selbst das New Yorker Museum of Modern Art, das zu dieser Zeit in seiner Sammlung etwa 15 000 Fotos hatte. Zu den wichtigsten Erwerbungen dieses Jahrzehnts für Malibu zählen die „Anbetung" von Mantegna (1985 bei Christie für 8,1 Millionen Pfund ersteigert), Pontormos Dreiviertelporträt des jugendlichen Cosimo de'Medici (bei Christie in New York im Mai 1989 für 35,2 Millionen Dollar ersteigert), das 4 Meter breite Monumentalbild „Christi Einzug in Brüssel" von James Ensor (1987 für offizielle 15 Millionen Dollar aus der belgischen Sammlung Franck erworben), Renoirs Freiluftbild „La Promenade" aus dem Fundus des British Rail Pension Fund (im April 1989 bei Sotheby für 10,34 Millionen Pfund ersteigert) und Manets Straßenbild „La Rue Mosnier aux Drapeaux" (im November 1989 bei Christie mit 26,4 Millionen Dollar bezahlt). Als größter „Handstreich" ist schließlich der Erwerb des van Goghschen Irisbildes zu erwähnen, das der zahlungsunfähige Alan Bond zu Beginn des Jahres 1990 wieder in den Marktkreislauf zurückgeben mußte, weil er den mit einem Sotheby-Kredit finanzierten Ankauf nicht bezahlen konnte.

Nun ist gegen solche pluralistische Ankaufspoltik nichts einzuwenden, wenn das Getty Museum nicht in den achtziger mehr als einmal in den Zusammenhang mit Fälschungsproblemen gebracht worden wäre, die auf zu wenig recherchierte Schnellkäufe zurückzuführen sind. 1983 erwarb das Museum für 7 Millionen Dollar von einem Schweizer Händler die überlebensgroße Statue eines Kouros aus dem 6. Jahrhundert v. Chr., der in der Fachwelt eine heftige Kontroverse auslöste. Der Mainzer Archäologe Hafner sieht in dem erstaunlich gut erhaltenen Kouros die Kopie eines Originals im Nationalmuseum Athen, die Athener Archäologie-Professorin Olga Palagia und mit ihr zahlreiche amerikanische Wissenschaftler schließen sich dieser Meinung an.

Nach wie vor umstritten: die als Werk des Flamen Dieric Bouts vom J. Paul Getty Museum erworbene „Verkündigung“.

Und wieder ein Skandal. 1987 mußte der Antiken-Kurator Jiri Frel zurücktreten, nachdem die Finanzbehörden Manipulationen bei der Bewertung von Antiken-Schenkungen an das Getty Museum aufgedeckt hatten. Frel hatte zahlreichen Stiftern Gefälligkeitsgutachten ausgestellt, in denen der steuerlich absetzbare Wert 1973–1983 gestifteter Antiken multipliziert wurde, so daß für meist mediokre Dinge eine Gesamtsumme von 14,4 Millionen herauskam. Kurz vorher waren auch noch Authentizitätszweifel über zwei weitere Antiken-Neuerwerbungen des Museums laut geworden: ein Skopas zugeschriebenes „Haupt des Achill“ aus dem 3. vorchristlichen Jahrhundert und Fragmente eines Sargreliefs aus dem 6. vorchristlichen Jahrhundert. Diese für je 2,5 Millionen Dollar aus dem Schweizer Handel angekauften Objekte wurden 1988 nach eingehender Überprüfung der Authentizität stillschweigend aus der Schausammlung entfernt.

Nicht entfernt wurde eine 1985 für inoffizielle 7 Millionen Dollar angekaufte „Verkündigung“, die dem eminent seltenen niederländischen Meister Dieric Bouts zugeschrieben war. Das Temperagemälde auf Leinen, das dritte einer Serie, die seit Ende der siebziger Jahre überraschend auf dem Markt erschienen war (eines davon hängt in der Londoner Nationalgalerie, ein anderes ist im Besitz des kalifornischen Sammlers Norton Simon), war kurze Zeit vorher von dem New Yorker Kunsthändler E. V. Thaw an den New Yorker Sammler Ronald Lauder verkauft worden; als der Pariser Händler Alain Tarica es in Lauders Sammlung sah und als Fälschung bezeichnete, gab Lauder es zurück. Das Getty sprang als Käufer ein, mußte sich aber bald mit einer heftigen Stilkritik auseinandersetzen, deren Kern in der Aussage liegt, daß es sich hier, wenn nicht um eine bewußte Fälschung, so doch um ein in jüngerer Zeit heftig übermaltes und mit ikonographischen und perspektivischen Fehlern ausgestattetes Werk handle. Auch die Rehabilitierungsversuche von Professor Robert Koch von der Princeton University im Burlington Magazine vom Juli 1988 ließen die Kritiker bis heute nicht verstummen. Einer von ihnen ist der Brüsseler Experte für flämische Malerei, Roger d'Hulst, dessen Aussage in der Londoner „Times“ vom 5. Juli 1988 als Motto über Wirken und Ausstrahlung des Getty Museums in den achtziger Jahren stehen könnte: „Die Macht des Geldes ist stärker als die Macht der Wahrheit.“

Der Hang zu Fehlkäufen und zu überteuerten Erwerbungen zieht sich wie ein roter Faden durch die Museumsgeschichte. Auch deutsche Institute haben sich da einiges vorzuwerfen. Ein klassischer Fall ist der Erwerb eines „Watteau“-Gemäldes durch das Städelsche Kunstinstitut, Frankfurt, im Jahr 1982. Als

Zuschreibung an Watteau kam das mit dichtem dunklem Firnis bedeckte, 43,1 x 53,3 cm große Gemälde „Einschiffung nach Cythera“ aus britischem Privatbesitz im Dezember 1981 in eine Christie-Auktion, wo es der New Yorker Händler Christophe Janet für 132 000 Pfund (damals 560 000 DM) ersteigerte. Drei

Ein problematischer „Watteau“-Ankauf: 1982 erwarb das Städelsche Kunstinstitut, Frankfurt, für 3 Millionen DM diese „Einschiffung nach Cythera“.

Monate später erwarb es das Städel für 3 Millionen DM und präsentierte es, frisch gereinigt, als frühe Fassung des Watteauschen Hauptwerks, von dem es zwei Versionen in Berlin und Paris gibt. Die Berliner Fassung, die 1765 von Friedrich dem Großen erworben wurde, gehörte zum Privatbesitz der Hohenzollern. 1982 entschloß sich Prinz Louis Ferdinand, der Chef des Hauses, das seit 1962 als Leihgabe im Schloß Charlottenburg ausgestellte Werk zu verkaufen, um die durch Erdbeben beschädigte Burg Hohenzollern restaurieren zu lassen. Zur unteren Taxsumme von 15 Millionen DM (die Schätzungen reichten bis 25 Millionen) wurde das Bild 1984 für Charlottenburg erworben: Ein Drittel der Kaufsumme kam durch private Spenden zusammen, ein weiteres Drittel brachte das Land Berlin durch Lottomittel auf, den Rest der Kaufsumme bewilligte der Bundestag.

Zu dieser Zeit war das Gemälde zusammen mit der sogenannten Frühfassung aus dem Städel ausgestellt, und wer Augen hatte zu sehen, mußte erkennen, welche Welten zwischen beiden Gemälden liegen. Nicht nur die Existenz von Berliner Blau, einem erst ab 1722 auf dem offenen Markt angebotenen Pigment, spricht gegen die Authentizität des um 1709 datierten Städel-Bildes. Auch die steife, wie reproduziert wirkende Komposition, die seitengleiche Übereinstimmung von Einzelfiguren des Bildes mit solchen aus dem Watteau-Radierwerk „Figures de modes“ spricht für eine postume Aneinanderreihung von Einzelfiguren (Pasticcio) aus mehreren Quellen, vor allem Studienblättern aus dem Besitz des unersättlichen Watteau-Händlers Jean de Julienne. Hinzu kommt, daß das Bild trotz Restaurierung in einem prekären Zustand ist: Gesichtskonturen sind nachgezogen, es gibt starke Retuschen im Inkarnat und in den Gewandpartien, das Craquelée ist durch Übermalungen unterbrochen.

Daß es den Museen bei allem verständlichen Streben nach Ergänzung der Sammellücken oft an der nötigen Vorsicht mangelt, zeigte auch der problematische Daubigny-Ankauf der Bayerischen Staatsgemäldesammlungen, der seit 1986 nicht nur die Münchner Kunstwelt bewegt. Die „Landschaft bei Auvers“, die von Generaldirektor Erich Steingräber bei dem Zürcher Kunsthändler Nathan für 1,6 Millionen DM erworben wurde, hielt einer sachlichen Recherche nicht stand. Nicht nur, daß die in jüngerer Zeit aufgebrachte Daubigny-Signatur bei einer Reinigung verschwand, auch die Provenienz des Bildes ließ sich nur mühsam rekonstruieren. Robert Hellebranth, Verfasser des maßgeblichen Werkverzeichnisses der Daubigny-Gemälde, bezeichnet es als „plumpe Fälschung“. Steingräbers Nachfolger Hubertus Falkner von Sonnenburg tat das einzig Richtige und nahm das umstrittene Werk aus der Schausammlung; denn ein Bild, das auch nur mit dem Hauch eines Zweifels belastet ist, hat in einer Staatssammlung nichts zu suchen.

Eine mehr als pikante Note erhielt dieser Fehlkauf Steingräbers durch die 1988 in einer Sitzung des bayerischen Landtags nachträglich aufgerollten Fakten. Der „Daubigny"-Preis, so stellte sich heraus, war an ein Koppelungsgeschäft gebunden. 1984 hatten die Bayerischen Staatsgemäldesammlungen ebenfalls bei Nathan Toulouse-Lautrecs Frühwerk „Le jeune Routy" für 3,2 Millionen DM erworben. Nathan hatte ursprünglich 4,2 Millionen DM gefordert - eine gigantische Summe, denn vergleichbare Porträts dieser Periode waren bis dahin in Auktionen nicht über 500 000 DM hinausgekommen -, gab das Bildnis aber unter der Bedingung für 3,2 Millionen ab, daß es in den nächsten Jahren zu Folgegeschäften kommen werde, bei denen die Staatsgemäldesammlungen die Preise ohne Abstriche akzeptieren würden. Der Daubigny ist Teil dieses seltsamen „gentlemen dealers agreement", an Nathans überhöhter Forderung (bisheriger Daubigny-Höchstpreis: unter 500 000 DM) wurde nicht gerüttelt, und auch die Überweisung der 1,6 Millionen nicht direkt an Nathan, sondern an ein wohl aus Steuergründen zwischengeschaltetes Privatkonto wurde bedenkenlos geleistet.

Im Zuge der parlamentarischen Untersuchungen gerieten noch andere Ankäufe ins Zwielicht, die in die letzten Jahre der Ära Steingräber fielen. Der problematischste Fall ist der 1986 in letzter Minute vom Parlament abgelehnte Erwerb einer in der Literatur bis dahin unbekannten „Grablegung Christi" von Paolo Veronese, die von dem Altmeisterhändler Silvano Lodi (Campione) für 6,5 Millionen DM offeriert worden war. Über die Authentizität dieses Gemäldes hatte es schon im Expertenstab der Alten Pinakothek begründete Zweifel gegeben. Mit Lodi, der schon 1966 bei den unseligen Kunstverkäufen der Bayerischen Staatsgemäldesammlungen im Falle eines Tizian-Gemäldes eine Schlüsselrolle gespielt hatte, hatte Steingräber besonders gern zu tun. Schon 1985 hatte er bei diesem einst in München ansässigen Händler eine „Grablegung der Hl. Katharina" von Zurbaran erworben, die bereits 1960 von P. Guinard als Replik bezeichnet wurde und die

1986 für die Neue Pinakothek, München, für 1,85 Millionen DM erworben: Max Liebermanns 1884 entstandenes Gemälde „Münchner Biergarten".

Lodi im Juni 1984 bei Sotheby in New York für 308 000 Dollar (damals genau 800 000 DM) ersteigert hatte. Die Bayerischen Staatsgemäldesamlungen bewilligten 2,7 Millionen DM, von denen 2 Millionen aus Staatsmitteln und 700 000 DM aus Spendenmitteln aufgewendet wurden. Mehrere Bildverkäufe der achtziger Jahre für die Bayerischen Staatsgemäldesammlungen kamen bedenklich nahe an die 2-Millionen-Grenze heran; nur bei Bildern, die mehr kosten, ist die Zustimmung des Parlaments nötig. Zu diesen signifikanten Käufen gehört das 1884 datierte Liebermann-Gemälde „Münchner Biergarten", das 1973 in einer der wenigen Düsseldorfer Christie-Auktionen für netto 260 000 DM in den Münchner Kunsthandel ging und 1986 für 1,85 Millionen DM aus dem Frankfurter Kunsthandel erworben wurde. 500 000 DM wurden vom Steuerzahler, 1,35 Millionen von Mäzenen aufgebracht. Bis heute ist dies weltweit der höchste Liebermann-Preis. Schließlich hat Steingräber 1987, als letzte Tat vor seiner Pensionierung, für 1,995 Millionen DM Gino Severinis Gemälde „Der Krieg" erworben – auch das eine Summe, die weit über den damals gültigen Marktrekorden lag. Es ist kaum abzustreiten: Die Ära Steingräber wird in die Münchner Museumsannalen als eine Periode der offenen Börsen und lauen Marktrecherchen eingehen.

Wenn es darum geht, eine Skala von Museums-Rekordpreisen aufzustellen, steht München trotz dieser Erwerbungen noch nicht einmal ganz vorn. Auch die 15 Millionen DM, die im Dezember 1989 vom Land Bayern für ein Dieric Bouts zugeschriebenes Tafelbild („Ecce Agnus Dei") für die Alte Pinakothek bewilligt wurden, sind noch keineswegs stratosphärisch zu nennen, wenn wir die 7 Millionen Dollar für die problematische Bouts-„Verkündigung" des Getty Museums zugrundelegen. Eine Art Weltmeister im Bewilligen höchster Summen und darin auch ein Lieblingsvorbild des Altmeisterhandels ist die Londoner Nationalgalerie. Kurz nachdem für dieses bedeutendste britische Museum Poussins „Auffindung des Moses", das 1987 aus Powis Castle für 7,2 Millionen Pfund an das Getty Museum verkauft werden sollte, durch eine Sammelaktion gerettet wurde, erwarb es aus der Sammlung Mountbatten für annähernd 3 Millionen Pfund Anthonis van Dycks Doppelporträt der Lords John und Bernard Stuart. Mehr als problematisch sind die Ankaufssummen von 8 Millionen Pfund für eine Landschaft mit Bauern und Reitern des Dordrechter Meisters Aelbert Cuyp und 2,8 Millionen Pfund für ein Städtebild des Jan van der Heyden, die das Museum am Trafalgar Square in den Jahren 1989 und 1990 anstandslos bewilligte. Um den Aufbau einer Abteilung mit Malerei der deutschen Romantik zu forcieren, bewilligte das Museum im Dezember 1987 bei Christie den Rekordpreis von 15,54 Millionen Francs (4,56 Millionen DM) für eine stark restaurierungsbedürftige Winterlandschaft Caspar David Friedrichs; sehr viel wohlfeiler, für rund 500 000 DM, wurde dann im Frühjahr 1990 von der Londoner Händlerin H. Fritz-Denneville eine brillant erhaltene Berlin-Ansicht mit der Friedrichsgracht von Eduard Gaertner erworben.

Mit den Rekordpreisen für alte Kunst, die zum Teil auf hochgemute Schätzungen des Londoner Handels zurückgehen, hat sich die Nationalgalerie dicht hinter das Getty Museum an die Spitze jener Weltinstitute geschoben, die für die Preisinflation der obersten Marktkategorie mitverantwortlich sind. Auch ein im Zusammenhang mit Erbschaftssteuerregelungen mit 10 Millionen Pfund bewertetes Hauptwerk John Constables („Stratford Mill" oder, mit dem populäreren Titel, „The Young Waltonians"), das 1987 ange-

Von der Londoner Nationalgalerie 1987 mit 10 Millionen Pfund bewertet und gegen Erbschaftssteuern in die Museumssammlung übernommen: John Constables „Stratford Mill (The Young Waltonians)".

kauft wurde, gehörte in diese Überpreis-Kategorie: Es ist bis heute die höchste Notierung der britischen Museumsgeschichte.

Das kulturelle Erbe ist uns lieb und teuer, manchmal etwas zu teuer. Das gilt für den Constable, der als Heros der britischen Nationalkunst eine Aura besitzt, die durch den Rekordpreis noch gesteigert wurde. Je teurer ein Werk ist, desto mehr Besucher zieht es ins Museum. Diese Umkehrung des Prinzips, daß die Kunst den Preis legitimiert und nicht der Preis die Kunst adelt, machen sich heute die Weltmuseen von Kalifornien bis Tokio zunutze. Auch der Spendergeist wird durch solches Marketing angestachelt. Das zeigte sich 1988 in Paris, wo der Louvre für den zum nationalen Anliegen stilisierten Erwerb des mediokren Georges de La Tour-Gemäldes „Der Heilige mit der Lanze“ eine beispiellose Spendenaktion initiierte, mit der das Bild für 32 Millionen Francs für die Nation „gerettet“ wurde. Daß nicht alle Intentionen dieser Art erfolgreich sind, zeigte eine ähnliche Aktion nach dem Erwerb des Evangeliars Heinrichs des Löwen 1983 bei Sotheby. Die teure Rückkauf-Aktion für die Bundesrepublik (32,5 Millionen DM plus Zinsen) wurde im nachhinein nicht durch schnelle Gelder privater Spender sanktioniert: Noch im Juli 1985 klaffte eine Finanzierungslücke von mehreren Millionen einschließlich der Zinsen für die durch ein Bankenkonsortium geleistete Zwischenfinanzierung. Dieses Beispiel läßt hoffen, daß auch in Perioden, die keinen Liquiditätsmangel spüren, die Vernunft nicht ganz auf der Strecke bleibt.

Die europäischen Museen können angesichts der rasanten Preissteigerungen auf dem Kunstmarkt der achtziger Jahre kaum noch mithalten. Impressionisten, klassische Moderne, amerikanische Nachkriegskunst sind in zweistellige Millionenkategorien abgetrieben. Ähnlich hohe Aufwendungen erfordert der Ankauf bedeutender Altmeistergemälde (siehe Pontormo). Schon 1985 investierte das Amsterdamer Rijksmuseum die damals unverständlich hohe Summe von 10 Millionen Gulden in Rembrandts mediokres Ovalporträt der Haesje Cleyburgh, um mit diesem Erwerb eine Porträtlücke zu schließen. Ein wirklich museales Rembrandt-Gemälde der Reifezeit müßte in den neunziger Jahren etwa das Dreifache bringen. Um solch unbezahlbaren Zuwachs zu sichern, gibt es nur drei Wege: Vorfinanzierung durch Banken und eine großangelegte Spendenaktion; die in Frankreich schon seit Jahrzehnten intensiv geförderte Praxis der „dation" (eine Schenkung gegen Steuererlaß), die dem Pariser Museum Schlüsselwerke aus dem Nachlaß von Picasso und Chagall, aber auch Altmeistergemälde ersten Ranges (Vermeer, Rubens, Fragonard) zugeführt haben; schließlich der Verkauf von Depotstücken.

Selbst wenn es sich dabei um sogenannte Kleinmeister oder um Nebenwerke handelt, bleibt der Verkauf von Kunst aus Museumsdepots problematisch: Forschungsmaterial wird unzugänglich, Studiensammlungen werden dezimiert und ein Erkenntnis-Fundus, der oft nur für eine gewisse Zeit ins geschmacksgeschichtliche Abseits gerät, wird zerstört. Das ungebremste Marktwachstum fördert die Ohnmacht der Museen, die sich immer mehr mit einer auf erreichbare Werte reduzierten Politik anfreunden müssen. In diesem Sinne hat die Marktexplosion der achtziger Jahre zwar einen deutlichen Bremseffekt auf das Wachstum der öffentlichen Sammlungen, doch sollte er damit die Rückbesinnung auf ein Nationalerbe fördern, das noch vielfach ungesichert in Privatsammlungen des eigenen Landes schlummert.

Der Kunstmarkt der achtziger Jahre ist bei aller Wachstums-Euphorie ein keineswegs homogenes Gebilde, das von multinationalem Bedarf, Modetrends und Geschmackskonstanten, Millionenpreisen, in zunehmendem Maße aber auch von purem Anlagedenken bewegt wird. Für die neunziger Jahre ist eine Verfestigung dieser Tendenzen zu erwarten. Die jetzt schon kaum noch überbrückbare Kluft zwischen dem in die Kategorie des Preislosen, Unschätzbaren entrückten Meisterwerk und dem „Graubrot" des Marktes wird noch stärker auseinanderklaffen, und das Interesse der Neuen Reichen der Weltwirtschaft, der Banken und Unternehmen, der Börsianer und Firmenausschlachter an erstrangiger Kunst wird eher noch wachsen. In bestimmten Sammelbereichen, allen voran Impressionisten und klassische Moderne, gibt es heute so viele neue und einsatzbereite Käufer, einen so weitverzweigten Bedarf, daß ein totaler Marktkollaps, wie er so oft als Menetekel heraufbeschworen wurde, unwahrscheinlich ist. Aber: Konsolidierungsphasen nach Überhitzungsperioden sind immer erwünscht.

Solange es ein Wirtschaftswachstum gibt, wird auch der Kunstmarkt wachsen. Börsenbaissen, das hat der Wallstreet-Crash 1987, aber stärker noch die rasante Talfahrt der japanischen Kurse im Frühjahr 1990 gezeigt, haben eine eher noch stimulierende Wirkung auf den Weltkunstmärkten. Eine empfindliche Störung könnte nur von japanischen Rückverkäufen marktbekannter Hochpreisobjekte ausgehen, doch auch hier wieder nur in Teilbereichen wie anno 1974.

Die größte Gefahr sind für den Markt nicht die stets heilsamen Kurskorrekturen nach unten, sondern der wachsende Einfluß von Großunternehmen, die unter dem Banner der Kunst ausschließlich wirtschaftlichem Macht- und Profitdenken verpflichtet sind. Da wo nur noch der Umsatz regiert, bleibt kein Raum mehr für das Kunstverständnis. Wenn der Markt seine Rolle als Bewahrer und Vermittler von Kultur – von Welt- und Nationalkultur gleichermaßen – ernst nimmt, muß er den Einfluß der Kunstkonzerne unter Kontrolle halten und die Rolle des traditionellen Handels stärken, ohne dessen Wissen, Geschmack und Einsatzbereitschaft kein Markt der Welt auskommt.

Den Museen ist zu wünschen, daß sie sich weniger als Vorreiter einer Hochpreispolitik denn als Verfechter einer Preisvernunft profilieren. Den neuen Sammlern ist zu wünschen, daß sie sich nicht im Schnellgang auf Marktgeläufiges konzentrieren, sondern den Mut zu Entdeckungen, zu antizyklischen Käufen haben: Die Austauschbarkeit amerikanischer Sammlungen zeitgenössischer Kunst und die Stromlinienform neuerer japanischer Kollektionen, auch die Stillebensucht der Altmeisterkäufer schreit nach Alternativen. Der Kunstkauf aus Passion, den ich im letzten Kapitel meines Buches „Die Kunstmärkte" als Triebkraft eines gesunden Kunstmarkts herausgestellt habe, muß das prägende Element bleiben. Gerade in einer Zeit, in der gesundes Inflationsbewußtsein, wie es noch die Märkte der siebziger Jahre belebte, durch uniformes Wertsteigerungsdenken abgelöst wird, sind das persönliche Element, ein Votum gegen die Masse und für den individuellen Geschmack, unverzichtbarer denn je.

Ein Blick auf das Wachstum einzelner Sammelgebiete, wie es sich in den Bilanzen der Auktionsriesen Sotheby und Christie darstellt, zeigt, wie sehr die Uniformität zugenommen hat. Den letzten großen Umsatzknick hatten die Weltmärkte in der Auktionssaison 1981/82 zu verkraften (siehe die Tabelle „Auktionsumsätze 1978–1989"); in dieser Periode stagnierten die Umsätze für Impressionisten, klassische Moderne und zeitgenössische Kunst bei Christie, und bei Sotheby gingen sie um 14,5 Prozent auf 49,21 Millionen Pfund zurück, um dann von Jahr zu Jahr umso heftiger zu steigen, so daß am Ende des Jahrzehnts (1989) bei Sotheby 787,91 und bei Christie, wo 1981 noch lediglich 30,71 Millionen Pfund zusammenkamen, für diese populärsten Marktsparten insgesamt 640,39 Millionen Pfund umgesetzt wurden: Das sind in diesem Superjahr genau 47 Prozent des Christie-Gesamtumsatzes.

Bei anderen Sammelgebieten gibt es große Unterschiede in beiden Häusern, die auf die Vorrangstellung in jeweils anderen Sparten verweisen. Während bei Sotheby, wo immer die Moderne die Hauptrolle spielt, die Altmeisterumsätze seit 1977 einem starken Zickzackkurs ausgesetzt sind, gibt es bei Christie nur einmal - im Marktjahr 1986, das durch gravierenden Materialmangel auf diesem Sektor gekennzeichnet ist - einen Knick nach unten, der bereits 1987 durch eine 20,3prozentige Steigerung aufgefangen wird. Während Christie auf dem Silbermarkt dominiert (die Umsätze stiegen hier von 6,12 Millionen Pfund im Marktjahr 1978 auf 27,37 Millionen Pfund), beherrscht Sotheby den Markt für Bücher und Manuskripte, und das nicht erst seit der Versteigerung des Evangeliars Heinrichs des Löwen. Die Umsätze haben sich hier innerhalb von zehn Jahren mehr als verdreifacht, sie stiegen von 10,51 Millionen (1979) auf 35,65 Millionen Pfund (1989).

Es entbehrt nicht der Pikanterie, daß in beiden Häusern in den achtziger Jahren ein absolut kunstfremdes Sachgebiet die größten Steigerungsraten aufzuweisen hat: die sogenannten „Oldtimer“ oder Sammlerautomobile. 1979 fallen sie mit 2,2 Millionen Pfund bei Christie und 0,49 Millionen Pfund bei Sotheby umsatzmäßig noch kaum ins Gewicht, doch 1989 erlösen sie in den weltweiten Christie-Auktionen (vor allem Monaco) 34,4 Millionen und bei Sotheby 12,12 Millionen Pfund. Daran wird deutlich, wie stark der Kunstmarkt in den achtziger Jahren von Sondermärkten und Sondersparten zehrt, die eine allumfassende Auktionsstrategie nach vorne gerückt hat. Der weite Bereich der „Collectors' sales“, zu denen Rock-Memorabilia, Spielzeug (mit Rekordzuschlägen für Teddybären und Puppen) oder Filmrelikte zählen, wird heute weltweit mit der gleichen Inbrunst vermarktet wie das klassische Kunstgewerbe.

Es bleibt wichtig, immer wieder darauf hinzuweisen, daß der Kunstmarkt im Gegensatz zu anderen Märkten in paritätischem Verhältnis von ästhetischen wie von ökonomischen Triebkräften lebt. Wenn dieses Gleichgewicht gestört wird, wenn das Geld die Ästhetik erstickt, statt sie zu beglaubigen, wird dieser Markt seiner Identität beraubt. Bis jetzt haben sich Auswüchse und Übersteigerungen immer wieder von selbst korrigiert. Auch die Überhitzungsphase, die im Herbst 1989 in den wesentlichen Sammelgebieten für Rekordnotierungen sorgte, hat sich im ersten Halbjahr 1990 abgekühlt: deutliches Zeichen einer zyklischen Regenerierung. In den Londoner Aprilauktionen impressionistischer und moderner Kunst mußten zahlreiche überschätzte Werke zurückgehen. Dasselbe Bild bietet sich dann in den New Yorker Mai-Auktionen, wo etwa die Hälfte aller Prestigelose unter den hochgemuten Schätzungen oder am unteren Rand der Taxen bleibt und die überteuerten Werke der amerikanischen Nachkriegskunst nach fünfjährigem kometenhaften Aufstieg einen deutlichen Prestigeverlust hinzunehmen haben: Von insgesamt 160 in den Hauptauktionen von Sotheby und Christie ausgebotenen Werken müssen 58 zurückgehen. Ein ähnliches Bild bot sich in den Pariser und Tokioter Juni-Auktionen der Maîtres Ader, Picard, Tajan. Auch die Basler Kunstmesse „ART" im Juni 1990 zeigte erstmals seit Jahren deutliche Ermüdungserscheinungen: Große Millionenbilder fanden keinen Käufer, die Amerikaner hielten sich zurück und die Japaner traten praktisch nicht in Erscheinung. Dennoch haben die Bilanzen von Sotheby und Christie für die gesamte Saison 1989/90 splendide Zuwachsraten aufzuweisen: 40 und 45 Prozent; allein diese zwei Marktführer setzten in der nämlichen Periode 3,42 Milliarden Pfund um.

Auch auf dem Altmeistersektor zeigt sich in dieser Periode eine Rückkehr zur Realität. Der Handel bleibt auf überbewertetem Material sitzen, und in den Auktionen gehen nur die absolut marktfrischen, durch keine irrealen Wunschmargen belasteten Bilder. Hauptindikator dieser Entwicklung ist am 31. Mai 1990 bei Christie der Rückgang des auf 10–15 Millionen Dollar geschätzten, lupenreinen Rembrandt-Gemäldes „Der Hl. Petrus im Gefängnis" (1631), das der amerikanische Immobilienmagnat Friedland eingeliefert hatte, der es erst zwei Jahre vorher für inoffizielle 7 Millionen Dollar im europäischen Handel erworben hatte.

Solche Dämpfer sind immer wieder nötig, um maßlosen Spekulanten vor Augen zu führen, daß Kunst keine anonyme Manövriermasse ist, die sich beim Weiterreichen automatisch verteuert. Die Entwicklung der letzten zwanzig Jahre hat gelehrt: Auch in Zeiten überbordender Liquidität bleibt der Marktrealismus nicht ganz auf der Strecke. Die Selektion wächst und mit ihr die Preise für das Außerordentliche. Mittelmaß ist immer weniger gefragt.

Doch auch in diesem gespaltenen, vielfach überstrapazierten Markt bleibt Raum für Entdeckungen, lassen sich Mißrelationen aufspüren und antizyklische Konzepte verwirklichen. Solange das noch möglich ist, solange Sammler und Händler, die nicht im undifferenzierten Millionenspiel mithalten können oder wollen, noch ein Aktionsfeld haben, bleibt auch der marktwirtschaftliche Impuls erhalten, ohne den die Weltkunstmärkte reine Spekulationsarenen wären.

Auktions-Umsätze 1978–1989

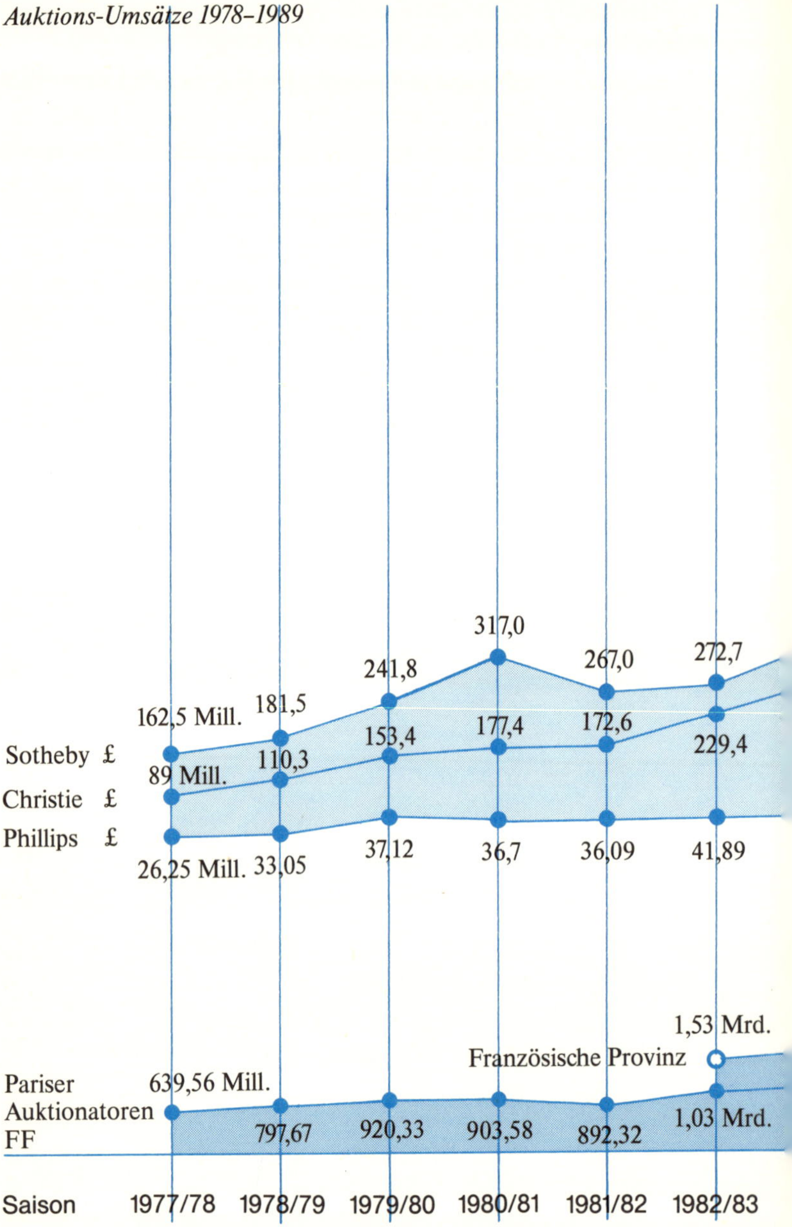

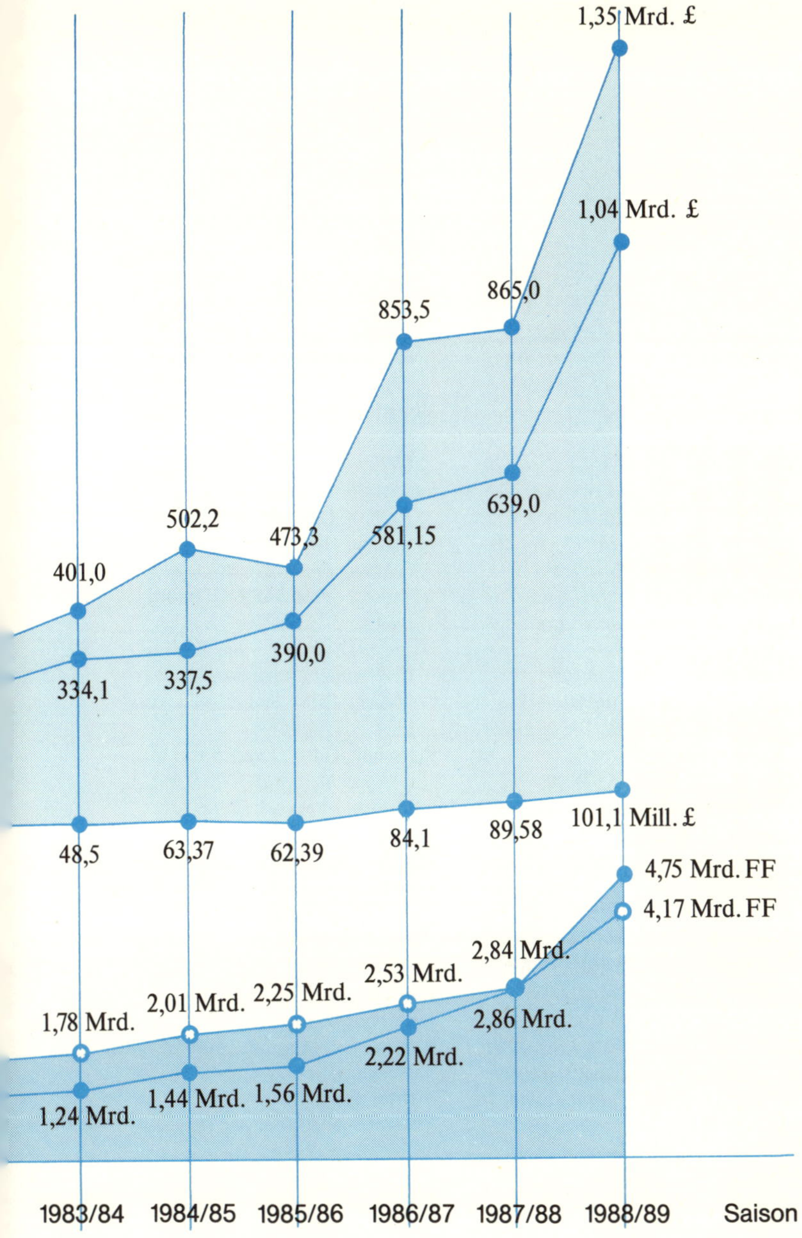

1,35 Mrd. £
1,04 Mrd. £
865,0
853,5
502,2
473,3
581,15
639,0
401,0
390,0
334,1
337,5
101,1 Mill. £
48,5
63,37
62,39
84,1
89,58
4,75 Mrd. FF
4,17 Mrd. FF
2,84 Mrd.
2,53 Mrd.
2,25 Mrd.
2,01 Mrd.
1,78 Mrd.
2,86 Mrd.
2,22 Mrd.
1,56 Mrd.
1,44 Mrd.
1,24 Mrd.
1983/84
1984/85
1985/86
1986/87
1987/88
1988/89
Saison

Neuere Kunstmarkt-Literatur

(in Auswahl):

Ackerman, Martin S.: *Smart Money and Art: Investing in Fine Art.* New York/Stuttgart, 1986.

Alsop, Joseph: *The Rare Art Traditions: The History of Art Collecting and its Linked Phenomena.* New York, 1982.

Beurdeley, Michel: *Trois siècles de ventes publiques.* Fribourg, 1988.

Coppet, Laura de, und Jones, Alan: *The Art Dealers: The Powers behind the Scene.* New York, 1984.

Faith, Nicholas: *Sold. The Revolution in the Art Market.* London, 1985.

Frangen, Ute: *Ökonomische Analyse des Marktes für Malerei in der Bundesrepublik Deutschland.* Frankfurt, 1983.

Grampp, William D.: *Pricing the Priceless. Art, Artist and Economics.* New York, 1989.

Herbert, John: *Inside Christie's.* London, 1990.

Herchenröder, Christian (Herausgeber): *KUNSTMARKT im Handelsblatt* (halbjährlich erscheinendes, nach Sammelgebieten aufgegliedertes Periodikum), Bd. 1-11. Düsseldorf, 1985-1990.

Herchenröder, Christian: *Meistergraphik-Graphikmarkt. Sammeln, Preise, Geschmack.* München, 1983.

Hermann, Frank: *Sotheby's. Portrait of an Auction House.* London 1980.

Kunstforum, Band 104, Nov./Dez. 1989: *Kunstwerte – Markt und Methoden.*

Learmont, Brian: *A History of the Auction.* London, 1985.

Mallalieu, Huon: *How to buy Pictures. Practical Advice on all Aspects of the Market.* Oxford, 1984.

Norton, Thomas E.: *100 Years of Collecting in America. The Story of Sotheby Parke Bernet.* New York, 1984.

Platschek, Hans: *Engel bringt das Gewünschte. Kunst, Neukunst, Kunstmarktkunst.* Frankfurt a. M., 1987.

Rheims, Maurice: *Les Collectionneurs.* Paris, 1981.

Weihe, Hugo Keith: *Die Ware Kunst. Geschäft mit der Ästhetik.* Zürich, 1989.

Wilhelm, Karl: *Wirtschafts- und Sozialgeschichte des Kunstmarktwesens in Deutschland vom 18. Jahrhundert bis 1945.* München, 1990.

Namensregister

Aalto, Alvar 263
Aaron, Didier 50, 231
Abrams 181
Achenbach, Andreas 67, 68, 98, 102
Achenbach, Helge 23
Achenbach, Oswald 102
Acquavella Gallery 16, 146
Ader, Picard, Tajan 23, 28, 83, 91, 92, 93, 195, 198, 231, 259, 336
Adkauf-Gruppe 99
Affleck, Thomas 243
Agnelli, Giovanni 183
Agnew, Galerie 81, 83
Aichi Corporation 25, 27, 34
Ainslie, Michael S. 51
Algranti, Galerie 85
Alley, Ronald 293
Alma-Tadema, Lawrence 62
Al-Tajir, Mahdi 237, 245, 246
Alte Pinakothek, München 89, 327, 329
Amann, Thomas 178
Amell, Verner 109, 305
American Art Association 80
André, Carl 319
Anker, Albert 103
Annenberg, Walter 134, 204, 310
Antique Collector's Club 242
Appel, Karel 197
Apollo 229
Apsis, Alexander 106
Arad, Ron 263
Archamdo, Peter 247
Arco, Madrid 44
Arcole 83, 261
Art & Auction 23
ART, Basel 44, 57, 192, 193, 336
Art Cologne 43, 187
Artdali 291
Art Dealers Association of America 42
Artemis S.A. 34
Art Frankfurt 44, 190, 194
Art Institute Chicago 166, 312
Art-Newsletter 85
Art Sales Index 39
Ashley, Ted 178, 202
Aska Gallery 25, 26, 27, 34, 137, 321
Ast, Balthasar van der 90, 93
Atakas, Aichii 275
Auerbach, Frank 320
Australische Nationalgalerie 179
Aveline 231
Avercamp, Hendrik 309
Averkamp, Barent 93
Avery, Charles 226
Awarenschatz 272

Bacon, Francis 147, 178, 201, 202, 203, 303
Badisches Landesmuseum 240, 241
Bakalar, David 126
Backhuyzen, Ludolf 95
Banque Nationale de Paris 34
Bank of America 136
Barlach, Ernst 49, 172
Barlach-Haus Hamburg 172
Barlow, Sidney R. 139
Barocci, Federico 220
Barye, Antoine-Louis 306
Baselitz, Georg 147, 172, 176, 184, 186, 187, 188, 319
Basler Kunst- und Antiquitätenmesse 190, 269

Baskett & Day, London 218
Basquiat, Jean-Michel 175, 176, 312
Bathurst, David 56, 124
Bauernfeind, Gustav 110
Baumhauer, Joseph 238
Bayerischer Landtag 248
Bayerisches Nationalmuseum 245, 248
Bayerische Staatsgemäldesammlungen 113, 154, 155, 313, 326, 327, 328
Bayser, Bruno de 34
Beaufort, Herzog von 239
Becket, Thomas 256
Beckmann, Max 49, 80, 160, 162, 169, 297, 303, 304
Béhague, Comtesse de 86, 87, 220, 257, 270, 310
Behrens, Peter 261
Bellotto, Bernardo 80, 85, 87
Beneman, G. 231
Bentinck-Thyssen (Sammlung) 96
Béraud, Jean 115, 116, 117
Bernasconi (Sammlung) 112
Bernat Collection 275, 279
Bernat, Eugen 275
Bernheimer, Konrad 226, 241
Bernini, Gianlorenzo 38, 39, 229
Bernt, Walther 96
Beuys, Joseph 19, 23, 41, 184, 185, 186, 299, 315
Beyeler, Ernst 19, 143, 146, 147, 148, 163, 166, 189, 201, 202, 205
Bickerton, Ashley 319
Biedermann, Jacob 103
Biemann, Fritz 252
Biennais, M. G. 246
Biennale des Antiquaires 41, 231, 233
Bierstadt, Albert 62, 116, 121
Bingham, George Caleb 121, 311
Binoche, Maître 204
Bischofberger, Bruno 175
Bismarck, Mona von 274
Blairman & Sons 243
Blau, Tina 103
Bloch, Georges 213, 296
Block, René 185
Blondeau, Marc 34
Blum, Albert W. 211
Blumka, New York 255
BNP-Arts 34
Boccioni, Umberto 59, 60
Boehme, Carl Wilhelm 69
Böhler, Julius 66
Boerner, C. G. 208, 210, 215
Bösch, Kurt 251
Boisrouvray, Countess du 87
Boldini, Giovanni 112, 310
Bolland & Marotz 250
Bologna-Susini-Werkstatt 225, 226
Bond, Alan 17, 24, 37, 126, 204, 322
Bonnard, Pierre 63, 176
Boone, Mary 175, 176, 177, 190, 191
Borlach, J. G. 239
Bosschaert d. Ä., Ambrosius 88
Bosschaert d. J., Ambrosius 88
Bosschaert, Johannes 72, 88
Botticelli, Sandro 309
Boucher, François 24, 83
Boudin, Eugène 125, 130
Bouguereau, Adolphe 114, 258
Boulogne, Valentin de 83
Bouts, Dieric 323, 324, 329
Boyer, Charles 115
Braith, Anton 102
Brancusi, Constantin 164, 167
Brant, Peter 312
Braque, Georges 63, 128, 147, 148, 169, 220, 221
Breuer, Marcel 263
Breton, Jules 310
Brett, John 118
Bridgestone Art Museum, Tokio 124
British Rail Pension Fund 33, 34, 57, 59, 60, 130, 132, 145, 148, 210, 231, 233, 235, 247, 251, 271, 278, 279, 286, 321, 322
Broad, Elli 312
Brod, Thomas 76
Brueghel d. Ä., Jan 88, 89, 91
Brueghel d. J., Jan 78, 89, 91
Brueghel d. Ä., Pieter 91

Brueghel d. J., Pieter 91, 92, 94
Brüning, Peter 193
Brummer, Ernst 255
Brusberg, Galerie 154
Buchheim, Lothar Günther 312, 313
Bühler, Kunsthaus 102
Bürkel, Heinrich 99, 100
Buffet, Bernard 28, 197, 198, 291
Bugatti, Rembrandt 299, 307
Bukowski 13, 59, 105, 107, 109, 116
Bullock, George 242, 243
Bundesverband des Deutschen Kunst- und Antiquitätenhandels 42, 43
Bunny, Rupert 15
Burden, Carter 178
Burlington Fair 228
Burlington Magazine 324
Burne-Jones, Edward 118
Busch, Günter 294
Byron Gallery 153

Cadwalader, John 243
Caillebotte, Gustave 146
Cailleux, Paris 81
Calder, Alexander 172
Callimanopoulos, G. 269
Callot, Jacques 66
Campbell (-Suppen) 16, 22
Campendonck, Heinrich 158
Canal Capital Corporation 271
Canaletto, Antonio Canale gen. 66, 81, 85, 86, 87, 92, 211, 221
Capelle, Jan van de 76, 95
Caravaggio, Michelangelo de 19, 79, 85, 224
Carlin, Martin 230, 231, 233
Carracci, Annibale 84
Carracci, Antonio 220, 221
Carracci, Ludovico 66
Carter, Edward William 75
Cartier 306
Castellani, Pio Fortunato 70
Castelli, Leo 23, 183
Castelli, Valerio 79
Castiglione, Giovanni Benedetto 66
Cavallino, Bernardo 83
Cellini, Benvenuto 309
Centre Georges Pompidou, Paris 187, 289
Centrust Savings Bank 305
Cervera, Carmen 318
Cézanne, Paul 12, 20, 122, 142, 143, 168, 170, 171, 307, 309, 310
Chagall, Marc 26, 63, 125, 128, 129, 147, 148, 150, 151, 213, 221, 291, 314, 332
Chamberlain, John 319
Charpentier, Galerie 122, 168
Chase Manhattan Bank 33
Chase Manhattan Corporation 34
Cherry, Wendell 136, 167, 309
Chia, Sandro 191, 319
Chippendale, Thomas 242
Chiroco, Giorgio de 301
Christie 9, 10, 11, 12, 13, 15, 17, 19, 20, 25, 26, 27, 38, 39, 40, 46, 47, 48, 49, 52, 54, 56, 57, 58, 59, 76, 78, 80, 81, 83, 84, 85, 86, 89, 90, 91, 92, 93, 94, 97, 107, 108, 109, 110, 111, 112, 114, 115, 116, 117, 118, 119, 123, 124, 125, 126, 127, 128, 130, 131, 132, 133, 134, 135, 136, 137, 138, 139, 142, 143, 144, 145, 146, 147, 148, 150, 151, 152, 153, 154, 155, 156, 158, 160, 161, 162, 165, 166, 167, 168, 169, 172, 173, 175, 176, 177, 178, 181, 182, 183, 185, 187, 188, 190, 191, 194, 195, 196, 197, 198, 199, 200, 202, 203, 204, 205, 209, 212, 213, 214, 216, 217, 218, 221, 225, 226, 228, 229, 230, 231, 236, 239, 243, 246, 247, 249, 250, 252, 258, 259, 260, 263, 264, 265, 266, 267, 269, 270, 271, 274, 275, 276, 277, 279, 281, 282, 283, 288, 292, 293, 303, 304, 308, 309, 310, 322, 325, 329, 330, 334, 335, 336
Chow, Edward T. 275, 276, 277
Christ, Tobias 308
Chrysler-Garbisch (Samml.) 124
Chrysler Museum, Norfolk/ USA 80

Chrysler jr., Walter P. 78, 259
Church, Frederic 13, 62, 119, 120, 311
Citibank New York 34
Claesz, Pieter 88
Clark, Kenneth 118, 120
Clemente, Francesco 191, 319
Cleveland Museum 119
Clore, Alan 130
Clore, Charles 56, 64, 130, 150, 231, 234, 235, 239, 267
Cobra-Gruppe 197
Cogan 51
Cognacq, Gabriel 122, 141
Colnaghi, Galerie 50, 81, 84, 95
Constable, John 330, 331
Constable-Maxwell, Sammlung 271
Constant (Constant Nieuwenhuys) 197
Cooper, James Fenimore 120
Coorte, Adriaen 88
Copley, William N. 153
Coral Petroleum Inc. 110, 111
Corinth, Lovis 156
Corot, Jean-Baptiste 126
Corot, Camille 117, 310
Costakis, George 153
Courtauld, James 128
Couturier 225
Cremer 258
Cucchi, Enzo 191
Cuyp, Aelbert 329

Dali, Gala 290
Dali, Salvador 154, 290, 291, 296, 300, 301
Dardel, Niels 13, 59
Daubigny, Karl 326, 327
Daum, Frères 259, 260
David, Sir Percival 275
David-Weill, Sammlung 139
Deacon, Richard 320
Defregger, Franz von 99
Degas, Edgar 58, 124, 125, 126, 143, 144, 165, 167, 168, 171, 309, 321
Deitch, Jeffrey 179
Delacroix, Eugène 116, 221
Delfter Messe 42
Delon, Alain 306
Derain, André 127, 146, 147
De Sede 263
Detroit Institute of Arts 85
Deutsch, Ludwig 110, 111, 116
Deutsche Bank 33
Devonshire, Duke of 218
Dia Art Foundation, New York 183
Dill, Otto 297
Dinet, Etienne 110
Dix, Otto 299
documenta, Kassel 50, 184, 186, 189, 191
Doerner-Institut, München 299
Doheny, Estelle 58
Dolci, Carlo 83
Domagnano-Schatz 257
Dongen, Kees van 17, 63, 148, 151
Doré, Gustave 310
Dorotheum, Wien 15, 95, 101, 102, 103, 116
Dorrance, John T. 16, 22, 148
Dossi, Dosso 19, 85
Doyle, New York 210
Drentwett 249
Dresser, Christopher 264
Droochsloot, Joost Cornelius 95
Drouôt-Montaigne 129, 286
Dubuffet, Jean 178, 195, 196
Dubois, Jacques 234, 238
Duck, Jacob 93
Dürer, Albrecht 66, 207, 208, 209, 211, 224, 296, 307, 308, 309
Dunand, Jean 262
Durand-Ruel 144
Duveen, Joseph 33, 73
Dyck, Anthonis van 219, 220, 329

Eisenberger, Jenö 103
Elizabeth I. 247
Elsheimer, Adam 65
Eluard, Paul 154
Ensor, James 322
Eremitage Leningrad 89
Ernst, Max 147, 153, 154
Ertz, Klaus 89, 91

Eskenazi, Giuseppe 275, 279
Espenmüller, Johann 251
Euphronios 272, 273
European Fine Art Fair 42, 274, 283, 305
Exter, Alexandra 152

Fabergé, Carl 264, 266, 267, 287
Fabris, Jean 288, 289
Fantin-Latour, Henri 146, 171
Fautrier, Jean 194, 314
Fee, Sammlung 54, 76, 85
Feigen, Richard 80, 83, 84, 95, 160, 162
Feininger, Lyonel 14, 59, 159, 161, 162
Felixmüller, Conrad 158
Fetting, Rainer 172, 184, 191, 192
Feuerbach, Anselm 15
FIAC, Paris 44
Figaro, Le 233
Filonow, P. N. 292
Finacor Art 34
Finarte, Mailand 15, 34, 59, 60, 112, 116
Fine Art Society 110
Financial Times 63, 128
Fischer, Jürgen 251
Fisher, Max 51
Fiume 301
Flannery, Thomas F. 256
Flavin, Dan 319
Flaxman, John 245
Flegel, Georg 66, 89, 90
Flick, Gert Rudolf 80
Flinck, Govaert 65
Fontaine, Jeanne 142
Fontana, Lucio 199
Forbes, Malcolm 144, 258, 267
Ford II, Henry 48, 51, 124
Forum Messe 44
Fouquet, G. 267
Fragonard, Jean Honoré 23, 332
Francis, Sam 178
Franck, Philipp 322
Francken II, Frans 91
Franke, Günther 193
Frankfurter Allgemeine Zeitung 297
Franklin, Harry A. 285, 286
Franz, Walter 14, 54, 157, 158
Frel, Jiri 323
French & Co. 305
Freud, Lucien 201, 202, 320
Freud, Sigmund 154
Frick Collection, New York 80
Friedrich, Caspar David 97, 330
Friedrich August II von Sachsen 249
Friedrich der Große 264, 325
Fritz-Denneville, H. 156, 330
Frye & Sohn, Münster 81
Fuchs, Rudi 186
Fürstbischof von Hildesheim 248
Fürstenberg (Manufaktur) 70
Fujii Gallery 150, 178, 200
Fuji, Kazuo 179
Fuji Television Gallery 50

Gärtner, Eduard 98, 100, 330
Gagosian, Larry 33, 319
Gaines, John 220, 221, 307, 308
Galérie d'Art Saint Honoré 89, 91
Ganz, Julian 311
Gallé, Emile 28, 259, 260, 261
Ganz, Victor W. 181
Garbo, Raffaelino de 220
Garrard, London 70
Gauermann, Friedrich 103
Gauguin, Paul 17, 26, 27, 28, 56, 136, 142, 143, 168, 205, 298, 316, 317, 321
Geffen, David 153
Gelder, Aert de 72, 73
Gelée, Claude 66
GEMINI, Los Angeles 216
General Felt/Knoll International 51
General Motors 10
Géricault, Théodore 80, 97
Gérome, Jean Léon 110, 111, 268
Gerstenberg, Sammlung 213
Getty Centre for Education in the Arts 321

Getty Center for the History of Art 321
Getty Museum, Malibu/USA (J. Paul Getty Museum) 17, 26, 27, 37, 74, 75, 79, 80, 84, 85, 125, 126, 130, 132, 133, 144, 204, 205, 217, 218, 219, 220, 250, 307, 309, 315, 316, 321, 322, 323, 324, 329, 330
Getty, Paul jr. 321
Getty Trust 321
Ghirlandaio, Domenico 88
Ghisi, Giorgio 211
Giacometti, Alberto 172
Giacometti, Giovanni 300
Giambologna (Bologna, Giovanni da) 224, 225, 226, 227, 229
Gifford, Sanford 311
Giovanni, Bartolomeo de 87, 88
Giuliano, Arthur 70
Giuliano, Carlo 70
Glauburg, Familie 246, 248
Gmurzynska, Galerie 162, 172
Gmyrek, Galerie 190
Gober, Robert 319
Goddard, John 243
Goetz, William 59, 130, 138
Gogh, Vincent van 10, 11, 17, 22, 30, 37, 40, 48, 50, 56, 57, 58, 62, 78, 88, 122, 124, 127, 128, 129, 134, 135, 140, 143, 144, 145, 169, 170, 204, 205, 292, 298, 310, 322
Goldschmidt, Jacob 122, 133
Goltzius, Hendrik 211, 217
Gorbatschow, Michail 152
Goodman, Marian 189
Goudstikker 73
Goulandris, Basil P. 179
Gould, Florence J. 50, 54, 127, 309
Gould, Jay 127
Goya, Francisco 211
Goyen, Jan van 96
Graff, Lawrence 264, 266
Graubner, Gotthard 186, 192
Gray, Eileen 263
Gray, Richard 196
Gregor XV, Papst 229
Green, Richard 50, 89, 90, 95, 115, 145
Greve, Karsten 183, 190
Gris, Juan 15, 169
Grossman, Galerie 102
Grosvenor Fair, London 226
Grützner, Eduard 99, 100, 117
Guardi, Francesco 85, 86, 87
Guépin, J. A. 246, 252
Guercino, Il (Giovanni Francesco) 79
Guggenheim Foundation 314, 320
Guggenheim Museum, New York 128, 149, 150, 151, 166, 184, 314
Gunzenhausen, Alfred 193
Guinard, P. 327
Gustav Adolph von Schweden 275
Guterman, Gerald 76, 305

Habsburg, Feldman S. A. 150, 151, 253, 259
Haeften, Johnny van 94
Hakanson, Winston 109
Halley, Peter 319
Hals, Frans 76, 303
Ham, Carola van 101
Hamilton, Cuthbert 293
Hamilton, Duke of 86
Hammer, Armand 307
Handelsblatt 125
Harari & Johns 81, 95
Harnett, W. M. 311
Hartnett, Thomas 311
Hartung, Hans 194
Hassam, Childe 121
Hatcher, Michael 276
Hatvany, Sammlung 226
Hauswedell & Nolte 55, 56, 162, 169, 172, 215, 221, 222
Havemeyer (Sammlung) 52
Havemeyer, Doris D. 125, 126, 144
Havemeyer, H. O. 309, 310
Heade, Martin Johnson 121
Heckel, Erich 158, 214, 215, 296, 297
Heem, Cornelis de 89, 93
Heem, Jan Davidsz. de 76, 78, 88, 305

Heim, Galerie 81, 234
Heinrich II von Frankreich 257
Heinz, Johann Georg 66
Heinz (-Suppen) 20
Heiss, Johann 66
Hellebranth, Robert 326
Heyden, Jan van der 329
Hickmott, Sammlung 280
Hirano 275, 276
Hirsch, Robert von 45, 46, 123, 145, 151, 255, 257
Hirshhorn Museum, Washington 195
Historisches Museum Frankfurt 246, 248
Hohenbuchau, Galerie 81, 94
Hockney, David 203, 217
Hödicke, K. H. 190, 191
Hoehme, Gerhard 193
Hofmann, Hans 178
Hoffmann, Hans 308
Hofmannsthal, Hugo von 136
Hofstede de Groot, Cornelis 96
Hohenzollern-Sammlung 256
Hollein, Hans 313
Homer, Winslow 311
Hoogsteder, W. J. 81
Hoogsteder, John 81
Hornel, Edward Atkinson 201
Hory, Elmyr de 289
Hôtel Drouot, Paris 142, 148, 261, 262, 289
Houghton, Arthur J. 283
Hübner, Carl Wilhelm 102
Hübner, Heide 81, 95, 247, 252
Hulst, Roger de 324
Humphris, Cyril 223, 224, 226
Hunt, Brüder 32, 249
Hunt, Nelson Bunker 272, 273
Hunt, William Herbert 272, 273
Hutton, Barbara 275
Hutton-Gallery 158
Hutton, Leonard 161

IBM 33
Imbert, Didier 307
Imiela, Hans-Jürgen 294, 297
Independent, The 26
Interdal 291
International Herald Tribune 253

Jahn, Werner 244, 250
James, Edward 153, 154, 212, 213
Janet, Christophe 325
Janss jr., Edwin 202
Jawlensky, Alexej von 158, 163, 169, 176
Jettel, Eugen 103
Jodidio, Dimitry 124
John, Elton 306
Johns, Derek 81
Johns, Jasper 40, 173, 174, 175, 182, 207, 216, 221, 312
Johnson, J. Seward 76, 310
Jolas, Alexandre 154
Jones, Fletcher 136
Jorn, Asger 197
Judd, Donald 319
Julienne, Jean de 326
Jung, Hagen 69
Jutheau, Viviane 194, 238
Jutz, Carl 67

Kändler, J. J. 250
KAM, Basel 269
Kameyama, Shigeki 28, 138, 152, 166, 180, 204, 205
Kandinsky, Wassily 29, 158, 163, 166, 205, 299, 314, 320
Kandler, Charles Frederick 238, 247
Karl & Faber 49, 162
Karsch, Florian 297
Katharina die Große 267
Katz, Dany 226
Kaufman, Edgar J. 179
Keating, Tom 292, 293
Kegelmann, M. 254
Kelch, A. F. 267
Kennedy, William 200, 201
Kensett, John F. 311
Ketterer, Roman Norbert 13, 14, 162, 260, 261
Kiefer, Anselm 177, 184, 186, 187, 192, 312, 319

Kimbell Art Museum, Fort Worth/ USA 85, 209
Kirchner, Ernst Ludwig 59, 158, 163, 166, 215, 299
Kirkeby, Sammlung 137
Kisling, Moïse 26, 63
Klapheck, Konrad 192
Klee, Paul 28, 158, 166, 215, 221, 299
Klein, H. G. 249
Klein, Yves 26, 199, 200
Klein, Rotraud 200
Klimt, Gustav 166
Kline, Franz 178, 179, 312, 314
Knaus, Ludwig 67, 102
Knoedler Gallery 114, 141
Knoll International 51
Koberling, Bernd 190, 191
Koch, Robert 324
Köllmann, Sammlung 250
König, Johann 65, 68
Købke, Christen 108
Koekkoek, Barend Cornelis 105
Kölner Kunstmarkt 43
Koester, Alexander 67, 98, 99, 100, 101, 102, 117
Koester, Hans 101
Koetser sen., David 78
Kofler-Truniger 255, 256
Kokoschka, Oskar 166, 299
Koller, Galerie 102, 103, 255
Koninck, Philips 76, 305
Kooning, Willem de 19, 179, 180, 205, 312
Koons, Jeff 175, 319
Koopman, Jacques 245
Kornfeld 22, 57, 59, 61, 104, 160, 162, 212, 213, 215, 216, 222
Kothgasser, Anton 253
Kramarsky, Siegfried 145
Krasner, Lee 179
Kress, Samuel H. 33
Krøyer, Peder S. 105, 107
Krug, Helfried 252, 253
Krugier, Jan 172, 195
Kuhnert, Wilhelm 98
Kujau, Konrad 295, 296
Kulturstiftung der Länder 248
Kunstgewerbemuseum Berlin 237, 241
Kunsthaus Zürich 104
Kunsthistorisches Museum Wien 91
Kunstkompaß, Capital 184
Kunstmuseum Basel 27
Kunstsammlung Nordrhein-Westfalen 313

La Croze de Fortabat, Amalia 48, 118, 127, 144
Lafayette Parke Gallery 161
Lambert, Baron Léon 172, 202
Lamerie, Paul de 246, 247
Landesmuseum Darmstadt 186
Lange 253
Lantheman, J. 293
Larionow, Michail 291, 292
Larsson, Carl 13, 105
La Tour, Georges de 331
Latz, Jean Pierre 235
Lauder, Leonard 312
Lauder, Ronald 279, 324
Laurencin, Marie 26, 63, 268
Leendertz, Richard 208
Léger, Fernand 148, 303
Leger Gallery 94
Legros, Fernand 287, 288
Lehman, Robert 17, 142, 145
Lehmbruck-Erben 313
Lehmbruck-Museum 312
Leickert, Charles Henri Joseph 105
Leitman, Norman 39
Leleu, Jean-François 235
Lelong, Galerie 192
Lempertz 14, 54, 90, 98, 102, 116, 128, 129, 155, 157, 158, 159, 162, 185, 192, 244, 250
Lenbachhaus München 158
Lenting, Wilhelm 298
Le Sidaner, Henri 145
Lesieutre, Sammlung 261
Lessing, Carl Friedrich 67, 102
Levy, Julien 153, 154
Lewis, John Frederick 110, 111, 116

Lewis, Windham 293
Le Witt, Sol 319
Lewyt, Alexander 142
Lichtenstein, Roy 177, 178, 181, 312, 314
Liebermann, Max 155, 156, 294, 296, 299, 328, 329
Liechtenstein, Fürsten von 226
Liljefors, Bruno 105
Linke, François 258
Linsky, Belle 179
Lippi, Filippino 220, 309
Lissitzky, El 215, 291
Lodi, Silvano 327, 328
Löwenfink, A. F. von 250
Loiseau, Gustave 145, 321
Londoner Nationalgalerie 329
Lorrain, Claude 119
Loth, Johann Carl 66
Loudmer, Maître 142, 146, 289
Louis Ferdinand, Prinz von Preußen 325
Louis Philippe 83
Louvre, Paris 220
Lubin, E. 256
Ludorff, Galerie 156, 193
Ludwig, Peter 313, 314, 315, 316, 321
Ludwig-Institut für Kunst der DDR, Oberhausen 315

Macke, August 299
Maenz, Paul 186, 187
Maes, Nicolaes 93
Magritte, René 153, 154
Majorelle, Louis 259
Malbin, Lydia Winston 164
Malewitsch, Kasimir 291
Malingue, Maurice 288
Mallarmé, Stephane 139
Mallin, Joel 153, 154
Manet, Edouard 57, 122, 124, 125, 128, 129, 133, 139, 140, 143, 146, 205, 322
Manilow Collection 176
Manoogian, Richard 121, 311
Mansour, London 271
Mantegna, Andrea 84, 219, 322
Manzú, Giacomo 301
Marc, Franz 14, 60, 158, 159, 162, 221, 222, 224
Marie-Antoinette 235
Marieschi, Michele 86, 93
Marion, John 54
Marisse, Jacques 289
Marquet, Albert 288
Martin, Henri 145
Martorell, Bernat 83
Maruzen Publ. 58
Marx, Erich 41, 186
Masatsugu, K. 280
Mathaf, Galerie 110
Matisse, Henri 17, 47, 124, 130, 147, 148, 170, 303, 307
Matisse, Pierre 16
Matsuoka, S. 46, 275, 277
Matthiesen, Galerie 81
Mayer Goetz, Edith 146, 165
Mayer, Robert B. 172, 177, 196
Meadows, Algur H. 287, 288
Medici, Cosimo de 80, 322
Meier, Gisela 67
Meissner, Bruno 95
Meister von St. Gudude 92
Meister von 1487 88
Meistermann, Georg 193
Mellon, Andrew W. 33
Mellon, Paul 86, 125, 126, 133, 134, 144, 310
Menil, François de 173, 174, 181
Merrin, Edward 271
Metropolitan Museum, New York 17, 87, 179, 283, 285, 303, 312, 321
Mettler, Hans 123
Metzger, Sammlung 184
Meyer, André 139, 231, 309
Michelangelo Buonarotti 225
Middendorf, Helmut 191
Mignon, Abraham 89
Mihalak, Sammlung 260
Miles, Roy 115
Millet, Jean-François 113, 114, 117
Millon, Maître 238
Mikaeloff, Paris 231
Miró, Joan 14, 15, 28, 128, 296, 300

Mitsukoshi, Tokio 130, 204
Mitzlaff, Otto von 240
Mizne, Marcus 125
Modigliani, Amedeo 17, 126, 129, 148, 149, 151, 169, 288, 293, 314
Momper, Joos de 91
Mondrian, Piet 28, 46, 128, 152, 289, 290
Monet, Claude 19, 26, 40, 57, 59, 62, 122, 138, 139, 143, 145, 146, 147, 168, 170, 205, 268, 292, 310, 321
Monet, Camille 139
Monet, Jean 139
Montparnasse, Zézi de 289
Moore, Henry 167
Moore, Peter 290
Moquay, Daniel 200
Moran, Thomas 311
Morandi, Giorgio 78
Morishita, Ysumichi 25, 26
Morse, Samuel 120
Mostra Mercato, Florenz 42
Mouawad, Robert 264
Mountbatten, Sammlung 329
Mountain Tortoise Gallery 28
Mrugalla, Edgar 296, 297, 298
Mucha, Alphonse 267
Mühlig, Hugo 102
Müllenmeister, Galerie 66, 68, 81, 94
Mueller, Otto 14, 296, 297
Mulder, Fred 209, 214
Munch, Edvard 214, 309
Murauchi 114
Murillo, Esteban 82, 83
Musée Beaubourg, Paris 146
Musée d'Orsay, Paris 135
Musée Picasso, Paris 134
Musée Rodin, Paris 167
Musée d'Art et d'Histoire, Genf 291
Museum Birmingham 243
Museum Elberfeld 130, 131
Museum of Fine Arts, Boston 268
Museum Folkwang, Essen 184
Museum of Contemporary Art, Los Angeles 314
Museum of Modern Art, New York 292, 312, 322

Nagel, Auktionshaus 98, 252
Nahmad, Brüder 22, 61, 151
Naina, Faridah 89
Nakow, Andrej 291
Napoleon 242
Nathan, Peter 326, 327
Nationalgalerie Ost-Berlin 294
Nationalmuseum, Athen 322
Nay, Ernst-Wilhelm 192
Neer, Aert van der 96
Neer, Eglon Hendrik van der 94
Neue Pinakothek, München 328
Neuerburg, Sammlung 216
Neuhaus, Albrecht 55, 81, 241, 248
Neumann, Galerie 57
Neumeister 14, 48, 98, 99, 116, 117, 156, 162, 299
Neuse, Galerie 249
Newhouse Gallery 77, 78, 96, 305, 312
Niarchos, Stavros 25, 233, 234
Nichido Gallery 29
Nicolay, Maître 225
Nihon Autopolis 28, 29
Nolde, Emil 54, 159, 169, 215, 221, 222, 294, 295, 296
Nolde-Stiftung, Seebüll 294, 295
Noortman & Brod 50
Noortman, R. 95
Norman, Geraldine 109
Northampton, Marquess of 85, 269
Northumberland, Herzog von 246
Norton Simon Museum 125, 126, 144
Nyffeler, Max 104

Oberon, Merle 242
Ochtervelt, Jacob 93, 94
Oeben, J.-F. 239
Oertel, Richard 48
Odiot, Jean-Baptiste-Claude 246
d'Offay, Anthony 186, 187, 293
Ojjeh, Akkram 46, 230, 232, 239
Okano, Kiichiro 198

Oldenburg, Claes 314
Orangerie, Berlin 43, 52, 69, 156, 249, 253, 257, 258
Orangerie-Reinz 193
Ortiz-Patiño, Jaime 17, 60, 132, 140, 142, 317
Os, Jan van 92
Ostade, Adriaen van 95, 211

Pace Gallery 177
Pacitti, André 288
Paffrath, Galerie 67
Paladino, Mimmo 191
Palagia, Olga 322
Palevsky, Max 181, 182
Panza di Biumo, Giuseppe 313, 314
Pardo 81
Park, James Stuart 201
Parke-Bernet, New York 137, 146, 168, 169
Partridge, London 231
Patek Philippe 253
Pater, Jean Baptiste 83
Paul, David 77, 305, 306
Pauli, Gustav 294
Payer, Zürich 247
Payson, John Witney 37
Peale, Rembrandt 121, 311
Pechstein, Max 158, 159
Peel, Edmund & Asociados 14, 15
Pelikan, Sammlung 55, 56
Pell, Claiborne 121
Pels-Leusden 29, 57, 162
Penck, A. R. 184, 188, 189
Perchin, Michael 267
Perls, Klaus 149, 151
Perrin, Paul 231
Perugino, Pietro Vannucci gen. 309
Petri, Mattia 83
Pétridès, Paul 289
Phillips 12, 47, 48, 52, 54, 57, 64, 84, 93, 240
Phillips, S.J. 247, 248, 249
Piasecka-Johnson, Barbara 219, 220, 239, 310
Picasso, Pablo 28, 29, 30, 40, 49, 58, 62, 63, 64, 122, 123, 124, 130, 131, 132, 134, 136, 137, 140, 147, 148, 169, 170, 204, 205, 212, 213, 220, 221, 291, 296, 300, 301, 303, 309, 310, 315, 332
Pictura 42, 94
Pierce, Frank W. 274
Pineau, Nicolas 234
Pinson-Berthet, Jean 289
Piper, Reinhard 49
Piranesi, Giovanni Battista 66, 211, 212
Pissarro, Camille 129, 145, 168, 170, 171
Playboy Corporate Collection 179
Poliakoff, Sergej 194
Polke, Sigmar 189, 190, 192, 319
Pollock, Jackson 26, 173, 177, 179
Polo, Roberto 10, 23, 24, 83
Pontormo (Jacopo da Carucci) 60, 80, 204, 322, 331
Popowa, Ljubow 152
Post, Frans 95
Poussin, Nicolas 329
Poynter, Edward 62
Princeton University 324
Print Fair, London 41
Pujol, Manuel 290

Quick 298

Raab, Galerie 192
Raab, Johann Phillip 241
Raffael (Raffaelo Santi) 211, 217, 219, 220, 309, 310
Rasmussen, Arne Bruun 77, 107
Rauschenberg, Robert 173, 181, 182, 183, 312, 314
Rautenstrauch-Joest-Museum 315
Ray, Man 153
Redé, Baron de 240
Redon, Odilon 176, 309
Reichert, H. 250
Reiner, Anita 176
Reinicke, Peter 250
Reinow, Christian 239
Reizell, F. 239
Reliance Group 303

Rembrandt (P. Harmensz. van Rijn) 66, 72, 207, 209, 210, 211, 218, 219, 220, 224, 296, 306, 308, 309, 331, 336
Renand, Georges 60, 129
Reni, Guido 79, 83, 84
Renoir, Auguste 12, 17, 19, 20, 29, 30, 39, 40, 115, 122, 130, 132, 134, 140, 141, 143, 146, 168, 170, 204, 205, 291, 292, 322
Ribarz, Rudolf 103
Ribera, Jusepe de 66
Richter, Gerhard 184, 186, 189
Riemenschneider, Tilman 55, 56, 224
Riese, G. 298
Riesener, Jean-Henri 234, 235, 239
Rietveld, G.T. 41, 263
Rifkind, Robert Gore 158
Rijksmuseum, Amsterdam 331
Rijksprenterkabinett, Amsterdam 209
Ring, Pieter de 89
Riopelle, Jean-Paul 194
Rippon & Boswell 283
Ritter, Henry 67
Robert-Dumesnil, Sammlung 209
Robinson Collection 88, 94, 95
Rodin, Auguste 21, 167, 300
Röbbig, G. 250
Roemer- und Pelizaeus Museum, Hildesheim 248
Roentgen, Abraham 240
Roentgen, David 237, 240, 241
Rolex 253
Roos, Frederick 134
Rosenbach, Detlev 297
Rosenberg, Paul 123
Rosensaft-Auktion 142, 150
Rossetti, D. G. 58, 116
Rothko, Mark 180, 314
Rouault, Georges 63
Rubens, Peter Paul 70, 217, 219, 224, 303, 305, 332
Rubinstein, Helena 285
Ruhlmann, Jacques-Emile 261, 262
Ruisdael, Jacob van 92
Rumbler, Helmut H. 212
Rundell, Philipp 245
Russ, Robert 103
Ruysch, Rachel 72
Ruysdael, Salomon van 76, 92, 96, 305
Ryckaert, Marten 93
Ryman, Robert 175, 177, 319

Saatchi, Charles 23, 41, 176, 186, 202, 319, 320
Saatchi, Doris 319
Saatchi, Maurice 319
Saatchi & Saatchi 320
Sabarsky, Serge 161
Sabater, Enrique 290
Sachs, Gunther 261
Saenredam, Pieter 217, 218
Saito, Ryoei 30, 134, 135, 141, 145, 167, 204
Salle, David 312
Salomé 191, 192
Salon de Mars, Paris 42
Sargent, J. S. 311
Sarto, Andrea del 309
Savery, Roelant 91, 92
Scargill, Arthur 293
Schaffgotsch, Graf 252
Schaper, Johann 251, 252
Scheidwimmer, Galerie 81
Scheiwe, Theodor 281, 282
Schelfhout, Andreas 105
Scheuren, Caspar 67
Schiele, Egon 166, 167, 221, 222, 299, 309
Schindler, Emil Jakob 103
Schirmer, J.W. 102
Schlag, Oskar R. 154
Schleich, Eduard 102
Schlichte Bergen, John 81, 95
Schmela (Galerie) 172, 190
Schmidt-Rottluff, Karl 158
Schmitz-Avila 258
Schnabel, Julian 175, 176, 177, 312, 319
Schnütgen-Museum, Köln 315
Scholz, Robert 209

Schongauer, Martin 211
Schoppmann, Düsseldorf 185
Schottische Nationalgalerie, Edinburgh 118
Schreyer, Adolf 98, 117
Schröder, Hans 128, 129
Schultz, Bernd 52
Schultze, Bernard 193
Schumacher, Emil 193
Schwarz, Joseph 285
Scull, Robert 173, 174, 181
Searle Collection 166
Sedelmeyer 73
Segal, Arthur 314
Segantini, Giovanni 104
Segoura, Paris 50, 231
Seibu (-Kette) 29, 48
Seling, Helmut H. 247, 248
Serger, Helen 160
Serre-Leegenhoek 81
Seuphor, Michel 290
Severini, Gino 329
Shapiro, Joel 175
Sharaku 281, 282
Shickman, Galerie 95
Shimojoh, Keiichi 279
Sickert, Walter Richard 201
Signac, Paul 146
Simon, Norton 309, 324
Sisley, Alfred 145, 168
Skopas 324
Slevogt, Max 54, 157, 158
Smith, David 172
Son, Joris van 89
Sonnenburg, Hubertus Falkner von 326
Sorolla y Bastida, Joaquin 112
Sotheby 9,12, 13, 14, 15, 16, 17, 19, 21, 22, 26, 28, 29, 34, 37, 39, 40, 45, 46, 47, 48, 49, 50, 51, 52, 54, 56, 57, 58, 59, 63, 64, 67, 69, 70, 76, 80, 81, 82, 83, 84, 85, 86, 87, 89, 91, 92, 93, 94, 95, 96, 97, 98, 101, 103, 105, 106, 107, 109, 110, 111, 112, 113, 114, 115, 116, 117, 118, 119, 120, 121, 123, 124, 125, 126, 127, 128, 129, 130, 132, 133, 136, 137, 138, 139, 140, 141, 142, 143, 144, 147, 148, 149, 150, 151, 152, 153, 154, 156, 159, 162, 163, 164, 166, 167, 168, 169, 170, 171, 172, 173, 174, 176, 178, 179, 180, 181, 183, 187, 188, 192, 194, 195, 197, 198, 199, 200, 202, 203, 204, 205, 208, 209, 210, 211, 212, 213, 214, 215, 216, 217, 218, 220, 222, 223, 224, 225, 229, 230, 231, 232, 233, 235, 238, 239, 242, 243, 245, 246, 247, 249, 251, 252, 256, 257, 258, 259, 264, 266, 268, 270, 271, 272, 273, 274, 275, 276, 277, 278, 279, 280, 282, 283, 284, 285, 286, 288, 299, 305, 306, 307, 308, 309, 310, 311, 314, 316, 320, 321, 322, 328, 331, 334, 335, 336
Sotheby Belgravia 49, 257, 263
Sotheby Parke Bernet, New York 34, 144, 164, 168, 178, 181, 183
Speck, Franz 189, 190
Spencer, Stanley 202
Spink, London 255
Spitzweg, Carl 62, 98, 99, 116, 299, 300
Springer, Cornelis 105
Staechelin, Sammlung 26, 27, 142
Städelsches Kunstinstitut, Frankfurt 324, 325, 326
Staël, Nicolas de 194, 195
Städtische Galerie Frankfurt 145
Städtische Kunstsammlungen Augsburg 248
Stair Sainty Matthiesen Gallery 80
Stainbach, Haim 319
Stechow, Kurt 76
Stedelijk-Museum, Amsterdam 186, 290
Steen, Jan 94
Steegmann (Sammlung) 148
Stein, Gustav 215
Stein, Ruth 101
Steinberg, Saul P. 161, 178, 203, 303, 304
Steingräber, Erich 326, 327, 329
Steinitz 231
Stella, Frank 21, 181, 319

Stevens, Alfred 117, 310
Stickley, A. 303
Stickley, Gustave 259
Stiftung Ludwig, Aachen 315
Stiftung Ludwig, Köln 314
Still, Clyfford 178
Stillman, Charles Chauncey 80
Stirling, James 318
St. Lucas, Galerie 95
Strelow, Hans 193
Streisand, Barbra 303
Strindberg, August 13, 62, 105, 106, 107, 109, 116
Ströher, Karl 186, 313
Stuttgarter Kunstkabinett 159, 215
Sumowski, Werner 65
Sunday Times 293
Susini, Antonio 225, 226
Susini, Francesco 225, 226
Sutherland, Duke of 118
Sweeney, James Johnson 128
Sweerts, Michiel 303
Swid 51

Taaffe, Philip 175
Tabachnik, Charles 222
Tajan, Maître 24
Tamenaga, Galerie 151
Tannenbaum, Joseph 39
Tannouris, A. 230
Tapiès, Antoni 314
Tappert, Georg 158
Tarica, Alain 324
Tassel, Jean-Max 81
Tate Gallery, London 186, 202, 293
Taubman, Alfred 16, 17, 21, 50, 51, 58, 59
Teniers, David 92, 94
Terbrugghen, Hendrik 76
Terra, Daniel J. 120, 310
Terry-Engell 50
Thaulow, Fritz 109
Thieler, Fred 193
Thomas, Galerie 57, 160, 162, 221
Thornton, Lynne 112
Throne-Holst, H. 269
Thulin, Hans 41, 59, 181
Thyssen-Bornemisza, Baron Hans-Heinrich 17, 25, 98, 100, 142, 205, 241, 313, 316, 317, 318
Tiepolo, Giovanni Battista (Giambattista) 66, 211
Tietze, Hans 32
Tiffany 259, 260
Tiffany Foundation 101
Times 47, 109, 316, 324
Tissot, James Jacques Joseph 62, 115, 117
Tizian (Tiziano Vecellio) 303, 327
Tornabuoni, Lorenzo 88
Toulouse-Lautrec, Henri de 17, 127, 141, 171, 212, 299, 309, 327
Townsend, E. 243
Tremaine, Sammlung 173, 178
Tribune de Genève 291
Tsurumaki, Tomoro 134, 204
Tunick, David 209, 210, 212, 213, 215, 220
Turner, Colin 293
Turner, William 48, 53, 59, 97, 118, 120, 127
Turquin, Eric 34
Twombly, Cy 183, 319

Uhde-Bernay 299
United Brands Co. 51
Universitas Galerie (G. Riese) 298
Urbino, Nicola da 251
Ury, Lesser 297
Utermann, Galerie 57, 162
Utrillo, Maurice 26, 63, 288, 289, 321
Uyl, Jan Jansz. den 76, 77, 78, 305

Vallayer-Coster, Anne 83, 92
Van Cleef & Arpels 70, 266
Vanderven & Vanderven 274
Vasari, Giorgio 220
Vasters, Reinhold 258
Velde d. J., Willem van de 93, 95
Verdé, Simone 289, 290
Verelst, Pieter 89
Verendael, Nicolaes 89
Vérité, Jean-Claude 290

Vermeer, Jan van Delft 332
Veronese, Paolo 327
Vever, Henri 282
Vianen, Christian van 246
Victoria and Albert Museum, London 39, 229
Vieira da Silva, Maria Elena 194
Villa Grisebach, Berlin 14, 57, 59, 60, 161, 162, 214, 215, 222, 224
Vinci, Leonardo da 49, 220, 221, 307, 309, 310
Vlaminck, Maurice de 26, 169
Vlieger, Simon de 95
Vries, Adriaen de 223, 224, 225
Volpedo, Guiseppe Pellizza da 112, 113, 116
Vuillard, Edouard 63

Waay, Mak van, Amsterdam 104
Waddington, Leslie 152, 195, 196
Waldmüller, Ferdinand Georg 100, 102, 103, 116
Wales, Prinz von 246
Walker Art Center 311
Wallis, Hal B. 132
Walpole Gallery 81
Walpole, Sir Robert 247
Walton, E. A. 201
Wanibuchi 178
Warhol, Andy 175, 181, 182, 183, 216, 306, 312, 319
Warnberger 249
Wartenburg, Yorck von 209
Washington, George 243
Washingtoner Nationalgalerie 179, 307, 311
Watteau, Jean-Antoine 24, 83, 324, 325, 326
Weinbaum-Goldstein 290
Weisman, Frederick R. 312
Weisweiler, Adam 235, 239, 310
Wember, Paul 200
Wengraf, Patricia 226, 228
Werner, Michael 175, 187
Werner, Wolfgang 172
Westdeutsche Kunstmesse 241, 252, 258
Westmoreland, Lord 47
Wetzlar, Hans 81
Whitfield, Clovis 81
Whitney, John Hay 141
Whitney Museum, New York 175
Wickes, George 246
Wigström, Henrik 267
Wildenstein 46, 81, 230, 232
Wilder, Billy 158, 163
Willaerts, Adam 93
Willem III von Oranien 253
Wilm, Hubert 32
Wilson, Peter 45, 46, 47, 54, 232, 233
Windsor, Herzogin von 57, 70, 265, 266
Winston, Harry 264, 266
Winter, Fritz 193
Winter, Friedrich 252
Wisinger-Florian, Olga 103
Wittrock, Galerie 162, 213, 224
Wolf-Dreyfuss, Erna 53, 126, 140, 142
Wolper, Michel 291
Woodner, Ian 25, 219, 307, 308, 309
Wool, Christopher 175
Wouwerman, Philips 96
Wright, Frank Lloyd 182, 303

Yao, T.Y. 277
Yasuda-Versicherung, Tokio 10, 11, 128, 204
Yerkes, Charles T. 114

ZERO-Gruppe 200
Zietz, Rainer 257, 258
Zille, Heinrich 297, 298
Zimmer, Michael 136
Zorn, Anders 13, 105, 107, 108
Zügel, Heinrich von 100, 117
Zurbaran, Francisco de 327
Zwirner, Rudolf 187

Bildquellen

Bayerische Staatsgemäldesammlungen, München 328
Bernheimer, München 237
Galerie Beyeler, Basel 201
Christie's, London 11, 38, 78, 79, 84, 106, 108, 131, 133, 135, 138, 147, 155, 165, 177, 182, 185, 219, 227, 236, 246, 260, 266, 281, 284, 308, 330
dpa/Handelsblatt-Archiv 14, 297
Finarte, Mailand 60, 113
J. Paul Getty Museum, Malibu 323
Handelsblatt-Archiv, Düsseldorf 132, 232, 265, 300
Hauswedell & Nolte, Hamburg 55
Hôtel Drouot, Paris 24, 29, 262
Heide Hübner, Würzburg 246
Galerie Kornfeld, Bern 160, 212
Kunsthaus Zürich 104
Kunstmuseum Düsseldorf 189
Lempertz, Köln 129, 157, 244
Maître Anaf, Lyon 198
Galerie Müllenmeister, Solingen 68
Galerie Neumeister, München 99
Orangerie, Berlin 43
Galerie Paffrath, Düsseldorf 67
Privatsammlung 73
Sotheby's London 27, 37, 50, 53, 77, 82, 86, 87, 100, 101, 111, 120, 123, 126, 137, 141, 143, 149, 150, 159, 163, 164, 174, 180, 188, 208, 210, 214, 218, 223, 233, 234, 237, 238, 245, 256, 270, 272, 273, 278, 304, 311, 317
Städelsches Kunstinstitut, Frankfurt 325
Villa Grisebach, Berlin 161, 222
Waddington Gallery, London 196
Patricia Wengraf, London 228